Original Title
"Beyond Exemplar Tales: Women's Biography in Chinese History"

五南文庫 033

重讀中國女性生命故事

主編　游鑑明、胡纓、季家珍
作者　曼素恩（Susan Mann）、賀蕭（Gail Hershatter）、錢南秀、盧葦菁、季家珍（Joan Judge）、胡纓、姚平、柏文莉（Beverly Bossler）、柯麗德（Katherine Carlitz）、伊沛霞（Patricia Ebrey）、王安（Ann Waltner）伊維德（Wilt Idema）、魏愛蓮（Ellen Widmer）、游鑑明
發行人　楊榮川
總編輯　王翠華
企劃主編　陳姿穎
責任編輯　邱紫綾
封面設計　郭佳慈、童安安

出版　五南圖書出版股份有限公司
地址　106台北市和平東路二段339號4F
電話　（02）2705-5066
傳真　（02）2709-4875
劃撥帳號　01068953
戶名　五南圖書出版股份有限公司
網址　http://www.wunan.com.tw/
電子郵件　wunan@wunan.com.tw
法律顧問　林勝安律師事務所 林勝安律師
出版日期　2011年7月初版一刷
2015年3月二版一刷
定價　新台幣420元

國家圖書館出版品預行編目資料

重讀中國女性生命故事 / 曼素恩(Susan Mann), 賀蕭(Gail Hershatter)著.
-- 二版. -- 臺北市 : 五南, 2015.03
面 ; 公分
譯自:Beyond exemplar tales : women's biography in Chinese history
ISBN 978-957-11-8011-3(平裝)
1.女性傳記 2.文學史料學 3.中國
782.22　104001412

五南文庫 033

重讀中國女性生命故事

Beyond Exemplar Tales: Women's Biography in Chinese History

游鑑明、胡纓、季家珍 ◎ 主編

寫於五南文庫發刊之際——

不信春風喚不回……

在各項資訊隨手可得的今日，回首過往書香繚繞情景，已不復見！網路資訊普及、媒體傳播入微，不意味人們的智慧能倍速增長，曾幾何時「知識」這堂課，也如速食一般，無法細細品味，只得囫圇嚥下！慣性的瀏覽讓知識無法恆久，資訊的光速致使大眾正在減少甚或停止閱讀。由古至今，聚精會神之於「閱」、頷首朗頌之於「讀」，此刻，正面臨新舊世代的考驗。

身為一個投入文化暨學術多年的出版老兵，對此與其說憂心，毋寧說更感慚愧。自身的成長，得益於前輩們戮力出版的各類知識典籍。而今，卻無法讓社會大眾再次感受到知識的力量、閱讀的喜悅、解惑的滿足，這是以傳播知識、涵養文化為天職的吾人不能不反躬自省之責。值此之故，特別籌畫發行「五南文庫」，以盡己身之綿薄。

文庫，傳自西方，多少帶著點啓迪社會大眾的味道，這是歷史發展使然。德國雷克拉姆出版社的「世界文庫」、英國企鵝出版社的「企鵝文庫」、法國伽利瑪出版社的「七星文庫」、日本岩波書店的「岩波文庫」及講談社的「講談社文庫」，為箇中翹楚，全球聞名。華人世界裡商務印書館的「人人文庫」、志文出版社的「新潮文庫」，也都風行一時，滋養了好幾世代的讀書人和知識分子。此刻，「五南文庫」的出版，不再僅止於啓蒙，而是要在眾聲喧嘩、浮躁不定的當下，闢出一方閱讀的淨（靜）土，讓社會大眾能體驗到可藉由閱讀沉澱思緒、安定心靈，進而掌握方向、海闊天空。

五南出版公司一直致力於推廣專業學術知識，「五南文庫」則從立足學術，進而面向大眾。除了古今中外歷久彌新的名著經典，更網羅當代名家學者的心血力作，於傳統中展現新意，連結過去與現在。

人生是一種從無到有，從學習到傳承的不間斷過程。出版也同樣隨著人的成長而發生、思索、變化與持續，建構著一個從過去到未來的想像藍圖，從閱讀到理解、從學習到體會、從經驗到傳承，從實踐到想像。吾人以出版爲職責、爲承諾，正是希望能建構這樣的知識寶庫，希冀讓閱讀成爲大眾的一種習慣，喚回醇美而雋永的閱讀春風。

發行人

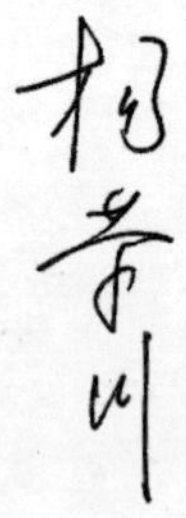

二〇〇八年六月

推薦序一

胡曉眞（中央研究院中國文哲研究所研究員）

本書的導論說得極好──傳記是一種流行文類。不只是作爲一種可定義的文類而流行，更重要的是，傳記──紀錄他人或自己的生命──的欲望與實踐是恆久的、普遍的，並且在形式上千姿百態，在內容上流轉衍異。中國傳記的長遠傳統其實同時見證兩個因素，一是教訓，亦即社會價値與規範，另一個則是更爲內涵且普遍的人性心理需求。所謂「生年不滿百，常懷千歲憂」，死亡後肉身的毀壞既不可避免，但是更爲可憂可懼的卻是遺忘，各人生命軌跡在他人的記憶版圖上消失、泯除。不論所謂他人指的是子孫、親族、鄉里或者天下人，傳記都可以說是一項記憶的工程，企圖將個人的生命故事，銘刻於他人的記憶中。這個工程無疑是精密的、複雜的，如果我們把它拆解開來，便看見其中牽涉的文化、歷史、性別等等線索。因此，理論上，我們由個別的傳記書寫，不但可窺探傳主的生命狀態的某些側面，更可能追溯甚至建構書寫當下歷史時刻的整體精神樣貌，包括其規範、限制與內部張力，還有傳記之傳主、書寫者以及周圍關係人（如傳主親人）的多邊心理與社會關係。這本《重讀中國女性生命故事》，便是一個拆解傳記記憶工程的集體工作，目的不在重新講述中國女性的故事，而在剖析當初故事是怎麼講的，找出故事背後的力量與聲音。

這個拆解與重構的過程本身便有如一個偵探故事。有人尋找空白、沈默與裂痕，因爲不說出，或者說不出的祕密才是線索；有人分析歷史與規範的架構，因爲公開張揚的證詞是眞相與謊言的角力場。不同於傳統偵探故事的是，生命故事與傳主主體，沒有統一的眞相可言，而這正是趣味所在。這本書最大的貢獻便是在中國傳記的傳統中，進一步整體性的思考女性傳記的特性，並藉此重塑（revision）我們對中國歷史的觀察與理解。

推薦序二

劉靜貞（國立成功大學歷史系教授）

此刻正要提筆為本書寫推薦序的我，其實淹沒在興奮與後悔交織的情緒之中。後悔的是當初未能排除萬難去參與一場不只是議題有趣的會議，興奮的是會議後五年始結集出版的慎重，的確為中國女性歷史與文學領域製作了一本展現兩千年中國女子傳記傳統，又示範多個學科乃至跨學科方法，深度與廣度兼具的好書。

中、英文版不同的書名，以及內文的分類編組，揭示了本書作者群與編者共同的企圖與成就——若要尋找中國女性的生命故事，就必須將眼光放在更廣義的「傳記」文本上；若要貼近中國女性眞正的人生及其所行過的時代，就要在方法論上超越既有的楷模範式，發展新的閱讀策略。

長久以來，從事性別史或是婦女史研究的第一個困難便是如何尋找她們的故事。本書的作者們不但將眼光轉向碑銘、小說、詩文、書信、日記等另類傳記資料，提醒我們以往所忽略的文類記述；同時也嘗試將傳記資料放回文本製作的歷史情境之中，不但揭示了更多的文化規範與社會結構，也析理出更多以往被遮蔽的女性聲音。

這樣的努力，也讓女性主義史學研究者曾困擾多時的性別史、婦女史之爭，有了出路，所有作者的研究都不自限亦不只運用一種閱讀策略，顯示了同時進行性別文化與人物故事研究的可能性。即使方法間的矛盾並未完全解消，即使傳主主體性或內在性仍未能被完全發掘，但不同篇章間的彼此牽連，著實為歷史研究（應不只是女性史的研究）抓出一連串後續的可能。因為本書所要提供讀者的，並不是此是彼非的標準答案，而是引動更新研究方向的思考策略。

編者序

二〇〇六年三月，美國南加州的天氣十分舒適宜人，在季家珍（Joan Judge）和胡纓精細的規畫下，一群來自歐美、台灣和中國大陸的婦女與性別史學者，齊聚在拉古娜（Laguna）海邊的一間旅館開會，這個會議定名爲「中國歷史中婦女傳記與性別政治」（Gender Politics and Women's Biographical Tradition in China）。爲讓與會學者充分討論，會議不對外開放，連同六場總評人，約計有三十人參加這場爲期三天的會議。由於大會規定，每位論文報告人必須評論兩篇論文，並提供評論稿，因此，會議前的事先閱讀，讓彼此之間有深入討論和互動的空間。與許多會議不同的是，這個會議不僅是文學與歷史的對話，還橫跨中國的數千年歷史，學者們可以從中再思並比較不同時代中國婦女的生命書寫。

精彩有深度的會議是不應該留白，於是大會決定出版專書*Beyond Exemplar Tales: Women's Biography in Chinese History*，這本書將於二〇一一年年底由加州大學出版社出版。爲了把我們的研究分享給華語世界的同好，我提議出版中文版，經過季家珍和胡纓的聯繫，作者們或自行翻譯或請人翻譯，終於在五年後完成這本譯書。全書收入曼素恩（Susan Mann）、賀蕭（Gail Hershatter）、錢南秀、盧葦菁、季家珍（Joan Judge）、胡纓、姚平、柏文莉（Beverly Bossler）、柯麗德（Katherine Carlitz）、伊沛霞（Patricia Ebrey）、王安（Ann Waltner）、伊維德（Wilt Idema）、魏愛蓮（Ellen Widmer）與我等的十四篇論文，並以《重讀中國女性生命故事》爲中文書名。

這本書之能夠在臺灣問世，必須感激作者們的積極配合，還有五南出版社慨允付梓。特別需要致謝的是，季家珍、胡纓合寫的〈導言〉和〈後記〉，讓這本書更具可讀性，胡曉眞和劉靜貞撥冗撰寫的〈推薦序〉，爲本書畫龍點睛，而主編歐陽瑩的耐心統籌和校對，使本書圓滿收場。

游鑑明 謹誌於

二〇一一年（中華民國一〇〇年）六月十日

目次

導言

胡纓、季家珍

劉向（西元前77—前6年）編纂的《列女傳》中有這樣一個故事，魯國漆室邑的一個女子因「魯君老、太子幼」而憂傷，這時，鄰家婦人回應說，此乃「大夫之憂」，而非女子之憂，漆室女反駁說：「昔晉客舍吾家，繫馬園中。馬佚馳走，踐吾葵，使我終歲不食葵。……夫魯國有患者，君臣父子皆被其辱，禍及衆庶，婦人獨安所避乎？」[1]

大約在這個故事編纂兩千年之後，秋瑾（1875-1907）寫下了下面這首詩：

幽燕烽火幾時收，
聞道中洋戰未休。
漆室空懷憂國恨，
難將巾幗易兜鍪。[2]

漆室女的故事爲這位現代詩人評論其時代提供了貼切的典故。這一典故允許她吐露對二十世紀初中國民族危機的關切、批評妨礙她充分參與政治的性別約束。秋瑾自己不久後眞的「將巾幗易兜鍪」，領導制訂了反對清政府的軍事起義計畫，而這一行動使她付出了生命的代價。一九一一年民國建立時，她被讚頌爲民族主義烈士。秋瑾的一生從此變成了一個供後來的讀者們引用、模仿的現代典範故事，就像她本人引用漆室女的故事一樣。

中國女子傳記傳統

我們的導言以對古代《列女傳》的現代引用開始，因爲它是中國女子傳記傳統的原始文本（ur-text），並以此爲本書中的所有文章提供了意識形態的、歷史的基礎。劉向這部收錄了一二五篇傳記的文集生成了一大傳統；這一傳統一直主導著中國有關女子的著述與思考，上迄編纂文集的西元前三十四年、下至十九、二十世紀之交的秋瑾時代都還遠未終止。在長達兩千多年的時間中，它作爲斷代史——現存最早的例子是范曄的《後漢書》——地方史、各種教化文本以及文人著述中女子傳記部分的模板發揮著作用。

《列女傳》早已被譯成英文，近年，至少兩部英文研究著作以劉向的文本及其他官方女子傳記傳統爲主題。[3]但除此以外，至今多數研究中國傳記文類的權威論述仍是基於對男性傳記的分析。[4]女子傳記的特性及其在中國歷史傳統中的位置尚未被系統考察過。[5]

本書乃這種系統研究的首次嘗試。它預示著中國女子傳記作爲一個有其獨特歷史重要性、學術完整性、獨特方法論及研究可能性的領域逐漸浮現。在中國女性歷史與文學這一現已確立的研究領域的滋養下，下面這些文章彙集了相當一批關於女子傳記的研究，範圍覆蓋了兩千年的中國女子傳記傳統，示範了多個不同學科及跨學科的方法。【6】

一、作為中國歷史資料的女子傳記

本書所討論的女子生平故事不僅對中國女性歷史，而且對作爲一個整體的中國歷史來說都是很有價值的資料。這些文章運用了不同的方法和各式各樣的材料，卻一致證明，女子傳記能令我們重新思考一些歷史學術假定，修正我們關於主要歷史趨勢的理解。

雖然《列女傳》及其後來各種修訂版本的明確目的是描繪、控制及規範女子生活，但不同文本的最終目標卻是塑造中國的文化與道德。劉向最初編這個集子是爲了在儒家價值標準下促進整個帝國——而非特定性別的——文明發展。帝國晚期的學者們追隨劉向，用有德婦女的故事來譴責社會習俗的腐化，在他們自己的時代推行一種有關政治的道德願景。把女子傳記作爲培養道德之方式的實踐也不是儒家僅有，佛教徒、道教徒和現代的民族主義者全都把女子典範故事當作教育工具。

儒士們沒有壟斷對教育性傳記的運用，同樣，被公認爲有巨大影響力的《列女傳》對中華帝國的女子來說也並非唯一的道德模板。對傳記在中國生平著述傳統中的意識形態霸權的這些重要挑戰，往往反映出未載入史冊的、對儒學在中國文化中哲學霸權的挑戰。本書發掘出了另一些女性傳統及非正統的「傳記」文類。前者最突出的例子是「賢媛」傳統。劉義慶的《世說新語》在西元五世紀所開創的這一傳統，在劉向《列女傳》所生產出的有德典範譜系旁邊發展起來，使得中國文化領域中挑釁儒家女性準則與社會規範的某些因素明確凸顯出來。循著類似的脈絡，本書還考察了大量其他體裁的傳記紀錄，為探索被列女式文本所忽略的私人感情生活提供了洞見。例如，唐代的墓誌銘就凸顯了女子——和男子——生活中的私人側面，比如，情感糾葛、虔信佛教這類在更受儒家訓誡約束的標準傳記中大多隱匿不見的側面。

更重要的是，本書集中證明了，中國文化雖然時常因其延續數千年而飽受稱頌，但它是不斷變化的，正如其賡續不絕一樣。事實上，正是這一動態演變使得這種延續成為可能。《列女傳》傳統在對其霸權的重重挑戰中勝出，並持續了兩千多年；但即便是它，也從未固定不變。它最標準的傳記功能是中國文化自我繁殖這一持續不斷之進程的媒介，而非永恆不變的文化造物。那些維護現狀的人通過引用古代先例，將他們自己對常見典範故事的闡釋挪用到其《列女傳》的擴充版本中，令自身合法化了。同樣，那些現狀的批評者們，包括革命者秋瑾，則認可對當代文化及政治權威的挑戰，並以這種方式賦予了古代故事以新的涵義。

這一傳記傳統的流動性既反映、也構建了隨時變遷的文化、性別規範。雖然傳記的一般目的——教導——在整個歷史中始終如一，但它所傳授的課程卻發生了至關重要的改變：從古代對數代同堂大家庭的倡導到社會主義時代的增加棉花產量；從帝國晚期對殉節烈女的讚美到二十世紀初對革命烈士的頌揚。正是因為每一則生平故事都蘊藏著豐富的闡釋可能性，一位像秋瑾這樣的現代讀者才可能有目的地挪用古代漆室女的故事，把她自己備受阻撓的革命熱望與這位遠古女子政治焦慮聯繫起來。很多像秋瑾這樣的歷史人物在歷史長河的某個特定時刻調動、挪用或質疑傳記傳統的種種方式，更多揭示出了她們所處的特定時刻的複雜性，而並非劉向文本中那套一成不變的價值標準。

二、女子傳記與女性貞節崇拜

中國女子傳記傳統的動態性在從十到十四世紀所強調的規範的根本轉變中得到了最顯明的體現；這一轉變產生了後來廣為人知的「明清女性貞節崇拜」。轉變前的傳記材料對女性值得讚美的品質有著多焦點的描述，包括口才、公共責任心以及經濟方面的才能。與之相反，後來的材料則日益強調對《列女傳》高度規定性的闡釋來嚴格規範女性道德與性徵。

被認可的女性品質從劉向原初文本中的寬廣範圍（用瑞麗的話來說，包括了「知性美德」）窄化為妻子忠貞這一單一價值標準，是更廣泛的歷史力量的產物。[7]這些力量包括：北宋（960-1126）與南宋（1127-1279）在遼、金、蒙古勢力的政治—軍事威脅下所產生的地緣政治焦慮，以及這些北方遊牧民族截然不同的性別規範所引起的社會威脅——當北宋陷落於金、南宋被蒙元（1260-1368）征服時，這些威脅戲劇性地變成了現實。[8]這些外部產生的焦慮又雪上加霜地摻進了生於內部的焦慮，比如，這一時期，尤其是明（1368-1644）代晚期日益增長的女性識字率。[9]第二個征服王朝，清（1644-1911）進一步——雖然是搖擺不定地——發展了帝國對貞女及寡婦的獎賞系統，在一個人口快速增長、社會不穩定的時代成功地把它擴展到了普通人中。結果是貞節崇拜的持續強化。[10]

從宋代到清代對妻子忠貞日益加劇的激烈的、公開的、官方認可，及其在文人作品、斷代史與地方志中所孵化出的大量的典範故事，共同強調了女子作爲象徵化身、女子傳記作爲社會準則公告之工具的有效性。在政治、文化轉折的關鍵時代——往往伴隨著王朝或政權更迭，這一象徵性、規範性角色的作用最爲明顯。由此可見，婦德定義的演變既反映也同時構建了更寬泛的歷史趨勢。

三、文類思索

在我們對女子生平故事之歷史複雜性與重要性的考察中，我們從如下假定開始，即，「biography」是一個縮略術語（shorthand term），一個方便的、約定俗成的英文翻譯。這一英文術語攜帶著它獨有的文體類屬期望，例如，按時間順序排列的結構和心理發展，但中國的材料一般不會實現這些期望。這些材料包括多種傳統形式，常常是簡潔扼要的短文，最多有幾頁篇幅。這些短文有著獨特的社會、文化功能，諸如詳述個人生活的某些側面，而非完全展開個人生活。爲了闡明這一區別，概括出中國傳記形式與西方不同的特徵，我們在此將簡要描繪中國生平著述傳統中的主要次文類。

司馬遷的《史記》奠基了正史的「傳」。此書寫作於西元前一〇九年到前九十一年之間，包括七十篇列傳或合傳。除了關於呂后統治的一篇之外，司馬遷的鉅著中沒有女子傳記。[三]

關於女子生平的傳記集始於西元前三十二年劉向的《列女傳》。女子傳記傳統與男子的在一定程度上有所重疊，而其顯著特徵是按照特定美德來組織章節安排。附錄於斷代史或地方志的絕大多數女

「傳」，「雖然被列於『傳』（biography）的條目之下，大部分此類史料僅僅只是缺乏細節的條項羅列」（參見曼素恩收錄於此書的文章）。這些高度公式化的條目無意於敘述生平，而意在突出那些證明了特定婦女之典範美德的重要行為。

與官方傳記並列的是私人傳記，一個至少始於十一世紀的流行文類。這一文類包括由家庭成員、親密友人或非官府指定的私人學者所寫的傳記概略。這些概略往往是為了獲得或展示文學價值（literary merit）而作，經常是受新亡者家庭的委託，最後也會收入作者的文集之中。有時，這些非正式的傳記是作為草稿而寫，稍後會作為官方傳記的素材提交。它們一般包括關於死者有德性的行為的紀錄，類似於那些在更正式的《傳》中所能發現的紀錄一樣；此外，也包括在更官方的傳記中不太合宜的私密軼事。

訃告／喪葬傳統也包括了豐富的傳記材料，包括墓誌銘、悼詞和殯葬文章。這些材料或者刻於石上，隨死者一起埋葬，或者立於墓前。雖然這一紀念文化主要是約定俗成的、說教的，但它往往能比正式傳記描繪出全面得多的女子生活圖景。

正如中國、西方的傳紀觀念有著顯著的差別，西方概念上的自傳在中國傳統文學中也並沒有一個現成的對應物。較恰當的對應物可以在詩歌傳統和作者死後出版的文集中找到。這些集子代表了個人一生的作品，被認為是較充分的生平紀錄。它們一般都有由著名作者撰寫的序跋，提供了文集作者的生平訊息，及序文作者的自傳訊息。

方法論

中國女子傳記的獨特性迫使我們發展相應的研究方法和閱讀策略，而這一傳記傳統的動態性要求我們極爲謹愼地精心創建史料分析工具。

如前所述，迄今爲止，漢學學者們所精心設計的傳記分析模式聚焦於男子傳記，僅在最一般的層面上適用於女子傳記研究。關於西方女子傳記的女性主義研究在過去幾十年間已經產生了重大的文本發現，並常常激發起理論反思，但對我們的研究計畫來說同樣價値有限。[12]關於浪漫主義激發下的西方傳記傳統的研究及批評理論方面更晚近的創新雖然非常有趣，但同樣沒提供什麼適用於中國傳統的方法。[13]我們作這本書的初衷就是爲了尋找足以涵括中國女子傳記傳統之豐富性與獨特性的適用方法。

我們在研究中發現的一個中國女子傳記研究關鍵問題，即，如何理解這些傳記的主體。我們中的一些人認爲，學者的首要任務是復原歷史行動者之主體屬性（Subjecthood）的任何遺跡，同時不忘記形塑這一主體屬性的歷史限制。當傳記紀錄是有限的或程式化時，這在中國傳統女子傳記中很常見，我們必須既闡釋正統文本中的沉默與刪節，又要找到可能爲瞭解該主體故事的一些片段提供途徑的新的非正統資料。與之相反，面對著這些或正式、或非正式的傳記材料中任何統一的眞實自我都不可捉摸的狀況，我們中的許多人完全放棄了對傳主內在性的尋求。取而代之，我們研究聚焦在中國女子傳記生產中無處不在的文化規劃。

我們的中國女子傳記研究把我們引導到了關注主體性（subjectivity）、自我（selfhood）和能動性

（agency）的西方女性主義哲學中一場重要辯論的中心。十年前是這場辯論最爲激烈之時，當時女性主義與後現代主義之間的混亂關係正處於頂峰。綱要性地總結一下：在後現代批評中，主體是通過一系列語言學的意指過程（signification）建構的結果，而女性主義批評理論則堅持對其政治目的來說至關重要的自主、自我反思的主體性。[14]作爲一位後現代女性主義者，朱迪斯．巴特勒（Judith Butler）提出了一種同時求助於兩種批評的、頗有前途的理論立場：「被語言建構就是在一個給定的權力／話語網絡中被生產，但這一權力／話語網絡並非天衣無縫，而是有著內部的斷裂及不經意的巧合，因此是有可能被重新意指、重新調用、從內部的顛覆性引用的。」[15]一個傳記主體，諸如被女性貞節及流行文人話語的文化規劃所建構的明清貞女，仍可能像巴特勒所設想的那樣，是一個批判主體嗎？

本書文章的作者們牢記著上述核心問題，面對其歷史材料獨一無二的挑戰，使用了三種既有所重疊又相互包含的閱讀策略，每一位作者通常都依賴於不止一種策略。第一種是將各種類型的正式傳記定位到語境中閱讀，進行精細闡釋。這一策略的前提是關於中國女子生平的多數傳記著述都囿於慣例、高度程式化。唯一可能被復原的聲音並非傳記主體的，而是傳記作者們的——一般是男性。與其因這些限制而哀歎，我們寧可嘗試克服它們，集中關注這些文本所能有效揭示出的更大的文化和世界構造規劃——它們貫穿於某個特定時刻對女子生平的描繪之中。

我們的第二種策略找出了關於女子生平新的、非標準的訊息來源，避開了正式傳記文本中的沉默與限制。這些來源包括小說——小說與非小說的邊界在傳統中國文化中比在我們當代世界更易相互滲透；個人書信——爲我們理解官方紀錄的生平故事增添了新的維度；墓誌銘——作爲規範資料的對抗文本

（counter-text）發揮作用；具有上文提及的自傳傾向的詩歌；詩集序言；以及口頭訪問。

解讀女子生平的第三種策略牽涉到找出女子所寫的文本。發掘出女子用自己的語言表達自我的資料，允許我們至少克服某些典型的列女式敘事的局限——在這一敘事中，女子只能通過她們的行爲得到表現。雖然這類女性作者的傳記或自傳文本遠沒有我們所希望的那麼豐富，而且這些文本也或多或少地受到歷史性別觀的限制，但熟悉豐富材料基礎、不受嚴格類屬定義限制的研究者仍然能夠找出，並富有成效地分析這類文本。

本書結構

這三種閱讀策略構成本書的基本結構：第一部分的兩篇文章以具體個例引發出方法論及哲學問題，這些問題在不同程度上暗含於隨後數章中。第二部分「作爲文化規劃的傳記」較集中地運用了上述第一種策略，第三部分「其他傳記資料」運用了第二種策略，最後的第四部分「以她們自己的聲音」運用了第三種策略。

1. 方法論與哲學反思：探查沉默，質疑內在性

曼素恩（Susan Mann）與賀蕭（Gail Hershatter）的文章以具體史例挑戰方法論。曼素恩敦促我們發現獲得傳記主體生平的新方式。她用自己對大量清代文本的細讀作爲例子，仔細考察各種不同的材

料，從非官方的傳記，如概略或「行略、行述、行實」，到繪畫上的題字和生日問候。曼素恩文章所提示的方法是：我們不僅要去闡釋不同材料的作者們想要我們聽到的「噪音」，還要運用我們自己的歷史知識和想像去填充傳記敘述中的空白和緘默。某些緘默是習俗的結果——例如，作者們極少描繪傢俱、室內裝飾，和那些對今天研究物質文化的學者來說萬分有趣的日常生活細節。其他省略則是流行規範的結果，因爲規範不鼓勵在有德典範的傳記中對服飾、時尚和個人外貌進行瑣碎的討論。對當代關注性別研究的歷史學者來說，最顯赫的空白是關於家庭不和或任何與身體和性實踐有關之事，這些空白產生於中國傳統文化的種種禁忌及文體本身的限制。

與曼素恩不同，賀蕭的文章「質疑內在性（interiority）本身的存在，至少是質疑慣常假定的內在性形態」，暗示重建一個統一的眞實自我的努力更多反映了我們自身在二十世紀末、二十一世紀初的關懷，而這個問題並不爲傳統傳記文本作者、或傳記文本主體所關注。她得出這一結論，不是因爲她在傳記文本中所遭遇的噪音或緘默，而是來自於她對共和國的共產主義勞動模範所做的口頭採訪。在探查這些婦女自我講述的故事時，賀蕭注意到她們對服務、自我犧牲及性純潔的一再強調，從而意識到貞節崇拜——明清時代女子主體的建構中最強有力的力量——的遺跡，意識到這些二十世紀中葉的勞動模範與明清女德典範之間的脈絡關係。

這兩篇文章所強調的方法之間的矛盾——學者企圖「瞭解」她所探究的主體的強烈衝動，與懷疑論者對我們把握過去的能力局限，以及我們賴以接近過去的材料的局限的意識——體現在本書多處。本書提供的三個閱讀策略旨意並不在解決這一矛盾，而是將之凸顯出來。

2. 作為文化規劃的傳記

這個部分按年代順序編排，藉此為讀者提供瞭解與全書相關的中心要點——女子傳記傳統的基礎洞見。四位作者不僅集中關注其傳記主體個人的主體屬性，還注意識別、探查為某一時刻的那些主體確定框架的世界構造規劃的邏輯。

這個部分以錢南秀的文章開始。本章將《列女傳》傳統與賢媛傳統——在《世說新語》及後來《世說》的模仿者中發展出的女子傳記文類——做了歷史的對照。在這一過程中，錢南秀的文章凸顯了以往極少被承認的對儒家正統構成直接挑戰的因素。雖然她關注的是帝國時代的早期而非晚期，但其文章仍對我們理解帝國晚期婦德概念窄化的語境有所貢獻。她提出，婦德窄化反映出可用來描繪女子的、更寬泛的文化資源的減少。她認為，在帝國早期及中期，「賢」被定義為「才德兼備」，作為更具限制性的「列」之外的一個選項發揮作用；到了帝國晚期，「賢」的定義已被限制在「賢慧」的意義上，完全聚焦於「婦德」。

盧葦菁把關於明清貞女（為生病、瀕死或亡故的未婚夫獻出生命的年輕女子）行為合宜性的辯論與關於儒家禮儀合宜性的辯論聯繫起來，展示了這一特殊類型的女子傳記如何演變成為男性學者和知識分子們駁雜辯論和隱喻性身分認同的複雜場所，並揭示出這樣一個世界：其中，禮儀的、哲學的、倫理的、性別的意義受到激烈爭辯，而不是被一致接受。

季家珍（Joan Judge）提供了對男性學者魏程博（字息園，號蓮裳，活動時期約一九〇八年前後）一九〇八年的《列女傳》擴充版之文本源流及類文本框架的細讀。魏集證明了女子傳記之列女傳統「未梢」如何在二十世紀初的文化政治學中顯現：例如，盧葦菁文章中所考察的貞女，在晚清憲法改革的語境下仍是有效的道德及政治批判工具。季家珍將魏息園的幾種作品對讀，包括他的《繡像古今賢女傳》和他關於法律改良的作品，以及他傳統的宮詞，魏關於典範生平故事的評注，進一步證明了儒家文化理想和近代國家改革議程如何遠離高漲的革命熱情而共存。

胡纓一章使我們靠近了這種革命熱情。本章重新解讀了關於秋瑾生平的紀念作品的三個歷史、意識形態階段：自她一九〇七年被處決後不久到新文化運動時期、再到一九三〇年代和一九四〇年代。胡纓挖掘這些傳記深埋的歷史、哲學根系，證明了只有當我們充分瞭解傳統道德如何在現代殉身史中死灰復燃，我們才能明瞭現代殉身史本身，而秋瑾從「冤女」逐漸成爲「革命烈士」的過程展示的正是這一特別的女子傳記是如何被革命歷史賦予意義。

3. 非主流傳記資料

這部分的八篇文章探查了與正式傳記之間有著很大距離的、在很大程度上未被利用過的多種女子生平文本，這些文本並不那麼符合我們對標準長度的傳記的期待。

(1) 墓誌銘和小說

姚平證明了墓誌銘——那些被記錄下來並得到傳播的，以及新近挖掘出來的——爲探究唐代都城和城市區域的菁英婦女（和男子）日常生活提供了非常寶貴的洞見。墓誌銘中提供的資料包括一些在儒家敘事中被壓制的話題：如對感情和佛教實踐的討論。姚平從數千種墓誌銘中提煉出關於日常生活的訊息，將之繪製成更寬廣的社會、人口學圖案。她也發現，墓誌銘強調了我們所熟知的一些唐代政治、社會的特徵，諸如豪族對權力的壟斷、佛教的普及，同時也提出了新的問題，比如，關於十一世紀中葉安祿山叛亂所引起的社會崩潰之性質的問題。

柏文莉（Beverly Bossler）的文章描繪了婦德概念徹底轉變過程中的一個側面；這一過程始於帝國中期，在帝國晚期達到了頂峰。她創造性地利用了那些模糊了小說與非小說界線的材料，主張北宋名妓（虛構）傳記/故事的流布有助於使有關上層階級忠貞妻子之著述的公開流通合法化。她還進一步證明了，名妓故事爲關於妻子忠貞的敘述提供了新的文體模型，並引入了新的浪漫元素。

柯麗德（Katherine Carlitz）對比明代中期女性的墓誌銘和白話小說，這些白話小說墓誌銘傳主們或許讀過或聽過。她選取的材料覆蓋了從成化（1465-1488）到嘉靖（1522-1567）年間差不多一個世紀的時間；在此期間，科舉制逐漸成熟，並取得了支配地位。在這個文化環境內，墓誌銘本身也可以說是一種小說，描繪了在科舉士子想像的共同體中有助於一個家庭興盛的模範人生。相反的，一些明顯的戲謔逗樂故事允許社會表達婦女負責維持生計這一家庭模式的內在矛盾：性魅力的難題、不聽話的女兒、妻妾之間的競爭。柯麗德分析的故事在更早的朝代都有其根源，這向我們展示了有些問題是歷代婦女所面對的，並要求不斷嘗試創造性解決方法的持久難題。

(2) 日記和書信

這部分的兩篇文章證明了以所能找到的更私人的材料補充官方傳記的有效性。伊沛霞（Patricia Ebrey）在閱讀宋代向太后的官方傳記時，就對比了一位政事堂屬員的日記。這份文獻描繪了向太后家庭生活中那些非此便將暗啞不聞的側面，說明了北宋宮廷政治中的種種密謀。

王安（Ann Waltner）將與佛教女信徒、神祕道姑曇陽子生平相關的兩種文類——她的正式傳記和新近發現的她的書信——並置，證明了守節孀居、忠實於家庭和宗教實踐對她來說，似乎是一個天衣無縫的整體。王安的仔細閱讀突出了這些資料的不同之處，使得她可能得出關於文類與性別化的聲音的試驗性結論。曇陽子的個案進一步顯示出，不僅僅是儒士，佛教徒和道教徒也把傳記用作社會教化工具：曇陽子不是通過佈道來散布其學說，而是通過出版其傳記來傳播教義。

4. 以她們自己的聲音

最後部分的作者們考察了三種不同文類中女子的自我敘述：詩歌、詩集序言和口頭採訪。他們追詢女性如何把自身和其他女子建構成爲歷史行動者，試圖接近中國歷史上的女性主體那一直捉摸不定的內在性。

伊維德（Wilt Idema）選擇詩歌這一種重要的但是卻遠未充分利用的、關於中國歷史上的女子（也包括男子）的傳記及自傳材料，藉此復活了晚明女子薄少君。他考察薄少君的百首悼亡詩（現存八十一首），雖然薄少君寫這些詩是爲了悼念亡夫，但伊維德仍然探查出了它們所揭示的她獨特的自我表達模式。

魏愛蓮（Ellen Widmer）也轉向一個很少與傳記聯繫在一起、卻具有高度傳記性的文類——詩集序言。她首先指出，女子極少成爲正式標明是「傳」的文本或傳記文本的作者。然而，她接著提出，女子確實以爲其他女子的詩集作序的形式寫作了傳記和自傳。她把這些文本與男性作者的序言相比較，分析了它們所提供的性別化的洞見。

游鑑明（Yu Chien-ming）利用訪談和口述歷史來瞭解三位大陸婦女在中日戰爭期間，及之後隨丈夫到台灣展開新生活的主體經歷。這種方法使得她可能挑戰這一被普遍接受的敘述：關於中日戰爭對女性主體性、對二十世紀中葉身分認同觀念之影響的敘述。如果把游鑑明的文章跟賀蕭的串起來閱讀，這兩篇文章就會顯示出同一種研究工具——口述歷史——所能產生的迥異結果。雖然賀蕭的結論是，從她所採訪的勞動模範那裡得到的扁平回應不能揭示出主體內在性的任何蹤跡；但游鑑明的訪問對象卻爲我們提供了女子浪漫、日常生活的內心細節。無論這一差別的根源是什麼——地理（賀蕭的訪問對象在中國大陸，而游鑑明的在台灣）、訪談技巧、大陸社會的意識形態覆蓋，它都揭示出處理女子生活的任何一個方法的成果可能是多種多樣的，就像生平故事本身一般。

※※※

我們現在請讀者轉向這些單篇文章。每一篇都對正在浮現的中國女子傳記領域作出了獨一無二的貢獻，並且所有文章都在相互對話。同時，每一份貢獻都是一篇有其完整性的學術著作，其豐富的細節與論證遠遠超出了這篇簡短導言所能涉及的範圍。每一篇都與其他研究領域有所交叉——或是《列女傳》研究、帝國晚期的詩歌、佛教與道教實踐，或是口述歷史。無論是單篇文章，還是全書整體，都證明了關於中國女子傳記敘述的分析如何能爲女性主義研究增添新的維度；如何能提出關於歷史研究方法及材料的創新性問題；如何能深化我們對中國文化的理解。

註釋

【1】《列女傳》第三卷第十三篇：劉向，《列女傳》，頁121-124：郝繼隆（O'Hara），《從〈列女傳〉看早期中國的女性地位》，頁95-97。

【2】秋瑾，《杞人憂》。原詩作於一九〇四—一九〇五年間，收入郭延禮編，《秋瑾選集》，頁94。

【3】關於翻譯，參見郝繼隆（O'Hara），《從〈列女傳〉看早期中國的女性地位》。有關《列女傳》的研究，參見瑞麗（Lisa Raphals），《分享光明：早期中國對婦女及美德的描繪》（Raphals, *Sharing*）；牟正蘊，《紳士為女子生活立法：中國女子傳記千年史》（Mou, *Gentlemen's*）。

【4】關於標準中國傳記文類的主要研究有芮沃壽（Wright）、杜希德（Twitchett）編的《儒家人物》。

【5】自七世紀《隋書》確立經史子集四部分類法，到十八世紀《四庫全書總目》編纂成冊，《列女傳》作為女子傳記在中國歷史傳統中顯著地位的標誌，一直被歸入「史」類。牟正蘊，《紳士為女子生活立法：中國女子傳記千年史》（Mou, *Gentlemen's*），頁24，註21。

【6】自一九九〇年代以來，中國女性歷史領域已獲得深度與廣度。這一領域確立過程中的關鍵人物都在本書中有論文，或對本書的創始有所貢獻。她們包括下列里程碑式的研究的作者：伊沛霞，《內闈：宋代婦女的婚姻與生活》（Ebrey, *The Inner*）；高彥頤，《閨塾師：明末清初江南的才女文化》（Ko, *Teachers*）；曼素恩，《蘭閨寶錄：晚明至盛清時的中國婦女》（Mann, *Precious*）。

【7】瑞麗（Raphals）在《分享光明》一書，尤其是導言和前四章中，發展了這一概念。

【8】柏清韻，〈元代的叔嫂婚姻與寡婦守節的復興〉（Birge, "Levirate."）。

【9】高彥頤，《閨塾師：明末清初江南的才女文化》（Ko, *Teachers*）。

【10】關於貞節崇拜歷史演變，參見伊懋可（Elvin）的〈中國的女德與政府〉，曼素恩，〈宋代到清代女性傳記的歷史演變：清初江南個案研究〉（Mann, "Historical. "）。關於清代的發展，參見戴真蘭，《醜事：

十八世紀中國的貞節政治》（Theiss, *Disgraceful*）：歐立德，〈滿人寡婦與清代的族群性〉（Elliott）。

【11】參見杜潤德，《模糊的鏡子：司馬遷作品中的緊張與衝突》（Durrant）：倪來恩，〈從傳記歷史到歷史傳記：中國歷史書寫中的轉變〉（Moloughney）。

【12】西方女子傳記研究包括娜塔莉．澤蒙．戴維斯（Natalie Zemon Davis）關於「名女人」（women worthies）文集在自普魯塔克（Plutarch）到十九世紀的西方歷史中所發揮的不同效用的反思，參見戴維斯，〈婦女史變遷：歐洲案例〉，頁79–80。一個相對新的女性主義研究例子是馬哥丹特編，《新的傳記：十九世紀法國的女性特質操演》（Margadant, *The New*）。像馬哥丹特與《新的傳記》一書的其他作者一樣，我們也分析為婦女開啓新空間的性別與意識形態裂縫，但我們各自的目標卻有著重要差別。比如，我們試圖拆解開歷史上的中國作者們的傳記實踐，而非質詢當代學院的實踐。

【13】然而，最近的西方傳記研究方法和我們的方法也有一些共同之處。例如，我們所討論的傳記的流變性（fluidity）—故而，也是建構性（constructedness），已被馬哥丹特及其他人公認為晚近研究—基於性別、種族和種族劃分的被建構的身分認同的研究—的關鍵發現之一。參見馬哥丹特，〈導論：歷史實踐中的新傳記〉（Margadant, "Introduction"），頁1057。

【14】本哈比等編，《女性主義主張》（Benhabib et. al., *Feminist*）。

【15】巴特勒，〈為了仔細閱讀〉（Butler, "For"），頁135。

一、學術方法論：傾聽沉默，質疑內質

傳記史料中的言與不言

曼素恩（Susan Mann）*／吳玉廉譯

豐富的中國傳記史料在許多話題上是沈默不語的。比如說，對於有關婦女生活的傢俱裝潢、衣著時尚和個體外貌的細節都鮮有關注。這些有關視覺文化的描述對英語傳記而言必不可少，但在中國傳記作者和讀者看來似乎無足輕重。他們想要聽到的是**行爲**（deeds）。無論是崇高還是世俗，婦女的行爲都是衡量她道德水準的準則。有時，才華也能蒙獲品藻。在敘述婦女生平並描述她的才華時，她自己的語言，包括獨白和對話，常常被直接引用，而她的詩句也往往被選入文中。當歷史學家盡可能將大量材料並置在一起仔細傾聽時，這些有關行爲、才華和話語的紀錄即構成了喧嘩的傳記史料。

* 本文作者誠摯感謝加州大學爾灣分校於二〇〇五年三月三日至五日舉辦的「中國歷史中婦女傳記和性別政治」一會與會者的意見和批評，並特別感謝本書編者。

經典文言中的傳記材料：喧嘩與沈默

當我們用英文描述中國婦女生活時，從某種程度而言，當代史家已經被中國經典文獻所包含的大量豐富的婦女傳記史料寵壞了。這些材料既包括那些地方史和國史中記錄「列女」的寥寥數語，也包含那些翔實具體的家族回憶錄和悼文。已刊刻出版的婦女詩文集不僅包含婦女創作及唱和的詩歌，同時也含有序言及其他爲出版而編輯的頌詞。婦女生活及其作品也經常出現在詩話中。作爲附益，出版的婦女詩文集常常包含編選者的評點，而他們往往就是女作家的男性親屬（父親、兄弟、兒子、姪子或孫子）。這些精粹的評點豐富了詩作的情境，即作者當時的感受，或者對於詩作所述情事的懷舊之感。這些史料向我們展示了有關女性家庭和朋友的私人生活，帶著精煉而豐富的內容，因此而魅力無窮。

具有諷刺意味的是，與此相反，在表彰婦女的正式傳記文獻中——尤其是朝廷對節烈婦女的旌表，或死後追賜頭銜的文書——產生了一些對傳記題材而言最空洞乏味的材料。有些表彰性文獻記錄了受榮婦女的生命統計資料（娘家姓氏、夫家情況、出生地、男性近親的官職以及／或者頭銜、著名子嗣等等），它們作爲男性親屬傳記的附庸，冗長乏味地出現在地方誌，家譜及官修史書中。雖然被列於「傳」的條目之下，大部分此類史料僅僅只是缺乏細節的條項羅列。當然，一些有關婦女的短小傳記，如十九世紀中葉完顏惲珠編輯的女子詩集《蘭閨寶錄》，記載了烈女賢婦的生動故事，其中（惲珠的選集中）還涉及了一些家長里短的話題，諸如丈夫或公婆的虐待。[1]但是，清代中期史學家章學誠對標準的「列女傳」文體頗多微言，尤其對它的程式化更是嗤之以鼻。[2]

作爲「列女」傳的崇拜者，芮沃壽（Arthur Wright）特別推崇由漢代劉向所作最早的列女傳。芮教授十分欣賞這些故事敘述典範婦女事蹟的方式，即將傳主的角色**選擇**，以及由於年齡、政治變革以及其他危機或者挑戰而造成的**角色扮演**和**角色轉換**戲劇化（dramatize）。[3]故事往往從這些婦女的少女時代開始，然後追述她生命重要階段的關鍵性選擇，如婚姻（如果是貞女和尼僧則沒有這部分），履行妻職，養育孩子，侍奉公婆，寡婦守節以及最後的死亡。通過芮教授對於傳記中有關角色扮演、角色轉換以及角色選擇的分析，我們發現如下幾個主題。角色扮演可能表現爲女功，尤其是刺繡和紡織；但也包含儲蓄和花費（這分別代表節約和慷慨）；她的角色也可以是服務性的，尤其是奉養婆婆和教導失怙的兒子。角色扮演也包含幼年的早慧，成熟的智慧和讀寫方面的天分。關於角色轉換，訂婚/結婚和生命中的關鍵性事件（重要的出生和死亡，尤其是丈夫的去世，或相對少見的孩子的夭折）都爲傳記作者提供了構建故事的轉捩點。

各種傳記材料都包含了這些主題：不僅僅是傳和墓誌銘，也包括（尤其是）非正式的行略、行述和行事。有時，詩話、題畫、詩集序言和壽序中也充滿了具體詳細的傳記材料。[4]此外，正如柏文莉（Beverly Bossler）所指出的，記錄婦女生平的傳記材料往往由男性寫成，他們（與傳主）的深沉的情感聯繫激起格外的誠摯（unusual candor）。[5]男性作家也喜歡用婦女生平來省察他們自身的問題，或以婦女爲榜樣來批評男性的缺點。[6]

婦女生活的傳記材料當然是中國歷史記載中喧嘩的一部分。但是，如下文所示，重建婦女傳記常常取決於那些偶然發現的史料及它們提供的「意外之聲」。下面的例子說明，史家是如何通過並置不同的史料，在原本沈默的領域發出聲音的。這些主題表現了女性才華和女功，寡婦節操，以及其他一些婦女如何在家庭變故之際實踐她們德行的範例。正如這些故事所示，有時候傳記材料正是在人們毫無準備時悄然出聲，而這正是歷史學家需要洗耳恭聽的。

早慧和婚姻

在歷史材料所記載的有關閨秀生平故事中，描述其孩童時期的成熟跡象和知書達禮總是必不可少的部分，這些關於早慧的描繪大聲鏜鞳地反映了才女的生活情況。早慧是指一位女孩早早地進入文學界，她的作品被評價和討論，而她也獲得讚譽及文名。文學界總是密切關注那些著名文人——包括男性和女性——的女兒的文學成就，這自然給這些女孩造成了一種壓力，與那些正準備參加科舉考試的兒子們所承受的壓力並無二致。因此，誰被提及、誰被忽略即隱含了貌似不經意的評論，就好比十九世紀的詩人和詩評家沈善寶（1807-1862）對張紈英（1800-1861以後）的天才女兒們的評論。她寫道：「若綺女王潤香采蘋，筥香采綠（此處應該是采蘩——原文註）秀慧絕倫，十一二齡即工韻語……」[7]這一普通的稱讚，我們或可認爲是對其朋友姪女的貶低（那時，善寶是紈英的姐姐緗英的好朋友），因爲它忽略了紈英其他三位女兒的寫作，而其中兩位正因其詩集而行名於世。這中間還有一個有趣的細節錯誤：采蘋是紈英的大女兒，生前已獲文名，有詩集存世。采綠則是最年幼的女兒，且係庶出而非紈英所生。熟悉紈英女兒表字的讀者當然會意識到沈善寶的錯誤：她明顯是想要讚揚紈英的二女兒采蘩。[8]當時沈善寶居住在北京，遠離張王兩家所在的常州，但是因爲她的評論深刻影響了江南女性文人，我們有理由懷疑，如果不是太平天國阻斷了沈善寶著作首次出版時的資訊傳輸，這一錯誤應該已經在隨後出版的著作中被發現並糾正了。

沈的小小錯誤以及她對紈英五位女兒中兩位的讚揚提醒了我們，面對有諸多姊妹的才女們，評論家們必須全部提及並予以褒揚，從而避免貶低餘者。這讓我們更能領會包世臣（1775-1855）對張琦（1765-1833）四位女兒的著作相對平衡的評論（其中最年輕的是上文提到的紈英，也就是王采蘋和她姊妹的母親）：

> 緯青幽雋，婉紃排奡，若綺和雅，各得先生之一體，恭人則纏綿悱惻不失於愚，屬詞比事必達其志。節族膏澤，多所自得，被文采而能高翔矣。【9】

在這裡，包世臣特別讚揚了四位才女中的大姐䌌英，但也指出了每位姊妹著作中的過人之處。同時，他也明確將四位才女的才華和她們父親的學識聯繫起來。而這正與沈善寶相反，沈更強調母親或姨母與女兒之間才華的傳承。

也就是說，對早慧才女的評論既可以作爲忽略或凸顯其他女性的方式，又可成爲褒揚其父母的途徑。同時，對年輕女孩早慧的讚揚也可成爲她成年後未能獲得更高詩學成就的伏筆。

天質穎敏，幼喜爲詩，不學而成。曜孫七八歲時，先姊詩已成帙，於歸後，以襄庀家政，吟詠遂罕，故稿中皆乙亥以前所作居多……[10]

通過對比姐姐結婚以後在文學創作上的空白，這位弟弟褒揚了她的婦德：獻身家庭，忠於丈夫和夫家，甚至自我否定（self-denial）。這可能還隱含這樣一種暗寓腹誹，即批評丈夫或公婆在某種程度上不能繼續培養或者阻礙了年輕婦女的文學成就，關於這點我們必須閱讀更爲具體的家庭文獻才能得知。値得注意的是，在這一隱喻的寫作策略中，才女娘家是其家學的養成一方，而夫家則在無意間（可能）使其才華銷聲匿跡。

通過傾聽這些史料中的聲音，史學家突然明白了那些上流社會家庭中年輕婦女所承受的壓力。在這些家庭中教育是普遍的，因此人們對女性的詩學才華寄予厚望。一位擁有衆多姐妹的女孩從學習閱讀伊始便處於競爭當中。家庭競賽往往是姊妹們比試的時機，她們或交換詩作，或用同一韻腳來「聯」詩，或針對同一物品作「詠物詩」。這些由衆多姊妹參與的詠物詩經常在家庭合集中出版，因此讀者也可輕易定奪誰最優秀誰最平庸。再者，當年輕詩人的作品受到來自家庭以外的關注時，這些作爲外人的選家也參與了其家庭競賽，這意味著人們必然像等待書評一樣熱切地（或焦急地）等待詩評。同理，這同一種鼓噪也將壓力加在選家和詩話評論家身上。與地方誌編撰者類似，這些作者不僅要對其友人及資助者負責，同時也要注意他們評判的準確性，並顧及他們的評判是如何影響被評家庭的內部運作（family dynamics）和家庭之外的文化資本（cultural capital）。姐妹之間的自詡自得、年齡和才華的潛在等第，以及評家自己的感覺，需要共同營造出一種恰到好處的鑑賞措辭——精準地平衡讀者所處的情況及他們的個性情感——這正是這些史料傳遞的聲音。

女功

Maureen Robertson已經指出女功和寫作是如何與婦女的自我展現聯繫在一起的，比如她們總是在完成女功的情況下寫詩。[11]但是我們也可以找到因女功而廢創作的例子，比如張琦的妻子湯瑤卿（1763-1829）。湯瑤卿雖然極具天賦，但是從她的傳記中我們得知，她直到四十歲以後才開始寫詩。正如她女兒所言：

> 太夫人心思靈巧，工剪綵，爲花鳥山水無不畢肖。嘗戲以蛋殼爲螢燈，燈上剪綵，作《溪山圖畫》。高峰入雲，懸崖白仞，上建浮屠七級，左倚層台，晴輝麗景，金碧照耀，山石掩映，斑駁陸離。東麓巨木槎枒，綠葉蔥倩，樵子行唱其間，平隄曲澗，垂楊碧桃，映帶村落，小舟泝流，而入恍惚如問津人。隔岸層巒疊嶂，三面臨溪，似成山之門入海者。又東長橋垂虹，林木深隱，山亭翼然，迺在樹杪，傍則傑閣聳立，溪水澄清，遊鱗儵然於萍石間，粲粲可數。徑寸之地，凡山之類四，樹之類十八，亭台房室之類十一，人之類五，橋二，魚二，草石在水中者七，意態殊絕，偃仰向背，宛若天趣，景色輝映，神怡目愕，不可以縷陳。[12]

這一對材料和色彩的極盡奢華的描繪，與湯瑤卿屈指可數的存世之作——一卷由三十二首短詩組成的詩集——形成強烈的對比。[13]緡英關於母親手工的回憶中還有一樁引人注目，她注意到母親的絲綢製品在審美甚至精神上的特徵及其質量。這一聲音在婦女傳記和回憶錄中是很罕見的，因爲此類文體的重點在於記述對紡織付出的勞力及長夜漫漫的工作時間，而不是展現女功作品如何美麗。總而言之，這一有聲（關於刺繡）和無聲（關於詩歌）的共現（juxtaposition）讓歷史學家得以思考湯瑤卿傳記敘述中所明指的細節：事實上她直到四十歲才開始詩歌創作。可能對於在嚴格家教環境中長大的女子而言，刺繡才是唯一讓她們覺得得體的創造品（從其他材料中我們得知，瑤卿的父親是規範禮儀的衛道士[14]）。

才華

相對於其他藝術媒介，尤其是音樂、繪畫和書法，才女的詩歌創作在其作品序言和傳記中往往獲得更多的關注。下面是關於張琦的三女兒——書法家張綸英（1798-1868以後）的豐富而有趣的傳記，由她兄弟寫成：

> 姊每晨起盥沐，即據案作書數百字。乃啓户理妝，或閉户就寢。盡數百字乃臥。嘗中夜不寢，輒起作書。家勸其少休，姊曰：「吾一日不作書，若有所失，欲罷不能矣。」[15]

同時，

姊性婉柔，體瘦弱，若不勝衣，而下筆輒剛健沈毅不可控制，爲二三寸正書，神彩奕奕，端嚴遒麗；爲分書，格勢峭逸，筆力沉厚。[16]

正如湯瑤卿可以將其絲織作品作爲另一種途徑來釋放她無法在詩歌中宣洩的審美情感，張綸英的書法似乎在她心理和社會成長中發揮了各種作用。在她兄弟回憶姊姊的其他作品中，我們發現綸英直到三十歲以後才開始詩歌創作，而她對於書法的迷戀成爲撫平失去長姊緗英的痛苦的主要途徑，在她書名遠播的時候，「乞書者無虛日」。在她成爲寡婦而她兄弟成爲鰥夫以後，綸英擔任了她兄弟的管家。她教授她姪子、姪女以及養子書法和寫詩。當她兄弟曜孫還在爲生計奔波的時候，（據家族記載暗示）她的收入成爲支撐全家生活的主要來源。也就是說，綸英對書法創作的迷戀未必僅僅出於她對藝術的熱愛，而是因爲她意識到她的親人掙扎於貧困之中。

在同時考察有關綸英書法天分的記載和她丈夫的傳記材料以後，我們進一步認識到，她丈夫並不認爲女性追求書法創作是一種得體的行爲，直到數年勸說之後，他才開始欣賞妻子的藝術創作。正如綸英的弟弟（再一次）在他姊夫的傳記中所記載的：「先君親授以北朝書法，君初不喜，以爲非婦人事。及學成，君嗟呀謂，足繼先君。常出其詩書以示友朋，必大喜樂。」[17]在這裡，我們可以看到，他對綿延殘存於士大夫之間的反對婦女從事藝術的態度頗有微辭，或許甚至還有一點對孫劼自身成就的批評，在這個例子中，他無疑因張家長期的薰陶而變得更有見識了。值得注意的是，孫劼本身是一名失敗的學者。在父親去世以後，他居住在妻子娘家，受聘爲姪子、姪女的家庭教師。因此，對於綸英藝術成就的讚揚可能間接地指出她丈夫的平庸資質。通過講述女性生平來批評男性是一種常見的傳記敘述策略，我們將在下文中再述。

孀居

寡居的痛楚是女性傳記中反覆出現的主題，作者往往通過《詩經》中簡練而深情的柏舟形象來描述。但是有時候，寡婦傳記也充滿了情節劇般的鮮活事蹟。下文是張琦的哥哥張惠言（1761-1802）爲其祖母白氏所撰回憶錄中的一段，此處意在展現作者如何藝術化的使用直接引語：

政誠府君倜儻好學，通六藝諸子之書……屢困童子試，父文復府君命北游，占天津商籍鄉試順天。俄得疾，卒京師，年三十五，是歲雍正十一年也。訃至，孺人慟絕，是時文復府君年七十一，呼曰：「天乎，兒與婦偕亡乎！」頃之，孺人蘇，文復府君曰：「我老矣，諸孤幼，新婦死耶？」孺人泣謝曰：「不敢。」明年文復府君病及革，顧孺人泣曰：「吾死矣，諸孤與新婦爲命。新婦存一日，諸孤亦存一日也。」良久唏噓曰：「貧甚，無可倚者。吾死，新婦存耶？」孺人泣對曰：「新婦生死與諸孤俱。」文復府君遂卒。[18]

故事並未就此結束，下文更加精彩。張惠言的祖母活了下來。她有兩個女兒，一個十二歲，一個十三歲，她牽二女紡織以爲食。因爲請不起教師，她自已教育三個兒子（分別是十一歲（張惠言的父親）、九歲和六歲），她把書中不明白的問題攢起來，等伯叔父們偶然來訪時向他們請教。然後我們看到下面的描述：

> 或謂：「孺人家至貧，令兒習他業，可以餬口，今使之讀，讀未成，餓死矣。」孺人曰：「自吾翁而上五世爲文儒，吾夫繼之，至吾子而澤斬，吾不可以見吾翁卒。」命之學。[19]

這些文字被永久的保存在家族文獻中（對於首次記錄它時的意義我們已不得而知），並且成爲紀念惠言祖母一生最重要的頌歌，而對祖母的回憶也成爲張惠言最著名的文章之一。

當張惠言在給他的母親薑氏撰寫事略時，他腦海中必然呈現了白氏作爲寡婦傳奇的一生。以下就是包含所有生動回憶的細節描寫：

> 先妣年十九歸我府君，十年凡生兩男兩女，殤其二，唯姊觀書及惠言在，而府君卒。卒後四月，遺腹生翊。是時先妣年二十九，姊八歲，惠言四歲矣。府君少孤，兄弟三人資教授以養先祖母，先祖母卒，各異財。世父別賃屋，居城中，府君既卒，家無一夕儲，世父曰：「吾弟不幸以沒，兩兒未成立，是我責也。」然世父亦貧，省嗇口食，常以歲時減分錢米，而先妣與姊作女

工以給焉。惠言年九歲，世父命城中與兄學，逾月時，乃一歸省。一日暮歸，無以爲夕饗。各不食而寢，遲明，惠言餓不能起，先妣曰：「兒不慣餓，憊耶。吾與爾姊爾弟時時如此也。」惠言泣，先妣亦泣。時有從姊乞一錢買糕啗惠言。……惠言依世父居，讀書四年，反，先妣命授翊書。先妣與姊課鍼黹常數線爲節。每晨起盡三十線，然後作炊，夜則燃一燈，先妣與姊相對坐，惠言兄弟持書倚其側，鍼聲與讀書聲相和也。漏四下，惠言姊弟各寢，先妣乃就寢。……[20]

嘗憶惠言五歲，時先妣日夜哭泣數十日，忽蒙被晝臥，惠言戲床下，以爲母倦，哭而寢也。須臾，族母至，乃知引帶自經，幸而得蘇。[21]

我們很難忽略這篇傳記中人物形象的落差（slippage）：惠言母親的堅毅和決心（在這一點上惠言不斷將她和她婆婆進行對比）與她試圖自殺的絕望情緒（讓人回憶起她婆婆的短暫屈服）。可能作者試圖通過這些對比，讓讀者更清楚地理解惠言母親及祖母所經歷的困難，但這些段落本身彰顯了直白坦率（candor）的特徵，尤其在顯露人性脆弱方面格外引人注目。同樣有趣的是整個故事的敘述結構，即通過張惠言的愧疚來講述。正如我們在下面的例子中將要看到的，這種自我抱怨的形式經常出現在男性對女性的回憶當中。

節儉與慷慨

在對他的繼妻湯瑤卿的回憶中，張琦回憶了他離家期間妻子所遭受的種種貧困和艱難：

餘橐筆出遊，至浙後至安徽河南山東最後至京師，館穀所入先後支絀，或歲一歸，或三五歲一歸，黽勉有無，皆孺人任之。戊辰己巳間，餘客陝州，信不以時達，孺人冬無棉衣，朝夕不給，率四女刺繡以易米，恆不得飽，至屑米為粥，日一食焉。嘉慶癸酉，餘年五十，始得一第……

張琦繼續寫道，在他一八一四年考中舉人後的十年間，他都離家在京城工作。「至孺人三嫁女，內外兼理，秩然井然，無稍誤失。然家日益困，賴女婿章政平孫劼典質稱貸，得以存濟。」[22]

在張琦兒子曜孫為其父所撰傳記中，他抱怨道（這的的確確是一種抱怨），當母親死後（其母逝於山東館陶，即他父親擔任縣令的地方），他將母親的遺體運回老家安葬，雖然他父親已為官八年，整個家庭卻無寸田尺宅。「或以勸府君，」曜孫寫道：「府君命不孝曰：『禮，君子將營宮室，宗廟為先。吾家無宗祠，志此數十年矣，汝歸營之，祠成然後可及私室也。』」[23]所以，在傳記中，曜孫記錄道他是如何謹尊父命，營造了一座簡陋的祠屋（據他所言，實為草創且並未完工）以供其父經常祭拜。總結其父一生，曜孫論道：「府君既不喜理生產，卒之日幾無以為斂，歸安章先生亦江敦甫任聊城未識府君

也，聞而憫之……乃與（原文此處詳細列舉個人名字——原文註）共出資以助其行，不孝始得奉喪而南。」【24】

在另一篇紀念湯瑤卿的文章中，這個家庭的好友包世臣（後來成爲親家，將自己的女兒嫁給了張琦唯一倖存的兒子）將張琦的無能與他妻子的能幹描繪得略有不同：

翰風晚而遠遊，孺人以婦功自給（包提到了她非凡的手藝，尤其是對其貼花技藝在上文中有詳細描述），然督課子女，能使皆有學，行知自立。及迎取之官，孺人稱貸建君姑節孝坊，營考妣窀穸，經年蕆，事乃成行。平昔食貧操作，使夫子不以家累身，能求其志。從宦不事簪珥（湯跟隨張琦從官山東），居積使夫子不以家累官，能成其政。又時節俸入以潤夫子之族親，交遊老病，則加以衣裘恩舊更爲籌長久，此大較，里黨所知也。

包世臣作此言論，部分是爲了譴責自己未能及時意識到這個家庭經濟拮据的狀況。在很長一段時間，他都非常享受張家的熱情款待，他甚至在張家住了半載，直到他意識到湯瑤卿的艱難處境。一次張琦久滯京城，包世臣去張家探望，時嚴寒，湯瑤卿棉衣未具，卻裝作若無其事的樣子向他問候，直到此時，包才察覺她的窘困境地。【25】

在這裡，包世臣記述了一個我們非常熟悉的故事。我們早已諳熟成功學者背後必然有一位妻子在他離家時管理家庭，使丈夫「不爲家事所累」的故事。而包的故事完全可以寫得更加尖銳，但他卻並未這樣寫。畢竟，包不僅僅只是一位老朋友（從他寫悼文的時候看），他與張琦一家也有姻親關係，因此他對琦不諳理財的溫和批評正如張琦自己兒子的評論一般客氣。但是嚴冬時節相遇時，看到受凍發抖的湯瑤卿，包確實大爲震驚並愕然（「辛苦無此比？」他反問自己）。這其中可能包含了他對自己長期受惠於這個家庭的愧疚，同時也不乏他自己對湯的同情。不管怎樣，所有這些關於湯瑤卿如何節省和慷慨的故事，在更廣闊的層面上，無疑構成了對其丈夫不善理財的反覆批評中的一部分。這種通過女性傳記來批評男性（或者自我批評）的方式是我們非常熟悉的，最起碼可以追溯到孟子和孟母的故事。在這裡，包的文章讓我們得以體察那些影響男性和他人之間關係的張力，這一張力可能來自於男性與其朋友或親戚的妻子和母親的關係，或如下文所示，來自他們的女兒。

提到那些筆鋒犀利而較少諷喻的傳記，章學誠（1738-1801）撰寫的關於女性的回憶文章十分突出。我最喜歡的例子是章爲他兩位年輕堂姪女所作的簡短事略。這兩篇文章都作於堂姪女早逝之後，在他看來，她們的死亡都是悲劇。

> 從兄……〔章父親的兄弟的兒子——原文註〕有女二，嫂荀出也。長適大興監生……次適涿州附生……俱賢孝，有家法，而皆不得所遇，悒鬱以歿，可湣也！初予自乾隆二十五年庚辰，始遊京師，館兄家，兄嫂飲食餘，意甚厚。二女出拜，長者年十三〔她比章學誠年幼將近十歲——原文註〕，次纔十歲，容止端莊。雖處閨闥，如學子在書塾中。於時兄嫂年且五十無子，族黨過從，見二女方學誦詩，聲莊以雅，相與歎息。

乙酉北來，長女歸胡爲繼室〔她丈夫的前妻已逝〕。胡氏爲人籌鹽筴，習見富厚家所爲，女爲人婦，舉動必以禮，舅姑頗貌敬之。撫前室遺女，與夫之妾，俱有恩。已而胡徙家豐潤，去京師遠，女悒悵思父母。間或一歸，強爲歡笑紓母意。問婿家事，無所言。未幾，以娩身，遇疾卒，年甫二十〔如果從實歲來看，她可能還不到十九歲，或許只有十八歲〕。後媵婢歸，乃云：女事姑能幾諫，姑嘗取爨栗易瓜食，且與女。女言家未析爨，瓜不足遍給家中人，因婉謝不食。〔這個故事的重點是：婆婆自私地用家裡的爨栗換取了昂貴的瓜果，媳婦並不贊同婆婆的自私自利，或許還有她的奢侈〕其姑爲之折服，或笑其迂。則言予：去父母遠，敢不戒慎，貽父母憂。既死，胡氏人無少長，莫不慟哭失聲。

次女生十一年，即締姻於趙，婿家世農業，至國泰始讀書爲生員。登堂拜兄嫂，予適過兄，見婿貌似可教，因爲兄嫂慶。歲丁亥，長女卒胡氏，嫂傷悼得疾，日支夕離床笫間，次女捧持搔抑，定省起居，數月無少懈。明年嫂卒，家益落，兄逐食東西，女年十八，支持門內事，肅然有條，兄亦劇愛憐之。嘗以爨粟不充，欲僮婢減餐啜粥。女輒先僮婢粥食，謂處窮約時，不可不與下同甘苦也……[26]

章用同一種筆調繼續寫道，當他奉母來京師時，這個堂姪女對他母親就像親孫女一樣親近，章還毫不掩飾地指出她丈夫是如何無賴行事。不出所料，和她姊姊一樣，這名小堂姪女最後也在孤獨和冷漠中死去了。更不幸的是，她的公婆甚至因不能理解她而埋怨她。章帶著巨大的痛苦詳細敘述了他們是如何嘲笑他堂姪女致力禮制以及她高潔的舉止。這個悲哀故事的關鍵部分，可能是結尾處章的訓誡：

> 兄女二俱晚得，父母珍愛之……皆頎然白皙。[27]……族孫心耕曉相術，亦嘗謂二女必昌其家。惜不男子耳。不知皆止於此。嫁女擇婿，古人所愼，有以哉！……[28]

通過詳細的描述，章用這些年輕女性的生活作爲鏡子來點評男性的生活。文章中對鹽商及籌鹽筴的提及，對於農家始讀書的評論，對於大女兒作爲繼妻的地位和對小女兒入贅婚的評述，以及對於喪失愛女的母親的悲痛討論——這些都與章家女兒熟諳禮儀的情景形成了強烈對照——所有這些都揭示了一個事實，即章家女兒嫁給了低於她們身分的人家。那麼誰是鏡子中那個道德上的罪人？不是母親，她的抑鬱而逝正表達了對其女兒命運的強烈批評。顯而易見，兩位年輕婦女的悲慘遭遇向讀者顯示，她們的父親才是罪魁禍首：正是他決定將她們嫁入不可靠的環境當中。以大女兒爲例，他明顯沒有考慮夫家的名聲而只對建立有權勢的關係感興趣。在小女兒的例子中，這位父親最關心的是如何「入贅」，因爲他家裡缺少男性繼承者。他無視同階層人士在安排此類婚姻時經常考慮的因素。[29]鹽商以及獲得鹽專賣特權的政治是權勢的標誌，但是在學者士人眼中，鹽商的社會地位總是卑微的。同時，在章看來，將女兒作爲繼妻嫁出，就和讓一個農家男孩入贅到自己家作爲女婿一樣，對新娘來說都是「下」嫁。

章學誠從未給自己的堂兄弟，也就是這些女孩的父親寫過傳記。但是，正如我們所見，他採取了更具表現性的方法：他不僅撰寫了女兒的傳記——這兩篇傳記本身詳細描述了兩位本可能在歷史上無聲無息的年輕女性，因而顯得不同尋常——同時也爲其堂兄弟的妻子（也就是因傷心過度而去世的兩位女孩的母親）撰寫了一篇極長的傳記。這篇傳記更爲明顯地反映出這位堂兄弟的一無是處——不負責任，不可信賴，自我放縱並且毫無能力——總之，他完全依靠家中女性而苟活於世。[30]章的女性傳記儼然是他呵斥毫無遠見的堂兄弟的審判地。

章所撰寫的女性故事小心翼翼地行走在對符合禮制的得體行爲的記錄和發表閑言碎語（gossip）之間，其怨恨的閑話就是爲了打擊他的目標。除此之外，若從章學誠哲學寫作的廣大背景中來考察，章的女性傳記以及他的「女學」一文爲他提供了一個場所，讓他得以戲劇化（dramatize）並展示他對同時代文人的道德墮落和唯我獨尊的批評。[31]此類傳記是「肥皀箱傳記」（biography-as-soapbox）（biography-as-soapbox是英語中的固定用語，指那些表面爲傳記，其核心是爲了宣揚作者個人看法的傳記——譯者註）的典型例子。任何一位讀過魏源爲那個在鍾人傑起義中被害的倒楣地方官所作的墓誌銘的讀者，對這類的傳記都是非常熟悉的，當然現在這只是孔飛力（Philip Kuhn）的教材中一份不起眼的清代史料。[32]

章學誠擲地有聲的回憶錄向我們展示了女性親屬的痛苦可以激發男性作家細致入微的描述，並且在這種激情中記錄他們對人性性格和弱點的評判。另一篇同樣細致瑣碎卻截然不同的回憶錄是另一位學者爲包孟儀（1808-1844）撰寫的厝誌。包孟儀是前文提及的包世臣的養女，她嫁給了包的朋友張琦唯一的兒子，卻在誕下二子後的三十七歲過早去世了。她的故事集中描述了她的夫家特殊的組成情況。她的丈夫是前文介紹的張家四位女兒的小弟弟。他的兩位姊姊是入贅婚。因此，當孟儀結婚時，她面臨與兩位已經出嫁的大姑以及她們的丈夫共同生活的特殊挑戰。這本身已與一般父系家庭的常情不同。一般而言。父系家庭都是新娘嫁入她丈夫父母的家庭。但是，孟儀還要面臨更為複雜的情況。孟儀的丈夫曾經有一位在少年時期夭折的哥哥，他在行冠禮之前去世，卻已訂婚。這位哥哥的未婚妻法氏作為貞女已在當時嫁入張家。[33]換言之，包孟儀嫁入的夫家包括她丈夫哥哥忠貞的未婚妻，她丈夫的兩位姊姊，以及她們入贅的丈夫。孟儀的公婆已經去世，而她的丈夫是唯一的兒子，作為一家之主的妻子，她本應享受作為張家掌權女性的地位。但是她的情形卻非常複雜。她比大姑子要小幾歲，並且從包氏的傳記來看，貞女法氏已經宣稱她是資格更老的媳婦，因為她是亡故長子的遺孀。

任何得以掌控這一局面的婦女都有資格成為儒家眼中的聖人，但作者卻在厝誌中以字斟句酌的細節向我們展示包孟儀所面臨的特殊考驗及其成功。厝誌的作者方駿謨（於一八六一年間有影響）意識到（或者因他人授意而明白）如果他可以將孟儀的生活與某一個禮制問題聯繫起來，並且用她的生活來展示禮的成功實踐，那麼他就可以自由討論包孟儀情況的任何細節。方選擇的這個問題正是塚婦（長子的妻子）和介婦（小兒子的妻子們）之間的禮制等級。（這個案例所倚仗的文本是《禮記》中的一個段落：「舅沒則姑老，塚婦所祭祀賓客，每事必請於姑，介婦請於塚婦。」）在其墓誌銘中，方進一步解釋，依據經典中的這一段落，包孟儀的情況不僅僅只是微妙的。他指出貞女法氏有心疾。她常陷入不可控制的盛怒而拿包孟儀出氣。方解釋道，當法氏發怒時，孟儀總是以其一貫的恭敬態度來滿足她的每一個要求，在暗自流淚的同時承擔任何讓她嫂子不高興的責任，並且找到平息她怒火並讓她恢復平靜的方式。方寫道，正因為孟儀的巨大成功，貞女法氏自己曾驕傲的說：「叔姒厚我」。這裡有必要全文引用方駿謨自己在結尾處的評論：

婦人賢性恆，徵信於家人之口，人之稱孺人也。內外無異詞，孺人亦榮矣。然其所以能賢，則於屈事法孺人而知其得體之本焉。《禮》曰：「舅姑若使介婦，勿敢敵耦於塚婦，不敢並行，不敢並命，不敢並坐。」古人特以嚴介婦塚婦之分，使之知有所常尊，以泯其淩替之漸，而歸乎能敬以和，意至微也。後世宗法亡矣，禮教亦漸夷，於是各挾其私，以爭勝於家庭。甚者或矜其夫之貴富，把持閫內，祭祀賓客，未嘗一請於塚婦，於是有各不相下之勢。誶語起，而家道乖，乖則不祥，孰大焉。法孺人疾甚，不自持。孺人獨能恪守介婦之禮，委屈承順，以格其心度，必有隱忍於萬難自解者。推斯意也，尊於姒者而純孝以事親可知；親於姒者，而貞順以相夫可知。及至協和家人，慈惠婢妾，皆可知無他深。探古人制禮之意，以爲不如是，不足以成婦道，而非有矯揉好名之見存乎其間，是故通於上下，無不得其歡心；施諸行事，無不當乎理要。家國天下之治，未有不基於此者也。嗚呼，是可以告天下，後世之爲婦者也。故曰：惟孺人爲能知禮之本。[34]

貞女法氏本身是寂寂無聲的傳記人物。對於大多數處於正常家庭秩序之外的貞女，我們往往只能在旌表材料中找到些許記載。作爲一名被帝國政府表彰的貞女，法氏的生平已是相對而言記載得比較詳細的，雖然也只有短短五行的紀錄。其中的一些紀錄就如上文方氏的評語一樣，強調了其他人是如何容忍或放縱她對禮制的獻身。比如，在張琦爲其妻湯瑤卿所作的墓誌銘中，他提到法氏以突出湯的品德：「孺人哀之，迎歸俾成其志」。[35]在一八七九年的常州地方誌的列女傳中，也只有一句記載：「二十八年旌……貞女法氏」及簡單介紹「貞女法氏字張玨孫」。[36]張家家譜曾提到法氏兩次，都只是一句話的記載，在給她的一位小姑的生日賀詞中，人們討論了關於法氏亡夫玨孫的子嗣問題。

我已用多年時間來尋找法氏的材料，因此當我偶然發現方駿謨的厝誌時，自然對他文中的空谷足音（noisy revelations）無比興奮。但與此同時，我也震驚於方氏的描述和其他任何與張家及包孟儀婚姻有關的公私材料中關於這名貞女的沈默態度（包世臣有許多機會來評論，但他卻從未說過一個字）之間的對比。而這一沈默本應是人們大肆宣揚的所在：讚揚年輕法氏的貞德，尤其是她獲得旌表殊榮的原因。正是這一沈默讓我意識到方駿謨所突破的禁忌，同時也讓我欣賞他如何在關於記述什麼和如何記述的道德叢林中熟練地開闢出一條新路。

方駿謨的厝誌顯示了傳記敘述是如何從道德評述和編年記載中跳脫出來，而成爲類似《人物》雜誌的瑣碎往事回憶。有一些傳記讓讀者找到，或者說允許作者揭示祕密，以打破那些將自己私人生活隱蔽於公眾視野之外的著名或地位顯赫人物生活的沈默。我曾經非常羨慕Matthew Sommer和戴眞蘭（Janet Theiss），因爲他們研究的刑部案例揭示了許多平常人家的內部生活。[37]但是宮廷文獻的大門對我們這些關注士大夫家庭的研究者是關閉的，因爲這些士大夫往往可以讓他們的私生活遠離衙門的審訊。但是閱讀傳記向我開啓了新的角度。雖然沈默仍然是許多有關閨秀生活的出版材料中的嚴重問題，但是諸多傳記材料仍然充滿著有意爲之的喧嘩之聲。

註釋

【1】惲珠選集中的部分章節已被翻譯，見曼素恩（Susan Mann），*Biography of Exemplary Women.*

【2】章學誠著，《章氏遺書》，16:74b。

【3】Arthur Wright著，"Values, Roles, and Personalities"。

【4】參見Nomura Ayuko關於明清時期女性壽序的分析，收錄在張宏生編輯的《文學與性別》中。

【5】Bossler, "Funerary Writings by Chen Liang（1143-1194）"。也請參見Hsiung, *A Tender Voyage*，頁128-155。Hsiung指出母親往往致力於讓她們的兒子長久的保持這些不愉快的記憶。

【6】Bossler, "Shifting Identities." Bossler認為宋代歌伎（courtesan）成為一種「陪襯來**反襯**作為道德典範的文人」，頁36，但是她也注意到作為陪襯，賢德婦女也同樣可以反襯道德意志薄弱的文人。

【7】沈善寶著，《名媛詩話》，8：4a。雖然采蘩的字笞香是正確的，但是「采綠」是錯誤的。沈善寶這裡提到的是紈英的大女兒和二女兒。有關紈英和她姐姐的情況，請參見Mann著，*Talented Women*。

【8】許多材料都記錄了紈英四個女兒的詩集名，包括胡文楷的《歷代婦女著作考》，頁234-235。胡文楷僅僅著錄了采蘋的作品，對於其他的因未親見而只著錄名稱。我也無法找到其他的作品。除了沈善寶的誤錄，采綠的作品從未被任何材料記錄過。

【9】在施淑儀對女詩人張𦆭英的讚揚中，她特地從包世臣的著作中引用了這一段落（《清代閨秀詩人徵略》，頁512-13（包世臣編輯的選集，9:2B-3A））。在包的原始文獻中，他以張琦女兒的表字而非她們的名字來稱呼。我在翻譯中都採用了名（此處指Susan Mann對此段落的英文翻譯—譯者註）。

【10】出自張曜孫為他二姐張紃英的選集《緯青遺稿》所作的跋。

【11】見Robertson, "Changing the Subject"，尤其參見頁183-185。

【12】張𦆭英將她有關她母親的絲織物的記憶告訴了沈善寶，因此被《名媛詩話》著錄，8：13a-13b。

【13】湯瑤卿著《蓬室偶吟》。

【14】參見《武進陽湖縣合志》傳記卷中有關她父親的記載，26：40b；同時也參見《光緒武進陽湖縣志》，23：37b-38a。

【15】這段引用非常著名，被反覆徵引在張綸英後期的傳記當中，出自張曜孫《肄書圖題辭》，見張綸英《綠槐書屋詩稿附錄》，4：1b-2a。

【16】同上，4：2b-3a。

【17】張曜孫作《孫叔獻哀辭》，重印於張綸英《綠槐書屋詩稿附錄》，5：3b-6a，引用部分出自5b。

【18】張惠言，《茗柯文二編》，下，21a-b。

【19】同上，21b。

【20】張惠言，「先妣事略」《茗柯文二編》，下23a-25a。

【21】同上，25a-b。

【22】張琦《亡室湯孺人行略》。作為序言，此文出版於湯瑤卿選集《蓬室偶吟》，見《宛鄰詩》附卷，1a-5b，引用部分出自2a。

【23】張曜孫，《先府君行實》，出版於張琦《宛鄰詩》，1a-10a，引用部分在7a。

【24】同上，8b。

【25】包世臣，《皇敕封孺人山東館陶縣知縣張君妻湯氏墓誌銘》17b-18a。包引用了歷史上賢母「截發剉薦」的典故。

【26】章學誠著，《章氏遺書》，20：16a-18b。

【27】這是左思《婦女詩》中的典故：「吾家有嬌女，皎皎頗白皙」。

【28】章學誠著，《章氏遺書》，20/18b。

【29】參見盧葦菁，“Uxorilocal Marriage among Qing Literati”。盧強調入贅女婿與其丈人和新娘在思想和學識

上產生共鳴的重要性，在此基礎上，通過這種婚姻，新娘的父親得以讓自己心愛的女兒留在家裡。

【30】章學誠為荀氏所寫的傳記已被翻譯，參見Mann和Cheng合編*Under Confucian Eyes*，頁220-227。

【31】參見Mann的文章，"Women in the Life and Thought"。

【32】在為師縣令所撰墓誌銘中，魏源用了大量筆墨嚴厲批評了中央政府錯誤的行政指令，直到最後才簡單介紹傳主生平。如何將這兩部分聯繫在一起，基本上取決於讀者自己的直覺和背景知識。見Kuhn和Fairbank合編的*Introduction to Ch'ing Documents*。

【33】在撰寫女性生平時，貞女作為不太協調的角色總是默默無聲。盧葦菁為本書撰寫的一章以及她的著作以貞女為主題，這些年輕女性或者自殺，或者終身不嫁，以實現對其已訂婚卻未能舉行婚禮的未婚夫的忠貞。參見盧葦菁著作，*True to Her Word*。

【34】方駿謨著《張君妻包孺人壙誌》，見趙震編《毘陵詩錄》，12a-b。方是一名地方學者，我們並未找到史料記載他是如何獲知這些信息的。

【35】張琦著《亡室湯孺人行略》，見《明發錄行略》，6a。

【36】參見《光緒武進陽湖縣志》，9/6a。

【37】Sommer著，*Sex, Law, and Society*，Theiss著，*Disgraceful Matters*。

重獲新生：二十世紀五〇年代陝西農村婦女勞動模範的產生

賀蕭（Gail Hershatter）*／莫亞軍譯

導論

如今，中國的二十世紀五〇年代，因其已相隔足夠久遠，與當今的政治結構又有相當距離，而被視爲歷史學家的合理課題。追溯發生在那個時代的事件的學者總能遇到豐富的文字紀錄。這是當時一個雄心勃勃的國家政府的傑作：它下達指令，需索匯報，且樂於向廣而又廣的公眾宣揚其成果及箴言。然而，我們能讀到的與我們想知道的並非完全一致。在這樣的空白中，最令人沮喪的是我們對農村婦女的無知。在關於掃盲、婚姻改革，及最重要的，動員集體生產的國家政策中，作爲國家課題（state subject）的婦女（Woman）在書面紀錄中比比皆是。然而，婦女——那些有個人歷史和獨特軌跡，不僅在解放（Liberation）及解放以後偶爾表達熱情而且具有持久力量的有名有姓的婦女（women）——卻鳳毛麟角。

* 首先，我將最衷心的感謝致於我研究中的夥伴及老師，高小賢。我對姜進、康文慶、孫曉萍和莫亞軍所提供的研究助理也深表謝意。

唯一在書面紀錄中以個人形象持續出現的農村婦女是那些由黨／國家（Party/state）爲使廣大民衆效仿而選作典範的人物：勞動模範（labor model）。那些五〇年代的地方幹部和新聞記者所創作的有關勞動模範的報導和宣傳可以視爲一種傳記類型。而那些搜集於九十年代的前勞模及幹部的回憶性自述則是另一種傳記類型（在這裡我們並非採用「傳記」一詞最嚴謹的定義，因爲這些是口述歷史而非書面回憶錄）。以這兩種史料作爲傳記素材，並塑造一部更接近於常識意義上的「傳記」的傳記文本，其可能性引人探索。

本文探討婦女勞動模範的集體產生，專注於國家行爲，社區自我敘述，和個人生活經歷之間的模糊界線。在史料上，本文採用了對四位種植高產棉花的陝西婦女勞模所進行的訪問，以及有關她們已出版的報導材料和檔案資料。這些女主人公分別是全國勞動模範、中國政治協商會議委員，及省人民代表大會代表，渭南的張秋香；在一九六二年被選爲全國勞動模範的潼關的山秀珍；省級勞動模範，渭南的曹竹香；以及模範合作社的領導、一九五一年的省級勞模及一九五七年的全國勞模，魯桂蘭。

如果讀者試圖尋找關於獨特生活經歷的連貫敘述，或就本文而言，以眞實人物爲主角的有關農村集體化的詳細記載，他們將會失望。這些都是有價值的研究題目。但在此之前，我們需要研究勞動模範以及記錄她們的功績資料的產生過程。這些過程包含了將婦女定位在一個特定的美德譜系（lineages of virtue）中，學習如何論述她們的勞動，記錄並宣傳她們的業績，以及從當下這個完全不同於五〇年代的歷史時刻來回憶並敘述她們的生命。每一個過程中都包含許多個人主體（human agents），遠不止於勞動模範或她的文書助理。這不是一部通常意義上的傳記，因爲它不是一個關於個人如何渡過其人生的故事。相反，勞模的故事迫使我們關注具有特定目的的，有關婦女的人生的社會生產（social production），以及關注其因不同的個人和互動而產生的流通、轉換和追憶（recollection）。

那麼，我們期望從傳記中獲得怎樣的眞相呢？尤其是那些因全方位的資料和回憶而得知的個人內心想法和情感？勞模的故事向內在性（interiority）本身的存在，或至少對其假定形狀，提出了質疑。最後，我將以對一些問題的反思來結束本文：現存的有關勞模的資料結合口述歷史，可否用於構建傳記？在重大的國家工程（state project），如集體化（collectivization），剛剛終結的時刻，傳記是否可行或可取？關於五〇年代的農村婦女的生活，我們是否或許應該問一些其他類型的問題？

美德的譜系

五〇年代農村婦女勞動模範的故事與許多古代烈女（virtuous women）的故事相呼應：勤勞、苦難、關注他人的福利、自我犧牲（儘管爲集體而非爲父系宗族），以及——很有趣的——貞操，或至少沒有有關性關係的糾紛。如同帝國晚期的貞節寡婦和嚴格致力的母親（見本書第二部分），勞動模範是積極及堅定的。在帝國時代，出版烈女的傳記會給她們的家族和社區帶去榮耀，甚至在更廣的範圍內樹立起良好行爲的典範。相類似的，在五〇年代，當一村或一生產隊產生了一位著名的勞動模範，人們會發現她們的成就會被廣爲宣傳：首先在解放區，後來在全省甚至在全國傳播開來。勞動模範，像舊制度下的烈女，成爲社區的社會資本的來源。同時，她們體現和推動了國家的目標。如同鼓勵編輯地方志書的帝國官員，中共官員希望通過宣傳她們的豐功偉績來促進對勞模的效仿。

當然，有關美德的古老故事和五〇年代勞模的故事也有相當大的差別。雖然早期中國的烈女經常因她們的賢明及對統治者的大膽忠告而備受讚美，[1]但帝國晚期的典範更普遍地因她們在家庭領域內（domestic realm）的行爲而被稱頌。中華人民共和國的勞模故事重組並改造了來自這兩個時代的不同要素。類似於中國早期文本中的婦女，而不同於帝國晚期的婦女，人民共和國的勞模通常被捲入一項政治任務中——建設社會主義。不像早期的中國女英雄，她並非通過抓住某個當權者的注意力來參與到該項任務中去，儘管遇到了強大的男人——例如受到周恩來和毛澤東的接見——是勞模故事的一部分。相反，如同帝國晚期的楷模，勞動模範是通過認眞表現每日的勞動來實現她們的政治目標的，但這種表現不再發生在家庭領域內，而發生在其外（outside）。

在人民共和國早期的陝西，烈女不僅由國家喚起或由其鄰居提名。她們必須被創造。如一九五一年民政局下達給地方官員的指令所言，勞動模範是被「訓練和發現」的。[2]黨和政府的幹部是生產勞模的隱含的代理人。幹部被分配到陝西農村連續生活和工作幾個月（這個過程稱爲蹲點，從字面上理解就是「蹲在某一點上」），然後確定潛在的先進者，誘導她們擔起領導角色，訓練她們必要的技能。如果她們遭到反對，幹部會支持她們，並推薦她們獲得國家的認可。

一九四九年以前，陝西中部的農村婦女並沒有全職從事農活的慣例，儘管她們通常會在種植和收穫季節下地幫忙。在一些村莊，婦聯（women's federation）幹部發現，女性因爲家庭的不幸而學會了種地。曹竹香就是這樣一位女性。在四〇年代，二十四歲的曹竹香喪偶。解放時，三十二歲的她已經從她的兄弟那裡學會了全方面的農業技能。她選擇夜間到田裡去耕作，因爲這樣鄰居們就不會發現那些彎曲的犁溝是她的傑作。她的貧窮和家庭情況，雖在舊社會標誌著她是一個面臨危險的弱勢個人，而當這個年輕的國家將注意力轉向引導婦女走入田間時，這些情況使她可能成爲一個有技術的婦女領導人。同時，她作爲一個忠貞的寡婦的聲譽意味著她在當地有足夠的威信而成爲一名有效的模範。正如李秀娃（假名），一前「蹲點」幹部，所解釋的：

具體說曹竹香年紀輕輕就守寡，受封建殘餘的約束，她不能改嫁，因爲她有個兒子，她就得守這個家，從二十幾歲就把青春貢獻給這個家了，曹竹香很能幹，家裡活，地裡活都能幹，她能擔擔子，能推車子，能犁地，能吆牲口，犁耬耙磨揚場全把式。再竹香能幹得很，也就在村子有威信，這威信不是現在意義上的威信，而是封建殘餘給她的威信，說這女人能幹，本分，能吃苦，我們吃就在這基礎上給她攤新的威信，不（但）讓她參加生產，還要讓她參加政治活動，她不光領導她的小家，而且能領導大家。[3]

婦女是憑藉其在生產中所起的作用而被選爲模範的，而非因爲她們是忠實的妻子／貞節的寡婦（faithful wife/chaste widow）。然而，如果一個女人想要成爲一個有效的模範，她必須得到鄰居的尊重；潑辣的妻子和淫蕩的寡婦不會起到這樣的效果。尤其當目標是將婦女拉出家庭範圍內並參與到集體農業生產中時——一個與農村有關體面的概念格格不入的舉措——那些起到說服作用的勞動模範就必須同時是正直的典範。在這方面，曹竹香的忠實寡婦的形象，以及她即使在一九四九年之後仍拒絕考慮再婚建議的事蹟，使她的家庭生活無可爭議，也讓她並未因妻子的職責而受到拖累，而且可為共和國的集體化任務（collective projects）所利用。[4]

與勞動模範並肩生活和工作，有時吃在她們家，婦聯幹部們清楚地知道並非所有勞動模範的家庭生活都毫無衝突。然而，沒人能在出版材料中讀到這些，雖然人們可能在四十年後從某個婦聯幹部那裡聽到這樣的故事。例如一位勞動模範因其丈夫反對她的工作而憤怒，以至於拿著棍子圍著她家的石磨追趕他，威脅要打他，直到幹部懇求她才停下來。[5]相反，關於勞動模範的報告往往將其家庭領域內的成就和有關高產量和先進的政治意識的證據並列。例如一份有關山秀珍的一九五二年的報告顯示，在她的愛國行動計畫中，她打算完成以下任務：促進婦女的掃盲，組織勞動力下地勞動，安撫軍屬，捐糧給國家，給她全家生產布料，照顧孩子的學習，不與丈夫吵架。[6]

魯桂蘭與她丈夫的關係總是斷斷續續地充滿衝突。儘管當地幹部希望她能糾正她丈夫對她的惡劣態度，但魯桂蘭這樣描述她關於離婚會破壞她作為領導的可信度的合理判定：

在這時（土地改革）做好多艱苦工作，我老當嫌我黑明的跑不在家，生氣了，你看我那時吃苦大不大，晚上回去坐在坑頭上紡線車上紡線。白天跑了；黑裡回來還要做家務活，我還是以往正常的表現，不能說共產黨把我解放了，我高高在上。有一天老漢躁了說我白天遊遊轉轉，黑了借油紡線。罵罵掛掛你在這樣子跑，走！咱尋鄉上去，咱倆過不成了，甭過了。我說：我不去我嫌怪，還嫌丟人，我沒有跟你不過的思想，跟你過要過哩！不是跟著不過。他生了氣頓住我的胳膀往下來，拉下去把頭碰了，我硬不去，怕給人家鄉里打麻煩丟人哩！你還是婦女頭哩！讓你老漢把你那樣子。咱那時也有封建思想，結果我不去人家把拉下去把頭碰到門檻上後；把臉碰腫了多大地。當時土改幹部不答應，要批判我老漢，我不同意。我不同意的是啥？我怕周圍的老人接受不了，周圍的老人說二當了幾天的婦女委員會主任，哦這把男人拉會上批判鬥爭，對發動咱婦女有阻力。

因此我再三解釋，把行政村工作組組長氣躁了，這下把你掙死都不管你同情封建思想。幾千年的封建思想你要一下，二下整個的老人、年輕人接受了那是不可能的呀！你要做出榜樣才能把婦女解放出來。咱共產黨解放全中國爬雪山過草地，死了多少老前輩，咱做點貢獻，作這點艱苦工作算個啥。

因此我以身作則；在我公公婆婆跟前好，跟我兄弟媳婦幾十年沒拌過咀鬧過仗，跟我老漢偏不離婚，我這下發動婦女作婦女工作好發動的多了，為了解放婦女我就吃點苦也沒啥。

在婚姻法運動月時；男的給女的提作風問題，女的給男的提作風問題，我以身作則，在這個方面則和同志在一起處事沒有閒話。[7]

這裡，魯桂蘭小心翼翼地通過美德、革命與政治效果的複雜路口。雖然她自己指出她的思想是「封建的」，但她清楚地表達了她認為無論在政治上還是道義上她都做了正確的事。出現在這裡的記憶——

有時被學者視爲比那些積極行動中的國家政權生產出的書面紀錄更「眞實」的原始資料——是一個有關層疊的歷史美德（layered historical virtue）的敘述。作爲一個忠實的妻子和孝順的兒媳婦，魯桂蘭爲婦女的集體解放而犧牲了自己。這樣的犧牲是對長征戰士的美德的自覺模仿，儘管她所討論的行爲需要拒絕與其暴力的丈夫離婚。

講話

到了五〇年代中期，增加棉花產量是國家的優先事項。在黨的鼓動下，各政府單位合作讓婦女加入到種植棉花的工作中去。這涉及到對性別分工的調整，因爲男子逐漸退出——雖然不總是心甘情願地——棉花種植，轉而從事副業生產。棉花種植突然被發現是適合婦女的工作，因爲它需要靈巧的手指和對細節的細緻周到。[8]然而，很少有婦女參與到棉花生產的各個階段中。

唯一的例外是渭南縣雙王村的張秋香。她種植棉花的技術早在一九五四年四月於渭南召開的第一次省級棉花工作會議上就開始爲人所知。婦聯幹部認爲她會成爲一個有前途的模範，並開始爭取她的合作：「從那時起，我們告訴張秋香『說一人紅紅一點，大家紅紅一片們』來引導她。」[9]張是一位經驗豐富的農民，出身於一個極度貧困的家庭。她對革命無限忠誠。然而要讓她成爲一個有效的模範卻有更多的要求：她必須學會在公衆場合講話，解釋政策，吸引人們的注意力，並激發他們的積極性。[10]儘管她是種植棉花的能手，張秋香卻不善言辭。婦聯幹部們並未因此嚇倒，她們就此展開工作：

張秋香，既不識字，又不會說話，不會總結自己經驗，要問她務棉經驗，她說就是口外種好，按時鋤好，打卡好就對了，硬是咱們婦聯同志從她的哪能些話中掏出來，提煉出來。這以後她經了風雨見了世面，羽毛也就豐滿了，這說明在培養婦女典型人物上，咱婦聯是付出了一定的心血和辛勤勞動，以及認眞地手把手幫助。[11]

隨著張的名氣的增長，「蹲點」的幹部擔任起她的秘書。他們留在她的村莊，參加棉花種植工作，幫助不識字的棉花種植冠軍答覆每天從全國各地寄來的幾十封要求提供棉花種子、建議和鼓勵的信件。[12]

一旦勞動模範的資格和威望被確立，其在公眾場合講話的主要任務就不再是證明她的過去，而是要爲即將到來的下一個任務進行動員。例如，我們發現山秀珍在一九六一年在渭南縣公社的講話中不僅報告了最近一次棉花生產會議的內容而且提醒大家蟲害控制（「蟲的危害……像敵人一樣正向我們侵略」）、除草、防範洪水和施肥的重要性。[13]在她職業生涯的這一時刻，勞動模範的有效性取決於社會對她們的成就及建議的價値的共識。而公開喚起她的背景已經不是必須；她的人生故事已成爲公共財產，讓人們理解和重視她有關勞動的箴言。

寫作

從中華人民共和國早期開始，當地幹部寫就被要求記錄勞動模範的成就。一份一九五一年陝西省政府的指令明確指示，這些紀錄應該首先澄清該人是何種模範：「大體類型就可分為：治蟲模範、治水模範、積肥模範、精耕細作模範、救災渡荒模範、生產模範……一般模範，及其他的模範互助組或模範村等等。」其次，作者須加入具體的經驗：該模範具體施了多少肥？地要耕多深？作物的輪換，灌溉，煙薰要間隔多久一次？平均產量是多少？超過該地區的平均產量多少？第三，其村莊的構成是怎樣的，它以甚麼方式組織勞力並記錄備案，它的產量，其在生產比賽中幹勁怎樣？四，勞動模範推進了怎樣的愛國活動及政治意識的改進？最後，指令告誡勞模材料的作者們，「勞模材料力求全面、具體、翔實。」[14]因為要將婦女動員起來從事她們之前沒有日常介入的任務，有關婦女勞動模範的材料經過了性別化的處理，而成為這樣的官僚文字類型中的一個子集。

模範通常因以下幾點而受到稱頌：她們窮困的出身和早期生活的苦難，一九四九年後對黨的忠誠，技術技能，政治意識，及在當前運動中做出的貢獻。例如，一份寫於一九五四年關於曹竹香的手寫材料指出她是一名三十五歲的寡婦，在舊社會時因貧窮而學習農業技能，但因其必須從事田間勞動而受到歧視。在一九五一年，她取得的第一個成果並沒有超越傳統的性別分工：她組織了一個婦女紡紗織布合作社。但該文件繼續道，在之後的幾年中，她轉而從事田間勞作任務，帶領村民修復水井。為了符合第四條（愛國活動和政治意識），該文件記錄了她是如何援引中國在國際上的作用來啓發那些不情願參加任務的村民的：

> 但在箍時有些群眾說：「天太冷人撐不住火。」當時曹竹香心中很勇敢的給大家說：「志願軍在冰天雪地裡不顧性命打美國鬼子保衛咱們好光景。今天毛主席號召咱們打井防旱增加生產還能怕冷嗎？咱們一定要克服困難和天做鬥爭把井箍成，不怕冷。」在她這一鼓勵下，群眾一致表示：「不向困難低頭增加生產支持人民志願軍。」

該材料接著描述她在村里組織了一個「愛國公約」來完成夏季小麥的收割。在那之後，她學習並採用了有關選種、播種、鋤地和病蟲害防治的先進技術。報告最後描述她關注「時事政治學習和生產知識」。由此引出她組織讀報小組，並鼓勵她的小組成員參加冬季掃盲班的事蹟。這些材料有實事求是的語調，充滿了技術細節，同時又非常有選擇性地部署改造過的對話或電影般的描述。這六頁長的文件，儘管已經是一個壓縮了的形勢，包含了有關勞動模範的敘述中的所有重要要素。[15]

到了一九五六年，當來自全陝西省的先進生產者聚集在一個會議上時，對勞模功勳的文件紀錄已經變得更加詳細和完善。會議紀錄檔案中包含了每個與會者的卷宗。[16]儘管對勞模的美德的描述是相似的，這些一九五六年的卷宗所訴說的故事具有視覺上的特定模式以及之前的報告中所未見的個人衝突的因素。例如當時已擔任高級生產合作社（APC）的主任的四十三歲的山秀珍有三個英雄時刻。第一次是在一九五五年，一位想要退出集體的上中農（upper middle peasant）在大庭廣眾下跪在她面前要求集體歸還他的欠款，並以此試圖讓她難堪。利用她所受到的黨的教育及她對共產主義的承諾，山秀珍以溫柔的話語和耐心地解釋並化解了局勢。第二個事件要追溯到一九五四年。當時集體決定派遣十五名勞力進入山丘去爲棉花作物去割取綠色肥料。去做該項工作的男人們需要每天有人給他們送去饅頭和麵條，但婦女因爲害怕被人說閒話而不願承擔這項任務。（山丘裡的性不當行爲的是她們所懼怕的閒言碎語中所暗示的內容。）一邊緊盯生產目標，一邊拾起鍋碗瓢盆，山主任親自準備並遞送食物，從而引領大家創造了破紀錄的糧食產量。在第三個故事中，當她注意到一頭牲口生病時，她不僅找獸醫來進行了及時的治療，而且小心翼翼地燒開水並親手餵動物吃藥，從而挽救了價值三百元的集體所有的牲口。[17]這三個故事在一起展示了一個婦女勞模的美德：溫柔和耐心，對待集體又具有堅定的共產主義信念；無懼工作艱辛又超脫於閒言碎語，部分因爲她的行爲無可指責；對集體的牲畜關懷備至，傾注了母愛般的關注。

當勞模的材料向更廣泛的受衆發表時，這些材料往往並非圍繞一個簡單的個人敘事，而是根據她們在特定任務的完成或在要宣揚的美德上的表現來組織其內容的。有時任務是技術性的。在一份發表於一九五六年的由勞模向有關棉花田間管理的全省會議所提交的報告中，張秋香在擔起文書編輯的角色的婦聯幹部的協助下，以一系列方便的格言來呈現棉花種植中的各項作業。這當中包括了土壤的仔細準備，撒肥料，挑選和準備種子，早播種，細化，除草，在適當的時刻灌溉，覆蓋作物，對抗害蟲，並利用改進的技術來收穫棉桃。[18]政府農技師是這些技術的原創者，但他們並沒有直接宣傳他們的技術革新。他們寧願用勞動女英雄的故事來傳達專業信息。以她們的辛勤工作、小組合作和自我犧牲等主題爲中心，這樣的故事具有一種完整性。正如高小賢所說，她們的經驗是「看得見，摸得著，學得來的經驗」，因而能在全國棉花帶中的農民間廣泛傳播。[19]

到了一九五八年初，「張秋香」這個名字已成爲在陝西討論提高棉花產量的代名詞。[20]那年四月，就在大躍進[21]正式開始之前，婦聯就發布了「研究秋香，趕上秋香」的宣傳口號。緊接其後，還出現了像秋香田（棉花實驗地），[22]學習秋香勞動競賽這樣的新事物。在一九五九年，更提出了「鼓足幹勁、再趕秋香」的口號。在全國婦聯的出版物中張秋香被讚美爲「第一個農民出身的研究員」。[23]由婦聯幹部介紹的和陝西省出版社的出版的小冊子中有像「『黃毛女子』放出了『棉花衛星』」和「我們趕上了張秋香」這樣的標題，都促使秋香田在棉花帶傳播開來。[24]

根據《陝西日報》的報導，就在張秋香被命名爲農民出身的科研人員後不久，全國婦聯副主席康克清就冒著暴雨在被報導過的那塊棉花試驗田裡對她進行了禮節性的拜訪。[25]四個月後，同一家報紙又報導，一位駐紮在西安的蘇聯專家也冒著濛濛細雨前來訪問。據報導，蘇聯客人曾對張秋香說，中國的大躍進是前所未有的，無論在任何地方，過去或現在，並且他說蘇聯人民對中國人民所取得成績感到高興。當他問張秋香這麼高的產量是如何達到的，張謙虛地笑著回答說：「這主要是黨的領導，和大家敢想，敢說，敢幹的共產主義風格，以及向蘇聯老大哥學習的結果。」當時的報導說這位使者十分驚訝地回答說：「您的經驗很豐富，蘇聯人民向您學習，向所有的中國農業專家學習。我回蘇聯後，就要把你們創造的奇蹟，詳細地告訴給蘇聯人民。蘇聯人民對中國的建設非常關心。」談話結束後，張秋香送給他一個五、六斤重的蘿蔔和一枝超過五十鈴的棉花稈以作紀念。[26]

隨著大躍進的推進及漸露頹勢，這種政治幻想曲變得更加程式化。到一九五九年初，張秋香被引述以這樣的詩句來形容政治與棉花的關係：

總路線是燈塔
照得人心開了花
今年有了總路線
要棉花開放比雲大。[27]

勞模話語中的說教語氣在大躍進之後的艱苦歲月中仍繼續存在。大躍進之後，陝西省婦聯不斷提到張秋香的威望和成就，稱棉花產量持續增長，而且婦聯似乎是在利用棉花生產上的成功來彌補大躍進所留下的殘局。（基於陝西的總體情況，這些有關棉花增產的聲稱不一定是捏造的，但具體是否屬實則需要進一步調查。）在一篇發表於六〇年代初的這樣的報導中，作者以一首民歌作爲結尾。該民歌將秋香比賽與建立人民公社聯繫了起來：

人民公社一枝花
花開十里香萬家
婦女到處鬧競賽
秋香紅旗遍地插。[28]

勞動模範所表現出來的節儉和勤勉會要帶領經濟復甦而不犧牲政治效忠。一九六二年婦聯出版了一本關於山秀珍的小冊子來作爲基層婦女幹部的學習指引，讓她們以政治美德，而非農業，來作爲其組織婦女的基礎。這個名爲「山秀珍，光榮的無產階級戰士」的十三頁的作品以一些已提煉成精華的她的成就爲標題。這些成就不是技術方面的而是倫理方面的：「志氣高，幹勁大」，「顧全大局，迎難而進」，「勤懇老實，艱苦樸素」，以及最後一條「一顆紅心向著黨」。[29]每一節開始總是先概述小標題中所介紹的山的美德，然後由一個或兩個故事來進行說明，並配以事後重新創作的生動對話。這本小冊子以轉載自《陝西日報》的有關山秀珍的鼓舞人心的社論爲結尾，並建議讀者，只要採納山的革命理想和精神，沒有她們不能取得的成就。

有關勞動模範的書面材料不是傳記意義上的對人的生命的敘述。相反，這些材料做了一兩件事情。一些材料是通過勞模和她們植棉的學徒這樣的組織手段（organizing device），以相對豐富、活潑的形式來介紹一些原本只會刊登在技術手冊中的內容。其他一些材料，以一種類似於劉向《列女傳》時期對模範人物的描述方式，「集中……在一個特定類型的極端道德行爲上」。並且如同Beverly Bossler所研究的《列女傳》以及後來的典範文本，[30]這些材料經常以題目來表示勞模的「關鍵美德」。這些故事，因其內容更加明確地與對共產主義的獻身交織在一起，而令婦女的具體性變得不那麼重要。婦女在這裡僅僅是承載革命美德的容器。

回憶

隨著二十世紀五〇年代在大躍進中漸入高潮，對勞動模範的描述變得更加豐富多彩而同時又日趨平淡——充滿了英雄事蹟，事後想像的政治對話，但越來越缺乏驚喜或深度。想要尋找傳記式的理解的歷史學家嘗試將眼光轉向其他方向，例如生動活潑的面對面訪問，但結果好壞參半。在一系列生活史的訪談中，曹竹香描述了一次次的會議。這樣的敘述讓聽衆想知道更多的爲甚麼。例如，爲何她似乎並不後悔因參加會議而錯過了女兒的婚禮，但同時她也並未流露過任何對那些將她從家庭中帶走的公衆活動的熱情。同樣，我們也很難看透張秋香對她的勞模生涯的理解，或許是因爲她的年紀，疲勞，或對我們再三詢問她是如何組織其他村民而感到厭倦。[31]然而諷刺的是，正當勞模們因談論受到毛主席接見而變得最爲活躍時，我們愈發無法解答該如何去瞭解她們和勞模生涯（modelhood）的關係以及她們與國家的關係。完全沒有越界、不滿，甚至反思的故事，記憶似乎是將勞模話語保存得最完整的地方，儘管目前這個對女勞模已很少兼顧的改革時代的世界已將這些話語完全拋棄。考慮兩個這樣的回憶。

對於魯桂蘭來說，有機會參加一個代表團去北京開會，爲她在家鄉之外提供了一個社區，一個令人暈眩的與其他類似背景的婦女交際的機會。魯桂蘭嘲笑她自己在北京的宏偉中顯示出來的鄉巴佬的天眞：

> 我的天呀！吃的那飯，住的那地方；北京飯店麼！你看往進走，那門還轉呢！叫人往那空空

往進走，自動轉悠轉悠，我都不懂。還有一個笑話呢！銅川煤礦一個代表叫單秀珍，到北京飯店住宿。那房子裡這鏡子那鏡子，她一進去就說：「噫！這咋還是個我？這咋還是個我？」我幾個在省上開會猴得很，張秋香，單秀珍，曹竹香，……我們一黑裡唱戲呢！弄的碟碟，碗碗，線板子做針線那一天納鞋底呢！……我一天給她片上，胡片呢！我最熱鬧人家把我叫閒傳處處長。熱鬧得很，我這麼還想那幾個大姐。[32]

出席全國性會議的高潮是能與黨國的最高領導層近距離接觸。這樣的經歷在復述中總是能引發強烈的情感。在這裡，在北京一家酒店房間中全女班唱戲的非正式的歡鬧，已被接近黨的公認核心的莊嚴喜悅所代替。作爲參加第一屆全國婦女代表大會第二次會議的代表，山秀珍在一九五三年見到了毛主席：

到北京見毛主席，頭一餐上都沒人睡覺，第二天，在哪住，都記不起來，一晚上高興的，洗澡洗衣服，都弄得乾乾淨淨，……在懷仁堂，啥都擺得好好的，……陝西代表在中間我還在前邊，代表坐好，毛主席，總理，副主席，總司令，中央領導要來五十多個人，……毛主席來了你歡迎就對，不要動工，一動就亂了，就會說這婦女沒有覺悟，不遵守紀律，不敢拉毛主席握手，要愛護毛主席，你這些人，毛主席都握手，你不心疼毛主席，提前講，我就好好坐下，毛主席就來了，人多坐個圓圈，毛主席笑笑地，把他的帽子一謝，我的只在旁拍手，走了兩個過，不走兩個過，這邊婦女能看見，那邊的婦女就看不到毛主席了，把人高興的，都流了眼淚了，這是第一次在北京和毛主席照相，遺憾的，咱陝西代表，農村來就我和閆主任，照的相要七尺長，有五尺長，洗相要十七塊錢，洗不起，沒有錢，沒有洗。會開畢，回來了。

……遺憾的是五七年召開婦女第三次代表大會，毛主席接見我們照的像，有秋香，竹香，會上給我們一人洗了一張，遺憾的是六六年文化大革命給我拿走弄丟了。這是最遺憾的了。[33]

會議——一個匯報與聆聽工作情況，或偶爾在外地與同志歡鬧的場合——也是一個勞模作爲政治主體（political subjects）而被置於最徹底的質詢的場所。即使與之已有近半個世紀的距離，即使在這期間的許多不愉快的經歷給她們帶來個人的和政治的後果，但見到毛主席的那個時刻似乎從未失去光澤。與那些旨在宣傳她們的成就，歌頌她們的政治覺悟的創作相比，這些婦女是在自己的個人經歷中最完整地浮現出來，並充分地參與在那個產生她們的政治的時刻中。

再思考：傳記與內在性

在社會主義中國的早期，勞模的故事是一種進行中的傳記形式。它們與社會緊密相連，並在它們自己的時間內進行溝通、激勵和動員。問題是我們該如何將這樣的故事作爲歷史資料來利用——它們在歷史中如何作用。

儘管在五○年代，中國農村在國家計畫和國家宣傳中具有顯著的地位，但令人沮喪的是，我們對社會主義在日常存在和農民意識中所帶來的變化仍然不甚明瞭。是甚麼將國家的宏偉目標，地方的積極倡議，社會轉型以及半個世紀後農村居民記憶中的五〇年代連接在一起？由國家生成的文字線索（paper trail）對這個問題幾乎毫無幫助。作爲在這些文字線索中少有的一些有名有姓的女性，勞動模範爲我們探討這些問題提供了一條途徑。

然而，儘管我們能採集到大量的史料且可以通過訪問來瞭解婦女對那個時代的回憶，但我們能否獲得洞察歷史的傳記卻是一個複雜的問題——可能就像處理劉向的《列女傳》中的烈女故事和明清方志中的節婦（chaste widows）故事一樣複雜。對於勞模生活中的某些方面——例如性（sexuality），政治衝突，事後憶苦的來源——我們仍然無法獲得。它們不是在書面材料中缺失或沒有完全得到說明，就是在訪談中未被詢問或解答（儘管不是完全未曾涉及）。

採訪也顯示，勞模的出現，及其所附帶的公共活動，深刻塑造了這些婦女的自我意識和她們對那個時代的回憶。儘管口述歷史揭露了文字資料中所缺乏的掙扎與妥協，但婦女在回顧她們作爲勞模的過去時所用的語言也正是她們所回憶的那個歷史時代中所產生的語言。她們的故事有時譴責過往，有時也對現在及其不足表示不滿，有時向這個已經忽略了她們的世界敘述她們的美德和價值。但她們從未站在過去的立場之外，也從未拒絕因集體化而帶來的主體地位，即使這樣的身分早已不復存在。她們對自身勞模身分的強烈認同，既明確地體現在她們在北京的酒店房間裡的唱戲聲或毛主席的接見中，也同樣清晰表現在有關她們在棉花地中的英雄事蹟的紀錄裡。總之，她們的記憶與國家建設計畫（state-building projects）或官方歷史的語言既不相悖，亦無法分割。

按當代的說法，這些婦女中的許多人對勞模這一主體地位的占據已經達到了一定程度而無法獨立其外地來理解自身的主體性了。事實上，這些故事對一項在其他研究領域已遭攻擊，但在歷史學界仍神聖不可侵犯的假設提出了質疑。這個假設就是，只要我們挖掘得夠遠夠深，那個與面向公衆的模式完全不同的具有內在個人（interior persona）的眞正自我就會自己顯現出來。我們無法通過研究五〇年代來揭示純粹的內在性，有關非規範性的個人變化的故事，在國家話語之外或與其相牴觸的人生，以及有關個人自我（self）或集體自我（selves）的眞相。事實上，五〇年代的材料以及晚近對五〇年代的回憶說明了這整個對眞正過去中的眞正自我的尋找只是一個空想。五〇年代爲我們提供了這樣一個可能性。那就是讓我們看到新女性並非在國家行政命令中產生，而是在地方幹部的辛勤勞動中、在婦女本身與她們的村莊社區中，以及在地區乃至全國的公衆的閱讀和聆聽中產生的。這些人生故事並未將我們的注意力引向隱藏著的內在眞理或引向當代傳記作家和歷史學家所從事的生命書寫，反而它們將我們的注意力引向世界創造（worldmaking）這一共同項目上去。她們的故事說明了內在自我（interior self）本身是一個具有一定歷史性的獨特想法。而作爲歷史學家的我們對它的依戀是值得我們以懷疑的目光來審視再三的，就如同我們對任何原始資料所進行的審視。勞模的故事沒有告訴我們想知道的，但或許它們告訴我們應該聽到甚麼。

註釋

[1] Lisa Raphals, *Sharing the Light: Representations of Women and Virtue in Early China*（Albany: State U. of New York Press, 1998）, passim.

[2] 「勞動模範運動的發展及問題」，陝西省檔案194-8（農業廳）（無出版日期，應在1950-1951年間出版），194-198。

[3] 「李秀娃」採訪紀錄，採訪人：高小賢與Gail Hershatter，1996。

[4] 對這一點的更詳盡的描述，參見Gail Hershatter, "Local Meanings of Gender and Work in Rural Shaanxi in the 1950s," in Gail Henderson and Barbara Entwisle, eds., *Re-Drawing Boundaries: Work, Household, and Gender in China*（University of California Press, 2000）, 79-96.

[5] 「劉招鳳」採訪紀錄，採訪人：Gail Hershatter，1996。

[6] 婦聯檔案，178-27-023（1952）。

[7] 「魯桂蘭」採訪紀錄，採訪人：Gail Hershatter，1996。

[8] 對這一轉變的討論，參見高小賢，「『銀花賽』：五〇年代農村婦女與性別分工」，《百年中國女權思潮研究》，王政、陳雁主編，上海：復旦大學出版社，2005。

[9] 「李秀娃」採訪紀錄，採訪人：高小賢與Gail Hershatter，1996。

[10] 「劉招鳳」採訪紀錄，採訪人：Gail Hershatter，1996。

[11] 「李秀娃」採訪紀錄，採訪人：高小賢與Gail Hershatter，1996。這項四十年後的紀錄也可以看作是婦聯幹部對自己年輕時代的工作事後的自我肯定。

[12] 「王梅花」採訪紀錄，採訪人：高小賢與Gail Hershatter，1996。

[13] 陝西省檔案，194-748（農業廳，一九六一年七月十三日），47-49。

【14】陝西省檔案，194-8（農業廳，一九五一年十月三十日），26-27。

【15】《曹竹香單行材料》，SPA 178，無頁碼，無日期。

【16】陝西省檔案，194-534（農業廳，3-4，1956），81-85。

【17】陝西省檔案，194-534（農業廳，3-4，1956），81-85。

【18】陝西，省民主婦女聯合會（編），《陝西省婦女棉田管理經驗交流大會專輯》（*Special collection on the Shaanxi province women's meeting to exchange experiences of cotton field management*），（N.p.〔西安〕：陝西省民主婦女聯合會，一九五六年五月），33-40。

【19】高小賢，「『銀花賽』：二十世紀五〇年代農村婦女的性別分工」，《百年中國女權思潮研究》（王政、陳雁主編），（上海：復旦大學出版社，二〇〇五年七月），頁266。此類出版物可參見，陝西省農林廳編，《九員女將務棉立奇功：渭南縣雙王鄉八里店社張秋香務棉小組經驗》，（西安：陝西人民出版社，一九五八年四月）。另外修辭上更華麗的例子有，陝西省農業展覽會編，《棉花豐產一面紅旗：渭南縣張秋香植棉小組》（出版地不詳，一九五八年十一月）。

【20】在陝西，最有名且歷史最長的勞動競賽是由陝西省婦聯舉辦的「銀花賽」。這項競賽在關中的棉花產區從一九五六年開始舉辦，一直延續到八〇年代早期。張秋香就曾是「銀花」之一。

【21】Roderick MacFarquhar, *The Great Leap Forward 1958-1960*（New York: Columbia University Press, 1983; Vol.2 of *The Origins of the Cultural Revolution*）, p.51 and passim.

【22】有關山秀珍在她所在的公社創建秋香田的事蹟，參見《山秀珍，光榮的無產階級戰士：基層婦女幹部學習資料》（*Shan Xiuzhen, glorious proletarian fighter: study material for grassroots women's cadres*），手冊（N.p.：陝西婦聯印，1962），婦聯檔案，178-313-001。

【23】姜興漢、程萬里，「第一個農民出身的女研究員張秋香」（Zhang Qiuxiang, the first woman researcher of peasant origin），《中國婦女》（一九五八年十月）：6-7。並參見《陝西日報》，（一九五八年六月

二十七日）。

【24】中共渭南縣委編著小組，《「黃毛女子」放出了「棉花衛星」》（*"Silly girls" launch a "cotton satellite"*）（西安：陝西人民出版社，一九五九年五月）；中共渭南縣委編著小組編，《我們趕上了張秋香》（西安：陝西人民出版社，一九五九年五月）。

【25】《陝西日報》（一九五八年七月五日）。

【26】《陝西日報》（一九五八年十一月七日）。

【27】《陝西日報》（一九五九年一月一日）。

【28】婦聯檔案，178-216-002（1960/1/17），9；並參見178-45-006（1961/7/31）。

【29】《山秀珍，光榮的無產階級戰士》，178-313-001（1962）。

【30】Beverly Bossler，"Faithful wives and heroic martyrs: State, society and discourse in the Song and Yuan." In，中国の歴史世界、統合のシステムと多元的発展，中国史学会，ed. Tokyo: Tokyo Metropolitan U. Press, 2002, p. 510。

【31】Gail Hershatter，"Local Meanings of Gender and Work in Rural Shaanxi in the 1950s."

【32】「魯桂蘭」採訪紀錄，採訪人：Gail Hershatter，1996。

【33】「山秀珍」採訪紀錄，採訪人：高小賢與Gail Hershatter，1997。

二、傳記與教化

「列女」與「賢媛」：中國婦女傳記書寫的兩種傳統

錢南秀

劉向（約西元前77—前6年）《列女傳》爲後世中國婦女史書寫開拓了「列女」、「賢媛」兩大傳記傳統。今存紀傳體正史二十六部，含《列女傳》者十四（見附件一，並參見本集宋漢理〔Harriet Zurndorfer〕文），方志中亦多設「列女傳」專章。「賢媛」初見於劉宋臨川王劉義慶（403-444）及其幕僚所撰《世說新語》（下簡稱《世說》）。《世說》全書收漢末魏晉人士言行軼事一千一百三十則，釐爲三十六門，涉歷史人物七百餘，其中婦女百餘，主要事蹟即載於「賢媛」門。其後《世說》仿作，僅就筆者所收三十五部中日世說體著作而言，十八種設「賢媛」門，尚有兩部《女世說》，專述婦女（見附件二）。「列女」、「賢媛」效法劉向原著，記載婦女在家庭社會的作用，但各有專旨。「列女」因隸於正史，而自律於儒家道德規範，明清尤甚；「賢媛」植根魏晉玄風，且爲私家所修，更爲側重自足自強的知識女性。誠然，「世說體」記歷史人物的名言軼事，並非嚴格意義上的「紀傳體」，但《世說》劉孝標（462-521）註，引書四百餘種，補證了許多歷史及家庭背景資料，後世仿作者更依孝標例，自爲作註，與正文互爲表裡，而成爲實際意義的傳記。且《世說》側重人物精神描寫，細節或許未必準確，總體卻能反映一個時代的風貌，有高度規範化的正史所不能曲盡之處，遂與「列女」傳統形成自覺的互動互補，使後世對古代婦女有較為全面的認識。

劉向對「列女」傳統的奠基作用，為史家共識；但他對「賢媛」傳統的影響，尚待揭示。本文試圖彌補中國婦女史學在這方面的不足，將兩種傳統並列研究，以瞭解二者在各自社會、政治、思想、文化條件下的具體形成過程，及後世史家文體選擇與目的。本文首論「列女」、「賢媛」傳統形成與劉向《列女傳》的關係，次論帝制社會中期二者相合之處。三論自明代開始二者的分離——「列女」因立足主流史學而為理學貞節觀控制，「賢媛」則愈加推崇具有獨立精神的才女。最終，二者將在清末變法運動中，應形勢之變趨向合流。

一、「列女」與「賢媛」傳統的形成

《列女傳》是否為劉向所撰？現存宋本是否為其原貌？至今學界聚訟紛紜。然而班固《漢書．劉向傳》明文記載劉向撰《列女傳》，後世正史志列女，亦往往稱述劉向。本文意在溯源文體傳承，不在辯證文本正偽，故依班固之說，其論云：「向以為王教由內及外，自近者始。故採取《詩》、《書》所載賢妃貞婦，興國顯家可法則，及孽嬖亂亡者，序次為《列女傳》，凡八篇，以戒天子。」[1]此論所示劉向選錄女傳標準，乃在「賢」、「貞」。「賢」在早期儒家經典中通常解作「德才兼備」，如《尚書》〈大禹謨〉：「野無遺賢，萬邦皆寧。」《傳》謂：「賢才在位，天下安寧。」[2]是儒家之賢，在以其德才穩定天下。德在此當指儒家的道德規範，才指維護道德秩序的能力。「貞」則含義較為複雜。許慎

（30-124）《說文解字》謂：「貞，卜問也。」段玉裁（1735-1815）《註》引鄭玄云：「貞之爲問，問於正者。必先正之，乃從問焉。」[3]賈誼（西元前200—前168年）《新書》〈道術〉則謂：「言行抱一謂之貞。」[4]則「貞」本義爲「正」、爲「言行抱一」，兼施男女。「貞」衍生爲女子貞操，大約起於《易經》「屯」卦之爻辭：「女子貞不字。」[5]由此又有「忠臣不事二君；貞女不更二夫。」之說[6]《漢書．劉向傳》中，「貞」當泛指此數種字義，蓋賢妃貞婦，互文生意，彼此均以才德貞正立身處世，乃有「興國顯家」之功，否則僅靠恪守女子貞節，當不足敷此重任。

受劉向《列女傳》影響，「列女」與「賢媛」傳統均出現於魏晉六朝。范曄（398-445）《後漢書》成於四三〇年，應是今存最早包含《列女傳》的紀傳體正史。[7]劉義慶《世說》亦成書此時。二者雖曰同源，因各自所記婦女所處社會文化背景的不同，與兩位作者思想學術的分歧，在初始時期亦頗有區別。

范曄《後漢書．列女傳》所錄爲後漢婦女事蹟，正當儒術獨尊，儒家道德爲婦女行爲規範。而《世說．賢媛》則主要載錄魏晉婦女事蹟，其時玄學盛行，才能、學識、個性、眞情爲世所重。從學術層面來看，宋文帝元嘉十五年（438）於京師建儒、玄、史、文四學。[8]范曄《後漢書》代表了其時儒學與史學的成就，而臨川《世說》則爲玄學與文學產物。兩位作者的學術傾向，又與各自的政治處境密切相關。

劉義慶雖貴爲劉宋宗室且身居要位[9]，卻「爲性簡素，寡嗜慾，愛好文義。」[10]周一良（1913-2001）認爲劉義慶平生謹愼，沈約（441-513）《宋書》義慶本傳至謂其「少善騎乘，及長以世路艱難，不復跨馬。」[11]此處「世路艱難」顯然是指其時政治局勢，乃因宋文帝劉義隆（424-453在位）生性多疑，輒殺大臣，甚至親弟弟彭城王劉義康亦未能幸免。義慶淡泊處世，退身玄學文學而著《世說》，當爲自我保護。[12]「賢媛」因此產生。范曄則爲人躁進，作爲劉義康幕僚，他參與了義康與文帝的政治鬥爭，最終被文帝處死。修史無疑是范曄政治野心的擴充，意在「正一代得失」。[13]對范曄而言，無論從政從學，都須熟諳儒道，《後漢書》及其《列女傳》便是這一學術的產物。

范曄作《後漢書．列女傳》，其〈序〉一仍班固《漢書．劉向傳》，強調「賢」、「貞」爲婦女行爲準則。但所錄二十則列女事蹟，三分之二以「賢」爲主，記述婦女以道德學識規勸丈夫、指導家庭。另外三分之一兼顧「賢」、「貞」，其中六則牽涉婦女貞節，一則爲「貞」之本義「抱一」。由此可見，「列女」傳統在其形成期才德並重[14]，正如范曄「序」中所言：「搜次才行尤高秀者，不必專在一操而已。」[15]傳中所收班昭（字惠姬，45-120？）與蔡琰（字文姬，約177-？）事蹟最能說明這一選錄標準。

班昭「博學高才」，「有節行法度」。其兄班固著《漢書》，未竟而卒，班昭爲其補八表及「天文志」。鄧太后臨朝，班昭「與聞政事」。她於婦女教育亦卓有貢獻，爲皇后及諸貴人師，又作《女誡》七篇，「有助內訓」，後世婦女治國齊家，允才允德，恐無出其右。[16]蔡琰「博學有才辯，又妙於音律。」漢末亂世，「天下喪亂，文姬爲胡騎所獲，沒於南匈奴左賢王，在胡中十二年，生二子。曹操素與邕善，痛其無嗣，乃遣使者以金璧贖之，而重嫁於祀。」[17]後世文人學者因文姬三嫁，頗有微詞，如劉知幾（661-721）譏其「文詞有餘，節概不足。」[18]但范曄稱頌文姬，正在其以文詞陳述庶民苦難，又憑記憶，繕寫家藏墳籍被毀者四百餘卷。[19]如此文化成就與人世關懷，足當范曄「興國顯家」之譽。就撰寫《列女傳》總體宗旨而言，范曄專注婦女才德建樹，而摒棄劉向原著所括「孽嬖亂亡」者，遂變劉向「戒天子」原意爲更具女性意識的「昭管彤」。[20]《列女傳》之爲婦女楷模殿堂，由此成爲定式。

劉義慶及其幕僚所撰《世說》，其「賢媛」之「賢」則已超越漢儒定義範圍，而另具魏晉玄學背景，如下例所示：

謝遏〔玄〕絕重其姊，張玄常稱其妹，欲與敵之。有濟尼者，並遊張、謝二家。人問其優劣，答曰：「王夫人〔謝道韞〕神情散朗，故有林下風氣。顧家婦清心玉映，自是閨房之秀。」（19/30）[21]

濟尼並未明言謝道韞（約335-405以後）[22]與顧家婦孰爲優劣，但余嘉錫（1884-1955）評曰：「道韞以一女子而有林下風氣，足見其爲女中名士。至稱顧家婦爲閨房之秀，不過婦人中之秀出者而已。不言其優劣，而高下自見。」[23]這裡「林下風氣」指「竹林七賢」的風貌氣質。七賢生當魏晉之交，是其時文化學術的最傑出代表。孫盛（約302-373）《晉陽秋》謂：「于時〔七賢〕風譽扇於海內，至於今詠之。」[24]孫盛與謝道韞同時，活躍於東晉中期，可知七賢風譽，百年後猶盛，且延入閨閣。

但《世說》中，七賢占據《德行》、《任誕》兩門主要地位，其事蹟遠非儒家德才所能概括。《德行》門中，七賢之行兼依儒、道，乃至楊朱；《任誕》門中，七賢更是任情率性。這牽涉到魏晉玄學對德的重新定義。王弼（226-249）《老子註》謂：「德者，得也。……何以得德？由乎道也。」[25]則德實爲一種意志力，其指向依其具體所據之道決定。王弼又謂：「何以盡德？以無爲用。以無爲用，則莫不載也。……是以上德之人，唯道是用，不德其德，無執無用。故能有德而無不爲。……無以爲者，無所偏爲也。凡不能無爲而爲之者，皆下德也，仁義禮節是也。」[26]以無爲用正是以玄學自然之道爲用，從而呈現德的多樣性，包含但不僅限於儒家道德[27]。據此則七賢之爲「賢」是因其依自然之道而行，從而超越儒家傳統規範，而形成任性而動，灑脫自然的竹林之風。

由此推知，「賢媛」之「賢」，應與七賢之「賢」及其所依之道意義相通，而超越了漢儒加諸婦女的種種約束。如下例：

> 趙母嫁女，女臨去，敕之曰：「愼勿爲好！」女曰：「不爲好，可爲惡邪？」母曰：「好尚不可爲，其況惡乎？」（19/5）

女兒迷惑，不能理解母親的旨意，蓋因母女思維系統不同。女兒從儒家道德出發，糾纏於「爲好」還是「爲惡」。母親從道家法則出發，著眼點在「爲」還是「不爲」，抑或「無爲」。劉孝標《註》認爲趙母可能從《淮南子》獲得啓示[28]。檢《淮南子．說山》有謂：「人有嫁其子而教之曰：『爾行矣，愼勿爲善！』曰：『不爲善，將爲不善邪？』應之曰：『善且由弗爲，況不善乎？』此全其天器者。」[29]則趙母之謂「賢」，乃因其超越儒家之道，遵循道家自然無爲與楊朱「全其天器」的原則，教導女兒韜光隱晦，保全自身。

確實，《世說》「賢媛」門三十條，全面反映了魏晉品鑑婦女的標準：魏晉社會推崇婦女在道其所道的總體原則下所表現出的堅強意志、超人見識、臨危不亂的膽略和直言敢諫的勇氣（德）；並高度評價婦女的人倫鑑識與文學藝術才能，和應付世難、保護家庭的能力（才）。如許允（？-254）婦阮氏，以貌「奇醜」，新婚夜遭允嫌棄。阮氏引《論語》指責許允「好色不好德」[30]，贏得許允敬重（19/6）。婚後許允仕途險惡，幸得阮氏相助，能化險爲夷（19/7）。但當許允終爲司馬氏所誅，阮氏「神色不變」，鎮靜應對，保護二子得免殺身之禍（19/8）。凡此在在表現了阮氏的膽識。又如山濤（205-283）妻韓氏將其夫與嵇康（223-262）、阮籍（210-263）相比較，坦然宣稱其夫不如嵇、阮。須知此三者皆爲竹林七賢中人，其時士林領袖，山濤更是人倫鑑識專家，韓氏此舉，直接挑戰了男子在兩性關係與知識領域的權威，顯示了她非凡的勇氣和才識（19/11）。

早期歷史著作往往忽視婦女內心世界，而《世說．賢媛》則注重情感揭示。《世說》所述魏晉婦女愛憎鮮明，但少見柔順者。她們多才敏感，魏晉社會對其能力的承認甚至依賴，更助長了她們的自信自尊，如此常造成她們與男性關係的緊張，尤其是當一位才女所嫁非偶，如謝道韞就曾對叔父謝安（320-385）抱怨其夫王凝之，謂凝之（？-399）無法與謝家群從兄弟相比，當然更遜於道韞自己，蓋因道韞爲謝家「芝蘭玉樹」中最傑出者[31]。《世說》「言語」門記謝家叔姪雪中聯句，謝安問：「白雪紛紛何所似？」兄子胡兒（謝朗）曰：「撒鹽空中差可擬。」兄女道韞曰：「未若柳絮因風起。」（2/71）遂將春日芳菲帶入嚴冬，「柳絮才」自此成爲女子才情最高境界，也爲道韞抱怨其夫平庸提供了合理依據，其事得以載入《世說．賢媛》（19/26），且每爲後世才女之婚姻不得意者引述。《世說．賢媛》所述魏晉婦女，言行每與儒家規範相悖，尤其是公開挑戰漢儒以夫主爲女子「所天」的訓條。[32]如謝道韞怨嫁；韓氏將其夫置於品鑑對象，且謂夫不如旁人；阮氏新婚夜斥責新郎等。余嘉錫《世說新語箋疏》於「賢媛」門特作題註曰：「有晉一代，……（婦女）多以才智著，於婦德鮮可稱者。題爲賢媛，殊覺不稱其名。」又引干寶《晉紀．總論》，指責晉代士大夫對婦女不能嚴加管束[33]。確實，《世說》中，幾乎每一位賢媛身後都有男性親人的支持，或父兄，或丈夫，或子姪。這種兩性的合力，來自玄學對人性平等的認識，將對後世「賢媛」有長足的影響，而與明清「列女」形成尖銳對比。

二、明代以前「列女」與「賢媛」的互補

後世正史序「列女」，一方面宣稱對劉向原著的傳承，另一方面則延續范曄「昭我管彤」的著述目的，搜集「世典咸漏」之女德成事以著史冊。如元脫脫（1313-1355）等所著《宋史》，其〈列女傳序〉指出：「男子之志四方，猶可隆師親友以爲善；女子生長環堵之中，能著美行垂於汗青，豈易得哉？故歷代所傳列女，何可棄也？」[34]「列女」詮選標準亦日趨道德化。但有明以前，道德仍植根於才能基礎之上。如范曄《後漢書．列女傳》強調才能甚於貞操。魏收（506-572）《魏書》「列女傳」增加了德行事例，但其序指出婦女須具「明識列操，文辯兼該」，方得「聲自閨庭，號顯列國」[35]。唐以

下，德行類別與事例增加而才能類別與事例減少。唐房玄齡（578-648）等所撰《晉書》，其〈列女傳序〉將德行類別由《後漢書》之「貞」及《魏書》之「列操」擴充至十二，曰：貞烈、高情、峻節、徽烈、柔順、恭儉、懿淑、誓節、求仁、約禮、隱志、婦則、母儀。但其中「高情」似仍由《後漢書》〈列女傳序〉中才德並重之「高士」演化而來，而「才識」雖未列入序中，無疑仍是重點，全傳三十三條便占十四條[36]。

《晉書》後諸正史「列女傳」，才能類別仍時有所見。如唐魏徵（580-643）等所撰《隋書．列女傳》有「明識遠圖」與「忠壯」。「忠壯」還出現在脫脫等所撰《宋史》與《金史．列女傳》中。脫脫等所著《遼史》，其〈列女傳序〉指出：「男女居室，人之大倫。與其得烈女，不如得賢女。天下而有烈女之名，非幸也。」[37]因此，傳中所收五例有兩例爲賢女，以其才學而各有政治文化建樹。簡言之，明以前之「列女傳」雖德行類別日漸孳乳，總體仍是才德並重，並因此與「賢媛」傳統互有疊合。

「賢媛」傳統亦始於「昭我管彤」的意願。《世說．文學》載：東晉名相謝安曾問其主簿陸退：「張憑（東晉名士，退岳父）何以作母誄，而不作父誄？」退答曰：「故當是丈夫之德，表於事行；婦人之美，非誄不顯。」（4/82）《世說》設「賢媛」門自爲彰顯「婦人之美」。詮選標準亦反映了作者對「婦人之美」的理解。其後各《世說》仿作設「賢媛」門，即沿此目的與標準，只是對「賢」各自解說，以適應作者的目的以及其時的社會文化氛圍。

現存最早的兩部世說仿作，封演《封氏聞見記》與劉肅《大唐新語》都出現於唐中期，正值唐王朝剛剛經歷安史之亂（755-757）的致命打擊。「世說體」作者們希望提供理想人格，以建立牢固的君臣關係，重建道德秩序。他們改變了《世說》原本的美學與心理學建構，代之以倫理學分類，並直接從本朝士大夫中選取理想範例，如以魏徵爲唐忠臣圭臬，張說（667-730）爲唐文化班首。封、劉排除「賢媛」門，僅收入少數幾位於大唐立朝有功的后妃，如唐太宗長孫皇后（601-636）與女皇武則天（684-704在位）等。

宋《世說》仿作存世者亦僅兩部，爲孔平仲（宋英宗治平二年〔1065〕進士）《續世說》，記述魏晉南北朝至五代軼事，及王讜（宋徽宗崇寧、大觀〔1102-1110〕年間人）《唐語林》。孔、王皆出蘇軾（1036-1101）門下，兩部《世說》仿作則是蘇軾與程頤（1033-1107）兩派學術之爭的產物[38]，爭論的焦點在於彼此對道的不同解釋。

作爲宋代理學的奠基人，程頤將天道等同天理、天命和心性[39]，故而「學也者，使人求於內也。不求於內而求於外，非聖人之學也。何謂不求於內而求於外？以文爲主者是也。」[40]他因此認爲「作文害道」，蓋以「凡爲文，不專意則不工，若專意則志局於此，又安能與天地同其大也？《書》曰：『玩物喪志』，爲文亦玩物也。」[41]反之，蘇軾所謂道者乃自然之道，「萬物之所然也，萬理之所稽也。」[42]道因此存於萬物，也只有通過對萬物的細緻研究，方可「致其道」。[43]而文則是「致道」的最好途徑，蓋以文能「求物之妙，如繫風捕影」，讀者便可通過文字的捕捉而領悟道之涵義。[44]「世說體」爲蘇軾及其門人提供了表現自然人性的最佳文學載體。[45]孔平仲、王讜復歸《世說》的美學建構，以呈現人性的精微複雜，也包括恢復「賢媛」門，描述婦女人格，並重才德，如賢妃襄政、慈母訓子、節婦殉夫、才女題詠等等。

明以前「列女」與「賢媛」傳統的才德並重，使得二者常分享資源。以《晉書·列女傳》爲例，其〈序〉陳「列操」十二，於道德分類，最爲詳盡，但全傳三十事例，有十四例稱述晉代婦女在文學藝術及人倫鑑識方面的成就，其中最與儒家名教相牴觸者，直接引自《世說》，乃魏晉精神自由產物。如謝道韞怨夫，便逐字錄自《世說·賢媛》。唐史學家劉知幾因此批評唐代史臣修《晉書》取材失檢[46]。其實，唐史臣自有其選材標準，目的是褒揚晉代婦女在維護家族方面的努力，無論其遵循儒家規範與否，蓋因六朝與唐初重門閥，保護家族利益乃婦女職責中第一要義。如《晉書》「列女傳」記謝道韞見其夫王凝之弟獻之「與賓客談議，詞理將屈」，「乃施青綾步障自蔽，申獻之前議，客不能屈」[47]，從而維持了夫家的學術尊嚴。此例《世說》未載，但道韞打破內外界限，與《世說》「賢媛」之道韞，其挑戰儒家規範處，未遑多讓。

同樣，兩部宋《世說》仿作，其「賢媛」門也屢屢引用正史「列女」事例。如孔平仲《續世說》即從劉昫（887-946）等所撰《舊唐書·列女傳》錄李德武妻裴淑英事，李德武因事遠徙，裴斷髮明志，誓不改嫁。[48]要言之，明以前「列女」與「賢媛」因並重才德而互爲補充。兩者的分離始於明初。

三、明清「列女」與「賢媛」的分離

自明初開始，明清正史所傳「列女」逐步趨向單一的道德標準，尤重「節」、「孝」。明初史臣宋濂（1310-1381）等撰《元史·列女傳》與清初史臣張廷玉（1672-1755）等撰《明史·列女傳》，又將「節」細分爲「殉節」與「苦節」，「孝」爲「純孝」與「死孝」。[49]此趨勢經由清廷正式確立，成爲官方訓條，由禮部「掌旌格孝婦、孝女、烈婦、烈女、守節、殉節、未婚守節，歲會而上，都數千人。」[50]與此相應，民國初年趙爾巽（1844-1927）等撰《清史稿》，所收列女分類爲賢母、孝女、孝婦、賢婦、節婦、貞婦、貞女、烈婦義行、邊徼諸婦[51]。有關字義亦發生變化。「烈」從《後漢書》到《晉書》原指婦女爲護身、護家或護國而死於抗暴。《元史．列女傳》以下，衍變爲以死維護貞操的單一涵義。「義」原泛指一切符合道德正義之行爲，在《明史》與《清史稿》中僅爲保護他人子弟。「賢」在明以前所撰「列女傳」中，常指婦女以才德顧問政事、輔佐父兄諸子。《清史稿》中縮小爲處理家事。

極度的道德訴求，反映在對女子殉節死孝的高度表彰。婦女死於維護道德，《後漢書．列女傳》有七例，約占百分之三十；《元史》一百五十四例，約占百分之七十五；《明史》三百二十二例，約占百分之九十強；而《清史稿》中則高於百分之九十二。實際死亡數當更高。《清史稿》〈列女傳序〉謂每年可資入錄者「都數千人」，而「軍興，死寇難役輒十百萬」[52]，絕大多數死於保護貞操。

「列女」傳統由早期的「才行高秀」到明清的「獨貴節烈」[53]，其因何在？《元史．列女傳》特著「殉節」，「以示勸勵之義」[54]，而開明清節烈風氣。尋其緣由，當因元代朝廷重視：「旌烈女之門，復節婦之家，有司奉行，史不絕書。」[55]同時《元史》成書於明初，也反映了當時社會道德觀念。《明史》〈列女傳序〉對明代社會風氣有如下描繪：「蓋輓近之情，忽庸行而尚奇激，國制所褒，志乘所錄，與夫里巷所稱道，流俗所震駭，胥以至奇至苦爲難能。而文人墨客往往借俶儻非常之行，以發其偉麗激越跌宕可喜之思，故其傳尤遠，而其事尤著。」[56]視此則撰《明史》者作爲清初史臣，對明代由上至下「尚奇激」而陷婦女於「至奇至苦」頗有微詞。但滿清以異族入主中原，又不能不堅持儒家道統，以求其合法性，故撰者復謂：「然至性所存，倫常所係，正氣之不至於淪澌，而斯人之所以異於禽獸，載筆者亦莫之敢忽也。」[57]

同時，明清「賢媛」傳統與「列女」傳統分離，表現在從明中期到清初「世說體」著作的大量出現（見附件二）。這類著作產生於部分明清文人對科舉制度的不滿。元明科舉，以程朱理學爲中心，兼之底層士人的急速增長，大量有獨創精神的文人，因不願受理學限制，而無法循科舉正途爲晉身之階。另一方面，商品經濟的發展，使得部分文人能夠摒棄科舉，憑才藝謀生。這批文人遂選取富於自由精神的「世說體」，來凝定表達他們特有的價值系統，以示和程朱理學的分離，從而使「世說體」成爲他們的文化標誌。[58]

明清《世說》仿作各立有「賢媛」門，包括兩部《女世說》，從而與遵循程朱理學的「列女」傳統形成有意識的對照。何良俊（1506-1573）《語林》爲第一部明《世說》，其「賢媛」門載錄由漢至元「深識高行，世所稱賢者」[59]，無關婦女柔順節烈。王世貞（1526-1590）《世說新語補》則由《世說》與何氏《語林》選錄而成，進一步彰顯《語林》對於《世說》精神的繼承。明末激進文人李贄（1527-1602）爲反程朱理學的代表人物。他從《世說》與好友焦竑（1541-1620）的「世說體」著作《類林》選輯而成《初潭集》，重新分類，並加以大量評論，而成爲他自己獨具一格的「世說體」著作。李贄認爲人際關係的描繪，最能傳承《世說》之魏晉精神，故以儒家五倫分類，即君臣、父子、兄弟、夫婦、師友，但顛倒了原來的順序，將夫婦置首而君臣為末。[60]蓋以「夫婦，人之始也，……夫婦正，然後萬事萬物無不出於正矣，夫婦之為物始也如此。極而言之，天地，一夫婦也，是故有天地然後有萬物。」李贄故而質疑理學家所謂「一能生二，理能生氣，太極能生兩儀」，「不亦惑歟？」[61]指出夫婦之間的自然關係遠比人為的君臣關係重要。[62]基於這一理論框架，李贄將《世說》「賢媛」諸條納入「夫婦」之首，以強調婦女在婚姻中的主導作用，並一再稱頌「才智過人、識見絕甚」的婦女「是眞男子」，甚至「男子不如也」。[63]李贄又將死節婦女列入從屬「夫婦」類下的「苦海諸媼」，是哀悼而非表彰[64]，從而與明清之標榜「節烈」形成尖銳對立。

何良俊、王世貞、焦竑與李贄乃明代最負盛名的學者，影響及於日本，如李贄《李卓吾批點世說新語補》於一六九四年在日本的出版引起日本《世說》研究與仿作的熱潮。[65]就筆者所知，至少七種日本《世說》仿作出現於德川（1603-1867）與明治（1868-1912）時期，其中三種包括「賢媛」門。服部南郭（1683-1759）《大東世語》，作為古學派產物，藉描繪平安時代貴族男女的自由風氣，以批判德川時代占統治地位的朱熹理學，從而表現了平安時代「賢媛」的美學趣味、精湛才藝與獨立自我精神。[66]角田簡（1784-1855）《近世叢語》、《續近世叢語》表現了朱熹理學影響下的德川士人群像，兩篇「賢媛」則為才女與貞女的混合呈現。[67]明清《世說》之「賢媛」話語直接導致兩種《女世說》問世，一為明遺民李清（1602-1683）力作，敘上古至元末婦女事蹟；一為女作家嚴蘅（1826？-1854）未竟稿，專敘清代才女。兩位作家均著眼於婦女經由乳與香與外界建立的特殊關係，乳鞠養生命而形成婦女生命的道德價值，香昭示內在才能而形成婦女生命的美學價值。兩者互為表裡，互作詮釋。[68]

明清「列女」與「賢媛」在處理兩性關係上也形成尖銳對比。「賢媛」繼承《世說》精神，提倡兩性平等，婦女對男性社會往往有指導性的批評，男子亦樂於接受並有所改進。而「列女」則表彰女性的卑弱順從與悲劇性的自我犧牲。

四、曲終奏雅

最後一波「列女」與「賢媛」產生於清末民初的急遽變革時期。《清史稿》作於一九一四至一九二七年間，其〈列女傳序〉明顯對正趨上升之勢的民族國家觀念及其影響下的女權思想頗有非議，謂「晚近好異議，……〔婦女〕將一切排決，舍家而躐國，務為閎大，其過不及若殊，要為自棄其所職而害中於家國則均。」[69]為矯正這一錯失，趙爾巽等重申傳統婦訓，謂匹婦當「黽勉帷闥之內」[70]，而將明清「列女」傳統之貞操觀推向最高峰。全傳所載六百一十七例，百分之九十二以上死於殉節守貞。與《清史稿》持議相反，柯劭忞（1850-1933）等所撰《新元史》強調民族國家觀念在婦女生活中的意義。明初史臣所撰《元史》〈列女傳序〉並未涉及元朝統治者的蒙古背景，《新元史》〈列女傳序〉卻指明元朝皇室的異族血統，以推行「以夏變夷，必自夫婦之倫始」的儒家春秋之義，[71]其結果竟然也是增強了貞操觀，將《元史．列女傳》原載一百五十九名烈女增至兩百二十六名，添加了一批蒙古族節婦。[72]

易宗夔（1875-？）《新世說》，應是最後一部嚴格意義上的「世說體」著作。完成於一九一八年，《新世說》反映了其時中西新舊價值觀的衝突。作者求助於「世說體」所承載的魏晉自由精神，希望由此能找到與西方個人主義之間的聯繫，以調和中西新舊之間的緊張。其實，早在《新世說》出現之前，清末女作家薛紹徽（1866-1911）與其夫陳壽彭（1657-1928？）已通過編譯《外國列女傳》一書，融合「列女」、「賢媛」，溝通中西古今。始作於一八九九年，完成於一九〇三年，出版於一九〇六年，《外國列女傳》是中國第一部系統介紹西方婦女的著作。[73]中國最早女翻譯家之一薛紹徽，作為清末維新變法的積極參與者，在其夫陳壽彭的幫助下，畢七百餘日之功，完成了這一重要著作，目的是繼續戊戌上海女學運動，為婦女進入公共空間提供行動借鑑。編譯過程中，薛氏立足婦女自身需要，梳理平章中西經驗，從道德、才藝兩方面為婦女開拓自立空間，建立理想人格。而其間一以貫之，則是「慈」、「學」二字。「慈」本為「列女」傳統中主要道德信條，卻長期為「貞」所掩蓋。薛氏重新確立「慈」在婦道中的主導地位，並將之與「賢媛」的主要價值「學」相結合，遂將「慈」由母愛升華到對民生和文明的呵護與撫育。

結語

牟雪梨（Sherry J. Mou）批評正史《列女傳》：「既非女人所寫，亦非為女人而寫」，「與其提供婦女生活的真實圖景，這類傳記（主要為男性士人所作）提供讀者道德規範，以為衡量其所處時代事件的標準。」[74]由此可見重建「賢媛」傳統及其與「列女」傳統之間關係的必要。

其一，這一比較研究顯示，中國歷代婦女史書寫乃衆聲喧嘩，而非通常呈現於當代史學的單一陳述，以爲中國傳統一貫偏執於婦女貞操，詡爲女德之首。事實是，「列女」傳統之貞操崇拜僅僅始於明初，而「賢媛」傳統對此則始終抵制。

其二，誠然，歷代「賢媛」多爲男性所作，是否仍能「提供婦女生活的眞實圖景」？「賢媛」作爲魏晉自由精神產物，又全爲私家著作，包括女性，故能超越牟雪梨所指「列女」爲「男性士人所開婦女人生藥方」，而提供眞實的，或至少是別樣的婦女生活圖景。同時，「列女」、「賢媛」共存一千六百餘年，各成體系，但彼此亦互動互補。其間的動態張力，恰可爲讀者提供豐富多樣的閱讀視角，則無論原作是著意顯示或掩藏，均可成爲有意蘊的讀解對象。

其三，這一比較方法，可擴大婦女史研究視角至其他相關文體著作，如東晉常璩《華陽國志》（作於348至355年之間），有「先賢士女總贊」卷，所列士、女，每一名下起首爲一短讚，描繪人物品格，續以人物傳記，明顯爲魏晉人倫鑑識產物，而開「世說體」先河者。[75]明末又有「百美圖」文體出現。相對而言，同爲稱頌婦女成就，「列女」重德、「賢媛」重才，而「百美圖」重色。[76]「列女」、「賢媛」主要依據歷史資料，「百美圖」則取材歷史與傳說，且結合傳記、圖像、詩讚以鋪陳人物。兼收文字、圖像資料，可擴展婦女史視野、豐富研究層面，尤其可以發現和借鑑婦女自己的觀點。

最後，婦女史書寫涉及傳統中國社會政治歷史文化多方面。從多重角度研究婦女生活，可以從性別角度豐富中國歷史的總體研究。而建立於性別基礎上的歷史與文化分析亦可深化我們對中國婦女史的認識。

註釋

【1】班固《漢書．劉向傳》，全十二冊（北京：中華書局，一九六二年），卷三十六，1:1957-58。參閱劉靜貞，〈劉向《列女傳》的性別意識〉，《東吳歷史學報》，5（1999）:16。

【2】《尚書（正義）》，〈大禹謨〉，阮元（1764-1849）主持校刻《十三經註疏》，影印清道光丙戌（1826）本，全二冊（北京：中華書局，一九七九年），卷四，1:134。參閱《論語》4.17，6.11，15.14等。

【3】許慎《說文解字（註）》，段玉裁註，影印清嘉慶乙亥（1815）本（上海：上海古籍出版社，一九八一年），頁127。

【4】賈誼《新書（校註）》，〈道術〉，閻振益、鍾夏校註（北京：中華書局，二〇〇〇年），卷八，頁303。

【5】王弼（226-249）《周易註》，《王弼集（校釋）》，樓宇烈校釋，全二冊（北京：中華書局，一九八〇年），1:235。

【6】司馬遷（西元前145—約前86年）《史記．田單列傳》，全十冊（北京：中華書局，一九五九年），卷八十二，8:2457。

【7】劉向之後，范曄之前，尚有趙母、高氏、項原、皇甫謐、綦母邃、杜預等各家《列女傳》，見魏徵（580-643）等所撰《隋書》，〈經籍志〉，全六冊（北京：中華書局，一九七三年），卷三十三，4:978。有關范曄《後漢書》為首部包含《列女傳》的紀傳體史書，見衣若蘭〈《後漢書》的書寫女性：兼論傳統中國女性史之建構〉，《國立暨南大學學報》，4.1（2000）:20。

【8】據沈約《宋書．雷次宗傳》，全八冊（北京：中華書局，一九七四年），卷九十三，8:2293-94。

【9】劉義慶為丹陽尹（管治京師）九年，又為荊州刺史八年。「荊州居上流之重，地廣兵強，資實兵甲，居

朝廷之半。故高祖使諸子居之。義慶以宗室令美，故特有此授。」義慶「在州八年，為西土所安」，因此備受朝廷嘉獎。見沈約《宋書．劉義慶傳》，卷五十一，5:1475-77。

【10】沈約《宋書．劉義慶傳》，卷五十一，5:1477。

【11】同上。

【12】參閱周一良「世說新語和作者劉義慶身世的考察」，原刊《中國哲學史研究》1981.1，收入周《魏晉南北朝史論集續編》（北京：北京大學出版社，一九九一年），頁16-22。

【13】沈約《宋書．范曄傳》，卷六十九，6:1831。范曄生平見卷六十九，6:1819-29。

【14】誠如本集宋漢理文及Lisa Raphal, *Sharing the Light*所言。

【15】范曄《後漢書．列女傳》，全十二冊（北京：中華書局，一九六五年），卷八十四，10:2781。

【16】見同上，卷八十四，10:2784-92。後世每批評班昭《女誡》過於強調「貞順」，陳幼石則謂班昭乃為保護女子而發。參閱Yu-shih Chen, "The Historical Template of Pan Chao's Nü chieh," *T'oung Pao* 82 (1996): 229-257。

【17】范曄《後漢書．列女傳》，卷八十四，10:2800。

【18】劉知幾《史通（通釋）》，浦起龍（1679-1762）通釋，全二冊（上海：上海古籍出版社，一九七八年），卷八，1:238。

【19】范曄《後漢書．列女傳》，卷八十四，10:2801-03。

【20】范曄《後漢書．列女傳贊》：「端操有蹤，幽閒有容。區明風烈，昭我管彤」，卷八十四，10:2803。

【21】此處「19」為《世說》「賢媛」門類序數，「30」為該門下條目序數，兩者均依余嘉錫《世說新語箋疏》，全二冊（上海：上海古籍出版社，一九九三年），下引《世說》條目同此例。

【22】據曾彩華〈謝道韞生卒年補正〉，《柳州師專學報》25.1（二〇一〇年二月）:43-46。

【23】余嘉錫《世說新語箋疏》，2:698。

【24】劉孝標《世說新語註》引孫盛《晉陽秋》，余嘉錫《世說新語箋疏》，2:726。

【25】王弼《老子道德經註》，《王弼集〔校釋〕》，1:93。

【26】同上，1:93-94。

【27】村上嘉實也討論過由《世說》中所反映的魏晉「德」的多樣性，認為是魏晉求真的產物。參閱村上嘉實〈魏晉における德の多樣性について——世說新語の思想〉，收入《鈴木博士古稀紀念東洋學論叢》（東京：明德出版社，一九七二年），頁549-70。

【28】見余嘉錫《世說新語箋疏》，2:669-70。

【29】劉安（西元前179-122年）《淮南子．說山》，《諸子集成》本，卷十六，頁274。

【30】見《論語》，9.18。

【31】《世說．言語》：「謝太傅問諸子姪：『子弟亦何預人事，而正欲使其佳？』諸人莫有言者，車騎（謝玄）答曰：『譬如芝蘭玉樹，欲使其生於階庭耳。』」(2/92)

【32】《儀禮註疏》「喪服」鄭玄《傳》：「夫者，妻之天也。」《十三經註疏》，卷三十，1:1106。

【33】余嘉錫《世說新語箋疏》，2:663。

【34】脫脫等《宋史》〈列女傳序〉，全四十冊（北京：中華書局，一九八五年），卷四百六十，38:13477-78。

【35】魏收（506-572）《魏書》〈列女傳序〉，全八冊（北京：中華書局，一九七四年），卷九十二，6:1978。

【36】房玄齡等《晉書》，全十冊（北京：中華書局，一九七四年），卷九十六，8:2507-2529。

【37】脫脫等《遼史》，全五冊（北京：中華書局，一九七四年），卷一百零七，5:1471。

【38】有關孔平仲與蘇軾士人群體的關係，參閱周必大（1126-1204）為孔平仲兄弟之《清江三孔集》（四庫全書本）所作序，與脫脫等《宋史》〈孔文仲傳〉、〈孔武仲傳〉、〈孔平仲傳〉，卷三百四十四，

31:10931-34。有關孔平仲與蘇軾士人群體的關係，參閱周勛初《唐語林校證》，全二冊（北京：中華書局，一九八七年），1:i-iv。

【39】《二程遺書》（上海：上海古籍出版社，二〇〇〇年），卷 21b，頁329。

【40】同上，卷二十五，頁377。

【41】同上，卷十八，頁290。

【42】《韓非子〔集釋〕》，〈解老〉，陳奇猷集釋，全二冊（上海：人民出版社，一九七四年），1:365。郭紹虞《中國文學批評史》（上海：新文藝出版社，一九五七年）引此以解釋蘇軾之道（頁168）。蘇軾本人從未明確定義過道，但從其著作來看，蘇軾明顯傾向於自然之道。

【43】蘇軾〈日喻〉，《蘇軾文集》，全六冊（北京：中華書局，一九七四年），卷六十四，5:1981；參閱 Peter Bol 有關〈日喻〉的討論，Bol, *This Culture of Ours: Intellectual Transitions in T'ang and Sung China* (Stanford: Stanford University Press, 1992), 275-76。

【44】蘇軾〈與謝民師推官書〉，《蘇軾文集》，卷四十九，4:1418；參閱郭紹虞對此文的討論，《中國文學批評史》，頁167-71。

【45】蘇軾雖未有整部「世說體」著作，但創作了十餘篇品藻《世說》人物的小品，見《蘇軾文集》，卷六十五，5:2021-8。

【46】見劉知幾《史通〔通釋〕》，卷十七，2:482。

【47】房玄齡等《晉書．列女傳》，卷九十六，8:2516。

【48】孔平仲《續世說》（上海：商務印書館，一九三七年），卷八，頁134；劉昫等《舊唐書．列女傳》，（北京：中華書局，一九七五年），卷一百九十三，16:5138。

【49】宋濂等《元史．列女傳》，全十五冊（北京：中華書局，一九七六年），卷兩百，15:4483-4516；張廷玉等《明史．列女傳》，全二十八冊（北京：中華書局，一九七四年），卷三百零一，25:7689-7763。

【50】趙爾巽等《清史稿》，〈列女傳序〉，全四十八冊（北京：中華書局，一九七七年），卷五百零八，46:14020。

【51】同上。

【52】同上。

【53】張廷玉等《明史》〈列女傳序〉，卷三百零一，25:7689。

【54】宋濂等《元史》〈列女傳序〉，卷兩百，15:4484。

【55】柯劭忞等《新元史》〈列女傳序〉，全五冊，影印一九二二年版（台北：藝文印書館，一九五〇年），卷兩百四十四，5:2169。

【56】張廷玉等《明史》〈列女傳序〉，卷三百零一，25:7689。

【57】同上。

【58】參閱Nanxiu Qian, *Spirit and Self in Medieval China: The Shih-shuo hsin-yü and Its Legacy* (Honolulu: University of Hawai’ i Press, 2001), chapter 7。

【59】何良俊《語林》，四庫全書本，卷二十二，頁12上。

【60】見李贄《初潭集》「序」，全二冊（北京：中華書局，一九七四年），1:1-4。

【61】李贄《初潭集》「夫婦篇總論」，1:1。有關理學與萬物起源，參閱Wing-tsit Chan, *A Sourcebook in Chinese Philosophy* (Princeton, N.J.: Princeton University Press, 1972), 463, 489, 491, and 589-91：侯外廬，邱漢生，張豈之《宋明理學史》，全二冊（北京：人民出版社，一九九七年），1:384。

【62】李贄《初潭集》〈夫婦篇〉下又分合婚、幽婚、喪偶、妒婦、才識、言語、文學、賢夫、賢婦、勇夫、俗夫、苦海諸媪、彼岸諸媪。有關《初潭集》和李贄《世說新語補註》之間的關係，參閱王重民（1903-1975）《中國善本書提要》（上海：上海古籍出版社，一九八三年），頁340，391。

【63】李贄《初潭集》，卷一，1:26；卷四，1:56。

【64】見李贄《初潭集》，卷四，1:51-58。

【65】見永瑢、紀昀等撰《四庫全書總目提要》，全二冊（北京：中華書局，一九六五年），卷一百三十一，1:1120；參閱川勝義雄《江戶時代における世說研究の一面》，《東方學》20（1960），頁2；大矢根文次郎《世說新語と六朝文學》（東京：早稻田大學出版部，一九八三年），頁92；Qian, *Spirit and Self in Medieval China*, chapter 9。

【66】參閱拙著〈《大東世語》與日本《世說》仿作〉，《域外漢籍研究集刊》，1（二〇〇五年北京）：251-268。

【67】參閱拙著〈角田簡之《世說》仿作初探〉，收入張伯偉主編《風起雲揚：首屆南京大學域外漢籍研究國際學術研討會論文集》（北京：中華書局，二〇〇九年）。有關日本「列女」傳統筆者已發現相當資料，當在進一步開拓日本「賢媛」傳統的基礎上將二者進行比較研究。

【68】有關兩部《女世說》的研究，詳見拙著"Milk and Scent: Works about Women in the *Shishuo xinyu* genre." *Nan Nü: Men, Women, and Gender in Early and Imperial China*. 1.2 (Fall, 1999): 187-236。

【69】趙爾巽等《清史稿》，卷五百零八，46:14019-20。

【70】同上，卷五百零八，46:14019。

【71】柯劭忞等《新元史》〈列女傳序〉，卷兩百四十四，5:2169。

【72】柯劭忞等《新元史．列女傳》，卷兩百四十四－兩百四十六，5:2169-91。

【73】見薛紹徽、陳壽彭：《外國列女傳》（金陵：江楚編譯官書總局，一九〇六年），扉頁及薛《敘》。

【74】Sherry J. Mou, *Gentlemen's Prescriptions for Women's Lives: A Thousand Years of Biographies of Chinese Women* (Armonk, NY: M.E. Sharpe, 2004), 191.

【75】見常璩《華陽國志（校註）》，劉琳校註（成都：巴蜀書社，一九八四年），頁699-831。

【76】如明末文人葉紹袁（1589-1648）將輯其妻女詩文為《午夢堂集》，序曰：「丈夫有三不朽，立德立

功立言；而婦人亦有三焉，德也，才與色也，幾昭昭乎鼎千古矣。」（全二冊，北京：〔中華書局，1998〕，1:i）。就筆者所知，早期「百美圖」作品有馮夢龍（1574-1646）《美人百韻》；清顏希源《百美新詠圖傳》，繪圖王翽，應是這一文體的完整體現（影印清乾隆庚戌〔一七九〇年〕本，全二冊，北京：中國書店，一九九八年）。清末婦女畫報、畫冊的風行，大約是受到「百美圖」、「列女」、「賢媛」的綜合影響；參閱Chen Pingyuan（陳平原）“Male Gaze/Female Students: Late Qing Education for Women as Portrayed in Beijing Pictorials” in *Different Worlds of Discourse: Gender and Genre in Late Qing and Early Republican China*, edited by Nanxiu Qian, Grace S. Fong, and Richard J. Smith (Leiden: Brill, 2008), 315-348；與本書季家珍（Joan Judge）文。

貞女傳記：禮儀論辯、道德批評和個人反思的平臺

盧葦菁

貞義王媛，建寧府之崇安縣四隅里人。父元豹，諸生也。媛年十八，邑子虞孔委禽焉。其翁廷亮亦諸生。聘三歲，孔病死，父隱不使知。久之，廷亮葬其子，櫬過四隅里中，家人出觀，媛覺大慟，脫簪珥，易縞衣，告父母曰：「父教兒讀書，婦人之義，夫死不嫁。兒雖未與成婚，然心已許虞氏子矣。今沒，兒當往守虞氏。」父不聽。媛退欲求死，母甚愛之，晝夜防護，然幾死者數矣。[1]

——沈大成（1696-1777），《貞義王媛傳》

明清時期，數以萬計的年輕女子不惜違抗父母之命，爲已故（或未故）的未婚夫守貞終身。[2]這些在當時被稱爲貞女的女性[3]，主要以下面幾種方式走完生命之途：有的終身與父母和兄嫂相依；有的像王媛一樣，嫁往未婚夫家，撫育嗣子，爲去世的未婚夫傳宗接代。其婚禮常常稱作「抱主成親」。[4]還有的貞女選擇殉死，追隨未婚夫於地下。[5]

史載中的貞女最早見於劉向《列女傳》[6]，但貞女作爲一種社會現象，至十三世紀方露端倪，到

十九世紀其數量達到高峰。[7]貞女的社會背景不一而足。她們中爲數不少生長於官宦或士人之家，熟習文史，也有的出生寒微，借用她們傳記作者的話，「沒有父兄向她們傳授詩書之教」。[8]雖然貞女幾乎遍及帝國各處，但以南方爲盛，尤其集中在長江下游大經濟區。

貞女現象是明清社會對婦女節烈沉迷不返的一個極端表現。它和寡婦守節殉節之舉並駕齊驅，但貞女的行爲與之比較又更爲極端。當時的社會性別準則視寡婦再婚爲有玷名節，然而未婚女再聘不但和儒家道德不相違背，而且無損其形象。正因如此，貞女選擇守貞在家庭之內造成了父母的焦慮和與父母的衝突；在家庭以外成了儒家學者分歧和爭論之源。一個典型的貞女故事無例外的包括父母如何徒勞地試圖阻止女兒追求一種在他們看來將會受苦終身的生活道路。而儒家文人學者對貞女的看法莫衷一是。他們圍繞貞女行爲是否合乎禮經，以及對貞女行爲道德意義的評價的論辯在他們撰寫的貞女傳記中保存了強烈的印記。[9]

貞女傳記由於以下兩點原因而分外興盛：貞女既象徵著崇高的德操，她們的行爲又包涵了深刻的意識形態的矛盾[10]。儒家道德哲學很早便給婦女守節之舉賦予政治的闡釋。「忠臣不事二主，貞女不更二夫」[11]：義不再嫁的節婦如同爲主盡忠的臣子。節婦作爲政治忠誠的象徵由來已久，而在貞女身上這一象徵得到了最強有力的表現。一個未婚的年輕女子自願擔負起本來不期望於她的責任；她表現的終極道德足以讓無恥小人無地自容。

貞女的比喻意義在政治動蕩、國家危亡之際尤有其用。比如，在晚明閹黨之禍熾烈和十七世紀滿人入侵時，很多文士用未婚殉夫的貞女來抨擊喪失氣節的大臣、效忠異族的變節者，或藉以抒發亡國之思，或用以表達自身堅定的德操。十七世紀中期的大儒孫奇逢在一篇爲范貞女作的傳記中寫道：

婦之節有分矣。死節較守節爲烈；而女子死節，較婦人之死節爲尤烈。君於社稷，臣於君，子於父，妻於夫，分定於天，情根於性，其死也理之所不容紊，而義之所不容逃者也。至未覿夫面而爲夫死，與未委質爲臣而爲君死者同科，則尤烈之烈矣！[12]

然而有些學者文人對貞女的看法與孫奇逢截然相反。貞女的行爲是否合於儒家之禮？由這一問題引發的爭議成了歷史上最具規模、爲時最久和最爲對立極端的關於女性道德的一場論爭。當明清政府和貞女支持者爲貞女大唱讚歌時[13]，貞女的批評者認定她們嚴重違背了儒家的禮儀倫理。同時，爲數不少的學者折衷其間，態度模糊。對於那些身爲貞女之父但無法認同女兒的選擇的學者，觀點上的衝突同時帶來情感的苦痛。在上述語境下，貞女傳記成了禮儀論辯、道德批評和個人反思的平台。貞女傳記的作者們把道德觀念與一己私情交織在他們對傳主品德的讚美中，有的幾乎把原本是敘述性的傳記轉變成了爲貞女激烈辯護的論文。對女性傳記的這種利用說明，傳記這一文體並非靜止統一的用於「載道」的工具。傳記作者們在貞女問題上的對立分歧，既源於他們對儒家典籍的歧見，也與他們對道義的不同理解和個人的情感密切相關。

如上所述，從根本上說，貞女傳記聚集了明清時期的社會性別、情感、思想學術的諸種問題。它強烈的再現了貞女作爲道德偶像的象徵力；它表露了儒家菁英內部對於禮和女性道德的觀念的深刻分歧；

它使乾嘉考據學者並非總是實踐其治學原則、折衷矛盾的境態昭然若揭。總而言之，貞女傳記對我們觀察儒家之禮、情感、道德三者之間的衝突提供了一個切入點。

貞女意義的爭議

早在元代，貞女殉節的初現便引起了某些官僚對貞女行爲的過於極端的關注。[14]到了明代，隨著貞女現象的擴展以及明代政府把旌表貞女，尤其是旌表那些殉節的貞女發展成一種常規制度，批評貞女行爲「過中」的聲音也日漸強烈。[15]但是，對於貞女問題的爭論在清代才進入高潮。這與當時儒家學者對禮的熱衷和考據學派的興起息息相關。如Kai-wing Chow所證明，禮被認爲是「培養儒家道德的最有效的方法和排除異端的最可靠的途徑。」[16]而處於貞女爭論的焦點問題是，貞女行爲是否與儒家之禮相符。同時，考據學的蔚爲風尚（本書Harriet Zurndorfer一文討論的王照圓即是一名女考據學者）猶如給貞女論爭火上加油。考據學是中國學術思想史的革命性轉變，它以實證爲原則求證經典的本意，重新考察已有的知識。[17]在這種環境下，當儒家的禮被推到了學術探索的最前沿時，貞女現象也被置於學者們密切的審省之下。不同的見解把帝國內最優秀的學者捲入了直接衝突，勢在必然。

貞女行爲是否符合儒家禮儀？貞女的批評者認爲，爲未婚夫殉死或守貞是對於禮經的嚴重違背。明代學者歸有光（1507-1571）在一篇具有里程碑意義的抨擊貞女現象的文章中指出，根據婚姻之禮，一個女子在完成全部「六禮」和得到父母之命之前，是不能登未婚夫家之門的；不然就成了「私奔」。而且，即使她已經行了婚禮，但是在舉行「廟見」之前（新娘在家廟向已故的祖先祭奠的一項儀式，在婚後三月舉行），她仍然不屬於夫家的成員。歸有光引用了《禮記》中〈曾子問〉的一段話：

曾子問曰：「女未廟見而死，則如之何？」孔子曰：「不遷於祖，不祔於皇姑，婿不杖、不菲、不次，歸葬於母黨。」示未成婦也，未成婦則不繫於夫也。[18]

歸有光又引用了禮記中的另一段話證明，背棄父母的願望爲未婚夫守貞違反禮儀，而另聘再嫁則符合禮儀。[19]

從十七到十九世紀，貞女的論爭持續不斷。貞女的批評者以新的典籍證據和論點證明，貞女的做法與聖賢之教背道而馳。例如，毛奇齡（1623-1716）和汪中（1745-1794）均指出，爲未婚夫殉死從儒家教義的角度看完全說不通。[20]毛奇齡寫道：

夫倫類之尊莫如君親，忠愛之切亦莫如君親，向使君親當殉，則人孰無君，孰無父母？一君二親，將見薄海之內，民無孑遺，縱有三身，亦掄不及夫婦矣。[21]

毛奇齡的觀點帶有儒家人道主義色彩，而汪中的立場則出於孝道的原則。汪中認爲，貞女的選擇不但違背了孔子的珍惜生命的教導，而且是不孝的表現。根據喪禮，已婚女子爲丈夫服斬衰（五服中等級最高的喪服），爲父母服齊衰（比斬衰次一等的喪服）。然而，貞女尚未成婚，卻身著斬衰爲未婚夫奔喪。她因而把未婚夫放到了高於父母的位置上。這種做法，「於婿爲無因，於父母爲不孝。」[22]

然而，無論是典籍的證據或精闢的見解，都沒能解決貞女問題的論爭。恰恰相反，它們引來了更多的論辯，把更多的意見紛紛的學者吸引進了論爭的平臺。對於許多貞女的支持者而言，貞女傳記成了他們表情達意的最方便有效的形式。女性傳記原本是讚美傳主的一種文體，而現在帶上了新的意義。它不光是爲了表揚美德，而且用來捍衛一個道德偶像。在他們看來，這個道德偶像正受到不公正的攻擊。

傳記：捍衛貞女的武器

在清代，貞女問題的論爭已經遍及政府的官衙和個人的書齋，從口頭的討論到書面的文字，從詠吟的詩歌到經籍的詮釋考證。而貞女傳記則是參與論爭的最常用的論壇。不言而喻，貞女的批評者不會撰寫表彰貞女的傳記。持中間態度的學者並不推辭這項撰作，但是傳記主要是貞女的堅定擁護者手中的一件武器。比如，蔡世遠（1682-1733）曾爲好友朱軾（1664-1736）的貞女女兒寫過一篇傳記。朱軾是康熙、雍正兩朝大學士。他的獨生女在夫家未婚守貞十一年後病故。蔡世遠的朱貞女傳記中有很長的一段文字證明她的操守可以和古代最傑出的模範女性相提並論。他又引用《春秋》等典籍說明朱貞女的行爲合理而不爲過。他把朱貞女讚美爲巾幗中的伯夷和叔齊——歷史上代表終極忠貞的典範。[23]

爲便於更直接有力的批駁對立者的論點，有些貞女傳記採用了問答的方式，因而幾乎把一篇讚美文字轉變成了反駁的檄文。當某戴貞女去夫家未婚守節時，有人邀請朱彝尊（1629-1709）寫一篇紀念文字讚美她。朱接受了邀請，但他僅用了兩行字敘述她的事蹟。他用餘下的篇幅解答了四個問題，以證明戴貞女的所爲和禮完全相符。[24]

一六六五年，十七歲的農家姑娘宋典在未婚夫死後懸樑自盡。朱彝尊的好友汪琬接受邀請寫了一篇宋列女傳來表彰她的貞節。他這樣開頭：「禮曰：女子幼從父兄，嫁從夫。顧有未嫁而殉其夫者，或疑之，以爲過。」接著，汪琬用了很長的篇幅對此破惑解疑：

君臣夫婦一也。士庶之未委質者，猶女子之既字而未嫁者也。謀人之軍，師敗則死之；謀人之邦，邑危則亡之。然則不居其位、不食其祿與居其位、食其祿而非有軍師邦邑之貴者，先王固不輕責之以死也……及其既死，而孔子曾不以爲過……又何疑乎女子之殉夫也？[25]

汪琬然後從禮的角度強調貞女之舉並不違禮。因爲一旦媒人將兩家連接——亦即聘禮開始進行——女子就繫之於她的未婚夫。因此，「生則有交親之分，死則服斬衰之服，如是而遂以身殉之，其何過之有？」[26]

汪琬還撰寫了另外一篇貞女的紀念文字。那位貞女來自他熟悉的朋友之家，是宋士穎的女兒，許配給計東的愛子。宋和計都是汪琬的朋友。當計東的兒子尚在孩童時，計東帶上他去看望宋士穎。宋士穎對他的言動不勝喜歡，隨即把自己的幼女許配給了他。計東的兒子不幸在十五歲時去世，年僅十三歲的宋氏女兒發誓守貞一生。計東則一直猶豫不定，不把她接進家門，因爲他擔心她年紀太輕。[27]在此後的十年中，宋氏女兒粗衣素食，鉛華不御，一如寡婦。她最後在有人上門提親時，絕食而死。後悔不已的計東流著淚說，「你眞是我的兒媳。是我辜負了你！」他親自來到宋家，把她的棺材載回家去，安葬在兒子的墓中。[28]

汪琬在爲宋貞女寫的墓銘中直接反駁了歸有光引用的證據：

禮有常焉，有變焉。取女有吉日而婿死，女斬衰以吊，既葬除之者，常也。守貞不字，變也。若既庭（宋實穎）之女之爲孺子（其未婚夫）也，始則膏澤不御，觴酒豆肉不嘗，及其繼也，絕粒捐軀而勿之恤，變之變者也。夫既儼然計氏之婦矣，安得以未成婦之禮格之？

在此，汪琬運用了「常－變－變之變」的模式來辯駁歸有光，從而將所引的禮經文字轉爲有利於自己的證據。他的觀點似乎是，既然宋貞女常年來以悲痛的寡婦自居，那麼她就應當被看作寡婦。汪琬爲貞女辯護的最值得注意的一點是，他敏感的注意到了貞女的自我身分認同。他對宋貞女守貞的描述不光讓讀者看到了她堅毅的性格，同時也感到了她痛苦的情感。

在注意到貞女的自我身分認同和情感這一點上，朱彝尊說得更爲清晰。他認爲，聘禮的過程起到了在貞女和她的未婚夫之間建立情感紐帶的作用。「委之以禽，納之以純帛[29]，則猶山澤之通氣，其感與之理已深，」[30]爲兩人間的情感奠定了基礎。誠然。正如本文開頭所引的王媛傳記所示，貞女的傳記作者常常描寫貞女把自己看作是未婚夫家的成員，把再聘另婚視爲違背道義之舉。這種描述無疑是經過了男性作者視線的篩選，但同時仍然反映了貞女的主觀性，使我們得以越過道德家對婦女貞節行爲的解釋來觀察貞女對於自身行爲的理解。很多貞女在她們的作品中也表達了相似的觀念。保存在詩文集和其他史料中的貞女的絕命辭、詩揭示了她們的內心情感和強烈的榮辱觀：受聘代表著終身獻身於夫婦關係，而另聘是她們無法面對的恥辱。[31]貞女自身的詩作和男性作者爲她們寫的傳記均對我們體會貞女的情感和信念提供了語境。毋庸置疑，許多傳記作品有程式化之嫌，但並不妨礙其傳達貞女的主觀性。

包括焦循在內的一些著名的考據家和貞女的支持者公開表示，撰作貞女傳記是爲瞭解除歸有光之說之惑。焦循曾寫過四篇文章爲貞女辯護。當有人請他爲某位高貞女作一篇傳記時，他又乘此機會譴責了貞女的批評者。他特別對準了一個叫張良御的人。張是焦循的同鄉，是比焦循高一輩的進士。張相信「男女居室，然後夫婦之道成；夫婦之道不成，則無相死與守之理。」[32]焦循把張的意見斥之爲「邪說」。

在這場情緒激烈的論爭中，貞女的支持者對與之觀點對立者直斥不諱，在貞女傳記中直陳胸臆。比如，清代後期的李慈銘（1830-1895）對貞女的批評者就毫不留情的稱之爲「豎儒」。他寫過一篇某楊貞女的傳。楊的未婚夫在她十八歲時過世。當有人勸說她放棄未婚守節時，她以自縊相威脅。在二十五歲時嫁入死去的未婚夫家。李慈銘寫道：

> 節行之艱者，聖人不敢以望之人。故禮不禁改適，況改字乎。而豎儒沾沾不達此指，遂以不

改字者爲過，是誠何心哉！觀貞女截髮剺面五年而後遂，是豈出於勉強者所能耶！[33]

李慈銘不光與貞女的反對派觀念不一。更使他不滿的是飽學之士完全沒有理解貞女的行爲是何等艱苦卓絕。

如上所述，儘管禮經的文字相當明稱，對它的解釋則不一而足。貞女的支持者從自身的情理斷之，同時從其他禮的典籍中搜尋有利於其論點的證據。在這一過程中，他們對一些以往視爲經典的註釋提出質疑，從而否認了那些註釋的權威性。這裡最令人注目的一點是，其中許多著名的考據學家，也不免對典籍再三解讀，或者不惜強辯曲解以取得對他們早已認同的觀點有利的證據。有的學者甚至於貶低禮對指導現實社會關係的關聯性。比如，焦循和另一位樸學家章學誠都認爲，當前的婚姻和古代的婚姻很不一樣，因此並非所有古代的禮儀都適用於當前。[34]這類論點對我們認識享有盛譽的乾嘉學派提供了一個新的角度。它揭示了乾嘉學派內部的矛盾：儘管它標舉實證的旗幟，然而當面對他們深深關護的與社會實踐相關的問題時，文本的證據並不起決定性的作用。

貞女論爭中的不明確派

上文所述的針鋒相對的兩種意見並不排除其間亦有模稜態度。即使是批評貞女行爲的先驅者歸有光也有動搖之時。在他晚年所作的一篇貞女傳記中，他稱貞女行爲爲「賢智者之過」。雖然不合於禮，君子還是樂於稱道它。[35]這種態度在其他人的貞女傳記中也時有表現。作者們雖然肯定貞女的所為，但同時強調她們選擇做貞女是因為其所處條件使然。[36]

這種搖擺的態度在十八世紀的學者吳定（1744-1809）的一篇文章中顯得十分清楚。吳家出過兩位貞女，一位是吳定的祖姑，另一位是他的姑姑。他祖姑在十七歲時殉未婚夫而死；姑姑則為已故的未婚夫斷髮守節。吳定分別為她們作讚美傳記。他此外還撰文為貞女辯護。[37]但是他的模稜態度在兩處文字中昭然若揭。他在一篇文章中指出，在判斷貞女的行為時，有必要區分兩種情況：如果她為未婚夫守貞是在「納徵」之禮舉行之後，那麼，她的行為合乎禮儀，因為在他看來，「納徵」代表著聘禮過程的成立。而她如果在「納徵」之前發誓守貞，那麼她的行為就是愚蠢的。[38]吳定在他為一位漁家女兒的傳記中也表露了隱約的批評之意。這位漁家女兒在父母拒絕她為未婚夫守節時投河而死。吳定肯定了她的行為，但同時評論道，如果她生長於讀書之家，受到禮儀的教育，那麼她的舉動會更符合先王的「中正」之道。[39]

吳定猶豫不決的觀點可以從兩方面理解：雖然他對於貞女行為的極端性不無保留，但出於個人和家庭的道義責任，他必須為他包括他祖姑和姑姑在內的貞女的堅韌的自我犧牲精神褒揚和辯護。從更普遍的意義上說，其他學者所表露的相似的立場則顯示了一種矛盾的道德責任感和負疚感。作為社會菁英，他們有責任維護他們認定的、對社會行為有指導意義的純正的儒家義理；而從另一方面看，儘管貞女行為逾越了儒家義理準繩，她們表現的堅韌和氣節是包括這些作者在內的男性菁英望塵莫及的。因此，他們無法保持沉默或對選擇自我獻身的貞女加以指責批評。劉大櫆（1698-1780）在所作的吳貞女傳的末尾承認歸有光所論確鑿，但是，「今之時與古之時異，且人各有其性情」，吳貞女的行爲令人感動。[40]

享有盛譽的史學家錢大昕在爲一位當地的貞女寫的傳記中有相似的評論：

> 先王制禮，初不以從一而終之義責之未嫁之女。而後世乃有終其身不嫁者，有就婿之室而事其父母者，甚至有以身殉者，此禮之所無有也，然而士君子未尚不原其志而取之焉。[41]

錢大昕的評論不無同情：雖然貞女所爲爲古禮所無，她們本著其志向而行，爲普通人所難爲。他在另一處貞女傳中寫道，「君子不強人以所難，而尤樂道人之善。」[42]貞女以高於通常的道德操守爲行爲準則，她們的舉動從根本上說值得旌揚。[43]

從以上例子可見，關於貞女的論爭既是關於禮的論爭，也是儒家士人關於自身道德的反思。譴責一種在他們看來是高尚的自我獻身的行爲有悖於他們的道德良心。他們的這種內心不安感和他們對世風的抨擊息息相關。歷來的學士文人都感嘆他們身處之時風俗不古，因此需要高行奇節的榜樣，來矯正世風。比如，方苞認可歸有光批評貞女違背禮的說法，但是，他把貞女稱之爲「奇女子」，與不計其數的「賊於德」的人形成鮮明對照[44]。在一篇題爲陳列女傳的文字中，彭端淑（1697-1777）讚嘆自殺身死的陳貞女，「嗚呼烈矣，豈非能人之所難哉。是固可以媿天下之既爲人婦而他適者矣。」[45]

相似的看法也是劉台拱（1751-1805）持模稜態度的原因。劉台拱是汪中的好友。他認爲歸有光持論「婉而篤」，汪中抨擊貞女的文章有益於經典和風俗。[46]有一天，有位朋友來函說，長江上風暴顛覆了所有的船隻，唯獨吳貞女的船安然無恙——吳貞女當時正在前往與已故未婚夫成婚的途中。劉台拱感動不已，認定這是上天對她非凡的美德的保護。他隨即寫了一篇文章記錄此事，並在文中讚美了他聽說過的另外兩位貞女的事蹟。[47]

這裡，值得注意的一點是，上述在貞女論爭中立場模稜的學者均是標舉實證、反對臆斷的考證學者。然而，在這場論爭中，這一治學原則有時被妥協。學者們的矛盾的道義責任觀，而不是文本的證據，往往決定了他們在論爭中的立場。

貞女的學者父親

關於貞女的爭論是明清時期思想界的一場公開論爭，它同時又連接「內」、「外」兩個社會空間、觸及學者的私情。這是因爲很多參與其間的學者是貞女的父親、兄弟、兒子或其他的親友。對他們來說，這場論爭不僅關係到對禮的根本理解；它關係到如何看待他們爲之獻身的親人的一個崇高理念。

極少學者親自爲他們的貞女女兒撰寫傳記，而是請朋友爲之。其中原因之一，是有的父女處於這場爭論的對立面。孫希旦（1736-1784）的例子表露了身爲父親而無法讚同女兒的選擇所帶來的極度沉痛。孫希旦是一位專精古禮的學者，不認爲貞女所爲與禮符合。然而，他十六歲的女兒在未婚夫去世後立志做貞女。當孫和他的妻子試圖爲女兒另找婆家時，她以絕食和自殺相威脅。[48]因爲擔憂父母最終會將她另聘，她隨之生病。臨終前在病榻上，她請求父母將她送往婆家，讓她在婆家去世。悲痛中的孫希且請他的好友錢世錫（1733-1795）爲她作傳。[49]錢世錫告訴我們，雖然孫希旦珍愛女兒，他認爲她的行爲過於極端。孫希旦的悲痛可以從兩方面理解：他當然爲豆蔻年華的女兒的早逝而痛心；更令他痛心的是，他無法放棄他對禮的觀念而爲女兒的獻身寫讚詞。爲死去的女兒提筆撰文在任何情況下都是一件十分痛苦的是，何況女兒爲之獻身的理念與自己的信念背道而馳。

從另一方面說，支持貞女的父親們的感情可能與此不同。然而，有證據表明，即使是讚同貞女行爲的學者，在遇到親友中的年輕女子執著的追求貞女理想時，他們的態度也會變得曖昧。舉例來說，方苞曾寫過多篇有關貞女的傳記。某一天，他的一位朋友焦慮萬分的跑來對他說，他女兒立意要做貞女。他請方苞去開導她，向她說明貞女的行爲是違背禮儀的道理。方苞接受了他的請求。[50]

父親對女兒的愛對他的思想信念起的調節作用可以是多種的。和孫希旦不同，起初不讚同貞女行爲的朱軾後來改變了立場。朱軾將女兒聘給了一位朝官的兒子。當女兒年達二十、婚期已定時，他的妻子去世，因此推遲了女兒的婚期。兩年後，女兒的未婚夫因病去世。一年過去了，朱軾開始爲女兒另找人家：

女泫然涕零以守義請。予曰：「爾讀曾子問乎？女未成婦而死，歸葬於女氏之黨。未婚可即其室乎？又女死皆齊衰待吊，既葬，除。婿死亦如之。未聞未嫁而有守義之禮也。」女默然不語。卒不可奪，乃聽之。[51]

兩篇分別由藍鼎元和蔡世遠撰寫的朱貞女的傳記，透露出這次對話之後的一個重要細節。她雖然默然無語，卻連著三天不飲不食。朱軾這才讓步，同意讓她守節終身。在她和朱軾道別嫁往未婚夫家時，她問父親她應穿什麼衣服，朱軾對她說：「於禮無之。汝裁之以義，勿問我。」[52]顯然，朱軾還在爲女兒的決定生氣。

藍鼎元和蔡世遠的朱貞女傳屬於貞女傳記中最下功夫的作品。兩人都極盡讚美之詞來描述朱貞女的品德。但是朱軾一直到女兒盛年而逝之後的兩年，在讀到蔡世遠爲另一位姓賀的貞女寫的傳記之後，才親自寫了一篇文字。和朱貞女一樣，十五歲的賀貞女由一位年輕的女僕陪伴嫁入死去的未婚夫家。但是未婚夫家的族人因爲覬覦他家的家產而阻擾賀貞女立嗣的要求。兩個女孩因此而自殺身亡。朱軾讀完了這篇傳記之後寫道：

> 予傷二氏之死，又追念吾女之守義而卒與賀等，於是舐筆而書，曰：人情最苦而甘之如飴、百折不可奪者，莫如女子許聘，夫亡守志而繼之以死。功令，年未三十而寡迄五十得旌其門。獨室女未婚守節及以身殉者，例勿旌。說者遂謂此詭僻之行，顯悖乎禮教，至比之異端邪說之爲世道害也。謬哉！

朱軾本人精研禮經。他以長篇文字駁斥攻擊貞女者的謬論，證明貞女所爲並不違禮。對貞女的誤解出自於那些「讀書泥於文辭而不求其理之安者」。[53]經過了許多年後，朱軾否定了自己早先堅守的、即使在女兒備受痛苦之時有沒有動搖的觀點。

我們沒有材料可以說明朱軾爲什麼改變立場。也許是女兒的早亡和由此帶來的情感折磨？有一點是清楚的：女兒從來沒有享受過正常的婚姻生活，而且死於盛年，令朱軾極爲傷感。朱軾的悲傷再次表明了貞女現象中不無嘲諷意義的一點：像朱貞女這樣的年輕女性選擇做貞女，部分原因是爲了榮耀父母。然而，父母感受最深的不是榮耀，而是痛苦。

從本質上說，朱軾的文章不是公開的關於貞女行爲合禮與否的討論，而是個人的爲女兒爲之獻身的理念的辯護，或者也許是表白對自己早先曾經反對女兒所作選擇的歉意。與所有其他的貞女傳記不同的是，朱軾不是以儒家學者的身分，而是以一個父親的身分寫作這篇文字。貫穿在全文中的對女兒的愛使朱軾無法在貞女論爭中持客觀立場。他前後立場的改變和流露的深情，揭示出貞女論辯中最有人情的一面。在紛紛紜紜的批評和讚美聲後，我們看到了非常切實的人身苦痛。雖然朱軾和孫希旦遭受的悲傷相同，相同的悲傷並沒有產生相同的後果：它使朱軾放棄了原先的立場，卻沒有令孫希旦改變初衷。

結語

有學者指出，一如社會菁英的修廟舉動，他們爲貞烈婦女寫傳可以用來服務於公與私在內的多種目的。[54]在他們爲貞女作傳的行爲中，我們也可觀察到相似的動機。然而，貞女傳記有其根本不同點。它們是傳記體裁中最有諷喻作用的。由於其強烈的道德象徵性，以及其行爲的極端性，貞女被推到了社會文化爭議的中心。

貞女傳記遠非儒家菁英發表統一的道德觀和表達共通的情感的場所。相反，他們對女德的定義和對古禮與現實實踐關係的理解的深刻分歧在這些傳記中留下顯著印跡。貞女傳記使這一思想史上的矛盾衝突昭然若揭。文人學者在貞女問題上所持的種種不同立場既顯示了他們的觀念的衝突，也顯示了在其他女性傳記中少見的複雜的情感。

註釋

【1】錢儀吉，《碑傳集》，頁7224-25。

【2】大部分貞女守貞涉及到夫婿未婚而死。尚有少數例子與未婚夫病危，離家出走音信斷絕，家庭破落等有關。在這些情況下，雙方家庭都可提出終止婚約。

【3】即使貞女最終與原聘夫婿成婚，她此後仍然被稱為貞女。

【4】王媛未婚夫的父親在試圖說服她放棄守貞無效後，答應王媛，等他大兒子生下第二個男孩（亦即他的第二個孫子）後，他會把那個男孩過繼給王媛的未婚夫，並把王媛接往家中。他沒有食言。幾年後第二個男孩生下，王媛嫁入未婚夫家，並過繼了男孩。不過更通常的情況是，為未婚夫立嗣在貞女已在夫家居住之後進行。

【5】關於貞女現象的歷史分析，見Weijing Lu, *True to Her Word: The Faithful Maiden Cult in Late Imperial China*。

【6】據劉向所述，衛宣夫人在前往與衛君成婚的路上，衛君病亡。衛宣夫人拒絕返回娘家，為衛君守喪三年。劉向，《古列女傳》，頁97。

【7】貞女現象到了二十世紀民國初期衰退，但是，如季家珍在本集的文章中指出，貞女仍然處於文化菁英討論社會和道德問題的中心，所不同的是討論的視角已變。

【8】「詩」指《詩經》，「書」指《尚書》。「詩書」代指儒家經典教育。

【9】貞女傳記包含多種名稱，如「傳」，「事略」，「小傳」，「書」，「書……事」，「記」和「墓誌銘」等，而以「傳」為主。在現存史料中，這些作品最常見於個人文集，也見於正史、總集或傳記彙編如《碑傳集》。

【10】和明清時期節婦的數量相比，貞女的數量要少得多。雖然數量不多，但她們在婦女傳記中占顯著地位。

舉例來說，錢儀吉的《碑傳集》中關於清代婦女的共有十卷，其中兩卷是貞女的傳記，也就是說，占婦女傳記總數的五分之一，與節婦的傳記的卷數相等。貞女傳記在個人文集中也很常見，一部文集中包括一篇以上貞女傳記的情況並不少見。比如，熱中理學的藍鼎元（1680-1733）的文集包括了十七篇婦女傳記，其中節婦十一篇，貞女五篇。這一現象說明文人學者對貞女的不同尋常的興趣。

【11】司馬遷，《史記》，頁2457。

【12】孫奇逢，《夏峰先生集》，頁559。

【13】根據明清兩朝《實錄》，從一三六八年到一八五〇年，大約有六千名貞女得到朝廷旌表。貞女的實際數字自然高於此。我在它處曾證明，儘管從理論上說朝廷的旌表政策不排除出身貧寒的貞女，貧寒之家和無社會和政治影響的家庭得到旌表的機會要低得多。見Lu, *True to Her Word*，頁85-6。

【14】元朝拒絕了一則旌表一位自殺身亡的貞女。首輔余闕（1303-1358）指出，這位貞女的行為「過中」，不應作為典範。陳夢雷編撰，《古今圖書集成》，頁48754。

【15】十六世紀初，明朝政府擴大了貞女旌表的政策。較早的一則關於貞女的論辯發生於一五〇五年。那則例子關涉到一位知州向朝廷請求旌表貞女。見陸深，《儼山外集》，頁（885）51。陳洪謨，《治世餘聞》，頁64。陳夢雷編撰，《古今圖書集成》，頁48754。

【16】Kai-wing Chow, *The Rise of Confucian Ritualism*，頁8。

【17】Benjamin A. Elman, *From Philosophy to Philology*。

【18】歸有光，《震川先生集》，頁3/5a。

【19】同上。

【20】毛奇齡原先是貞女的支持者，晚年改變立場，批評貞女。

【21】毛奇齡，《西河文集》，頁1590-91。

【22】汪中，《述學》，頁525。

【23】《碑傳集》，頁7213。
【24】朱彝尊，《曝書亭集》，頁53/13b。
【25】汪琬，《堯峰文鈔》，頁35/13a。
【26】同上，頁35/13a-b。
【27】此據汪琬為宋貞女作的墓銘。同上，頁19/3a。計東自己寫的哀辭中提到，他沒有同意她前來守貞是因為他怕她的到來會引起他母親和病中的妻子的傷感。計東，《改亭文集》（集部卷兩百二十八冊），頁723。
【28】同上。又見汪琬，《堯峰文鈔》，頁19/3a。
【29】兩者都是古代聘禮的組成部分。
【30】朱彝尊，《曝書亭集》，頁58/12a。
【31】例如，完顏惲珠所編的《國朝閨秀正始集》及其續集收錄了多首貞女的詩作。此外，貞女的詩歌還見於男學者編撰的詩集，如阮元所編《兩浙輶軒錄》，以及方志和貞女傳記中。
【32】《碑傳集》，頁7233。此文的作者或說是焦廷琥（見《叢書集成新編》七十八冊）。將此文與焦循的〈鈔依歸草序〉共讀可知，此文當為焦循作品。
【33】李慈銘，《越縵堂文集》，頁304。
【34】章學誠，《章氏遺書》，頁128；焦循，《雕菰集》，頁85。
【35】歸有光，《震川先生集》，頁16/15b-16a。
【36】比如，張士元在所著黃貞女傳中強調，因為黃貞女是童養媳，已入婿門，因此她的情況有特殊之處。《碑傳集》，頁7232。
【37】吳定，《紫石泉山房詩文集》，頁2/29a-31a、8/14a-15b、11/5a-6a、11/12a-13a。
【38】同上，頁2/29a-30b。

【39】同上，頁9/18b。

【40】劉大櫆，《海峰文集》，頁464。

【41】錢大昕，《錢大昕全集》，頁347。

【42】同上，頁689。

【43】同上，頁348。

【44】方苞，《望溪先生文集》，（一千四百二十冊），頁662。

【45】《碑傳集》，頁7166。

【46】劉台拱，《劉端臨先生遺書》，頁8/17a；汪中，《述學》，頁525。

【47】其中一位貞女來自劉台拱的家鄉江蘇高郵，另一位是顯宦彭元瑞的女兒。彭是劉的座師。劉台拱，《劉端臨先生遺書》，頁8/14b-15b。

【48】《碑傳集》，頁7231。

【49】同上，頁7235-36。

【50】方苞，《望溪先生文集》，（一千四百二十冊），頁535。

【51】朱軾：《朱文端公文集》，（年譜），頁12b-13a。

【52】《碑傳集》，頁7215。這裡值得注意的是朱軾的口吻。他的意思是：這是你的主意，你自然知道其中的規矩。

【53】朱軾：《朱文端公文集》，頁2/31b。

【54】見Katherine Carlitz（柯麗德）, "The Daughter, the Singing-Girl," in *Passionate Women*; Beverly Bossler（柏文莉）, "Faithful Wives and Heroic Martyrs"; and T'ien Ju-K'ang（田汝康）, *Male Anxiety*。

典範時間與世俗時間：魏息園的《繡像古今賢女傳》與晚清時刻

季家珍（Joan Judge）

按錢南秀在前章的描述，魏息園（程博，蓮裳，一九〇八年前後）的《繡像古今賢女傳》是最後一批《列女傳》風格的女性傳記集之一。該書出版於中國末代王朝於一九一一年覆滅前五年左右。在洞察「改良主義」這種晚清意識形態所具有的、爲人忽略卻至關重要的歷史張力方面，這一文本頗有價值。[1]魏息園這樣的改良主義者既忠實於歷史連續性，又向有限的歷史變革開放。他們用典範時間（Exemplary Time）——或歷史時間中的範型——來對自身所處世俗時代中眞實的每一天施加影響，從而將儒家禮教與世紀之交的改革要求融合起來。[2]

魏息園在《繡像古今賢女傳》中所乞靈的概念範圍傳達出改良主義立場的歷史複雜性。他將「天」當成萬事萬物的源泉，把民族看作政治力量的基礎。他還把下述兩個方面結合起來：既支持將新女性教育正式制度化，又強調古老婦德及古代典範的現實意義。他同時提到傳說中三代的聖人（the divine sages）和國民的進步，論及儀禮經典和「白種人」的挑戰。他慷慨陳詞，闡述六合一統，以及國家分裂的危險。最矛盾的是，他對上述各種主題的雄辯論述鑲嵌在這樣一個文本之中——一個在美學風格上受惠於晚清名妓圖冊的文本。

對二十一世紀初的讀者來說，這一切似乎都是深刻的斷裂；雖然認識到這一點，但我不打算集中關注魏息園立場中明顯的雜糅混合性，也許可以將他看做一個橫跨多個文化宇宙的人，或一個生活在「過渡」時代的人，但我寧願將他處理爲一個生活在複雜但統一的世界中的個體，一位晚清的改良主義者。我通過以下兩種方式來閱讀《繡像古今賢女傳》，找尋通往他的世界的道路。其一，互文本方式（intertextually），即參考魏息園自己形形色色的作品，以及作爲其背景來源的《列女傳》譜系。其二，類文本方式（paratextually），即考察魏息園文集中對這些傳記的自序及評註。這一分析證明，女性傳記彙編可以被看作一個發人深省的特殊三稜鏡，揭示出若非如此便將被忽略的、一個時代的政治文化思慮。此外，它也提供了一扇間接的窗戶來窺探個人的生活世界——這些個人現在雖已模糊難辨，當年卻曾熱情參與焦點議題。

一、文本背景：宮詞與法律改革

對於魏息園，我們知之甚少。無論是重要的晚清概略，還是任何現存的地方志，都沒有特別地關注他；他只在一部傳記辭典中博得了一個單獨（且不完備）的條目。[3]其作品的每一位編者似乎都只知道他故事的一部份。這些各種各樣的碎片揭示出，魏息園（號息園；名程博；字蓮裳）來自湖南省湘鄉。除了編纂《繡像古今賢女傳》，他還是一位著迷於清宮內闈著述的詩人，一位渴望改革的低級官員。魏息園的詩至少有兩種風格。一種是描寫宮廷生活的宮詞，往往特別關注宮闈。[4]魏息園的一百零一首宮詞在一九一五年結集成《魏息園清宮詞》，描述了清代宮廷女子的社交生活。[5]這些詩特別注意妃子的晉封與罷黜，多次提到慈禧太后（1835-1908年，孝欽）。

一首詩描寫了美國人凱特琳·卡爾（Katherine A. Karl）所繪太后畫像如何能「通神」。[6]一九一一年之後，由於可供評論的宮廷生活實際上已不再存在，魏息園開始寫作香奩格，也被稱爲豔體。[7]他所寫的這類著眼於感官聲色、略微有些色情的詩歌都收在《平野台豔詞》中。其主題往往十分瑣碎，討論綺夢、脂粉等等。[8]

魏息園的詩歌傳達出一個遊戲人間的唯美主義者的形象，此外，他還寫了一部有些類似於公安小說的法律相關文本，即《不用刑審判書故事選》。這一文本透露出，魏息園是一位盡責的清代官員。大約在世紀之交，他任江蘇北部宿遷縣的榷務時，曾激情澎湃地投身於晚清法律改革。[9]在其《故事選》自序中，他談到寫這本書是爲了幫助政府貫徹執行一九〇一年的「新政」。在由舉足輕重的官員提出的新政綱領中，提議之一便是恤刑獄，包括（比如說）以羈禁取代笞杖。[10]這類國內提議與國外的外交壓力一起，迫使清政府日益關注普遍的法律改革，尤其是取消長期存在的酷刑。[11]

魏息園致力於建立正義而人道的法律程序，正是在這一背景下明確表達出來的。他關切的是改良而非挑戰現存的政治—法律體系，這反映出其改良主義理想。他哀歎在當前實踐中，刑法不再是君主治理人民的工具，而淪爲了官員淩虐人民的工具。他確信，那些負責在地方執行司法審判的人往往是庸才，而普通人在努力規避法律時更易誤入歧途。所以，他編了這個集子來襄助當時那些負責司法審判的人。這部集子提供了許多歷史案例：不用刑法，而是通過調查研究、邏輯推理和令其招供的靈機妙法來解決案件。[12]

這本案例集呈現的人物與《列女傳》著名的主角們截然相反。後者是勤勉、貞節的有德女子，而前者往往是詭計多端、道德敗壞的平民。這些平民包括一個與富有情夫密謀殺害與之有婚約的貧窮士子的年輕女子、一位與和尚私通的母親，以及一個跟堂弟（一個雇工）通姦的年輕寡婦。[13]然而，這些文本共享著一些重要的相似點。兩部書都是魏息園爲影響當前的行爲和時間而編纂的歷史資料集。[14]在兩本集子的序言、對單個案例或傳記的評註中，他都直陳了這一目的。[15]儘管魏息園完全清楚中國在世紀之交所面臨的挑戰，但他仍堅信，當代難題通過既有文類，通過訴諸於往昔範例（或者是靈巧的官員，或者是有德的女子），就能得到最好的處理。

第二個相似點在於兩個文本所傳達出的潛在道德訊息。《故事選》中雖有不少放蕩婦，但也有一些正直的人物，堪比傳記集中那些大名鼎鼎之輩。例如，在「自誣」一案中，一個有些風流韻事的普通老婦在意識到孝順的兒媳已發現其失節時，就立刻自殺了。兒媳隨即因促成自殺而被告，她拒絕否認這項指控，寧願犧牲自己也不願令丈夫一脈公開蒙羞。[16]

二、文本源流：廣《列女傳》與百美圖

魏息園的法律及詩歌作品中所存在的道德嚴肅性與戲謔逗樂的美學風格之間的分裂，在《繡像古今賢女傳》中表現得更加明顯。這部集子屬於「廣《列女傳》」（*lienü zhuan* expansion）——明代出

現的一種文類。[17]構成這一文類的文本包括劉向（西元前79—前8年）的《列女傳》（西元前34年）原本，以及後來取自地方志、斷代史和文人作品的傳記。解縉（1369-1415）的《古今列女傳》屬於首批廣傳（expansions）之一，但刊刻最多、流傳最廣的要數呂坤（1536-1618）的《閨範》（1590）和王庚（1600前後）的《繪圖列女傳》（1610-1620，1779）。[18]在魏集之前出現的最後一部廣傳可能是劉開（1781-1821）的《廣列女傳》。[19]

魏息園的《繡像古今賢女傳》展示了這一文類的基本特徵。集子中約百分之十一（一百零六篇中有十二篇）的傳記都來自《列女傳》原本。魏息園還從晚於劉向的文本中選取了一些傳記。其中，約有百分之十（一百零六篇中有十一篇）來自清代。[20]像之前所有廣傳的編者一樣，魏息園去掉了劉向論述惡婦的部分，並重新設定了貞婦的類別。他用下述九個範疇取代了劉向原本的七分法：「孝父母」、「友愛」、「相夫」、「事舅姑」、「和娣姒」、「教子」、「勤儉」、「慈惠」、「貞節」。最後，像上文所提到的，魏追隨早先的編者，在每篇傳記後都加上了他自己的評論——以「息園外史曰」這樣的表述開頭。[21]在有些事例中，這些三至十五行的贊辭被已有的評論所取代，跟《列女傳》原傳一模一樣。但在所有案例中，魏息園的評註都爲這些傳記增添了一個新的語義層，向二十世紀初的讀者重新表達著傳記敘事。

魏集無疑屬於《列女傳》譜系，然而，它也反映出帝國晚期「列女」文類的審美化（aestheticization）。[22]《閨範》和《繪圖列女傳》之類的廣傳一邊繼續傳達著女性行爲準則及社會秩序規範，一邊也或多或少地成爲了引人注目的消費對象，以及賞玩女性的手工藝品。[23]

魏集中每一個傳記敘事都被四種類傳記因素（parabiographical elements）所環繞。這些因素強化了讀者的傳記審美體驗，包括一個以隸書風格書寫的描述性的四字標題、一首四行詩、一幅栩栩如生的女傳主像，以及一些花葉素描圖（看上去像是素描，很可能是石版畫，主題往往與花葉相關）。這些畫有著長度不等的題詞——經常是魏息園本人所題，署名爲「息園題具」。[24]

魏息園文本中的這些類傳記美學特徵反映出兩大文類在帝國晚期的融合，即廣《列女傳》與交際花名錄（courtesan catalogues）的融合——前者頌揚正直的道德模範，而後者讚美賞心悅目的美人或百美。[25]除了與《列女傳》淵源密切，魏息園的《繡像古今賢女傳》還與《百美新詠圖傳》（最早的序是在一七八七年）有著緊密聯繫。這部盛清集子中收錄了青樓女子、皇室佳麗、宮廷貴婦、才女歌姬、女神及仙子。[26]魏息園受惠於這一文本在他的號中間接現實出來了——其號與《百美新詠圖傳》編者的名字顏希源同音。其《繡像古今賢女傳》中的許多女子都在《百美新詠圖傳》中出現過，並且，前者常常一字不差地複製了後者傳記敘述的細節。[27]

然而，《繡像傳》與《百美圖傳》之間的文本關聯最清楚的證據還在於對重要女子的視覺表現。廣《列女傳》（包括《閨範》及《繪圖列女傳》）中的插圖一般採用動態的敘述風格，描繪女子故事中戲劇性的一刻。[28]相反，魏息園則決定以百美集中那種靜態的「美人」風格來呈現其主人公，特別關注女子的服飾及姿態。魏集中大量的插圖都直接取自顏希源的百美圖。兩個代表了不同女性類型的範例是英勇無畏的女戰士花木蘭（500年前後）和晚明纖纖弱質的少女詩人葉小鸞（1616-1632）。

另外，當魏息園用道德上頗爲可疑的美人形象來表現有德女子時，列女與百美文類的融合就最明顯

圖1（左）：「木蘭」，顏希源，頁66。[29]

圖 2（右）:「木蘭」，魏息園，《繡像古今賢女傳》卷一，頁 3。

圖 3（左）:「葉小鸞」，顏希源，頁 79。

圖 4（右）:「葉小鸞」，魏息園，《繡像古今賢女傳》，卷六，頁 25。

不過了。例如，一幅歌姬圖、直接取自《百美圖傳》的龐姐像就被用來代表孝順典範，唐代鄭義宗妻盧氏——她曾爲救婆婆而揮刀向敵、巧鬥盜賊。

三、類文本（Paratext）：尊嚴與貞節

儘管這些類似「百美」的特徵與魏息園的詩集有所共鳴，但從根本上賦予《繡像古今賢女傳》以活力的是其道德目的，就像《不用刑審判書故事選》一樣。在傳記集的導言、九個部分的序言，以及對單篇傳記的評註中，魏息園都表達了他關於一個連貫一致的道德宇宙的想像：女子在其中發揮著重要而積極的作用。其善乃生命進程之源，其德彰顯了天地正義，而其賢明教導更是穩定政治秩序的根基。[30]

這一包羅萬象的願景反映在魏息園對該選

圖5（左）：「龐姐」，顏希源，頁58。

圖6（右）：盧氏，魏息園，《繡像古今賢女傳》，卷四，頁5。

集的概念化陳述中。「萬物本乎天，」他在導言中寫到：

> 人本乎祖，父母則我所生也。故首之以孝父母。孩提之童，無不知愛其親也；及其長也，無不知愛其兄也。故次之以友愛。女以嫁爲歸，詩所以謂「之子于歸」是也；以夫爲家，詩所以謂「宜其室家」是也。故次之以相夫。相夫莫大於孝養，故次之以事舅姑。事舅姑莫要於和順，故次之以和娣姒。娣姒和，舅姑順，以事其夫，而家道成焉。守家者莫若子，故次之以教子。未有教先有養，教非禮儀不能，養非勤儉不成，故次之以勤儉。勤者多褊，儉者多嗇，褊則急，嗇者鄙，去褊嗇者莫若慈惠，故次之以慈惠。慈則性柔，惠則性和，柔則懦，和則流，捄和柔者莫若貞節，故次之以貞節。而前編終焉。[31]

魏息園在這一段中暗示，女性之人格在於她對各個家庭成員的服務。在選集的其他地方，他直接宣稱，「女子之立身從事親始。」[32]同時，他認爲性別平等及女性尊嚴十分重要。在「相夫」卷的序中，他斷言丈夫與妻子「齊」心思、「齊」智力。他進一步倡議一種基於和諧共處與相互關係的婚姻理想：丈夫與妻子就像《詩經》所描繪的兩驂（駕車的三匹馬中處於兩側的兩匹）一樣，以一種整齊、協調的步伐舞蹈。[33]

魏息園還提升了女性家務勞動的地位，把它與更廣泛的社會政治發展聯繫起來。在「教子」卷的序中，他把母親的教導職責與國家的強盛（national strengthening）結合起來。在明確表達了世紀之交所普遍持有的關於「白種」的憂慮，以及對中國分裂揮之不去的恐懼之後，他聲稱中國必須「巍然獨拔於列強之中」。而他主張，取得全球卓越地位最有效的方式便是女子教育。[34]他解釋說，中國要作爲一種世界力量立足，主權就不得不穩固，國家就不得不強大。而要主權穩固、國家強大，中國人民就必須忠君愛國。要人民忠君愛國，這些價值就必須被反覆灌輸——不是通過政府官員、宗藩或草野游談——而是通過賢母們。故而，女子教育是帝國的、民族的要求。[35]

魏息園用了一個工業生產的擴喻來描繪教育賢母的過程——反過來，這些賢母將會教導她們的兒子。他解釋說，中國的年輕女子就是能鑄造出賢母的生銅。新式學校就是煉銅的爐子，各式各樣的課程則提供了作爲燃料的煤。最後，也最重要的是，遙遠往昔及晚近以來的賢母們作爲「模」發揮著作用，當代的母親們將據此塑造。[36]

在選集別處，魏息園特別強調了他的同時代人應從歷史上女英雄的故事中學習的那些教訓。有一個源自《列女傳》的故事講，田稷子的母親成功地敦促了兒子反對政治腐敗；在評論這則故事時，魏息園哀歎此種道義在其故鄉湘鄉的缺失。[37]他通過李母勸子（唐代將軍李景讓之母明智地勸告兒子的故事）的例子來聲明其主張：後甲午戰爭及後拳民時代需要能幹、高尚的軍事領導者。[38]他還宣稱，唐代名妓關盼盼所展示的放蕩淫逸，比起他所見的、周遭的世家大族還要遜色許多。[39]最後，他用傳奇戰士花木蘭（500年前後）廣爲人知的故事來表達他對當代反纏足運動的支持。[40]

魏息園最透徹的當代評論針對的正是本書導言及盧葦菁一章中所描繪的明清貞節崇拜。魏息園文本的標題反映出他想要把注意力從貞節這一被規定的女性美德上轉移開去。他用「賢女」（與錢南秀一章中所關注的「賢媛」形象有密切關聯）一詞，而非在明清廣傳標題中最常見的「列女」或「烈女」，來描繪他所讚美的這些女子。[41]到晚明時，更富於表現力的「烈」已經蓋過了平凡乏味的「列」，用來指示英雄、貞節的烈士。比起多數廣《列女傳》（包括晚近以來清代的先例），魏集對這一類的英雄女烈士著墨不多。例如，在汪憲（1745年進士）的《列女傳》中，百分之五十五的女子都是因其貞節而受到讚揚，還有百分之四十一的則是因其「貞烈」——一個用來表示自殺的類別。[42]對魏息園來說，發揚女德具有中心重要性：《繡像古今賢女傳》的「貞節」卷是最長的（二十五篇傳記），象徵著該集的高潮。然而，他拒絕美化女性殉節這種自我損害行爲。在整部集子中只有約百分之十一的女子殉丈夫而死。

然而，比百分比更重要的是魏息園關於貞節問題的複雜情結。雖然他贊同寡婦忠實於亡夫、勇敢活下去以撫養兒子，但他並未將讚美之辭賦予那些爲免於再嫁而自殺或自殘的寡婦。[43]這裡，我將聚焦於魏息園關於貞女這一特殊類別（盧葦菁一章中曾重點介紹過貞女——自願爲病重或死去的未婚夫獻出生命的年輕女子）的觀點。[44]出於下述兩個原因，我選擇了魏集中的這三篇貞女傳記來加以分析。其一，它們揭示了他評估守節實踐的微妙差別：在第一個案例中，他讚揚貞女的行爲；在第二個中，他含蓄地批評了貞女崇拜；而在第三個案例中，他毫不掩飾地譴責其悲劇性後果。其二，這三位貞女都生活在清代，第三位僅僅比魏息園的作品早數十年。故而，她們的故事凸顯了久遠的模範理想與直接經驗之間的緊張。

三篇傳記之首是金氏的故事：她的未婚夫章文寶在婚禮舉行前便亡故了，於是，這位年輕女子奉獻

了一生來撫養章的小妾所生的遺腹子。【45】

金氏的故事包含了貞女傳說中的主導修辭之一，而這一主導修辭在十六世紀至二十世紀初廣泛演出的戲劇中得到了普及：一位年輕女子爲她從未謀面的「丈夫」奉獻終生，撫養一個並非親生的兒子，以此來爲未婚夫的血脈增添榮耀。流行戲劇中的女英雄，一位名叫秦雪梅的貞女，可能是激發金氏行爲及/或其傳記的源泉。【46】

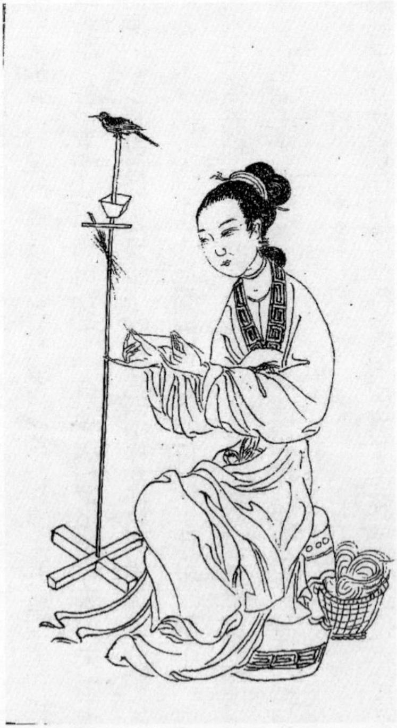

圖7　金氏，魏息園：《繡像古今賢女傳》，卷六，頁17。

在評論中，魏息園稱讚金氏保證了丈夫血脈不絕，並且教子有方。他也讚許她在悼念丈夫時的情感投入。有些貞女的批評者主張年輕女子無論在感情上還是物質上對亡故的未婚夫都無甚虧欠；與他們不同，魏息園認爲金氏的行爲是她對「丈夫」情分之恰如其分的表達。【47】然而，根本上看，魏息園的讚辭與其說是對貞女崇拜的認可，不如說是重申了延續父系血統的重要性：在他眼中，金氏之所以可敬，是因爲她無私地保證了章氏血脈的未來，而不是因她拒絕了性及感情的滿足。

魏集中第二篇貞女記述的基調則截然不同。這便是詩人、學者及女作家支持者袁枚（171-1798）三妹袁機（素文，1730年前後）的著名故事。

根據魏集的記述，袁機幼時即與高氏子定親。婚期臨近時，高家宣稱兒子抱病，想要解除婚約。袁機不從，並做了經典的貞女聲明，「女子從一而終。疾，我字之；死，我守之。」於是，婚禮在袁機的一廂情願中完成了。然而，她隨即便得知，她的丈夫並非身體有疾，而是內心患病。他性情暴戾，凌虐妻子，還拿她的嫁妝做嫖資。當高氏子打算賣掉她時，她終於傷心欲絕地回到了娘家。此後不久，高氏子就死去了。袁機在悲傷中又活了一年，也隨之亡故。[48]

魏息園對這篇傳記的評論表達了對袁機的同情，但並未明確批評貞女崇拜。評論也傳達出對袁機選擇的尊重，但並未為貞女實踐辯護。魏息園認為應為這場悲劇負責的是高氏的暴行，而非袁機的信念；他將這一事件描繪為袁家的不幸，若非如此，袁機本該享有幸福與長壽。他既未承認、也未回應汪中（1744-1794）這樣的貞女崇拜批評者的觀點——汪中認為袁機的命運本其「愚」也。他也沒有追隨袁枚，責怪袁機因熟知歷史典範及女性準則而一意犧牲自己。雖然魏集中關於袁機故事的記述注意到她隨身攜帶著三卷《列女傳》和一卷《詩經》，還特別

圖8　袁素文，魏息園，《繡像古今賢女傳》，卷九，頁21。

突出了插圖中手握書卷的袁機，但魏沒有在她的學識與其悲劇性命運之間建立任何聯繫。【49】

魏息園對第三篇貞女文選（魏鏡情的故事）的反應則並非中立的，與他關於袁機故事的評論形成了鮮明反差。傳記之前的類文本元素與傳記敘事本身並未預示，魏息園在稍後的評論中將批評這位年輕女子行爲。故事前的詩歌以下述聲明結尾：鏡情「全節保貞」。記述本身也表達出對她從母親那裡接受的古典教育的欽佩，還高度讚美了她的詩歌天賦。鏡情的才華受到秀才（a lower-level degree holder）曾樹蕃的賞識；後者後來成了她的未婚夫。倆人眞乃天作之合，郎才女貌。曾樹蕃在婚前不幸去世時，鏡情的父母覺得她不宜奔喪。鏡情在絕望中自閉於室，懸樑自盡。時年二十六歲。【50】

圖9 魏鏡情，魏息園，《繡像古今賢女傳》，卷九，頁23。

魏的評論一開頭便宣稱，鏡情僅是定親，並未完婚，因此，曾亡故後，她宜於婚嫁。他用了一個歷史類比來支持其論點，將鏡情比擬於商代忠臣伯夷、叔齊（盧文也曾在類似語境中援引這一典故）——西元前一二○○年，他們選擇餓死在山中，不事周王；而在魏看來，這是錯的。他主張，伯夷、叔齊

「食周粟」並不失節，推而廣之，鏡情另嫁他人也是如此。魏肯定意識到了，曾參與清初關於貞女崇拜之道德禮儀合宜性辯論的汪琬曾用這個典故來捍衛、而非譴責貞女。汪宣稱，儒家並不認爲伯夷、叔齊的行爲過火，因爲他們作爲社會混亂時期強有力的忠君典範發揮著作用。類似地，他斷言，貞女的極端行爲應被推許，因爲它們是那些道德勇氣稍遜者的奮進之源。[51]

魏在評論最後揭示了他在這個特殊例子中批評貞女理想的緣由——可能是主要的緣由。他與鏡情的家鄉湖南衡陽有家族淵源，而鏡情之父魏召亭即其叔伯之一。這種親屬關係可能使魏息園在獲取鏡情的生平資料時享有某種特權，也可能是他親自創作了收錄在魏集中的鏡情傳。更確定無疑的是，魏沒有依賴一八七二年《衡陽縣志》中已有的記述——他大概是看過這個記述的。縣志的記載有其特有的簡潔，而魏集中的傳記則更加私人、感傷。它超越了縣志中鏡情天資聰慧、少能賦詩的程式化敘述，詳細描繪了其文學才能，甚至還從她所作的詩歌中摘引了一句。在論及鏡情與曾樹蕃的般配方面，它也雄辯萬分。縣志僅僅記錄了兩人定親，而魏的記述則描繪了他們的初次會面，特別強調其情投意合。

然而，在比較這兩種材料時，最引人注目的並非魏息園對縣志記述的潤色修飾，而是他對地方史料中某些元素的遺漏。這些遺漏既包括諸如鏡情之名泉生（鏡情乃其字）這樣的小細節，也包括她故事中一個重要的新層次。根據縣志，鏡情在曾樹蕃故世後仍然活著，只是在其父母打算爲她另定親事時才自盡了。[52]假定縣志的記述是正確的，並且魏息園也看到了，這一遺漏的原因仍不清楚。或許魏不願在公開發售的書中責備鏡情的父母——他的血親——提議再定親事。或許他認爲，比起把鏡情自盡呈現爲稍後對第二次婚約的回應，將之呈現爲對曾氏之死的直接反應更能令讀者敏銳地感受到鏡情之死的枉然無益。

暫將這些問題擱在一邊，可以肯定的是，魏息園與鏡情的私人關係影響了他對其死亡的回應。他像是鏡情的「學問之父」（scholarly fathers）；盧葦菁討論過這個概念，意指這樣一類人：無論他們是貞女崇拜的捍衛者或反對者，其知識分子立場都是由他們作爲貞女之父兄或叔伯的主觀經驗決定。在對金氏故事的評論中，魏息園支持貞女實踐——繼續活下去以撫育養子。他因袁機的悲劇而感到痛苦，卻並未質疑她對高氏的堅定奉獻。只有面對他天賦詩才的堂妹毫無意義的死去時，他才清晰有力地向貞女實踐發出了衷心的批評。

四、圖傳與晚清時刻

魏息園對鏡情悲劇的評論，以及他對守節現象的全部反應都可以用他的這句話來概括：「人情可難能者聖人不以立教。」[53]這一立場完全符合帝國晚期對貞女崇拜的批評：聲稱禮儀之中和必須表達、而非歪曲人本眞的情感。這也與後來五四作家們的觀點有所共鳴，後者公然抨擊強制守節的要求不符合自然感情。[54]

魏息園所熱切關注的這個問題迷住了儒士們差不多三百年，還將在接下來的十年中繼續贏得新文化辯士們的注意。正是這個問題爲探察魏息園的智識及政治角色提供了重要洞見。這連同他關於肅清政府腐敗、支持社會道德的呼籲一起，證明了這本極具美感的列女傳記集的作者深深捲入了當時緊迫的社會問題之中。魏息園的《繡像古今賢女傳》遠非一個用於賞鑑女子的單純物件，或一成不變的《列女傳》傳統的典型產物，而是世間意識形態變遷的表徵。廣《列女傳》文類中看上去十分類似的集子，像包筠雅（Cynthia Brokaw）曾考察過的、四書五經的明清版本表面上的同質性一樣，掩藏著巨大的差異性。[55]雖然這些集子的編者在形式上全都有欠於劉向，並且都試圖以訴諸視覺的方式傳達出儒家訊息，但每位編者都根據其個人的歷史關切重塑了典範名目、擴充了列女範型。

每位編者都很注意其預想受衆（們）（projected audience[s]）的期待。雖然魏息園創作的集子帶著百美圖般的窺陰訴求，但他基本上還是把《繡像古今賢女傳》構想成一本能在政府批准的新式女校中使用的教科書。魏集由一家專出教育資料的公司——集成圖書公司在一九〇八年出版；出版後次年，姍姍來遲的女校就被添加到了清廷的全面改革中，而清廷的改革正是魏息園所熱情支持的。[56]在選集的許多地方，魏息園都清晰表明了他對新女子教育的支持：高度讚揚女學的價值，稱讚創辦教育機構的女子，並且，像上文所論及的，強調必須教育出能成功教導孩子的母親。[57]

然而，魏息園文本所進入的出版市場近來充斥著新式文本，包括受到西方影響的女子教科書——這些書用簡單的語言、往往是戲劇性的插圖來倡導諸如愛國主義、國際主義、甚至自由婚姻、女性職業化這樣的價值觀。[58]在這一新文化語境中，魏息園更博學、更具歷史共鳴的選集沒能對他所預期的受衆產生權威影響。一九一〇年的一期《時報》，一份熱心宣傳新式教科書的報紙，曾刊載過一則似乎是替魏息園文本所做的廣告。[59]雖然廣告聲稱該選集乃「女學校無上課本」，但也進一步宣布把它用作書法或繪畫班的摹本比用作魏所明確願望的道德教科書更有效。該書所通行的文化價值在其市場價值中反映出來了：選集以半價出售（每卷一元兩角，而非兩元四角）。[60]

魏集在它的時代雖被廉價出售，在我們現今卻被認為值得再版。[61]新版以清晰的藍墨印刷，雅緻的絲綢包邊，更像是古文物收藏對象，而非文化論爭之所；其改良主義訊息也被它奇異的藝術感壓倒了。然而，對那些關注《繡像古今賢女傳》之互文歷史及類文本複雜性的讀者來說，它仍作為一個透析晚清社會及性別關切的三稜鏡而繼續發揮著作用；這種關切既不同於當時新的出版機構所宣傳的，也不同於中國革命現代性的回溯敘事。它也令人得以粗略瞥見一位若非如此便會模糊難辨的低級官員、詩人所全神貫注之物，一位致力於調和歷史上超越之典範時間與其時代騷動不安之世俗時間的人。

註釋

【1】在《歷史寶筏》（*The Precious*）一「書」中，我考察了改良主義時間型（meliorist chronotype）及其他三種晚清時間型。

【2】我的「典範時間」（exemplary time）概念類似於黃俊傑（Huang Chun-chieh）和韓德森（John B. Hendersen）的「超時間」（supertime）概念。黃俊傑將「超時間」定義為時間中的範型：通過這些範型，時間經由人們的描摹敘述，被轉化成歷史；它們只有在歷史中才能被辨別出來，並在古代聖人的作品中得到最佳例示。黃俊傑、韓德森，〈導言〉，收入黃俊傑，第xii-xiii頁。（Huang Chun-chieh and John B. Henderson, "Introduction," in Huang Chun-chieh, xii-xiii）

【3】孫文光編，《中國近代文學大辭典》，頁1104。

【4】宮詞文體最初與唐人王建聯繫在一起，參見〈出版說明〉，吳士鑑：《清宮詞》，頁1。

【5】還不清楚這些詩是何時寫的。也收入吳士鑑：《清宮詞》，頁22-41。

【6】吳士鑑，《清宮詞》，頁37。凱特琳．卡爾在一九〇三年花了十個月時間為慈禧畫像，以便送到聖路易斯展覽。一九〇五年，她寫了《慈禧寫照記》（*With the Empress Dowager*），來驅散有關其中國經歷的謠言。

【7】這種詩風與《香奩集》作者、晚唐詩人韓偓（844-923）聯繫在一起。

【8】孫文光編，《中國近代文學大辭典》，頁1104。

【9】魏息園，《不用刑審判書故事選》，頁128。根據賀凱（Hucker，《中國古代官名辭典》，頁199），榷務自宋金以來一直負責壟斷行業的稅收，到清代時，可能與關稅還有聯繫。汪振蓬（頁131），魏息園《不用刑審判書》一九八七年版的編者，將魏在宿遷的職位描述為管理壟斷行業的各種事務。

【10】這一提議包括在兩江總督（轄今江蘇、安徽、江西省）劉坤一（1820-1902）和湖廣總督（轄今湖北、湖

南省）張之洞（1837-1909）於一九〇一年七月聯銜上奏的《江楚會奏變法三折》中。關於上奏的變法細節，參見任達，《中國一八九八—一九一二：新政革命與日本》（Reynolds），頁129。

【11】張觀發，〈序〉，來自網路（我沒能在北美圖書館找到這本書）。

【12】〈序〉2，收入魏息園，《不用刑審判書故事選》。

【13】魏息園，《不用刑審判書故事選》，〈伴郎〉，頁6-9；〈碎顱〉，頁132-137；「劈戶」，頁148-151。

【14】《不用刑審判故事選》中的案例主要取自明清的材料，後者往往來自更早的文本，比如所用宋代洪邊的《夷堅志》就是 明代鄭宣《昨非魔日纂》中所重印的。還有大量案例取自馮夢龍（1574-1646）的《增智囊補》。

【15】在《繡像古今賢女傳》中，魏息園為所有條目都添加了評註；而在這本法律集子中，他偶爾才這麼做。

【16】魏息園，《不用刑審判書故事選》，〈自誣〉，頁178-181。一個對該案真正情況有所察覺的聰明官員最終無罪開釋了兒媳。然而，他的訴訟方法很有問題。他（無緣無故地）鞭打了一個當地的潑婦，然後把她與兒媳關押在同一間牢房中。後者向抱怨連天的潑婦宣稱（此時官員的一名屬員正在偷聽），比起無辜卻名譽被毀來說，無緣無故地挨鞭子要好得多了。

【17】這一文類的英文名稱是柯麗德（〈晚明版《列女傳》中婦德的社會用途〉，頁126。Carlitz, "The Social"）設計的，對應著若干中文術語，包括《續列女傳》（Continuation of the biographies of women），《列女傳增廣》（Enlarged biographies of women）和《廣列女傳》。

【18】關於《古今列女傳》，參見〈列女傳系史料探索〉（"Retsujo"），頁8；關於《閨範》，參見韓德玲，《呂坤的新讀者：女性識字對十六世紀思想的影響》（Handlin）；關於《繪圖列女傳》，參見柯麗德，〈晚明版《列女傳》中婦德的社會用途〉（Carlitz, "The Social"）；瑞麗，《分享光明：早期中國對婦女及美德的描繪》（Raphals, *Sharing*），頁116。

【19】劉開是桐城派成員，姚鼐（1732-1815）的弟子，著名的桐城古文倡導者。

[20] 據柯麗德（〈晚明版《列女傳》中婦德的社會用途〉，Carlitz, "The Social" 133）推測，《繪圖列女傳》中有百分之十六的案例是明代的，而呂坤《閨範》中的明代案例則僅有百分之三。

[21] 關於這些廣《列女傳》（*lienü zhuan* expansions）的基本特徵，參見韓德玲（Handlin），《呂坤的新讀者：女性識字對十六世紀思想的影響》，頁16；柯麗德，〈晚明版《列女傳》中婦德的社會用途〉（Carlitz, "The Social"）。

[22] 我不是暗示這一文類此前不曾審美化，但帝國晚期這一趨勢尤為凸顯。

[23] 這一點由柯麗德在（〈晚明版《列女傳》中婦德的社會用途〉（Carlitz, "The Social"）中（尤其是頁139-141）做了精闢說明。

[24] 這些詩的作用類似於「墓表」或「墓誌」結尾的形式詩，稱頌這位著名人物的美德，但不會為傳記增添任何新的維度。參見倪德衛：〈中國傳統傳記面面觀〉，頁459（Nivison, 459）。

[25] 關於「美人」這一文類，參見巫鴻，〈超越陳規：清代宮廷藝術和《紅樓夢》中的十二美人〉；第三百二十三頁特別論述了這一文類的出現。葉凱蒂（〈創造都市美人：晚清插圖中的上海交際花〉Catherine Yeh, "Creating," 440）斷言，這些交際花像冊在「百美圖」這一名目下而為人所知。也參見譚·克莉絲蒂娜，〈十九世紀中國的印刷品、章回小說和百美圖〉，頁5（Tan, 5）；曼素恩，〈九種傳記：近代帝國儒家話語中的女性〉（Mann, "Jiuzhong"）。

[26] 《百美新詠圖傳》在清代及一九九〇年代多次重印。晚近以來，這一文本至少有兩個重印本，分別是台北（錢塘）版和北京（顏）版。該文本由四卷構成：兩卷為序跋題詞、目錄及詩歌，另兩卷涵括了一百位美人的圖傳。

[27] 例如，魏集最後的「貞節」類中的三篇傳記（魏息園，《繡像古今賢女傳》，第九類，第七、九、十一篇）非常類似於顏集。

[28] 參見瑞麗，《分享光明：早期中國對婦女與美德的描繪》，頁114（See Raphals, *Sharing*, 114）

【29】顏希源的木蘭圖取自金古良的《無雙譜》；《無雙譜》是清初的一部描繪中國歷史上傑出人物的木版印刷作品（1690）。多謝高彥頤（Dorothy Ko）向我指出這一聯繫。

【30】魏息園，《繡像古今賢女傳》，卷七、卷九、卷六。

【31】魏息園，《繡像古今賢女傳》，〈序〉。

【32】同上，卷一。Ibid., I.

【33】同上，卷六。《詩經》中的這一段來自《國風．鄭風．大叔于田》。我的解釋是基於理雅各（James Legge）對這一段的註釋。非常感謝格雷厄姆．桑德斯（Graham Sanders）幫助我追蹤到這段引文的多種翻譯。

【34】同上，卷六。

【35】同上，卷六。

【36】同上，卷六。

【37】同上，卷六，第四篇。

【38】同上，卷六，第十篇。

【39】同上，卷九，第十一篇。

【40】同上，卷一，第三篇。

【41】賢女一詞出現在《詩經．陳風．東門之池》的「詩序」中。在小說《紅樓夢》中，這個詞被用來描繪過去《列女傳》之類的文本和女四書等說教集子所刻畫的那種有德女子。

【42】關於汪憲文本中的細目分類，參見山崎純一（Yamazaki），〈現代《列女傳》的轉變：以安積信《列女傳》為中心〉，頁48。其他的類別包括母儀（包括了百分之十一的傳記）、賢孝（百分之二十八）和才藝（百分之六）。

【43】魏息園宣稱，《列女傳》中的寡婦陶嬰是一位寡居養子的模範，參見魏息園，《繡像古今賢女傳》，

卷九，第四篇。關於他不贊成自殘，參見關於《後漢書》中桓氏故事的評論，魏息園，《繡像古今賢女傳》，卷九，第五篇；關於漢代夏侯氏故事的評論，魏息園，《繡像古今賢女傳》，卷九，第六篇。

【44】在思考晚清及之前「貞女性」（faithful maidenhood）的意義時，我從盧葦菁的研究以及跟她的交談中獲益良多。

【45】魏息園，《繡像古今賢女傳》，卷六，頁17。

【46】該劇最早的版本是十五世紀末沈受先所寫的《商輅三元記》。部分故事情節基於歷史事實。盧葦菁：《一諾千金：中華帝國晚期的貞女崇拜》，頁163。（Weijing Lu, *True*, 163.）

【47】魏息園：《繡像古今賢女傳》，卷六，第十七篇。對貞女的這一批評史愈正燮（1775-1840）提出的。

【48】魏息園，《繡像古今賢女傳》，卷九，第二十一篇。

【49】同上，卷九，頁21。關於袁枚及袁機，參見盧葦菁：《一諾千金：中華帝國晚期的貞女崇拜》（Weijing Lu, *True*），頁242-244。關於汪中的評論，以及袁機之博學與其獻身之間的關聯，參見盧葦菁：《一諾千金：中華帝國晚期的貞女崇拜》（Weijing Lu, *True*），頁244；也參見曼素恩，《蘭閨寶錄：漫長十八世紀中的中國婦女》（Mann, *Precious*），頁84-85。

【50】魏息園，《繡像古今賢女傳》，卷九，第二十三篇。

【51】伯夷、叔齊乃小國王子，孤竹君之子。關於汪琬，參見盧葦菁：《一諾千金：中華帝國晚期的貞女崇拜》（Lu Weijing, *True*），頁220-221。關於故事本身，參見司馬遷，《史記》，卷二，頁1-7（Sima Qian, II: 1-7）。

【52】彭玉麟、殷家雋編，《湖南省衡陽縣志三》，頁1031。

【53】魏息園，《繡像古今賢女傳》，卷四，第六篇。

【54】關於五四時期有關守節的觀點，參見魯迅，《我之節烈觀》；胡適，《貞操問題》。魏息園的批評不能被看作新文化觀點直接的直系先輩。魯迅、胡適以及其他人都沒有提及一直在進行的、長達三百年之久

的辯論，而魏的立場則牢牢地建基於此。這可能是因為無知：因為五四作家們認為這一趨勢中的陳舊價值過於根深蒂固以至於毫無用處，故而，他們對這一趨勢不加考慮；或者是由於故意的文化健忘症——這對於與「傳統」徹底決裂的新文化工程而言是必須的。

【55】包筠雅，〈閱讀十九世紀的暢銷書：四堡的商業出版〉（Brokaw, "Reading"），頁226。

【56】關於集成圖書公司，參見陸費伯鴻，〈論中國教科書史書〉。

【57】魏息園，《繡像古今賢女傳》，卷六（序）；卷六，第十八篇；卷六，第十六篇。

【58】關於這些新式的女子教科書，參見季家珍，〈孟母遭遇現代：晚清女子教科書中的女性典範〉（Judge, "Meng"）；《歷史寶筏：過去、西方及中國的婦女問題》（*The Precious*）。

【59】《時報》有一項專門合同，要為商務印書館所出版的教科書刊載廣告：商務是這一新文類最大、最具革新性的出版社之一。季家珍，《印刷與政治：「時報」與晚清的文化改革》（Judge, *Print*），頁44。

【60】《時報》（一九一〇年十月一日）。廣告中作品的名字「繪圖大版古今賢女傳」與魏集略有差異。然而，「繪圖大版」也可能是被用作描述性的，取代了魏息園標題中的「繡像」一詞。

【61】魏息園，《繡像古今賢女傳》。

性別與現代殉身史：作爲烈女、烈士或女烈士的秋瑾

胡　纓／彭姍姍譯

秋瑾：我不能走！這次事情的失敗，是我的責任！殺身成仁，是革命黨的本色……

程：死，能夠減輕責任嗎？

王：傻事情！傻事情！你不能這樣做，事情急了，趕快走，中國的古話，「留得青山在，不怕沒柴燒！」

秋瑾：不，這次失敗，各地同志們的血已經淌得多了，他們勇敢地成仁取義，我自己倒反臨危逃避，今後革命黨還有信義可以講嗎？……

王：啊！想不到你有這樣的傻勁！你從前的那些仁義禮智的舊書念壞了！

程：協領！最後的一句話！自殺表示你放棄了對滿清政府的敵對！表示你承認了自己的失敗！[1]

我長篇大論地引用夏衍關於秋瑾（1875?-1907）的戲劇《自由魂》，[2]是因爲它鮮明地突出了現代殉身（martyrdom）與那些傳統「仁義禮智的舊書」之間常常湮沒無聞的聯繫。中國二十世紀歷史一個

主要的子類別便是殉身史，其中，關於秋瑾的紀念作品是突出樣例。在下列問題的激發之下，本文將聚焦在女性、殉身與現代性的交集上：現代殉身以何種方式拒絕、重新包裝或複製了前現代的傳統？說得更明確些，帝國晚期烈士的性別向度上發生了什麼？換句話說，在女烈士這個衆所周知的範疇中，「女」字有著何種確切的歷史意涵？「她」與盧葦菁及其他人所考察的歷史悠久的列女傳統有何不同？

上面一幕演出了秋瑾與兩個試圖說服她逃走的同志最後的對話。歷史上的秋瑾在清兵到來前的確有充足的時間逃脫。換句話說，不管是誰事實上揮動了刑斧，赴死都是秋瑾本人的決定，因爲行刑人可以說是她意志的工具。這使她的死亡成了殉身，或是自殺——取決於不同的闡釋。秋瑾自陳，「殺身成仁，是革命黨的本色。」[3]即，殉身，高尚的死亡，見證著人的信仰。然而，這一自我闡釋在劇中迅即遭到了挑戰。程毅將它與自殺等同起來，令「自我犧牲」這一高調說辭轟然坍塌。接著，他指出這是失敗主義、毫無意義——這與他對道德責任的尖銳質詢一致。王金發則從另一個不同的角度，在秋瑾的革命意圖與「那些仁義禮智的舊書」之間描繪出批判性的因果關聯，從而削弱了殉身的價值。較之王金發對傳統道德教誨的激進批評，秋瑾的意識形態定位顯得有些因循守舊。

儘管我們一般認爲五四一代及其後人對傳統道德持批判態度，劇作家夏衍多年之後仍被迫反覆地進行自我批評，因爲他曾暗示秋瑾之死是自殺，而非革命烈士的神聖行爲。夏衍陷入了政治麻煩當中，因爲他違抗了所謂的「頌揚命令」（the eulogistic imperative）。而他是罕見的例外。最終，在頌揚命令強有力的優勢下，藉助革命烈士的聖潔，大量的傳統道德被復原了。

一、烈士傳統與頌揚命令

對烈士的頌揚傳統悠久，在中國正統哲學中處於中心位置。孔子講：「志士仁人，無求生以害仁，有殺身以成仁。」[4]孟子講：「生，亦我所欲也；義，亦我所欲也。二者不可得兼，舍生而取義者也。」[5]這些名言被一代一代的烈士反覆引用，歷史上的秋瑾也不例外。另一方面，也總是有一些懷疑者與批評者。韓非（?—西元前233年）抨擊烈士過分傾慕道德準則，他論證說這種傾慕是被強烈的虛榮所激發，乃「離衆獨行」、「取異於人」。[6]通過將「義」與「好名」聯繫起來，韓非指出了烈士對觀衆的需求，從而削弱了其意圖的純潔性。[7]觀衆不必即時在場，而可以、事實上常常被構想爲在英雄行爲之後出現，作爲身後的觀衆在多年甚至數代之後顯現；故而，「好名」即青史留名。烈士爲之犧牲的原則或緣由可能順時變遷，但爲某項公認的事業赴死卻始終是烈士身分的必要條件。

對本文考察來說至關重要的是傳統道德規範的性別變形（gender inflection），因爲這決定了女烈士是否在定義上就不同於男烈士。「烈」及其近義詞「貞」的原始意義是「堅定地恪守道德原則」，在古代兼用於男性和女性；到十二至十四世紀，女子首要美德的定義發生了意味深長的窄化：相對於男性的忠義德行，貞節變成了唯一的對應物。[8]這樣，女性美德便日益按照對她身體及性的控制來闡釋了。

就像本書中盧葦菁的文章所指出的，許多明清文人認爲節烈乃是對婦女的殘忍苛求。[9]然而，即使對那些對愈演愈烈的女性自殺風潮持批評態度的人來說，也存在著一股強大的反潮流：從美學和心理學的角度來說，存在著一種寫作頌詞的「誘惑」（allure）；從道德角度來說，有一種向這種死亡「致敬的義務」。[10]更重要的是，很少有倖存者／目擊者能在向這種死亡致敬的同時而不美化它。傳記這一體裁本來就有相當的溢美傾向，而面對非同尋常的創傷性死亡時，因循常規的反應顯得極度不合時宜，傳記的溢美傾向這時就變成了一道命令，而成爲一種要求與創傷性死亡之烈度相稱的莊嚴崇高的反應。通過對某個特定慘烈死亡的高度頌揚，烈士傳從而對抗了死亡本身那駭人的無意義。當以殉身的措辭來紀念一個死亡時，這一頌揚命令最明白無疑地發揮著作用，一舉多得地滿足了社會心理、道德和政治的需求。雖然殉身的眞正原因可能混合了各種經濟、法律和社會因素，而這一美化則是通常通過引用約定俗成的傳統道德規範來實現的。因此，對自殺的解釋經常並不能揭示其眞正的原因或動機，而只是以道德規範對其做出詮釋。[11]

各不相同、甚至相互矛盾的動機和意義被歸結到秋瑾的死亡上。一些同時代人在她和清軍入關時死難的衆多烈女之間做了尖銳區分，後者其死「輕若鴻毛」，秋瑾之死則「重如泰山」。[12]少數像夏衍這樣儘管提升了秋瑾之死的意義，卻仍然在傳統教導的道德框架下來解釋其意圖，認爲她大概是受到之前無數義烈行爲的激勵。那麼，我們現代的女烈士究竟如何類似或不同於傳統悠久的貞節烈女呢？她如何類似或不同於男「烈士」（雖未明確標明性別）呢？這些性別特徵又是怎樣隨時代而演變的呢？

爲了方便，下面將圍繞三階段的秋瑾殉身史來進行討論：第一階段殉身史在她被處決後不久在中國出版；第二階段由她的戰友在日本和一九一二年之後中國所寫；第三階段則由五四一代所書寫。

二、從冤女到女俠

在紀念秋瑾的最初階段，上海及周邊地區發表的文章多數都採取了傳統劇本和詩歌的形式。其中，用來描述其死亡的關鍵詞是「冤」。幾部文學作品用「六月霜」和「六月雪」暗指冤死所產生的宇宙／超自然影響。[13]這些超自然因素構成了既成傳統的一部分，意味著籲求更高的權威來糾正人世的不公。由於政府迫害的切實危險，這些紀念作品在論及其革命活動時常常模稜兩可，或者將之描繪爲「家庭革命」（例如，性別平等），或者遮遮掩掩地透露出反滿情緒。[14]

在這一階段的紀念作品中，一個令人驚訝的因素是，似乎秋瑾之死的直接原因乃徐錫麟（1873-1907）之死——徐錫麟在後來的秋瑾紀念中只是一個次要人物，但這時卻是她故事的關鍵。徐錫麟是秋瑾的親密同志，在刺殺安徽巡撫恩銘後被處死。一個典型的例子是，在悲劇《軒亭冤》中，初聞徐的死訊時，秋瑾被描繪爲幾欲昏厥、放聲痛哭，[15]極度的悲痛使她完全不能自拔，直到她被俘、繼而被處死。熟悉晚明以來節婦傳記的讀者都能識別出「痛以殉」這一標準動機。這裡的虛詞「以」是關鍵詞，它暗示著死因。同時代的人頻繁乞靈於這一動機表明，寡婦殉夫模式在描繪英雄女子時仍然有用。[16]女子的這種行爲歷來堪與大丈夫高尚的政治獻身相媲美，卻也有所相當差異，二者在面對死亡時都表現出了非比尋常的勇氣，可謂旗鼓相當；不同的是，女子的勇敢始終不可避免地與身體從屬聯繫在一起。這一闡釋框架極有說服力，因爲人們熟悉它——畢竟，這是帝國晚期婦女企及最高道德標準的途徑。她的「烈」在其殉身的決定中表露無疑，而她的「女」性特質在對守節的激情表達中得到了強化。

在秋瑾個案中，這一動機是如此令人信服，以至於成爲了紀念材料中的老套特寫。然而，又恰恰因爲它依賴於一項傳統所規定的婦德，這一動機也就變得疑難重重。

明擺著，秋瑾並非徐錫麟的寡婦。她與徐叛逆密謀之間的牽連所揭示出的親密關係當年就構成了一個倫理難題。在秋瑾去世時，就有流言隱隱暗示性方面的僭越；與之相對，也存在著另一種更同情她的、對兩人關係的解釋，即，秋瑾與徐錫麟乃表兄妹（事實上不是）。關鍵並不在於支持或懷疑這些說法。眞正需要注意的是，儘管在具有清晰性別編碼的道德傳統和英雄女子的革命行爲之間存在著明顯矛盾，貞節寡婦的形象仍然十分頑固，以至於秋瑾被描繪爲似乎是追隨徐錫麟赴死。我們看到的似乎是一個早已寫好的角色，一個女英雄被迫要去扮演的角色，即使那個角色與其英雄身分有所扞格。

確實，在晚清的戲劇裡，秋瑾的角色在相當程度上是早已寫好的。她必須是旦角——這個角色類型屬於名門閨秀，其行爲多少要遵循此一階級的婦德規範。故而，在《六月霜》一劇中，舞台提示說：「旦……坐場上隱處，衆搜得，前擒旦，牽曳脫衣……擁旦繞場下。」[17]《軒亭冤》中，當她被清兵抓住時，旦（秋瑾）「一路哭介」，庭審時，旦「伏地哭介」，在被處決前，她「披髮揮淚」。[18]雖然後來的讀者認爲這些舞台提示貶低了秋瑾的英雄地位，但這些提示正符合名門閨秀面對法律體系時的通用描繪。根據既成傳統，當旦角被誣告有罪，好容易捱過整個刑法系統時，她的清白無辜會通過身體上的受難來表達，並在當衆羞辱中得到戲劇性的表現。通過她動人的荏弱，受苦和羞辱變得更加女性化，故而痛哭和蜷縮的姿勢是必不可少的。[19]像社會習俗控制著身體行爲那樣，這些舞台慣例控制著演員的身體動作，是性別及階級劃分的直接反映。故而，晚清戲劇中的秋瑾在其歌詞中可能是英勇的，但在舞台上，她的身體必須遵循當時的慣例，表現出恰如其分的女性氣質。

甚至在舞台之外，同時代出現的傳記文章中，類似的女性約束也十分活躍。這裡，關鍵詞是「俠」——一個頗受青睞的形象，與「烈」（強調英勇無畏、時刻準備獻身、漠視財富和權勢）有所重疊。[20]像在烈士的例子中一樣，「女」的加入令事情變得複雜了：問題在於，就一位英勇的女俠而言，傳統的女性氣質陷阱是否仍然有效？答案是肯定的。這在文章作者們選擇撰寫的內容上表現得很明顯：由於這類正式文章作為一種公共文體非常接近於歷史著述，文章作者就必須要履行歷史書寫的「曲筆」傳統而有所揚抑。

值得注意的是，女性作者們尤其覺得需要維護秋瑾的性聲譽。在一九〇八年二月為墓表所寫的碑文中，徐自華（1875-1935）這樣捍衛秋瑾的德行：

> 跡其行事，不拘小節，放縱自豪，喜酒善劍，若不可繩以禮法；然其本衷，殊甚端謹。……雖愛自由，而範圍道德，固始終未嘗或逾者也。[21]

通過「若」、「然」、「雖……而」這些連接詞，徐自華努力建立起了一條證據鏈來解釋秋瑾的越軌行為，目的是為了證明與秋瑾不守禮俗的外表並行不悖的是一種截然不同的「本衷」——「端謹」，一個描繪婦德模範的標準詞語。

主角的女性氣質也通過其荏弱得到了典型描繪。在同一篇碑文中，徐自華描繪秋瑾經營《中國女報》的艱難情形說：「閨閣荏弱，匡助不聞。」[22]在一篇更加個人化的紀念文章《秋女士歷史》中，徐改變了措辭：「入股者寥寥，亦可見我女界同胞程度矣！經濟問題，頗形支絀，女士由滬而揚，由揚而鄂，竭力經營，弱質驅馳，風霜憔悴。」這裡，前面加諸一般婦女的「閨閣荏弱」被加到女英雄身上。可見，即使頌揚者明確想要強調主角的英雄品質，一種將她與其他女子區別開來的英雄品質，但其語言似乎仍然局限在對荏弱女子的傳統修辭之中——文章作者所受的語言局限正如同旦角所受的身體約束。

三、從俠女到烈士

貫穿這些劇本和文章的冤死主題幾乎立刻遭到了挑戰。在她的革命同志所寫的文章中，我們發現悲劇女英雄不再被當衆羞辱、也不再在腐敗的司法體系中飽受折磨。取而代之，這些傳記作者明確宣稱她加入到反清團體及軍事密謀之中。例如，她被清兵俘獲就被描述成一種掩護其他同志安全逃脫的自我犧牲。此刻的關鍵詞不是「冤」，而是「烈」——爲明確的民族主義理想而殉身。

這類作者之一葉頌清在文章開頭莊嚴宣告：「先烈志事之不彰，後死者之責也。」如果說前一圈紀念文章以其悲劇修辭爲標誌，這一圈的標誌則在於其崇高的英雄模式：「吾黨群以死國爲快……今先烈得此，乃求之而不易得者也。」[23]對葉頌清這樣的作者來說，一位民族主義革命烈士不僅是爲此項事業獻身，而且是歡欣無比地獻身，沒有一絲一毫的哀傷。故而，她的死是不容置疑的「好」的。在這一英雄模式中，不存在受難描繪或女性態度的空間：英雄編碼是男性的。

民國伊始，秋瑾爲國捐軀的形象很快樹立起來，在這一修辭語境中，秋瑾是一位名譽上的男性。大量關於她參與祕密社團的細節被展露：衆多共謀者的姓名、祕密集會及祕密社團的儀式、領導者的封號（秋瑾的是「白扇」）。這一傳統跟悲劇女性傳統一樣根深蒂固：流行的綠林好漢／江湖傳奇都有一個獨一無二卻必不可少的「首席女子」，例如，《水滸傳》中的扈三娘、《三國演義》中的孫夫人。現在，秋瑾在一個由男性革命者構成的、編織嚴密的網絡中被紀念：作爲女子，秋瑾有別於他們；但她的身分特徵也正是得自他們。[24]偶爾，秋瑾男性化不被讚揚，那就是假定的男性品質具有負面內涵的時候。

章炳麟在他的短文《秋瑾集序》暗示，秋瑾不是完美的革命者，因爲她並非完美女子。雖然他給了她義不容辭的頌揚，肯定其革命意圖的純潔，及其「德合於乾」，然而文章中又引入了一個明顯離題的細節：秋瑾的出生地山陰也是曹娥的出生地——曹娥是劉向《列女傳》所記錄的最著名的孝女；故而，用章炳麟的話說，此地乃「婦道成」之所，而要義在於秋瑾「變古易常」。[25]這裡，在頌揚命令（畢竟，秋、章同屬一個革命團體，又是同鄉）和章對秋瑾逾越性別規範的不安之間存在著明顯的矛盾。章通過暗示秋瑾不似女性來解決這一矛盾：而秋瑾不似女性，不是因爲她親身參與了政治行動，而是因爲她喜歡公開演說——僅這一點，他在這篇短文中就批評了三次。[26]他繼而推出結論：「余聞古之善劍術者，內實精神，外亦妥儀，則喋喋騰口者寡。」換句話說，儘管秋瑾渴望成爲一名女俠／革命者，但她偏離了俠客之道與「婦道」，也就妨礙了她眞正履行其使命。她可能是英勇（「烈」）的，但假如她不值得效法（「列」），她就一事無成。

章炳麟沒有提及的一個更深層的矛盾是：秋瑾確實顛倒了「婦道」，不僅在於其喜歡拋頭露面公開演說，還在於她拋棄了家庭，在妻子和母親這類家庭詞彙之外尋求自我身分認同（self-identity）。這一矛盾使得她在五四的婦女解放話語中也格格不入。

四、女烈士與新女性

隨著五四和新文化運動的來臨，在秋瑾的年代被視為次要革命（故而是次要罪行）的婦女解放（晚清所謂「家庭革命」）逐漸與最激進的政治立場聯合起來。一九一六年初，《新青年》上文章公然抨擊傳統的「三綱五常」，批評殉節自殺。[27]接著，一九一七年的專號刊登了易卜生的《玩偶之家》，娜拉迅即成為了新女性典範，其宣言「我的神聖責任是對自己的責任」也迴響在當時衆多的文學作品之中。比易卜生走得更遠的是，「自由戀愛」在中國新文化界成了有關個人選擇的根本表達，「愛情被看成一種新道德。」[28]

在推崇「自由戀愛」的語境中，秋瑾這位掙脫了家庭生活束縛的女性似乎理所當然應該成為中國的娜拉先驅。然而悖論在於，她既被看成外在於新女性（甚至女性）這個類別，同時又被視為「眞正的」新女性。即使是「傳統道德」最激進的批評家，也不會因為秋瑾追尋個人幸福，或與性自由模糊相關的任何事情而讚揚她。似乎頌揚命令——向其革命烈士身分致敬的義務——排除了任何關於個人自由的考慮。[29]値得注意的是，儘管並非每個人都贊同這一命令，但贊成者與反對者的差別並不取決於他們批評

「傳統道德」的激進程度，而在於其感受力及修辭有多羅曼蒂克。作家越羅曼蒂克，就越容易遵從頌揚命令，也就越容易發現自己在爲「傳統道德」——在別處所公開抨擊的「傳統道德」——唱讚歌。這就是現代烈士頌詞「誘惑」的古怪邏輯。

魯迅屬於首批公開批評傳統道德規範的人之一，但他並未參與讚美娜拉的合唱。反之，他指出了娜拉離開丈夫之後經濟境況將難以維繫：她或者回家，或者淪爲娼妓。至於秋瑾，魯迅無疑感到有紀念她的責任，但又爲這一責任而深感困擾。在短篇小說《藥》中，魯迅講述了一對老夫妻徒勞地試圖通過喂人血饅頭來治好獨子肺癆的故事。做「藥」的人血來自一位被處決的革命者，其原型正是秋瑾。顯然，魯迅改變了革命者的「性」。莊愛玲（Eileen Cheng）對此提出一種非常有說服力的解釋，認爲魯迅做這樣的改變是爲了避開婦女被公開處決時的景觀，及其潛在的誘惑效果。[30]這與魯迅對群衆的無情批判相一致；至於人們是譴責還是擁抱這一景觀，都無關緊要——魯迅甚至認爲歡呼的群衆比吃人的群衆更加邪惡，因爲前者不僅索求受害者的身體，更索求其靈魂。[31]

魯迅更明確地提到秋瑾，是在他那句尖刻的俏皮話中：「敝同鄉秋瑾姑娘，就是被這種劈劈拍拍的拍手拍死的。」[32]這常常被看作是批評秋瑾容易受到喝彩群衆的影響，但其抨擊鋒芒直逼「拍手者們」。魯迅抨擊的對象非常寬泛，因爲，不僅是麻木的群衆，甚至每一位歷史學者、每一位作者、每一位紀念者和每一位傳記作者都是一個潛在的拍手者。爲了同這些「拍手者們」盡可能保持距離，魯迅《藥》中的革命者並沒有被描繪爲一位英雄；事實上，他完全沒有登場，也不曾慷慨陳詞，甚至沒有開口講話，甚至在行刑時也是如此——取而代之的是一種怪誕的沉默。革命者的囚禁和死亡以極爲簡略的筆法（故而也毫無煽情和戲劇之可能），由一個冷漠無情的旁觀者描繪出來，呈現爲醜陋的、羞辱的，而決非英雄的。冷漠的聽衆還得知，犯人在獄中曾被牢頭毆打，他的衣物在行刑後被牢頭剝下而據爲己有。同樣，爲了產生非英雄效果，他的墳墓——「草根還沒有全合，露出一塊一塊的黃土，煞是難看」——湮沒在死刑犯的叢塚中間，與窮人和瘐斃者的墓地區別開來。[33]

魯迅不是將秋瑾與新女性對個人和性自由的追求聯繫起來，而是要求儘量不把她弄成一道景觀，而是非性別化的、非英雄的、不登場的。在魯迅的批判視野中，「拍手者們」和敵人之間的界線如此模糊，以至於我們熱愛英雄的每個人都潛在地支持著「沒有年代」的歷史——用魯迅的話來說，就是那「每頁上都寫著『仁義道德』幾個字」的歷史。[34]二十年後，夏衍也在劇作中將「仁義禮智」的傳統書籍與秋瑾赴死的選擇聯繫起來，正如本文開頭所引的那樣。

如果說在一九一九年，魯迅旨在哀慟辛亥革命的失敗，那麼，在夏衍寫作此劇的一九三六年，在上海作家政治分化、抗日戰爭迫近的背景下，一個民族主義的女英雄正是被極度渴求的。比起極端懷疑論者魯迅，夏衍更忠誠於革命事業，於是，他創作出了這樣一個女英雄，一個以義不容辭的言辭和姿態堅持到最後一刻的女英雄。夏衍將自己寫作此劇的動機大半歸因於他一九三三年翻譯的德國馬克思主義者倍倍爾（August Bebel, 1840-1913）的《婦女與社會主義》。倍倍爾關於「社會障礙和約束」、「阻擋了自然法則」的激進批評，正符合五四所鼓吹的「通過自由戀愛追求個人解放」。《婦女與社會主義》（原版於一八八四年）的一半篇幅都貢獻來處理女子性挫敗的問題，將之假定爲社會及性別壓迫的後果。值得注意的是，倍倍爾這方面的論述並未激發夏衍將秋瑾描繪爲尋求個人幸福和性的滿足。一個明顯的例子是，在早期秋瑾紀念中至關緊要的徐錫麟在夏衍的劇作中消失得乾乾淨淨。多年之後，劇作家仍然感到有必要對此作出解釋：「誰也不能否認她和徐錫麟的革命友情。但是，我認為辛亥革命之後出版的那些筆記、彈詞、小說所描寫的，大都是想當然的揣測和過分誇大的不實之詞。我摒棄了這些資料。」[35]顯然，秋瑾和徐錫麟的親密關係仍是一個焦慮點。

雖然夏衍沒有魯迅走得遠，不曾改變秋瑾的「性別」（sex），但他的確擦去了有關其「性徵」（sexuality）的潛在表達。再次，我們發現，對革命烈士的頌揚要求抹去她的性徵；這個代價並非完全不同於前現代的貞節烈女，後者的正統性也取決於對其性徵的否定。區別在於，帝國晚期的烈女被描繪為禁絕或反抗性侵犯的婦女，而現代的革命者被刻畫成全無性慾的——通過對事業的無私奉獻，她實際上被閹割了。

可以說，夏衍劇作中唯一有損秋瑾高尚形象的一點是她民間氣息濃厚的同志王金發責備說，秋瑾被「從前的那些仁義禮智的舊書念壞了！」這個批評是相當溫和的，因為我們可以認為王是試圖說服秋瑾保全性命，然而，它確實把秋瑾之死與「傳統道德」直接聯繫起來了。王金發與秋瑾高尚道德姿態的截然不同在他離開時的一句話中表達得淋漓盡致：「哈，你做你的烈士，我做我的強盜。」通過這對比鮮明的詞語，「烈士」滯留在美德與光榮死亡的這一遊戲規則中，「強盜」則全然否定了這場遊戲，連同它所應許的對廣受頌揚的死亡的道德獎賞，以及青史留名。在夏衍對秋瑾最後一刻的描繪中，體現在王金發（在夏衍的語境中則是倍倍爾）所批評的那些「仁義禮智的舊書」中的社會障礙，與其說是強行規定了社會認可的性行為，不如說是貶低了生命本身。正是這些教導把女主角引向了無益的死亡，正如它們曾令無數的人殉節自殺一樣。

夏衍批評的另一方面同樣受到倍倍爾理論的影響，這就是性別與階級平等之間的關聯。故而，毫不奇怪，講出這番激進意識形態批評的人是準無產階級王金發。比較而言，秋瑾則占據著更傳統的上層階級的道德立場。鑑於從秋瑾時代、經由五四一代到共產黨一代越來越強烈地（自我）認同於反叛/強盜譜系，我們可能會預期對王金發激進道德立場的贊成。然而事實並非如此。

夏衍最直率的批評者之一是郭沫若，浪漫主義詩人及黨的宣傳員。在歌頌反叛分子，尤其是那些逾越傳統道德規範的叛逆婦女方面，他最為雄辯。在連篇累牘的詩歌、劇作中，郭沫若為湘夫人這類超越了人性風俗的女神，或是卓文君這樣公然違抗父親、自擇夫婿的女子大唱讚歌。通過她們對「父綱」的反叛、自由選擇性伴侶的活動，這些女子身上體現出了反叛者歡欣鼓舞的浪漫主義精神。她們是新女性的中國先驅，正如易卜生的娜拉是新女性西方的靈感源泉一樣。

在《〈娜拉〉的答案》一文中，郭沫若很自然地將秋瑾與新女性聯繫起來，因為她作為一位「逃出了廚房」的娜拉，拋別了傳統的家庭。[36]但拋別之後，郭沫若的秋瑾並未追求任何與個人幸福有些微關聯的東西。更引人注目的是，她被表現為真正的新女性，與偽新女性截然對立，後者「足兒是不小了，然而跟兒卻是高了；頭兒是不光了，然而髮兒卻是燙了。」——當代女性為時尚所困，追求個人的滿足。似乎將真正新女性與偽新女性區別開來的便是「自我」的缺席或在場。沒有自我，就沒有慾望。哀慟傳統婚姻的不幸（悠久詩歌傳統的一部分）無可非議，到娜拉出現在中國時，想像婦女拋棄此種婚姻也成為可能。但如果她只是以並不高尚，或意識形態不正確的方式追尋個人幸福，那麼，在郭沫若看來，她就敗壞了新女性的理想。故而，令秋瑾成爲「眞正」新女性的，正是她將「婦女解放」置於「民族解放」之下。

正如學者們長久以來所注意到的那樣，給予民族主義這種優待並不出乎意料。令人驚訝的是，郭沫若搭建民族解放這一更高的事業框架採用了「仁義禮智的舊書」的語言，而後者正是他及其激進一代所恣意譭謗過的。郭沫若說：「〔秋瑾〕並不是感情的俘虜，而是感情的主人。她的熱烈而絢爛的感情生活的表現，是有著理智的背光。唯其這樣，所以她終能夠『殺身以成仁』〔孔子〕，『舍身而取義』〔孟子〕。」值得注意的是，郭沫若將傳統理學中理智（reasoned principles）與情感（private feelings）與現代理（Reason）情（Emotion）等同起來，當然這「仁義」的內容對秋瑾和以往那些殉節者來說有所不同，但對理想的絕對獻身卻是絕對必要的。並且，這一獻身只能通過貞節的生與高尚的死來證明。

讓我們回到魯迅對娜拉走後命運怎樣的兩個答案上：她或者回家，或者淪爲娼妓。換句話說，由於缺乏正當收入，她唯一可出售的便是她性感的身體。像我們在魯迅、夏衍以及郭沫若對秋瑾的描繪中所發現的，革命烈士是沒有性感的身體的，魯迅的兩個答案（無論如何凄涼黯淡）都不適用——她不得不死。表面上看，郭沫若的秋瑾爲娜拉問題提供了高度浪漫主義風格的中國答案，但她同時也充分體現了這個問題面臨的社會意識形態困境及其悲劇的歷史內涵。隨著郭沫若對秋瑾之死的浪漫讚頌，我們經過一番周折，又回到了頌揚命令邏輯，以及與之相隨的傳統道德框架之上。

傳統道德的恢復也清晰顯現在劇作家田漢——夏衍的另一位直率批評者——的作品中。與郭沫若類似，田漢搜尋傳統中國的女性典範，把其中一些塑造爲違抗父母之命、堅持自擇性伴侶的獨立自主現代形象。與郭沫若一樣，他也曾爲秋瑾慷慨赴死而喝彩。一位像田漢這樣堅持不懈地批評「傳統道德」的作家，最後怎會因爲革命英雄身上類似的道德而歡喜萬分呢？在抗戰勝利前夕的一九四四年所寫的一篇文章中，田漢講述了一個親身經歷的故事，附帶說明了傳統的道德規範是如何在新的闡釋框架下恢復的。

當他受邀在一所中學講演時，他發現自己正試圖將舊道德點化成新的倫理體系：

我說「貞潔」雖是數千年來強迫婦女遵守的舊道德，但在今日也可純取得新的意義。我舉湘北會戰的故事做例子。……我曾巡禮過湘北戰場，感動於許多農村婦女貞烈悲壯的行爲。在麻林橋一土山上，我憑弔過五女墳。那是當敵人（日本人）入侵時，黎家五女盡投馬練塘以死。我曾寫過一首詩……實在的，這些婦女的義不受辱、拼死抗敵的行爲，已經超過以一身殉貞操狹小範圍而取得偉大的民族意義。[37]

與明清以降無數文人類似，面對黎家五女墳時，跟面對秋瑾事蹟時一樣，田漢深受感動，通過一首憑弔詩來向烈女們致敬——這個文人傳統本身就非常吸引人，因爲它爲傷心之地提供了適當頌揚語彙。在黎家女子的個案中，傳統道德規範在兩個基礎上被恢復了：民族國家（nation）和階級。換句話說，舊道德與新道德的不同在於死的對象不同，因爲她們乃是「爲」國赴死。這些黎家女子大概是一般村民，這有利於將先前儒家名義下的道德規範轉變成爲「中國的」（從而與民族國家結合得天衣無縫）、

「我們」無產階級傳統的（從而與共產主義氣質相吻合）道德。

五、閱讀殉身史，那時與當下

值得讚許的是，田漢對這種感情（或稱之爲革命浪漫主義）與他從前對反叛精神的推崇之間的衝突並非毫無察覺。故事是倒敘的，似乎他是他自己的受衆，讀著他所寫的殉身史。他的閱讀體驗並不自在，並且在文章最末一段中表露出來了；這個結尾方便地阻止了作者對此做進一步的反思：「但當我說完這些話的時候，那位白髮盈額的老校長和我握手，感謝我『提倡舊道德』，這卻使我有些窘了，有些惶恐了。歸途中非常不安。」他確實應該不安。要進一步探究這種不安，就將揭露出五四對傳統道德的批判及其對民族主義烈士壓倒性的要求之間的深層矛盾——可以說是一個中國現代性中的根本矛盾。

本文在某種程度上是關於這一矛盾遲到的思考。跟我同時代的大多數人一樣，我是讀著讚美秋瑾似的「高尚死亡」的新「仁義書籍」長大的，頌揚命令對我的吸引，與其對立面反偶像趨勢（尤其受到後結構主義理論的鼓勵）的吸引幾乎差不多強烈。爲了避免這兩種趨勢共有的對歷史的簡化，我認爲考察特定歷史時刻烈士生產的過程以及文化機制的運行是十分有益的。既然殉身史的首要目的是授予一個特定的死以聖潔，那麼，先前的生就必須以過度編輯的形式呈現。所以，按它的預期目的去閱讀殉身史並不能接近「眞人」（the real person）。「眞人」效果正是通過讀者對頌揚命令的參與才生產出來的。相反的，「不按標準」地閱讀殉身史，不是作爲預期讀者，而是作爲一位宗教史家來閱讀，就將認識到，一部特定的殉身史受到寫作時代流行道德規範的控制，目的是為了發揮某種特定的歷史作用。

秋瑾的個案告訴我們，在歷史、政治及其他方面的深層內核上，現代烈士與烈士的悠久傳統有所關聯。在許多方面，現代民族國家對烈士的需求，與往昔政權長久以來的類似需求都有所共鳴。令民國有所不同的是，皇帝——其正統性一旦穩固，就能使其統治合法化——的缺席，使得民族國家強化自身合法性的需求更加急切。因為，「民族國家並沒有可以清楚辨認的生日，……因為沒有創始者（Originator），民族國家的傳記就不能用福音書的方式，經由一長串的生殖與父子相承之鏈，『順時間之流而下』地寫作。惟一的替代方案是以『溯時間之流而上』的方式來為民族立傳……通過記述烈士的死亡。」[38]

在這個現代烈士的民族主義框架下，女性性別的確切含義是什麼呢？在第一階段的紀念中，秋瑾仍是列女家族的親密成員：她獻身於某項（常常是未加說明的）事業這一行為或許是非傳統的，但其道德及荏弱都是傳統女性的。而一旦升上民族主義的祭壇後，道德約束似乎益發嚴格，女烈士之「女」全無任何身體特徵或顛覆性的潛能，而僅僅意味著烈士添加了一點色彩和多樣化。

然而，「色彩和多樣化」遠非瑣碎細事，「名譽上的男性」也決非「真正的男人」。相反，女烈士總是被描繪為「超越」了女性氣質，或是擺脫了家庭的「傳統束縛」，或是摒棄了性徵。故而，她最終是一個閾限人物（liminal figure），既位於革命烈士的男性圈子之內，又處於其外。由於她標記出了這個圈子的界線，其額外之物（她克服女性氣質的超常努力、她超常的勇敢及英雄品質、她超常的戲劇性、超常的色彩）使她在喚醒公眾方面格外有效，她也更能有效鞏固革命烈士及民族主義事業之道義。

此外，其超常色彩在與紀念之大敵——遺忘——相對抗時尤爲重要，因爲烈士傳是最爲程式化的傳記，烈士角色在很久以前已被寫好。她（被超越的）女性氣質所帶來的超常色彩令她的名字從現代烈士那無邊無垠的群體公墓中脫穎而出，至今仍被銘記。

註釋

【1】夏衍，頁46-47。

【2】秋瑾被定罪為反清革命者，於一九〇七年七月十五日被處決。相關研究材料，參見郭延禮編，《秋瑾研究資料》。

【3】這與歷史人物秋瑾在許多詩歌中所表達的內容一致。參見《鷓鴣天》、《無題》，收入孫康宜、蘇源熙編《傳統中國的女作家：詩歌與評論選》（Chang and Saussy），頁656-657。

【4】理雅各譯，《中國經典》，卷一，頁297（Legge, *The Chinese Classics*, 1: 297）。

【5】理雅各譯，《中國經典》，卷二，頁411（Legge, *The Chinese Classics*, 2:411）。

【6】《韓非子》，卷二，頁935-936（*Han Fei zi*, 2: 935-36）。

【7】熊十力，《韓非子評論》。

【8】梅杰（Meijer），〈牌樓之價格〉；伊懋可（Mark Elvin），〈中國的女德與政府〉；曼素恩，〈清代血族、階級和群落結構中的寡婦〉（Mann, "Widows."）

【9】除了本書中盧葦菁的文章，羅溥洛（Paul Ropp）在《多情女子：中華帝國晚期的女性自殺》一書的導言中對這一批評傳統做了精彩概括。參見羅溥洛、曾佩琳、宋漢理編（Ropp, Zamperini, and Zurndorfer），《多情女子：中華帝國晚期的女性自殺》，頁3-21。

【10】關於「誘惑」，參見上書，頁3-21；關於「義務」，參見上書，頁22-46。

【11】最近的研究通過對經濟、法律和社會條件的透析，探討了帝國晚期大量的守節自殺。大致說來，有兩個相互關聯的結論：(1) 女子不僅是受害者，也是行動者；(2)理學或新儒學（neo-Confucianism）的意識形態規範不是女子自殺的唯一或首要的原因。這裡，我想指出，在我們得出任何結論之前，我們都需要提醒自己注意在殉身的原因和闡釋之間存在著一片異常滑溜的地面。

【12】郭延禮，《秋瑾研究》，頁513。學者們已注意到在婦女殉身史中政治化日益加強的穩固趨向。參見方秀潔對貞節這一個人/女性美德與忠君這一政治美德之結合的考察。方秀潔，〈標記身體〉（Fong, "Signifying,"），頁105-142。

【13】這兩個典故分別指戰國時代的歷史人物鄒衍和關漢卿劇作《竇娥冤》中的悲劇主角；兩位都因審判不公而蒙冤。

【14】本文此節受惠於夏曉虹文〈晚清人眼中的秋瑾之死〉，《晚清社會與文化》，武漢：湖北教育出版社，二〇〇〇年。關於晚清秋瑾戲劇，近年夏教授有專文論述，見〈秋瑾文學形象的時代風貌—從夏衍的話劇到謝晉的電影〉，《中國現代文學研究叢刊》二〇〇九年第四期。

【15】蕭山湘靈子（筆名），收入阿英，頁108-147。原載《國魂報》，一九〇八年。

【16】戊戌變法失敗後，譚嗣同的妻子李閏在得知丈夫被處死時，據說也自殺過。參見季家珍：《歷史寶筏：過去、西方及中國的婦女問題》（Judge, *The Precious*），導言及第五章。吳樾（一九〇五年試圖刺殺出洋考察的五大臣）之妻在得知他自殺式襲擊失敗的消息後，據說也「殉夫而死」。卞孝萱、唐文權編，《辛亥人物碑傳集》，頁90。

【17】古越嬴宗季女（筆名），《六月霜》，收入阿英，《晚清文學叢鈔：傳奇雜劇卷》，頁148-176。最早由改良小說會於一九〇七年出版。

【18】蕭山湘靈子（筆名），《軒亭冤》，收入阿英，《晚清文學叢鈔：傳奇雜劇卷》，頁108-147。最早由上洋小說支賣社一九〇七年刊。

【19】值得注意的是，同時代對她死刑的批評從未忘記提到，這個被處決者乃是一位「士」，一位「女性士人」，從而也與對上層階級婦女、對法律體系之無辜受害者的戲劇性描繪相一致。

【20】陳平原：《千古文人俠客夢》。陳平原提出，早期對女俠的刻畫並不要求貞節，但在帝國晚期，這一要求被添加上了。

【21】郭延禮，《秋瑾研究》，頁559。

【22】同上。

【23】同上，頁81-82。

【24】陶成章在秋瑾傳後面附錄了程毅傳，同上，頁83-87。孫中山在紀念她時把她跟其他兩位男烈士並列為一組。王去病、陳德和編，《秋瑾史集》，頁3-4。

【25】郭延禮，《秋瑾研究》，頁341。

【26】多言是「四德」之一「慎言」的反面，「七出之條」之內。章炳麟：《秋瑾集序》，收入郭延禮，《秋瑾研究》，頁341。

【27】有關歷史背景，參見費俠莉：〈思想演變：從戊戌變法到五四運動，一八九五－一九二〇年〉，頁396-400（Furth, 396-400）。

【28】李歐梵，〈文學流行我：追問現代性，一八九五－一九二七〉，頁479（Lee, 479）。

【29】性解放的新女性角色在任何情況下都只向小部分女性人群開放，排除了已婚婦女，尤其是生過孩子的婦女。當時對這種限制的反思，參見石評梅：《林楠日記》，收入杜利．艾米、杜生編，《現代中國的女作家：二十世紀女性作品選》，頁115。（Dooling and Torgeson, 115）反諷的是，雖然多數五四新女性斷然拒絕父母包辦婚姻，但秋瑾是極少數像易卜生的娜拉一樣、從婚姻中出走的人之一。

【30】莊愛玲（Eileen J. Cheng），〈性別化的景觀：魯迅論凝視婦女及其他享樂〉。

【31】例如，在《阿Q正傳》末尾，當阿Q被趕去法場時，一群人跟著他：他們向他喝彩，甚至想要他唱句戲文，他們的眼睛「又鈍又鋒利，不但已經咀嚼了他的話，並且還要咀嚼他皮肉以外的東西。」

【32】魯迅，〈通信〉，頁303。我論文的這個部分受惠於莊愛玲的〈性別化的景觀〉一文，同上。

【33】秋瑾最後的願望之一便是行刑後不被剝去衣物。與魯迅的革命者類似，她的遺體最初被葬在小山丘下，與乞丐和死刑犯埋骨一處。郭延禮，《秋瑾研究》，頁571、573。

【34】魯迅，《狂人日記》，頁10。

【35】郭延禮，《秋瑾研究》，頁509。

【36】《〈娜拉〉的答案》，收入郭延禮，《秋瑾研究》，頁466-471。

【37】田漢，《田漢全集》，第十八卷，頁561。原載於《雲南日報》，一九四三年十二月五日。

【38】班納迪克·安德森，《想像的共同體：民族主義的起源與散佈》，頁205。Anderson，205。（中譯本參見吳叡人譯《想像的共同體》，上海：上海世紀出版集團，二〇〇五年，頁194。引文基本採用吳譯，最後一句略有修改。——譯者註）

三、非傳統的傳記資料

㈠碑銘及小說

唐代女性墓誌綜覽

姚平*

墓誌是中國古代祖先崇拜及喪葬制度的重要組成部分，其淵源久遠，至唐代而益臻成熟，從而爲現代史學家提供了極爲豐富的研究唐代婦女生活的史料。[1]在目前已出版的六千多份唐代墓誌中，女性墓誌即占一千五百餘份，夫婦合誌者約爲二百份，而其餘男性墓誌也大多提及女性家庭成員。[2]因爲墓誌中的女性往往被理想化、典型化，這些墓誌從而構成了一種白瑞旭（K. E. Brashier）教授所稱的「紀念文化」（memorial culture）。[3]它們既是個人人生歷程的紀錄，更是一種唐代有關道德、倫理、社會秩序以及社會性別角色的話語的表徵。可以說，它們是唐代社會中男女行爲規則的指南以及他們的社會地位的申張。

從唐代墓誌中我們可以發現，雖然儒家傳統中的「四德」仍然是女性言行的準則，但「四德」的內

* 作者在此衷心感謝季家珍（Joan Judge）、胡纓、柯素芝（Suzanne Cahill）、杜潤特（Stephen Durrant）、伊沛霞（Patricia Ebrey）、曼素恩（Susan Mann）、戴梅可（Michael Nylan）以及司各特·韋爾斯（Scott Wells）在本文撰寫過程中的指點和幫助。

涵已有所擴張，其關注點也有所變化。唐代墓誌在描寫女兒時不僅誇獎她的孝順，還經常讚美她與兄弟姊妹間的情誼以及她的文學才氣。墓誌對妻子的褒揚多著重強調她們在丈夫仕途中的患難與共以及她們的治家能力。唐代墓誌對母親的描寫則漸趨強調她們如何親執詩書、誨子不倦，使之金榜題名的經歷。此外，佛教顯然對唐代社會的女性角色及性別關係的規範有相當大的影響。

唐代墓誌所體現的婦女生活經歷也是有唐三百年社會和政治變遷的折射。比如，唐代墓誌所記載的多例表親婚及其擇偶取向表明，唐代早期所盛行的士族政治的影響一直持續到唐末。此外，墓誌作者中標以進士頭銜的比例以及讚揚母親文史之才的比例逐年增多，反映了科考入仕者在唐代權力集團中的勢力上升。唐代墓誌還使我們對唐代中期的安史之亂以及唐代後期的藩鎮割據對唐代社會的負面影響有一個更爲切實的感受。此外，以墓誌爲基礎的統計數據似乎還暗示，社會變亂及經濟波動對貴族女性的負面影響可能超過了其對男性的影響。

墓誌雖然從屬於傳記，但它與傳承列女傳統的《舊唐書》和《新唐書》中的女性傳記有極大的不同。正史中的列女傳往往著重描寫一位女性的生命歷程中重要一節，而墓誌則提供了更爲全面的女性形象，描寫她們爲女、爲妻、爲母時的種種品德和事蹟。此外，女性墓誌的作者往往是她們的家屬（唐代中後期尤其如此），因此，這些墓誌包含了極爲深切的感情因素，而當代讀者也往往會不由自主被這些女性們的向往與絕望、歡欣與焦慮，她們對自己的丈夫、孩子、公婆、娘家人的關注和傾心傾意所深深打動。

在討論墓誌所反映的女性生活經歷及其相關的唐代社會風俗、制度之前，我們有必要先來考察一下唐代墓誌的形式與結構、墓誌所記載的女性的社會地位以及墓誌所勾勒的理想的女性生命歷程。

一、墓誌資料

墓誌的形式與結構

唐代墓誌一般有七個組成部分：家族背景、幼年經歷、主要事件、主要功德、主要家庭成員、喪葬安排、銘（頌詞）。以大中年間（847-858）的《有唐盧氏故崔夫人墓銘並序》[4]爲例，此誌中的死者是宰相崔群（772-832）的女兒，由其夫盧緘執筆。墓誌的第一部分詳細描述了崔氏的家世——清河崔的顯赫、崔氏先三代的官職，以及崔氏外王父（李霸）、崔氏母隴西李氏，並提及「李夫人生女子子者五人，夫人即其季也。」與其他唐代墓誌相比，此誌描寫崔氏幼年時代的文字比較簡略，稱讚她「厚於情敬，早有識裁。」相對而言，盧緘對其夫人之成婚過程及婚後生活的描寫則極爲細膩、動情。這篇墓誌告訴我們，因爲崔群「眷深外屬」，所以盧緘才有幸娶到崔氏。此外，崔氏在婚前分別爲父母服喪三年，所以成婚時已二十三歲，遠遠超過唐代貴族女性的平均成婚年齡（十七歲）。嫁入盧家後，崔氏因「累喪諸姊」而悲痛不已，而盧緘本人則因仕途坎坷而「羈遊於外」。適逢九世紀中葉癘疫猖獗，崔氏終因遘疾而於大中十一年（857）過世，時年四十五歲。

在功德部分，盧緘贊揚了崔氏對儒佛經典的諳熟、她在聲律和筆劄方面的盡善盡美以及她在閨闈禮範上的美名。墓誌接著記載道：崔氏生有三男一女，但兩個兒子幼年早逝。在喪葬安排部分，墓誌陳述道：崔氏的葬禮雖爲隆重，但其墳墓僅是「權窆」而已，盧家準備「更俟吉歲，歸祔先塋。」崔氏墓誌的銘與大部分唐代墓誌的銘相同，是由四字詩句（或四字、六字交替的詩句）組成的。銘文讚揚了崔氏的出身、品德，表達了家人的哀悼以及對死者「安茲宅兆」的祈望。[5]

墓誌中的人口統計數

在一千五百六十份唐代女性墓誌中，近百分之八十的墓誌提及誌主的婚姻（見表1）。雖然大部分誌主出身於貴族家庭，但非貴族出身亦占總數之百分之六左右。[6]在一百四十六份未婚女性墓誌中，七十四位墓誌主是女尼，十二位誌主爲道姑。此外，還有九篇墓誌是爲十歲以下的幼女所作，它們爲現代學者提供了觀察唐代社會對女兒的角色和態度的寶貴材料。在這一千五百六十份墓誌的基礎上所統計出的女性平均壽命是五十二點一歲，平均成婚年齡是十七點六歲，已婚女性的平均子女率爲四點八個。

當然，這些統計數據並不能代表唐代的人口抽樣。首先，現存墓誌多出於河南洛陽，尤以唐代達

表 1　唐代婦女的婚姻狀況

婚姻狀況	墓誌數	占總數（1560）比例
已婚 *	1,230	78.84%
未婚 **	146	9.35%
婚姻狀況不明	47	3.01%
宮廷婦女	128	8.21%
女妓	9	0.58%

* 包括妻、妾、外婦以及家妓轉爲外婦者。

** 包括女尼、道姑以及在十歲前過世的幼女。唐代女性墓誌中沒有一份記載了離婚的事例。

官顯貴的墓葬集聚地——邙山最爲集中。因此，對唐代人口數據的更爲全面的探討必須依賴於其他史料（如戶籍紀錄）的參照。以女尼墓誌爲例，女性墓誌中的女尼墓誌的比例是百分之四點九四，而據《新唐書》記載，開元年間（713-741）登籍的女尼數是五萬零五百七十六人，開元二十年的人口總數是四千五百四十三萬零一千二百六十五人。[7]假設女性人口爲總人口之半數，那麼，女尼在女性人口中的比例應該是百分之零點二二。第二，墓誌所記載的一些數字本身即頗爲可疑。比如，有三十六份女性墓誌記載了墓誌主成婚年齡爲十九歲，然而，記載女性墓誌主二十歲成婚者僅有十四份。這一反差暗示，一些墓誌作者企圖通過數字的改變來掩飾墓誌主的「晚婚」現實，因爲婚嫁的推遲反映了當事人的家境或聲譽的不佳。相同的，墓誌作者也往往會誇大死者壽命以顯示墓誌主的福分。比如，在女性墓誌中，記載墓誌主死亡年齡爲五十九歲者有十四份墓誌，但記載死亡年齡爲六十歲者則劇增到三十三份。

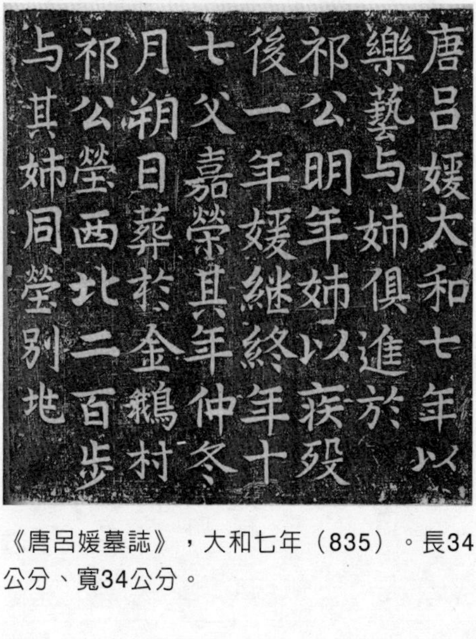

《唐呂媛墓誌》，大和七年（835）。長34公分、寬34公分。

二、唐代墓誌與唐代婦女的生活

理想化的女性生命歷程

唐代墓誌所記載的生命事蹟雖多言過其實，但它們反映了唐人所勾勒的理想化的男女性生命歷程。墓誌中典型男性出自世代名門，幼時「貞純立性，孝友居身」，[8]即而「詩書積性，刀筆從榮」，[9]大部分貴族男性通過親屬關係而「解褐」（初授官），但科考入仕則是最為理想的途徑。他們官宦生涯充滿了調職和遷徙，但他們「秉心惟徵，蒞事尤敏，能理煩而去惑，不吐剛而茹柔。故得所至有化，所臨垂聲。」[10]同僚、部下及百姓因而無不稱讚之。一位典型的唐代貴族男性會在二十四歲時選擇一位大族女性為妻，數年後亦會另置妾或外婦，妻妾等會為他生養六至七個子女。

唐代貴族女性的「完美」一生是在她家中度過的。她出生於茂族，「三歲知讓，五歲知戒，七歲能女事，善筆劄，讀書通古。」[11]甫及笄年，她已芳名遠播。其父會為她選擇一位出生於大族的、科考仕途中的成功者為佳婿。為婦時，她「祗奉蒸嘗，睦友娣姒，由中履順，德禮無違。」[12]為母時，她「訓女四德，示男六經。」[13]夫喪之後，她「鞠育孤孺，屏棄人事，歸依法門」；[14]而「晚歲以禪誦自適」。[15]她自己生養了四個子女，而對妾、外婦所生子女則「愛撫若己出」，[16]她「恣性慈仁，雅無嫉妒」，[17]故子則仕途騰達，女則早適貞良，晚年因子貴而榮封郡君。

《唐河南元府君夫人榮陽鄭氏墓誌銘》[18]——白居易（772-846）為元稹之母所撰寫的墓誌可以說是唐代女性墓誌的一個代表作。此誌在列舉鄭氏三代祖先及外族後，強調了「天下有五甲姓，榮陽鄭氏居其一」這一唐代社會所公認的對五大姓的崇仰以及大姓間自爲婚姻的現實。在形容鄭氏的女兒角色時，白居易寫道：她「事父母以孝聞。友兄姊，睦弟妹，以悌聞。發自生知，不由師訓……。」鄭氏爲婦時，「每及時祭，則終夜不寢，煎和滌濯，必躬親之。雖隆暑沍寒之時，而服勤親饋，面無怠色，其誠敬有如此者。元鄭皆大族好合，而姻表滋多，凡中外吉凶之禮有疑議者，皆質於夫人。夫人從而酌之，靡不中禮。」

接著，白居易致力渲染了鄭氏的母親角色：「夫人爲母時，府君既沒，積與稹方齠，家貧無師以授業。夫人親執書，誨而不倦。四五年間，二子皆以通經入仕。稹既第，判入等，授秘書省校書郎；屬今天子始踐祚，策三科以拔天下賢俊，中第者凡十八人，稹冠其首焉。由校書郎拜左拾遺，不數月，讜言直聲，動於朝廷，以是出爲河南尉。長女既適陸氏，陸氏有舅姑，多姻族；於是以順奉上，以惠逮下，二紀而歿，婦道不衰。內外六姻，仰爲儀範。非夫人恂恂孜孜，善誘所至；則曷能使子達於邦，女宜其家哉？其教誨有如此者。」

有意思的是，白居易在墓誌中強調了他撰寫此誌的目的——超越列女傳統中的單一的女性典範形象：「漆室、緹縈之徒，烈女也；及爲婦，則無聞。伯宗、梁鴻之妻，哲婦也；及爲母，則無聞。文伯、孟氏之親，賢母也；爲女爲婦時，亦無聞。」但是，鄭氏卻兼女美、婦德、母儀於一身，因此，白居易「欲百代之下，聞夫人之風，過夫人之墓者，使悍妻和，嚚母慈，不遜之女順云爾。」

由此可見，這篇墓誌的結構與列女文獻、尤其是《舊唐書》和《新唐書》中的列女傳完全不同。《舊唐書》共記載了三十一位列女，其中有十五位以貞婦著稱，她們或是拒絕再嫁，或在歹徒的威脅下以自盡保身。有九位列女以孝女著稱，她們或為侍候病重的父母、安排他們的喪葬而放棄自己的婚姻機會，或為報父仇而自誓不嫁。此外，還有兩位教子成功的母親、一位撫養了大族遺孤的乳姆、一位為照顧自己的姊姊而放棄婚姻的女性，以及一位在危境中保護了婆婆的生命的孝媳。幾乎所有的列女都因為她們在其生命歷程中擔當某一獨特角色時的突出表現而受到讚揚。有些傳記甚至強調，因為女性不可能同時完美地擔當兩種角色，她必須取此捨彼。[19]與這些傳記相比，雖然唐代墓誌也有當時社會所認可的女性典範傾向，但至少它們體現了女性生命歷程的一個完整畫面。

親情與日常生活

唐代墓誌，尤其是八世紀中葉之後為親人撰寫的墓誌，在描述死者身世的字裡行間往往有強烈的感情流露，其內容也經常包含一些出人意料的細節。因此，這些墓誌為當代歷史學家再現唐代婦女在其特定歷史和社會時空中的日常體驗提供了寶貴的材料。大中年間由河南府陸渾縣令李胤之為女兒李第娘撰寫的《唐隴西李氏女十七娘墓誌銘並序》[20]便是一個很好的例證。這份墓誌不僅將父親對女兒的鐘愛體現得淋漓盡至，而且還使我們深切體會到唐代社會對幼女、少女的期待和讚許。

李第娘是李胤之的長女，生於八三四年（大和八年）冬，出於李胤之之妾——邢氏。是年春，李胤之登第中舉，故名之以「第娘」。墓誌稱，自第娘生至二十四歲去世，她一直跟隨著李胤之「南北宦遊，綿歷萬里」，父女倆「未嘗一日離間。」這份墓誌讀來就像父親對女兒由衷傾訴：

> 汝往廣州，即三四歲，南中山水萬狀，果藥千品，奇禽異獸，怪草名花，已能遍識，歷歷在□。又能洞察是非，盡知情僞，周深敏晤，無與比倫。尤好文籍，善筆。兄弟讀詩書，關聽聞，莫不記覽。當代篇什，名人詞藻，皆能手寫，動盈箱帙，商較文賦，皆盡妍蚩。刀尺女工，裁縫繡畫，不習而妙。吾自中途，即罹憂患，中外累多，常自窘困。汝尚幼稚，未曾介意，慰安吾心，盡忘窘厄之苦，實汝之由。

這種親情洋溢的文字在其他墓誌也常有所見。在記載早夭女兒的墓誌中，有些回顧了父母給這位女兒取名時的歡欣和關愛，有些著墨於父母對她們百般嬌慣。比如，《李氏幼女墓誌銘並序》[21]記載道，墓誌主字繡衣，去世時僅十三歲。其父「因寵秩而名之，鍾愛之深可見也。」這份墓誌是繡衣的姊夫撰寫的，讀來惻婉動人：

> 爰自繈褓，明慧過人。在齠齔時，善言詞歌詠，監察府君每以慰目前。教以婉娩，聰智日就，能工巧聽，順又過人。妣滎陽鄭夫人亦以此慰目前。闔門嬌饒，六姻共然也。夫人孀居後，常多抱疾，每見此女，則爲之進食，其不見也，哭無晝夜。

《有唐張氏之女墓誌銘並序》[22]爲鄉貢進士張塗爲其妹張嬋所撰。墓誌記載道，張家幾代以來女兒不長壽，故「世世憐女而甚於珠玉」。張嬋父母「選其乳姊洎高年女奴兩三人，令常常抱弄於幾前，唯所欲。及稍能理紅妝、衣綺羅，則凡是珍奇，莫不堆在眼。」

由丈夫撰寫的女性墓誌也常常表露出夫婦間的恩愛之情。比如，大中年間由盧知宗執筆的《唐故滎陽鄭夫人墓誌銘並序》[23]記載道，盧知宗與他的夫人鄭子章乃是姑表親關係（鄭子章之母乃盧之從祖姑），鄭子章十四歲嫁與盧知宗，二十四歲去世前生子三人，女二人。盧知宗稱因喪妻而「涕橫交頤情不禁」，並籍墓誌而誓言終身不再娶：

> 嗚呼！世以嬰孺之無恃也，必曰傅母保之，不若繼之之慈也。而自中古已來，天下人之子酷於繼者日有之，而未聞酷於乳母矣。知宗始過二毛，既切潘生之悼；永思同穴，敢忘詩人之言。夫人之將瞑也，知宗實酹於前，泣以自誓，夫人聞之矣。

隨著家屬撰寫女性墓誌比例的增加，唐代中後期的墓誌中，感情坦露的敘述頗爲常見。比如，前文提及的《有唐盧氏故崔夫人墓銘並序》[24]即描寫了一段頗爲坎坷的婚姻，夫婦雙方似乎都十分沮喪，盧緘一度離家出走，而崔氏終喪身於病魔。這篇由盧緘執筆的墓誌讀來頗有作者自責自省之感。另一個例子是八世紀中期李旴爲他的長姊撰寫的墓誌——《大唐博陵郡北平縣主簿高亙故李夫人墓誌銘並序》。[25]從墓誌中我們可以得知，李旴之姊李娟「移天高侯，僅乎十月；藉地赤子，尚未浹辰」，年二十二歲即去世。雖然墓誌提及「不廁夫黨」的原因是「從龜筮也」，但李旴的文字暗暗透露出對高家不滿。此外，唐代墓誌還會記載一些他類史料中少有的生活細節。比如，咸通（860-873）年間由孫備銘執筆的一篇墓誌記述了楊敬之的外孫女——于氏的一生。孫備銘回憶道，他與于氏的婚姻在于氏出生前即已定下。于氏之母與孫備銘之母爲中表親，于氏母懷孕時，她們「撫腹期爲二親家」。兩家並以盟書、金帶「誓之」。于氏母早年去世，楊敬之悲痛之餘，「移愛於」于氏，並將她留在身邊撫養教導。于氏去世時年僅三十歲，留下生前撰寫的古詩達四百篇、賦五十首。這篇墓誌還記載道，于氏是大中七年（853）嫁入孫家的，當時，于氏十八歲，孫備銘二十二歲。十二年間，夫婦倆生育了三男三女。于氏去世時，三個兒子分別是四歲、五歲、十二歲，一女十歲，兩個女兒早夭。孫備銘仕途非常不順，致使于氏「恚泣成疾」。忽一日，「強出侍太夫人之側，敘謝始終之恩」，又執筆追念外祖楊敬之恩德，致信親戚表達憾意。咸通六年（865）二月八日，于氏「終於上都永樂私第」。[26]

婦女與佛教

唐代女性墓誌及其在唐代的盛行對當時的社會性別觀的構成有著重大影響，這是因爲，唐代墓誌展現了一個完美的女性生命歷程，羅列了一套女性角色的行爲規範，並爲之提供非常具體的榜樣形象。從以上提到的幾篇墓誌來看，唐代女性墓誌與列女傳統所提倡的價值體系是一致的。這兩種傳記都讚揚女性的家庭角色、文字才能以及她們的高尚品德。但是，我們還是能察覺到，墓誌中的一些非常突出的主題在唐代的列女傳統傳記中卻並不多見，佛教即是一例。

唐代是佛教的鼎盛時代，因此，佛教對唐代社會的滲透是可想而知的。不過，從唐代女性墓誌來看，佛教對唐代社會性別觀以及唐代女性生活的影響遠遠超出當代學者所討論到的程度。[27]僅就墓誌數而言，除了七十七篇女尼墓誌外，另有近二百篇女性墓誌提及墓誌主的佛教信仰。更重要的是，唐代墓誌往往將佛教列爲這些女性的高尚品行的精神來源之一。總的來說，佛教似乎對唐代女性之爲女、爲婦、爲母有著非常積極的指導作用。比如，開元年間（713-741）的《有唐薛氏故夫人實信優婆夷未曾有功德塔銘並序》[28]記載道，墓誌主未曾有俗姓盧，是魏州司馬盧廣慶之女。她「髫北多智，潛識邁倫，事不違同，義然後取。九歲聞人誦般若，便暗習於心，句無遺言，如經師授。」因爲這種對佛教宗旨的早悟，她從小就知禮明義。當她的哥哥處罰家僮過當時，她「怡色諫止，允葉其中。」又如，天寶年間（742-755）的《唐縉雲郡司馬賈崇璋夫人陸氏墓誌銘並序》[29]敘述道，墓誌主陸英出身於儒門世家，其曾祖是隋朝昭王文學詳正學士；祖父官至朝散大夫、黃州司馬；父親陸趙璧任馬邑郡長史。但是因爲陸英「習性既高，嬰孩自異」，所以她自發地走上了信佛的途徑。「知味而不茹葷血，勝衣而不愛羅綺。」甚至因爲「深好佛經」而「輟卷《女誡》」。嫁入夫家，陸英仍「常修梵行」，夫家上下紛紛讚嘆她「果合宜家之道」，並均以她而「取則」。果然，當她的丈夫賈崇璋赴任縉雲郡司馬時，賈崇璋母深憂道途至險而不願隨行，陸英因而決意留下伺候婆婆。聲稱：「從政爲忠臣，事姑爲孝婦，能割隨夫之貴，躬行奉養之禮，縉雲之役，誓將仍舊。」另一位孝婦是萬歲通天年間（696-697）的《瀛州文安縣令王府君周故夫人薛氏墓誌銘並序》[30]中的薛氏。薛氏的婆婆曾一度病入膏肓，「醫藥莫能瘳」。薛氏「親潔至誠，深祈景佑，七日七夜誦妙法蓮華經。」她婆婆「應時康復」。「中外支胤，遠近宗親」都將這一奇蹟歸功於薛氏的「至孝」。

除了孝順之外，唐代墓誌還經常將儒家傳統中的其他一些女德歸功於墓誌主的佛教信仰。比如，咸通年間的《亡妻太原王夫人墓誌銘》[31]提到，王氏（字太眞）「性孝敬，依歸佛，喜潔淨」，因而「恭祀事於先人，謙婦禮於伯仲」，「而約用待下，皆盡其誠。」王氏還十分「寬容柔順」，她的丈夫每與女奴同房，她便「以已之珍玩之物，俾自選以寵與之。」另一個例子是貞元年間（785-804）的《唐故殿□□御史張府君夫人河南源氏墓誌》。[32]此誌將源氏的崇高品行歸功於她長達二十年的佛教修行：「棲心於禪寂，葷脩不雜，僅廿年，操尙高明，仁慈深至，求諸簡策，鮮可爲鄰。」

當然墓誌中有關佛教女信徒的最常見的記載是她們在丈夫死後，如何在佛教信仰的支持下而守節撫孤，度過餘生。比如，天寶年間的《唐故臨淄郡豐齊縣李夫人張氏墓誌銘並序》[33]記載道，張氏（法號常精進）在丈夫去世後「以色身歸盡，人世不留，堅修禪誦，久誓葷血。」她的佛教信仰使她能夠「提挈幼小，備嘗艱難，守志忘貧，歷卅載」，直至她在六十八歲時去世。另一個例子是景雲年間（710-711）的《大唐故毛處士夫人賈氏墓誌銘並序》。[34]這篇墓誌詳細描述了賈氏是如何依賴佛教來度過她的寡婦生涯和臨終之際的：

> 夫人弔影孀庭，撫孤釐室，遂乃擯絕塵俗，虔歸淨土，最凡寫大乘經五百餘卷，造金銅及素像一千餘軀，菜食長齋，禮懺忘倦。而篋蛇遄駭，籐鼠易危，諸佛來迎，忽睹白蓮之應；高梯已至，更聞青建之談。以景雲二年閏六月九日終於洛陽立行里之私第，春秋七十有四。夫人臨終設齋，延諸大德，三日行道，並放家僮四人。

唐代墓誌還將出色的母教歸功於母親的佛教信仰。比如，大中年間的《唐故潁州潁水縣令李府君夫人滎陽鄭氏合祔玄堂誌》[35]中的鄭氏是一位虔誠的佛教徒，她育有四子。她「嘗慕釋理，耽讀典墳，每獲精意，未嘗不執卷以召諸幼而教導之，孜孜誨諭，唯日不足，即可知其訓方也。」唐代墓誌還聲稱，佛教信仰對孕婦有非常良好的影響。比如，天寶年間由裴儆爲其母鄭氏撰寫的《大唐故尙書祠部員外郎裴公夫人滎陽鄭氏墓誌銘並序》[36]聲稱，鄭氏的虔誠是他們兄弟三人健康成長的主要原因，她的胎教效果遠優於儒教傳統的「矜莊坐立，諷誦詩書」：

〔鄭氏〕常希潛運之力，用乎胎教之功。每占熊有期，設弧及月，輒嚴室齋戒，手寫眞經，竭力匱財，無非佛事。故得身相畢具，災害不生，鞠之育之，以至成長。雖古之矜莊坐立，諷誦詩書，方斯神功，萬不如一。

這篇墓誌是唐代社會對佛教對女性的正面影響的肯定的有力證據。唐代之前的胎教是完全以儒家傳統爲中心的。《大戴禮記》〈保傅〉第四十八記載道：

胎教之道，書之玉板，藏之金匱，置之宗廟，以爲後世戒。青史氏之記曰：「古者胎教，王後腹之，七月而就宴室，太史持銅而御户左，太宰持鬥而御户右。比及三月者，王後所求聲音非禮樂，則太師緼瑟而稱不習，所求滋味者非正味，則太宰倚鬥而言曰：不敢以待王太子。

在唐代，隨著佛教的深入人心，它的內容已被融入到當時的胎教理論和實踐中。

值得一提的是，雖然唐代墓誌反映了佛教中國化的一個重要組成部分，但佛教顯然並沒有爲唐代婦女提供一套新的價值體系。因此，這些墓誌所反映的是佛教與傳統儒教的融合——在那些虔誠的佛教女信徒身上表現出來的高尚品行與傳統的列女所再現的儒教女德幾乎是完全相同的。不過，可能也正因爲這一特殊的佛教漢化過程，佛教得以在會昌滅法（845）之後繼續生存，並在中國社會中繼續起著重大影響。

文學才華

唐代女性墓誌反映，唐代在女性文學才華的話語上有一個逐漸變化的過程。雖然女子的博學和文采是漢代以來列女文字中的常見主題，但是，列女傳統很少將這種才能視爲婦女出色擔當家庭角色的關鍵。比如，在《舊唐書》中的三十一篇列女傳中，僅有兩篇傳記提到這些女性的文采。《宋庭瑜妻魏氏》稱，魏氏「善屬文」，「作《南征賦》以敘志，詞甚典美。」魏氏還曾致書張說（667-730）爲其夫謀高職。另一篇傳記是《女道士李玄眞》，它記載了李玄眞進狀爲其祖父、父親昭雪的事蹟。[37]唐朝初期的女性墓誌在描寫墓誌主文字能力上與《舊唐書》中的這兩則故事十分相同，即將她們的「善屬文」視爲她們的天賦和聰穎的表現，而且，這些描寫往往非常抽象，諸如「歷覽群書」[38]、「學宕九流」[39]等。唯一的例外是《大唐慈州□□□元善妻公孫氏墓誌》。[40]公孫氏歿於儀鳳三年（678），時五十二歲。此誌記載道，公孫氏「博覽經史」，曾非常熱衷於《漢書》，以致卷不釋手，當讀到王莽

（西元前45-？）篡政及楊雄（西元前53－西元18）作《劇秦美新》時，她憤然曰：王莽「黷亂天紀，危逼生靈，史官紀事，不可遺錄，一見已甚，其可再乎。」從此對《漢書》和楊雄的文字不再過目。然而，這篇墓誌在描寫她的母儀母德時，則非常簡短地讚揚了她的「斷機」之訓，而完全沒有提及她是否親自教導子女讀書識字。

然而，自高唐起，對女性的學識的肯定逐漸轉移到對她們的母親角色的渲染，即她們的才華是如何使得她們成為最出色的母親的。我們不能不注意到，這一變遷是與科舉制度在唐朝的逐步完善和占優勢相平行的。此外，因為唐朝的女性墓誌往往是由兒子執筆的，墓誌中對母親的親執詩書教導子女的描寫的劇增要比其他文體要明顯得多。比如，在上述的元稹母親的墓誌中，白居易將元稹兄弟的登第歸功於鄭氏的「親執書，誨而不倦。」在大中年間的《唐姚夫人權葬石表》[41]中，作者——進士劉蛻敘述道：在他「稚孺」之年，姚夫人讓他「坐於膝，手持孝經，點句以教之。」

當然，為母親撰寫墓誌也為這些進士提供一個炫耀自己的成就和權勢的好機會。會昌元年（841）的《唐故太原府參軍贈尚書工部員外郎苗府君夫人河內縣太君玄堂誌銘並序》[42]顯然透露出這種張揚。這篇墓誌是由當時身為朝散大夫、前使持節江州諸軍事守江州刺史、上柱國的苗愔為其母親張氏撰寫的。張氏喪夫之際，三男五女「長始孺而少未孩」。當時，苗家「無田以與殖。中無為支，外無為儒。」但張氏「牽攜勤艱，經營窮寒，育之教之，殆十五年，皆幾於就成。」苗愔稱，她的三個兒子（苗愔、苗惲、苗恪）「皆繇教訓，得以文章竊科名」，因此，光揚其母「淑德」就非子莫屬了，否則，「孝豈然耶」？

在唐代，這種籍墓誌渲染科舉成功的傾向確實愈來愈明顯。在《唐代墓誌匯編續集》所收集的記載成文年代的四千八百七十一篇墓誌中，進士和鄉貢進士的比例的擴大的速度十分驚人。[43]在成文於唐朝的第一個世紀的兩千三百五十八篇墓誌中，有一百八十四篇提及作者身分，其中只有九篇的作者是進士或鄉貢進士，而在成文於唐朝的最後一個世紀的九百六十三篇墓誌中，有七百五十篇提及作者身分，其中一百三十八篇爲進士或鄉貢進士所撰。

勤儉治家

唐代墓誌還爲我們提供了大量有關婦女如何操持家業的第一手資料。與傳統的列女傳記或說教性故事相比，唐代墓誌中的女性的榜樣作用往往在於她們治家方面的韌性和足智多謀。貞元年間的《唐朝散大夫行著作郎襲安平縣男□□崔公夫人隴西縣君李氏墓誌銘並序》[44]中的李金（字如地）就是這麼一位極其能幹的大家族主婦。此誌記載道，李金的丈夫出於崔氏大宗，因而「夫人屬爲宗婦」。李氏：

> 先意承志，敬無違德，礿祠蒸嘗，吉蠲爲膳，齋明盛服，奉而薦之。居常則秉禮蹈道，弗自暇逸。故能事伯叔敬，友同等和，撫甥姪慈，接姻戚義，下逮支庶，弗略幼賤，致其忠愛，加之敬慎。故中外歎譽。

安史之亂之際，她的丈夫在麟遊（今陝西麟遊縣）任縣令而未能脫身，「夫人乃提挈孤弱，南奔依於二叔，自周達蔡，逾淮沂江，寓於洪州（今河南輝縣）。」此後崔公終與家人團聚，但家族上下一百零八人，事無大小，均由李金操持。「夫人上承下撫，言行無怨。時先公頻有天倫之，既寓荒服，家素清貧，夫人有黃金數兩，命貨之，衣食孤幼，財不入己，皆如此類。」不久，崔君薨於江外，「夫人竭所有以奉喪，致哀而合禮。家既窘乏，依於季叔太傅，娣姒同居，甥姪皆在。夫人親之以德，未嘗忿競。」以致「老安少懷，和樂欣欣如也。」建中四年（783），李希烈叛亂，之後不久，又有瘟疫盛行，李夫人帶家人留居東洛，獨當一面，「皆保康寧」。「後避地濟源，澧州姪亡，時四境兵鋒，家困貧乏，自濟如洛，百里而遙，夫人悉力營護，並二殤之喪，皆歸葬於邙山舊塋，儉而得禮。」

唐代中後期的女性墓誌多有稱墓誌主爲「幹婦」者。大中年間的《唐故泗州司倉參軍彭城劉府君夫人吳郡張氏墓誌銘並序》[45]即是一例。此誌記載道，張氏在十八歲時嫁給了她的姑表兄劉府君。劉府君幼失二親，家境貧寒。「夫人一心輔助，唯儉唯勤，書再考而方遇通年，發篋囊而事無不備。」劉府君授官職後，「夫人又以家道未立，彌更苦心，減口食而添聚歸糧，服浣濯而不辭暗弊。」這篇由張氏之子——劉航執筆的墓誌稱讚道：張氏「在家爲孝女，從夫爲幹婦。至若事君子之道，又盡善焉；豐於禮而常行謙順，儉於用而仁義不虧。寒往暑來，廿更易，而未嘗頃刻之間小有其不得所也。」

婚姻

唐代墓誌爲當代歷史學家提供了極爲寶貴的考察唐代社會性別制度及其變遷的機會。[46]就婚姻形態而言，我們從墓誌中得知，唐代表親婚十分普遍，而且，姑表婚的比例遠高於姨表婚，這與唐代之後姨表婚盛行的現象完全不同。這一特殊的表親婚取向可能是因爲當時五姓七家「恃其族望，恥與諸姓爲婚。」【47】這一自持族望的風氣在唐代自始至終沒有消失。早唐時期，唐朝廷曾一度禁止望族自爲婚姻，使得望族「不敢復行婚禮，密裝飾其女以送夫家」，成了大姓間的一大遺憾。但他們的約束很快就消失了。雖然唐王朝力圖以科舉制來抑制望族勢力，這一自相婚娶以及傲慢態度一直持續到唐代末年。

唐代墓誌還顯示，因爲這種普遍的「恥與諸姓爲婚」的態度，不少望族男性在找到門當戶對的新娘之前往往先娶妾生子。因此，不少貴族女性嫁入夫家時她的身分隨即轉變爲正妻兼丈夫子女的法律意義上的母親。也正因爲她是她丈夫的所有的孩子的母親，妾、婢、外婦所生子女也就擁有了相等的繼承權。這一變化反映了以分辨嫡庶和大小宗爲基本原則的宗法體系的退化。此外，不少墓誌還反映出貴族男子入贅妻家的風氣，這在新郎父母雙亡的表親婚中尤其突出。

唐代的衰亡及其影響

從更廣泛的意義上來說，唐代墓誌進一步證實了其他史料所勾勒出的有唐三百年的政治變遷。唐王朝的盛世繁榮在八世紀中期被安史之亂一掃而空，德宗的「中興之治」（780-804）雖有重整旗鼓之勢，卻終未能阻止其統治實力的衰落。至昭宗代（888-903），唐王朝已完全被戰亂、天災、瘟疫所吞噬，以至作墓誌銘的風氣亦幾近消失。唐代墓誌還顯示，社會動蕩對貴族婦女的負面影響可能超過其對男性的負面影響：唐代三百年中，貴族男性的平均壽命幾乎不變，但貴族女性的平均壽命在安史之亂後卻有明顯的下降，德宗朝時雖有恢復，但在唐末則降至最低點。【48】（見表2）

墓誌所提供的種種細節顯示，許多中晚唐貴族婦女死於瘟疫，或因生活顛簸而染疾致死，因政治動蕩造成家人傷亡而憂慮過度致死，因懷孕或生產而亡。咸通年間的《唐鴻臚卿致仕贈工部尚書瑯耶支公長女鍊師墓誌銘並序》[49]可以說是這一期間政治動亂對婦女生活的衝擊的最好寫照。這篇墓誌是一位名爲支謨的朝官爲其姊支新撰寫的。[50]支新雖在孩時即被度爲女尼，並得法號志堅，但她在中年之際被迫轉度爲道姑，因而終於鍊師之稱。

支新於元和七年（812）出身於一個顯赫的家庭。其墓誌稱：「曾祖諱平，皇江州潯陽丞；祖諱成，皇太子少詹事贈殿中監；顯考諱，皇鴻臚卿致仕贈工部尚書；先妣汝南譚氏，追封汝南縣太君；繼親清河崔氏，封魯國太夫人。」支新幼年時得了一場重病，從而注定了她的一生命運。自九歲起，她「奉浮圖之教，潔行晨夕，不居伽藍。」她一生未婚，是一位唐代所常見的「住家尼」。但是，會昌滅法完全改變了她以及所有女

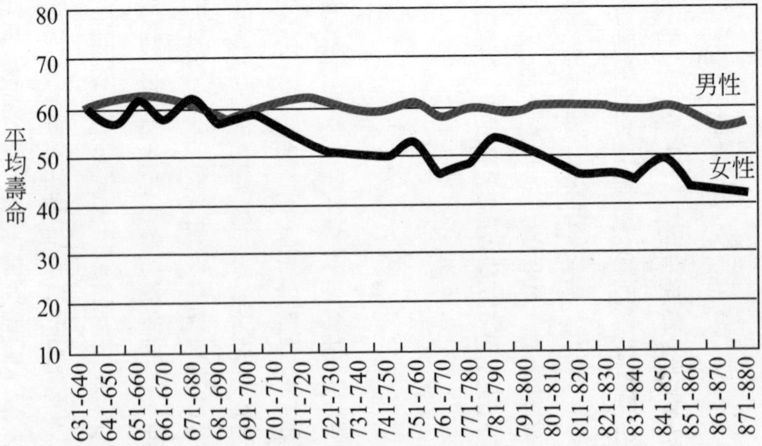

表 2：唐代男女性壽命比較（630-880）*

*631年前及880年後的墓誌因數量太少而不包括在統計中。

尼的生活道路。雖然有關會昌滅法後被迫還俗的僧尼的生活的記載非常缺乏，但是我們可以想像，女尼的還俗經歷要比男僧艱難得多，而她們所面臨的選擇也要比男僧少得多。當時，支新已屆三十三歲，遠遠超過了嫁人的年齡，因此，她選擇了一個對她來說最容易的出路——住家道姑。

支新的中晚年（自八四五年轉信道教至八六一年過世）可以說是晚唐政治動亂、每況愈下的折射。支家的第一個大災難發生在大中七年（853），支新之「愛弟」鄂州司士支向過世了。墓誌稱此難爲「鄂州房傾落」，很可能暗示其因官而亡。支新從此擔負起照顧支向寡婦孤女的責任。咸通二年（861），其弟支訥「授籐州牧」，因爲聽說籐州「土宜，不異淮浙，嘉蔬香稻，粗可充腸」，支訥「願執卑弟奉養之勤，得申令姊慰心之道，假路東洛，扶持南州。」但到官不到一個月，支訥因遭遇「蠻擾」而遷職富陽。長期的顛簸顯然削弱了支新的體力，再加上支訥忙於「徵發饋漕」，富陽又缺「甘辛豐脆」之食膳。不久，支新即染上了瘴癘，於五十歲時「奄然終天」。然而，與她的同時代的女性相比，支新還算是長壽的。從八六一年至八七〇年間成文的六十份女性墓誌來看，當時的女性平均壽命是四十三歲（而在這一時期的八十九份男性墓誌基礎上計算出的男性平均壽命是五十六歲）。在這六十份墓誌中，半數墓誌主死於六至三十六歲之間，其中十六位墓誌主死於疾病，兩位死於生產，一位死於旅途。[51]

結言

雖然唐代墓誌大多是爲貴族家庭成員所作，在此基礎上得出的統計數據也並不能代表唐代整體社會的人口學抽樣，但是，墓誌所反映的情感內容以及繁多的生活細節使它們成爲現代學者探索唐代女性的寶貴資料。此外，墓誌中的女性形象和生命歷程往往被理想化、典範化，因此，它們又是我們進一步考察唐代的社會性別觀的可靠來源。這些墓誌使我們瞭解到，佛教是唐代女性理想化中的一個重要因素；唐代社會在對女性的學識的描繪上有一個逐漸變化的過程——從簡單地讚揚女性的文學才華到強調母親教子讀書的能力。此外，如果說，列女傳統往往著重描繪那些在特殊境遇中表現出色的女性，而唐代正史中的公主傳記又往往誇張她們的驕蠻自私的話，那麼，墓誌中所記載的貴族女性則以其在日常生活中的堅韌、能耐和智慧而見稱。唐代中後期的墓誌還生動地再現了種種艱辛的羈旅、延誤的婚葬、廢棄的墓地，以及瘟疫、戰亂、和政局動盪所造成的妻離子散的家庭悲劇。更重要的是，這些墓誌豐富了我們對唐代婚姻制度和習俗、親屬組織、社會風貌、價值體系和有唐三百年的諸多動因以及發展勢態的瞭解。

註釋

【1】本文中的墓誌材料以墓誌銘為主，但也包括了石表、墓表和塔銘等材料。有關唐代以前的墓誌墓碑研究，參見Patricia Ebrey, "Later Han Stone Inscriptions"（*Harvard Journal of Asiatic Studies*, 49 (1980): 325-53）；K. E. Brashier, "Text and Ritual in Early Chinese Stelae"（Martin Kern, ed. *Text and Ritual in Early China*. Seattle: University of Washington Press, 2005, pp.249-284）。關於墓誌的總體研究，可參見趙超《古代墓誌通論》（北京：紫禁城出版社，2003年）。

【2】在這六千多份墓誌中，九百二十五篇出於《全唐文》。這些墓誌大多為知名文人所撰，墓誌主亦以上層貴族及重要人物為主。另一個主要來源是周紹良、趙超所編的《唐代墓誌彙編》（上海古籍出版社，一九九二年。以下簡稱《彙編》）及《唐代墓誌彙編續集》（上海古籍出版社，二〇〇一年。以下簡稱《續集》）。兩書共收墓誌五千一百一十九篇，以考古發現為主。與《全唐文》相比，《彙編》和《續集》似乎更能代表唐代墓誌的總體狀況：其寫作風格更為多樣；墓誌主身分也更為繁雜，包括有僕人、女妓、僧尼、官吏、貴婦，乃至皇帝及皇室成員。不少墓誌未標明作者，而且大多數作者並不知名。在這些墓誌中，有三篇作者是女性（《曹因墓誌》，《彙編》貞觀181；《唐郭君墓誌銘並序》，《彙編》開元336；《大唐故左威衛倉曹參軍盧江郡何府君墓誌銘並序》，《彙編》天寶013），還有一份女性墓誌為其子女合撰（《唐故揚州大都督府法曹參軍京兆韋府君故夫人滎陽鄭氏墓記》，《續集》大和049）。此外，在《彙編》、《續集》中，至少有二十篇墓誌雖沒有明確標明作者身分，但從內容來看作者可能是女性。又，近年發現的《李全禮墓誌》乃由其妻鄭柔慈所撰（見《偃師杏園唐墓》，科學出版社，二〇〇一年，頁288）。

【3】見K. E. Brashier，頁27。

【4】《匯編》大中128。

【5】《匯編》大中128。

【6】本文中的「貴族」定義比較廣泛、鬆散，其起點是，三代中至少有一人擔當過九品以上的官職。

【7】《新唐書》卷四十八，〈百官誌三〉。

【8】《唐故朝議郎行蓬州宕渠縣令王府君墓誌銘並序》，《匯編》開元266。

【9】《唐故朝議郎行楚州安宜縣令太原王君夫人劉氏等合葬誌銘並序》，《匯編》開元268。

【10】《唐故朝散大夫蘇州別駕知東都將作監事趙公墓誌銘並敘》，《匯編》大曆081。

【11】《唐郎州員外司戶薛君妻崔氏墓誌》，《續集》元和075。

【12】《有唐盧氏故崔夫人墓銘並序》，《匯編》大中128。

【13】《唐朝議郎行鳳州司倉參軍上柱國司馬君夫人新安孫氏墓誌銘並序》，《匯編》元和153。

【14】《左驍翊衛翟君墓誌銘》，《匯編》上元039。

【15】《故衢州司士參軍李君夫人河南獨孤氏墓誌銘並序》，《匯編》大歷052。

【16】《大唐洛陽縣尉王師正故夫人河南房氏墓誌銘並序》，《匯編》長慶011。

【17】《有唐太原王氏夫人墓誌銘》，《匯編》會昌036。

【18】朱金城《白居易集箋校》，上海古籍出版社，一九八八年版，第五冊，頁2715-2718。

【19】比如，在《劉寂妻夏侯氏》中，「夏侯碎金」、「求離其夫」，「以終侍養」其父及後母。這類不得兼顧兩種角色的故事在《舊唐書》和《新唐書》中不少。關於中國傳統傳記的角色與行為表現，參見A. F. Wright, “Values, Roles, and Personalities”（A. F. Wright and Denis Twichett, eds., *Confucian Personalities*, Stanford: Stanford University Press, 1962, 3-23）。

【20】《續集》大中061。

【21】《續集》貞元018。

【22】《匯編》開成041。

【23】《匯編》大中083。
【24】《匯編》大中128。
【25】《匯編》天寶096。
【26】《匯編》咸通040。此誌失蓋，故不得知其題。
【27】有關佛教對唐代婦女生活的影響，參見拙作Ping Yao, "Good Karmic Connections: Buddhist Mother in Tang China (618-907)" (*Nan Nü Men, Women and Gender in China* 10.1 [2008]: 57-85)。
【28】《匯編》開成468。
【29】《匯編》天寶200。
【30】《匯編》萬歲通天014。
【31】《續集》天寶011。
【32】《匯編》貞元074。
【33】《續集》天寶084。
【34】《續集》景雲005。
【35】《匯編》大中091。
【36】《續集》天寶108。
【37】值得註意的是，《舊唐書》列女傳中的所有故事中，只有這兩位女性的故事沒有收入在《新唐書》中。
【38】《唐故荊州大都督郯襄公孫女張墓誌銘》，《匯編》咸亨033。
【39】《大唐故孫夫人墓誌並序》《匯編》永徽059。
【40】《匯編》儀鳳034。公孫氏夫之姓模糊不可辨識。
【41】《匯編》大中130。
【42】《匯編》會昌003。

【43】這裡沒有將《全唐文》中的墓誌計算在內，因為《全唐文》的作者多為著名文人，故其進士比例的變化並不一定具有代表性。

【44】《匯編》貞元062。

【45】《匯編》大中126。

【46】有關唐代婚姻的研究，尤其墓誌中所見婚姻制度及狀態，參見拙作《唐代婦女的生命歷程》（上海古籍出版社，二〇〇四年），第二、三章。

【47】《唐會要》卷三十六，〈氏族〉。

【48】值得一提的是，唐代墓誌所反映的女性壽命的變化似乎與女性墓誌數的逐漸增多成反比。也就是說，墓誌中女性平均壽命數的減縮是唐中後期家庭成員更願意為早夭女性寫墓誌而造成的。雖然這是一個非常可能的解釋，但是，我們找不到任何證據證明唐代前期傾向於不為早夭女性作誌（同樣的，我們也找不到唐中後期傾向於不為早夭男性作誌的證據）。事實上，唐代中後期女性墓誌的增多擴大了墓誌數據庫，從而也增大了統計數的準確率。從人口學上來說，在一般情況下，女性壽命非常接近（或大於）男性壽命。因此，唐中後期女性墓誌數的增多不可能是唐末男女壽命巨大差別的導因，而這一差異的真正原因當是唐末社會動盪對女性的消極影響。

【49】《匯編》咸通020。

【50】關於支謨生平及支氏家族，參見董延壽、趙振華《唐代支謨及其家族墓誌研究》，《洛陽大學學報》二〇〇六年一期，頁1-10。從支謨的墓誌（《唐故大同軍都防禦營田供軍等使朝請大夫檢校右散騎常侍使持節都督雲州諸軍事雲州刺史禦史中丞柱國賜紫金魚袋贈工部尚書瑯耶支公墓誌銘並序》）中可以得知，支新之父名竦。

【51】其餘墓誌均未提及死因。

貞操的想像：從貞妓到節婦

柏文莉（加州大學大衛斯分校）*／林珊譯

長期以來，學者們已經認識到，在中國婦女的歷史進程中，最重要的變化之一，是出現了人們常常稱之爲「貞潔崇拜」[1]的情結。在明清爲「貞潔」婦人而立的牌坊中特別顯而易見——包括拒絕再嫁的寡婦，以及寧死也不屈從於強暴或其他形式的性侵犯的烈女——這種崇拜的定義就是，將性忠誠凌駕於女性的其他一切價值之上。事實上，由於這種崇拜，「節」，這個曾經普遍適用於男女的詞，逐漸被專門地用於形容女性的性忠誠。[2]

貞潔崇拜的出現及其固定化的一個重要特徵是節婦傳記的大量創作。正如我在別處曾經討論過的，與婦女有關的傳記寫作，在元代發生了最爲引人矚目的轉變，其時，文人們忽然開始創作大量的文本——包括傳記、序言、跋語等等——用以讚頌他們所知的婦女忠貞守寡之行。最值得注意的是，中國

* 我想在此向此次會議的與會者表示誠摯的謝意，也感謝兩位匿名讀者對本文大有裨益的意見與建議。我還想特別感謝組織者季家珍和胡纓，感謝他們不辭辛勞地付出努力，終於將此集付梓。最後，我希望向翻譯者林珊表示衷心的感謝。

歷史上第一次，文人為紀念守節之婦而編纂詩集（通常是他們的母親或其他親戚），並於序言冠以詩歌主人公之傳——理論上，此傳由顯赫的政界或文壇人物撰寫。[3]

儘管元代模範婦女傳記的廣泛傳播本身是一個值得探討的現象，但本文將著眼於元代貞潔狂熱的先導，尤其是關於婦女的寫作新傳統的出現。本文特別試圖展現那些流傳於晚唐及宋代初期的虛構妓女傳記如何在形式及內容上影響了後世對守節模範傳記的書寫。

性別及傳記書寫傳統

要瞭解關於婦女的傳記寫作在北宋如何開始發生變化，先就宋代以前傳記寫作中的性別傳統進行考察是大有裨益的。

早在漢代（前206-西元220），分別為男女而作的傳記之間已確立了明顯的差異。司馬遷（前145？—前89？）在其最重要的史學著作《史記》中，創立了「列傳」這一用於書寫男性傳記的基本體裁。[4]這種傳記成為後世正史中必不可少的成分。但不論是司馬遷的《史記》，還是隨後以其為範本的正史，都不包含婦女的個人傳記。司馬遷確實以專篇記錄了呂后臨朝時期的編年史事，且呂后在後來的《前漢書》中也得到了這種特殊的待遇，但是她卻是唯一獲得這樣個體化關注的漢代皇后。漢代的其他皇后或宮廷婦女僅僅在皇帝或官員的傳記中以次要人物的面貌出現。

這樣一種想法是頗具誘惑性的，即劉向（西元前79-8）在西元前一世紀編纂著名的《列女傳》，是一種試圖修正《史記》中男女傳記不平衡的努力。誠然，他的文本提供了一系列甚爲生動的女性個人傳記。但值得注意的是，與《史記》中大多數的男性傳記不同，劉向是按照各種特定的美德組織文本並安排各章內容的，而且書中的這些傳主——無論多麼生動，多麼個體化——都只是被當做某些特定美德的模範。[5]劉向的文本顯然影響了後世的正史，以五世紀的《後漢書》爲首，這些後作之史雖然採用了嚴格基於司馬遷《史記》的寫作格式，但還是增加了一至二章讚頌女性模範的傳記，以及每一朝最顯赫的後妃的簡要生平介紹。隨著北宋（960-1127）歐陽修（1007-1072）對《新唐書》的編纂，正史對女性的關注開始進一步擴展，因爲此書及其後的史書，都對後妃崇以專章。[6]

從很早開始，公開發表的婦女傳記就都傾向於聚焦特定類別的婦女，而非個體女性。而且皇族以外的婦女幾乎無一例外地以特定美德模範的面貌出現。誠然，正史中的男性傳記也傾向於將傳主描繪成特定的角色或設定形象，但對於它們來說，可資使用的角色範圍，以及角色內部潛在的個體差異性要大大超過女性傳記。[7]

但是，我們確實在各種體裁的私修傳記中看到越來越多的女性個體化傳記。目前爲止，墓誌銘是書寫上層婦女傳記的最重要體裁。本集中的諸篇論文，展現了學者們對帝國時期女性墓誌銘書寫模式固定卻不乏多樣化內容這一特點的敏銳感知。[8]南宋晚期以降，隨著對女性忠貞的關注度增強，墓誌銘這種文體偶爾被用以讚頌女性的忠貞。因此，從南宋開始，我們有時會看到「節婦」一詞出現在女性墓誌銘的標題中。[9]但是，大約是因爲墓主的家人認爲，他們故去的至愛之人所具備的美德不拘於一，所以墓誌銘並沒有成爲節婦或列女傳記的最主要體裁。中華帝國晚期的傳記作者們，在書寫忠貞模範的事蹟時，傾向於使用其他體裁——那些在北宋晚期以前尚未普遍用於書寫婦女，特別是上層婦女的體裁。其中之一便是私修之「傳」。

從帝國早期開始，文人們便已經借用正史「列傳」的一些寫作慣例來自己編纂傳記。文人文集中保存了許多此類作品。[10]總的說來，這些傳記或用以記載作者覺得有意思或值得關注之人的生平，或服務於作者想要闡述的一個特定觀點。它們也常常用於將個人（因地位低下或其他原因）默默無聞的模範行為公諸於衆。但是，直到元代以前，只有很小部分的個人傳記記錄婦女的生活。但那一小部分，卻著實展現了十分多樣化的物件。比如說，北宋司馬光（1019-1086）為一張姓佛教女信徒撰寫了一篇值得注意的小傳，說的是該女子七歲時便被繼母與一個和尚合謀賣掉，後來成為一個高級官員家中侍婢，而後重返幼時家庭，最終出居佛寺。[11]司馬光不屑這個女信徒所行佛事，但卻欣賞她「忠孝廉讓」，並總結說，若其生於劉向之世，劉向應該會傳揚她的事蹟。學者王令（1032-1059）在其《烈婦倪氏傳》中記錄了一位非常不同的女性。倪氏是一位平民婦女，她以自溺抗議丈夫對親弟的薄待。王令記載說當時她溺弊的池塘不足三尺深，並以此認為她必定是死意堅決。王令表示，自己是出於對她的同情而寫下這一傳記。[12]另一個北宋的傳記記載了一個曹姓孝女的故事，她的父親是一個正直的官員，在流放途中猝死。作者蔡襄（1012-1067）讚揚了曹氏，因為雖則她家貧且未婚，卻堅決拒絕接受當地吏民對其父親葬禮的資助，並聲稱如果接受這筆資金，便會敗壞其父的廉潔之名。[13]

從上述傳記及類似作品中可以歸納出兩點：其一，雖然這些傳記都傾向於讚頌模範行為，但這些行為的類別卻非常多樣（而且值得注意的是，它們並未強調為妻的忠貞）；其二，它們基本上是描述較低層的婦女以及／或者作者本人並不認識的婦女。在北宋，文人們爲自己的朋友或親人寫傳的現象並不普遍。[14]

事實上，甚至並非所有的「傳」都是爲人類而作。最晚從晚唐開始，傳記的形式就被應用於虛構的以及（至少是人們認爲確有其事的）非虛構的記述。[15]一些文學名家，如唐代的韓愈（768-824）和宋代的蘇軾（1036-1101）都曾戲仿（parodied）這種體裁，以大量習慣用語及陳詞濫調的讚辭爲硯和水果等無生命的對象創作傳記。大多數這種對象都被擬人爲男性形象，但是張耒爲「竹夫人」寫了一篇傳記，「竹夫人」是宋代流行語，用於指代天氣濕熱時鋪於椅或床上以保持涼爽的竹蓆。張耒把這篇傳記時間設於漢代，描述竹夫人的家族如何原本「散居南山中」，直至見滅於匠氏。張耒寫道，她被推薦至朝是因爲皇帝正在尋找「有節而不隱」之人。接著，作者又繼續天花亂墜地寫了幾頁，最終描述竹夫人如何在天氣漸涼的秋天失寵。[16]

此類帶有諷刺色彩的傳記，揶揄這種體裁「自命清高」的傾向，但虛構傳記的描述對象並不僅僅限於人格化的物體。虛構傳記也被用以評論（諷刺或其他）當代社會或政治問題。比如秦觀（1049-1100）寫了一篇《眇倡傳》，講述一名年輕男子如何著迷於那個他即將描述的對象，「自餘得若人，還視世之女子，無不餘一目者。夫佳目，得一足矣，又奚以多爲？」秦觀在總結性評論中，將這個故事歸結爲對可歎的人性弱點——即讓盲目的熱情干擾了理性判斷——進行的一般性評論。但是他最終的結論「播糠眯目，則天地四方易位」則暗示著，這個故事實際上是批評神宗對頗具爭議的改革者王安石的盲目信任。[17]

正當這些著名的文學家以上述方式打趣「傳」時，其他作家也正嘗試著將傳用於新的文學形式之中。其中，傳奇大量借鑑了傳（以及其他文學形式，如志怪）的傳統，創造了一種新的敘述性小說體裁。這些傳奇故事，有時與敘事詩有相同的描述對象，以娛樂的方式流傳開來。傳奇浪漫故事標誌著中國文學史上一個嶄新而重要的發展，而且這些故事成爲後世許多小說與戲劇的基礎。[18]對本文最爲重要的是，許多這些故事採用了女性傳記的形式，特別是風塵女子，如著名的妓女李娃、霍小玉。[19]我將會論證，這些文本爲關於女性的書寫提供了新的模式，它在形式甚至內容上都對節婦傳記的書寫有重要影響。

妓女傳記

在晚唐，妓女成爲傳奇的流行主角，這反映了她們在當時社會生活中的重要性。這種現象在宋代更加普遍，而且宋代的短故事以及軼事也充斥著文人與各種類型的妓女之間的交往。[20]作爲浪漫愛情的主角又是風塵中人，青樓女子能以上層婦女所不能的方式被書寫。她們的傳記公開流傳並成爲人們評論的對象，這對上層婦女來說都是不適當甚至是有辱身分的。但是妓女們畢竟是在與文人爲伴，因此，並不出人意料，在許多方面，男性爲他們虛構的妓女主角所構建出的理想品質與他們所欣賞的本階層婦女之品質互相重疊，這正是妓女傳記能對後世上層模範傳記產生影響的一個重要因素。

正如我們能夠想見的，妓女傳記往往以讚美傳主的美貌與娛樂技藝爲開場白。年輕的妓女譚意歌被描述爲「肌清骨秀，發紺眸長，荑手纖纖，宮腰搦搦。」[21]王幼玉和她的姊妹以她們的長相、歌喉、舞姿力壓群芳，而且「群妓亦不敢與之爭高下」。[22]從這個角度看，妓女被刻畫得迥異於妻子，關於妻子們（至少在宋代）甚少有外形上的描述，且從來不會有人描述他們的歌喉與舞姿。

但是，妓女們也會以她們的文學才華得到讚揚，從這一點上看，她們似乎開始更像上層婦女。溫琬在母親的妹妹家長大，從小就著男裝並學習經典，少女時代便「心醉詩書，深知其趣，至於日夜默誦未嘗已。」即使是在她被迫成爲妓女後，溫琬也總是辭不笙歌：每次參加宴會她只帶一僕，攜書篋、筆硯隨侍。最終，她以其書法與詩歌聞名。[23]與此類似，譚意歌在一系列才華橫溢的詩歌唱和中（這些詩歌在故事中被悉數引錄）令當地官員甘拜下風，不禁佩服驚歎。妓女的文學才華常常與詩歌相聯繫：在酒宴的場合裡，人們常常創作即興詩來讚美表演者，鬥詩則往往成爲調情的一種形式。[24]詩歌也是人們交換戀愛情思的慣用載體：妓女傳記中描寫熱戀狀態時往往都會刻畫女主人公與她的戀人如何纏綿哀怨地交換詩句。因此，一些宋代的道學家反對上層婦女炫耀她們的作詩技巧。[25]但實際上，許多的上層婦女都有過詩歌的訓練，而且我們在下文將要看到，詩歌的表達也與忠貞模範聯繫在一起。

妓女們對待自身職業的態度使得她們更加接近於上層婦女。一個有德的妓女（實際上幾乎所有這些故事的女主角——至少其中所有的人類——都是有德者）難免要鄙視自己的職業。當十歲的孤兒譚意歌初次被帶到她學藝的青樓時，她痛哭道：「我孤苦一身，流落萬里，勢力微弱，年齡幼小。無人憐救，不得從良人。」聞其語者「莫不嗟慟」。溫琬在意識到她命中註定不能「托身於良家，以終此生」時啜泣不已，「悲不自勝」。[26]王幼玉雖然被譽爲衡州最美的妓女，卻仍悲歎道：

今之或工或商、或農或賈、或僧或道，皆足以自養。惟我儔塗脂抹粉，巧言令色，以取其財，我思之愧赧無限，逼於父母姊弟，莫得脫此。倘從良人，留事舅姑，主祭祀，俾人回指曰：「彼人婦也。」死有埋骨之地。[27]

在北宋作者的想像中，妓女所欲者不外乎嫁人從良。她們中最具道德者，如溫琬僅僅是出於孝心才接受了自己的低賤職業：「已複眷顧名之榮辱，使老母竟至於饑餓無死所……」[28]妓女們對自身職業，以及膚淺的美貌與奢華的蔑視，說明了她們與那些在日常生活中以樸素、勤儉持家而爲人稱道的上層婦女一樣，秉持著某些共同的價值觀。[29]相應的，當妓女有幸進入文人家庭的內闈，她們的表現也與任何有教養的媳婦並無二致。當妓女譚意歌最終嫁與他的愛人時，她「治閨門，深有禮法，處親族皆有恩意。內外和睦，家道已成。」

最重要的是，妓女與理想的上層婦女一樣極盡忠貞：在妓女傳記中，女主角一旦找到相愛的男人，便會始終如一的忠貞。溫琬與一個王姓男子交往，但該男子死於戰場，當溫琬聽到他的死訊時，不勝悲泣，並請來和尚爲王生誦經數日超度亡靈。[30]王幼玉的戀人柳富爲父母所迫，娶了門當戶對的妻子，王幼玉悲傷過度而死，並將自己的頭髮與指甲留給柳作爲他們戀情的紀念。[31]譚意歌的情人張正宇先是爲了一段體面的婚姻而拋棄了她，她於是閉門不見任何人，但卻繼續給張寫去一系列的纏綿哀怨的情書與詩歌（均有引錄）。譚的耐心和忠貞終於還是有了回報，三年後，張的妻子去世，他找到了譚。但是她卻拒絕接受他，直至他聘請媒人以全數禮節迎娶她過門。儘管忠貞這一品質爲妓女與上層婦女所共同推崇，但我們必須注意到，妓女傳記中展現了一種忠貞的嶄新模式，它與典型的上層婦女傳記中類型迥然不同。[32]在妓女傳記中，至死不渝的忠貞是用來強調——實際上是構成——浪漫戀情的要素。[33]一個妓女對其愛人的忠貞不是建立在和二姓之好的婚姻儀式上，而是建立在她對愛人毫無保留的情感付出上，而她對愛人的至誠奉獻則以戲劇性的行爲展現出來——隱居、患病甚至是自殺。這些因素都成爲後世讚頌上層婦女忠貞的文本中的普遍特徵。[34]

最後，如果說妓女傳記從內容上爲後世書寫節婦提供了一些範例，那麼妓女傳記（或者其他娛樂性文本）的書寫形式似乎也同樣重要地影響了女性模範傳記新範本的創作。許多妓女傳記以雜糅了詩歌與散文爲特色，還有一些傳記，本身就是詩歌或組詩的前言。[35]這種形式還與文本的流傳，以及其他作者的補充題跋有關。散文—詩歌的形式和文本的流傳，都是後世模範傳記的中心特徵，也是它們數量劇增的原因之一。[36]

娛樂文學產生影響的跡象開始於北宋末南宋初，妓女浪漫故事的要素開始出現在文人文集中。這種轉變從主題與體裁形式上都能看得出來，前者表現爲對個人忠誠以及戲劇性自我犧牲場景的強調；後者表現爲新穎地使用詩歌與隨後的評論作爲讚頌婦女的載體。

兩宋之際的過渡性文本

士大夫劉弇（1048-1102）[37]的文集中收錄了一篇詩集序言，那是妓女傳記對文人寫作發生影響的一

讚頌節婦的最普遍體裁之一。[38]但劉弇的《章文柔詩序》是十分特別的——實際上在宋代文集中是獨一無二的——因爲它是爲讚頌女性而作的詩集序言。[39]値得注意的是，與元代爲上層寡婦而作之文截然不同，劉弇書寫的對象是一個妓女，一個名叫章婉婉的地方獻藝者。

個早期跡象。誠然，詩集序言自宋以前就是一種非常普遍的書寫形式，至元代，這種序言更將成爲用以讚頌節婦的最普遍體裁之一。[38]但劉弇的《章文柔詩序》是十分特別的——實際上在宋代文集中是獨一無二的——因爲它是爲讚頌女性而作的詩集序言。[39]値得注意的是，與元代爲上層寡婦而作之文截然不同，劉弇書寫的對象是一個妓女，一個名叫章婉婉的地方獻藝者。

與多數其他的此類體裁作品相似，劉的序言解釋了該詩集以及這篇序言是如何形成的，同時也提供了主人公的簡單傳記。作者告訴我們，他的一個客給了他一封信，其中描述了一個「姝豔殆不類人間」的女子：她的聲音「不激而圓」，舞姿「不驚而翩」。這位客解釋道他無法俘獲此女的愛情，便忘情於爲她寫詩寫歌。他的朋友也加入其中，直到這些詩成爲「大軸」。這位客於是請求劉爲他們的詩集作序，並暗示只有這樣，他人才能分享此種樂趣。劉弇稍稍表達了他對最後一點的一些疑問，但還是精心創作了一篇序言。在序言中，他含蓄地將這位妓女比喻爲其他珍貴而美麗的物品（如珍珠、美玉和黃金），它們都成於天然，卻需要人爲努力助其爲世所知。

在形式上，劉弇的序言與虛擬妓女傳記的相呼應，這些傳記在長篇的序與跋中記錄了這個故事是如何傳播的。但劉的序言並非（或者說至少沒有表達爲）虛構：它描述了一個眞實的個體，並且收錄於頗爲知名的士大夫的正式文集之中。它揭示了一種文學環境，在這種環境下，關於女性的作品（儘管是風塵女子）得到傳播並創造出新的文本。再者，儘管序言本身幾乎沒有告訴我們婉婉的任何活動與行爲（這些可能在隨後的詩歌中有所描述），劉總結全文時暗示，詩歌是婉婉能夠名聞四方的途徑。換句話說，文本的傳播正是爲了令其主人公聞名於衆。毫不令人驚訝的是，這種格式也會被想要宣傳其他類型婦女的人所用。最早這麼做的人之一便是特立獨行的人物徐積（1028-1103），表現在他奇特甚至有些怪誕的文集《節孝集》中。

徐積的《節孝集》

儘管徐積的《節孝集》中收錄了衆多節、孝人物的傳記，但該集之名所指代者，並非這些傳記，而是作者本人：徐積曾經被宋代政府推選爲孝行榜樣，而且「節孝」正是朝廷後來給予他的死後褒獎。[40]

根據徐積身後之傳，他出身於低級官員之家，父親在他三歲時去世。他在外祖父家長大，孩提時代就以留心禮法爲人所知。[41]他師從北宋著名學者胡瑗（993-1059），並考取了進士。他以各種孝行聞名於世：他反對叔父的分家之議，當無法阻止時，他讓叔父帶走所有想要的東西。他率家人扮兒戲爲其母逗樂，又因不忍離開母親去參加科舉，於是攜母入京。因父親名「石」，他便終身不忍踏於石上。母親過世時，他痛心疾首地慟哭哀悼。上天也對他的至誠至孝應以祥瑞。一〇八六年，這些祥瑞由地方官員申報朝廷，他因此獲得粟帛之賜作爲對其孝義的褒獎。[42]徐積在他的時代堪稱名人：儘管他只是低級的地方官員，卻得到了當時一些顯要官員的尊敬，並經常與文學鉅子如蘇軾、秦觀等進行詩歌交流。從其作品集的現存版本中爲數衆多的題跋可以看出，徐積的作品在北宋末年及南宋年間廣泛流傳。但他的作品在許多方面都是非傳統的。十八世紀清代宮廷圖書館目錄《四庫全書總目》的編修者指出，據稱蘇軾曾將徐積的寫作風格稱爲「怪而放」，而在他們看來，徐積的文章確實「縱逸自如，不可繩以格律」，而且「雅俗兼陳，利鈍互見」——儘管他們堅持認爲從總體上說「不失爲儒者之言」。徐積的文集對本文非常重要，因爲其中有豐富的女性傳記——節婦以及卑微的妓女和小妾——它們讀上去更像是虛構的故事，而非我們在文人文集中常看到的那種嚴肅的說教小傳。更有甚者，徐積寫的許多最具戲劇性的故事都採用了詩歌序言的形式。在該集中，徐積提供了一些現存最早的爲女性模範而作的傳記性詩歌及詩歌序言的範例。

徐積的《愛愛歌》就是這樣的一個作品，它——非常值得注意的——歌頌了一個忠貞的妓女。該文的長篇序言一開篇就解釋說徐是希望對子美（很可能是北宋的作家蘇舜欽）所作，但已經亡佚的《愛愛歌》進行修正。無論怎樣，徐總是以不以爲然的口吻指出原作的語言過於淫漫，「不得愛愛本心，甚無以示後學。」徐表示他的這個版本旨在「解學者之惑」。這篇序言隨後介紹，愛愛是吳地孤女，雖然長於娼家，但她卻不願意成爲一個妓女。她計畫逃跑，於是隨一個富有的資助人（徐稱呼他爲「其人」）一起到了京城。幾年以後，「其人」回到了江南並死在那裡。愛愛定居於京城，稱自己是「未亡人」，無論富貴者如何竭盡全力，都無法令她動心，至死她都忠貞不二。徐積總結說「此固不得謂之小節。是奇女子也。古之所謂義烈之女者，心同而跡異。」徐還加了幾行話斥責那個帶著愛愛私奔的富人，並解釋說，正因爲此人不孝因此不得齒爲人類，他於是選擇僅僅將注意力放在愛愛身上。隨後的七言詩歌描寫了愛愛的美麗：「歌舞吳中第一人，綠發雙鬟才十五」，詩歌還強調了她的忠貞誓言：「山可磨兮海可枯，生唯一兮死無二。」並且描述了痛失愛人的感受：「今年今日萬事已，鮫綃翡翠看如泥。」[43]

在《愛愛歌》中，徐積以一個廣爲流傳的妓女愛情故事爲題材，將其重構爲一個節婦的故事。但是他同樣也用傳記式序言以及詩歌講述其他人物的故事，包括非妓女的道德模範在內。在另一個篇目爲《淮陰義婦詩》的序言中，徐積寫道，從前有一個富商的妻子李氏，生得美麗動人。同邑商人垂涎於她，便在與其丈夫一起旅行的途中將他殺害。這個兇手告訴李，她的丈夫溺水身亡，而他義不容辭地將屍體帶回家鄉安葬。他無私地將李氏的丈夫所賺之財悉數還給她。至喪期結束，這個商人以自己對李氏丈夫的恩義，成功說服李氏嫁給他。而後，

> 一日，家有大水，水有浮漚，其夫輒顧而笑。義婦問之，未應，遂固問之。恃已生二子，不虞其妻之讎己也，即以實告之曰：「前夫之溺，我之所爲，已溺復出，勢將自救，我以篙刺之，遂得沉去，所刺之處，浮漚之狀，正如今日所見。義婦默然，始悟其計，而復讎之心生矣。

徐敘述道，李氏第一時間向官府告發她丈夫的殺人罪行。隨後，在意識到前夫之死與自己的美貌難脫干係，且她的孩子們全都是前夫仇人之子時，李氏將兩個兒子捆起來扔進河裡，然後自己也投河自盡。在總結這個故事之後，徐轉而爲自己稱李氏爲「義婦」進行哲學式辯解。他強調道，儘管李氏曾事二夫，但是她嫁給第二個丈夫僅僅是因爲感念他對前夫的恩義。一旦她得知事實眞相，「閨房帷幄之好已固，於人情無毫髮可以累其心」，因此她能夠憎恨並殺害自己的兒子。徐在結束這個討論時，提出李氏應該成爲男性的榜樣，並爲她未被國家表彰爲道德楷模而抱屈。緊隨這長篇序言之後的短詩借用了李氏的口吻，並再一次使用了簡單，甚至有點老套的語言。比如：「淮陰婦人何決烈，貌好如花心似

鐵。」[44]

一些證據表明，像《愛愛歌》一樣，《淮陰義婦傳》是徐積對既有故事進行道德升級化改編的一個嘗試。[45]徐積又在其《北神烈婦詩》中用相同的格式重申了相同的主題。在該篇中，長篇的序言描述了一位美麗的小商販之婦。她的丈夫在和她一起旅行的途中死去，一位富賈借錢給她安葬丈夫，但卻藉此契機欲「顧其妻爲己物」。在她爲丈夫服喪完畢並從墓地返回後，這個商人對她煎迫更甚，於是她將自己初生的孩兒繫於胸前，投河自盡身亡。這裡，徐毫不吝惜他的讚美之詞，稱頌道她是如何超乎尋常，特別是，與舊有詩歌所讚頌的有德之婦不同，她來自於一個貧窮的家庭，而人們往往不會期待這樣的家庭有「義」的存在。序後的詩句很短，但足以表現徐積文風之俗怪，以下姑且全文抄錄：[46]

海水猶可泛，君身不可犯。
淮水猶可瀦，君名不可汙。
鸞鳳猶可馴，冰霜猶可親。
不是雲間月，即是月邊雲。

這些都不是我們在士大夫文集中所慣見的內容。就像劉弇用詩歌序言來描寫美麗的妓女，徐積用傳記—詩歌的方式刻畫女性道德模範也可謂是一種改革：儘管早前的男性偶爾寫詩稱頌道德模範，而且也有創作傳記性序言的罕例，但徐積卻是以一系列此類文本介紹一些模範人物的第一人。[47]更有，徐積的作品，不論語言風格還是結構，都很明顯地繼承了娛樂文學：它們全都充滿了駭人聽聞以及香豔的細節，而且修飾以大量陳詞濫調的浪漫詩歌。它們和妓女傳記一樣，強調忠貞是女性最重要的美德。最後，徐積似乎也期待他的作品能夠得以流傳：他希望減少淫漫的作品帶來的「惑」，並闡釋了他對道德的理解。所有這些特徵在南宋以降的讚頌節婦之文中都能得以展現，但有一個重要的不同是，後世的作品所關注的不是下層婦女，而是士大夫家庭的妻子、女兒。

徐積的故事主要關注下層的婦女，這些故事的大致風格與「傳」相同，「傳」就基本不公開宣傳上層婦女。但是，我們發現，幾乎在徐積寫作的同時，出現了較早、較新地使用「傳」的形式來描繪上層婦女的作品。《武氏姊傳》寫於十二世紀早期，是著名官員趙鼎臣（1070-1122後）爲其堂姊所作。與典型的上層人物傳記不同，該文一開篇就揭示了主人公家庭中不甚體面的細節。趙寫道，他的叔叔是一個嗜酒而頑固的人，因過於固執而無法在官場得意。因此，他選擇退居於鄉，以財自娛。儘管他有五個兒子，他最疼愛的卻是唯一的女兒，而且決意把女兒許配給願意入贅之人。作者用極爲口語化的方式記敘了媒婆如何敬問其叔，並推薦了一個武姓的年輕孤兒爲婿。「老人惇直不疑事，喜曰：『是安在？子亟以來。』」他們很快安排了婚禮，但當趙的叔、嬸發現他們的入贅女婿不僅樣貌醜陋而且粗鄙無禮時，已經爲時過晚。作者的叔叔因此氣到幾天不吃飯。他的嬸嬸怕女婿心生怨恨，因此不斷勸勉，並私下教導這個新女婿。經過這一切，趙的堂姊待她丈夫卻仍禮敬有加，但是一段時間後，他的行爲舉止更爲糟糕，特別是在他岳父死後。最終，吳因嗜賭、嗜酒被縣令判以當衆笞刑。爲此，趙的嬸嬸不准女婿再見她女兒。這個家庭的太夫人（他們的祖母）召開了一次家庭會議，在會議上，太夫人和其他人，包括趙本人，都試圖說服他的堂姊放棄這個丈夫。堂姊對趙所引經典正色回應道：「若呫呫何爲者？我不讀書，不解若所言。第知先人以我歸武氏，矣尚何道！」面對著她的堅定決絕，家人們別無選擇，只好讓她回到她丈夫的身邊。家人們讓夫婦倆單獨居住，妻子辛苦地工作，而丈夫卻繼續放縱度日。

趙在總結全傳的時候，敘述他如何力挺堂姊抗議公論對她不孝（指她違背長輩的意願）、不義（指私愛他丈夫）、不智（指讓自己陷於艱難與屈辱的境地）、不勇（指屈意於這種苟賤）的指責。儘管趙本人也曾與他人一樣試圖分離她堂姊與姊夫，但此時，他歌頌堂姊的忠貞，並認爲她的忠貞甚至比經典中的模範有過之而無不及。那些道德模範們是一死以表忠貞，而她卻是頂著父母的反對和接踵而至的不幸，卻始終對不義的丈夫保持忠貞。[48]

在此，我們又讀到了一個看上去似乎將娛樂文學的因素引入忠貞模範故事的作品。它讚頌了在面對艱難與虐待時（在這種情況下，甚至還得違背孝義）仍毅然堅守的女性忠貞。它以一種非正式，甚至近乎口語的表達方式來講述這個故事。但是，與早期文本不同的是，它向公眾展示了——甚至以揭露令人尷尬的家庭困境爲代價——一個文士階層的婦女，也是作者家庭的一位成員的故事。

經過南宋時期，類似上述的文本——它們常常以戲劇化及娛樂化的寫作風格來突出上層婦女的忠貞——更加數不勝數。多數這種文本的創作靈感來自於一一二七年令人創痛不已的北宋滅亡，這不僅令忠貞成爲那時人們最緊迫的關注點，也使得當時大量出現因拒絕屈從入侵者而死的烈女。這些南宋的模範故事從很多方面看都很有趣，但本文試圖強調的是它們如何與北宋的娛樂文學相呼應。[49]

大量的南宋上層女性模範傳記是以「傳」的形式出現，而且和妓女傳記一樣，它們中許多都關注吸引人的、到適婚年齡的女性。救父於匪並因反抗匪徒強暴而死的桂女「年始笄」。[50]陳亮描述了「二烈女」之一如何沐浴、敷粉上妝，而後自縊以拒絕被獻給匪徒。[51]妻子們都被描述得浪漫得忠貞於她們的丈夫，比如吳永年的妻子向丈夫哭喊道：「吾不負君」，而後投水自盡以免受辱於入侵者。[52]正如妓女傳記一樣，節婦傳記也開始廣泛傳播，並獲得大量文人評論。因此，王之望及其同時代的程俱都曾爲一榮姓節婦的既有傳記作評點。程所作之「贊」在語言上對徐積的作品有所仿效，它將榮的貞潔比作玉、鐵，王則在其《榮節婦傳後》中強調她甚至以犧牲自己的孩子們來保全清白之身。[53]在周紫芝（1082-1155）編纂的帶傳記式序言的詩組中也有徐積的詩歌以及妓女傳記的影子。周的文本——它本身是對既存小傳的評論——紀念了他朋友舅舅的妻子及侍妾：這三位婦女都寧可自溺而亡也不願被匪人所「汙」。周的序言還強調了這些女性的美貌與音樂天賦；並在略微香豔的詩歌中強調了她們的「玉顏」以及她們在水中舞動的紅袖。[54]

所有這些作品都在公開流傳的文本中刻畫上層婦女，這在宋代的背景下是十分新穎的。但是，這些作品仍在一些方面有別於後世作品。絕大多數的主人公與作者沒有直接關聯，且所有的主人公都是英勇死去的婦女。儘管十三世紀人們也曾對寡婦不改嫁所體現的忠貞有所關注，但在南宋，關於守節寡婦的紀錄仍僅限於墓誌銘。[55]此點在元代發生了戲劇性的轉變，對上層守節寡婦的讚頌絕大多數都採用詩集的形式，一併配上傳記式的序言，將忠貞描述爲女性最突出的美德。

結論

到南宋為止，讚頌女性忠貞的作品與後世相比，數量尚屬少數。但是它們從以下幾個方面反映了當時模範婦女傳記與早期的顯著不同：首先是它們對女性的身體忠誠給予了壓倒一切的強調，特別是在討論為妻的忠貞時；其次是它們紀念文士家庭的女性，多數情況下是文本作者認識的女性；再就是它們極為活躍的流傳，這體現為，詩歌序言、評論及詩歌作為女性傳記的載體，變得越來越重要。我們發現，這種新形式的許多因素首見於此時期流行的書寫妓女的虛構作品中。

柯麗德早先就發現，晚明女性道德說教性故事與娛樂性故事之間互有重疊——它們同樣強調情感、欲望以及女性的身體。[56]我們已經能夠看出，早在十二世紀，這些因素已經出現在越來越深刻的「節婦話語」中。這些提示了我們這樣一種可能性，即「節婦話語」的起源至少部分地歸結於娛樂——它與宋代蓬勃發展的城市娛樂文化有關，也與宋代文人和妓女的頻繁互動有關。在這樣一個社會裡，上層男性將獻藝者帶回自己家中充當「家妓」已經是越來越普遍的現象了，而這些女性也常常成為她們主人風花雪月的伴侶，以及這個家中後嗣們的母親。妓女們自然而然地成為上層社會婦女的陪襯。宋代士人極力要將這兩種階層的女性區別開的焦慮感——表現為不支持上層婦女寫浪漫詩句，甚或道學家們譴責上層婦女出席宴會或被妓女的時髦所影響——卻更加顯示出兩個階層之間界限的模糊。[57]在這種背景下，女性的身體忠誠被賦予了多重含義，這些含義在各種情境下模稜兩可：一方面，守身如玉是上層婦女與出賣肉體的妓女之間的巨大區別；但另一方面，妓女們常常被想像為以守身如玉來表達她們浪漫的愛情（有時甚至因此舉得以成爲士大夫之妻，躋身於上層婦女之列）。這些含義很容易就模糊了界限，因此，爲妻的忠貞帶有浪漫的色彩，而如愛愛表現出的那種浪漫情感也會被理解爲是義舉。上述情況在妓女及節婦傳記均得以流傳，爲人所閱讀、玩味以及評論時格外明顯。

本文當然並非意在指出對於晚宋及元代「節婦話語」的發展來說，娛樂文學是唯一的甚至最重要的因素。相反的，正如我在別處論證的，這種發展來自於更加龐大的社會、政治變遷複雜情況。[58]但是我相信，書寫妓女的作品在北宋時期廣泛流傳，這不僅有助於令傳播、評論女性文本這一傳統規範化，而且引入了一些忠貞的新印象，它們後來常被納入書寫上層婦女的文本中。在這種意義上，妓女傳記中對貞操的想像參與塑造了人們理解、描述婦女貞操的方式。

註釋

【1】關於這種崇拜，學界已有大量著作，特別是有關明、清時代的研究成果。英文的重要研究包括，柯麗德（Katherine Carlitz）的"Desire, Danger, and the Body: Stories of Women's Virtue in Late Ming China", 見於Christine Gilmartin等編*Engendering China* (Cambridge, Massachusetts and London, England: Harvard University Press, 1994)，頁101-124；"Shrines, Governing-Class Identity, and the Cult of Widow Fidelity in Mid-Ming Jiangnan"，*Journal of Asian Studies*, 56:3（1997年8月），頁612-640；"The Daughter, the Singing-girl, and the Seduction of Suicide", *Nan Nü* 3, no. 1 (2001)，頁22-46。此外還有，伊懋可（Mark Elvin）的"Female Virtue and the State in China"，*Past and Present* 104（一九八四年八月），頁111-152；盧葦菁（Weijing Lu）的*True to her word : the faithful maiden cult in late imperial China* (Stanford, Calif.: Stanford University Press, 2008)；戴真蘭（Janet M. Theiss）*Disgraceful Matters: The Politics of Chastity in Eighteenth-Century China* (Berkeley and Los Angeles: University of California Press, 2004)。也可參照本書中柯麗德、盧葦菁的論文。

【2】本書中盧葦菁的論文顯示，到明清時期，這種崇拜的物件甚至包含了「貞女」——訂婚後未婚夫死去卻拒絕另行婚配的女子。

【3】我已經在"Faithful wives and heroic martyrs: State, Society and Discourse in the Song and Yuan,"（收錄於中國史學會編《中国の歴史世界、統合のシステムと多元的発展》，東京：東京都立大學出版會，二〇〇二年，特別是頁510-511，註7-8）中對這種現象進行了勾勒。對婦女節操的新關注，是十至十四世紀間更為宏觀的性別角色轉變的一個方面。這種轉變是我即將出版的著作——暫名為《樂妓，婢妾與節婦》（*Courtesans, Concubines, and the Cult of Female Fidelity*）——論述的對象。書中關於婦女節操的一些觀點，特別是宋代政治形勢在鼓勵創作聚焦於婦女忠貞的文本方面起到的重要作用，已經在拙作《節婦烈

女和宋代的政治、道德和性別觀念》（"Faithful wives and heroic maidens: Politics, Virtue, and Gender in Song China."）中有所提示（該文收錄於鄧小南編《唐宋女性與社會》，上海：上海辭書出版社，二〇〇三）。

【4】「傳」這一體裁通常會提供一個男人的基本資訊，如姓名、祖籍，以及政治生涯的細節等。它描述傳主的職業生涯及其行為的某些方面，用以對他進行道德判斷。與西方現代傳記不同，「傳」這一體裁並不探討傳主行為的心理動機。

【5】瑞麗（Lisa Raphals）指出，從很早開始，婦女的傳記就往往聚焦於典型範例（包括好的與壞的），而且經常被男性用於規勸其他的男性。參考：瑞麗，*Sharing the Light Representation of Women and Virtue in Early China*（Albany: State University of New York Press,1998），頁6。

【6】後來的這種變革可能反映了宋代以降，後裔與姻親關係在中國菁英社會中重要性的提升。

【7】傅漢思（Hans H. Frankel）在其"T'ang Literati: A composite Biography"，頁104（收錄於Arthur Wright編*Confucianism and Chinese Civilization*, Stanford: Stanford University Press, 1964年，頁103-121）中強調了以下兩種傳記之間的區別：其一是收在「文苑」或「忠義」等目錄之下的篇目，其二是不分類的傳記。他注意到，分類的傳記「似乎是留給那些做不到通才型士人這一儒家理想的人的——每個朝代最偉大人物的傳記往往是不分類的。」他還指出「各種類目的排序，遵循著一個遞降的序列，這種排序能夠粗略地反映出傳記作者的價值體系。」在這裡，值得注意的是，女性模範傳記在正史中往往被排在將近最末的位置，僅僅位於蠻夷與叛亂者之前。

【8】本書中，柯麗德（Katherine Carlitz）、盧葦菁（Weijing Lu）、曼素恩（Susan Mann）以及姚平等學者的文章十分出色地闡明了墓誌銘作為女性傳記資料的使用及其局限。關於使用墓誌銘材料追溯對女性行為的價值評判是如何隨時間發生改變的，參見柏文莉（Bossler）*Powerful relations: Kinship, Status, and the State in Sung China (960-1279)* (Cambridge: Council on East Asian Studies Publications, Harvard University

Press)，頁12-24。

[9] 參見柏文莉（Beverley Bossler）“Faithful wives and Heroic maidens,”一文，頁765-769。更加普遍的情況是，墓誌銘僅簡單地以墓主人的姓名或等級為題。

[10] 筆者曾在拙文“Faithful wives and Heroic maidens”，頁751-784中細緻地討論過公、私「傳」之間的區別；這點也可參見本書中盧葦菁的論文。

[11] 司馬光《司馬文正公傳家集》卷七十二，頁883-885。對這篇傳記及其所反映的宋代婦女佛事行為的進一步研究，可以參見Mark Halperin的“Domesticity and the Dharma: Portraits of Buddhist Laywomen in Sung China”，載於《通報》（*T'oung Pao*）XCII（2006），頁50-100。

[12] 王令《廣陵集》，（《四庫全書》，卷一千一百零六），卷二十二，1-2b。

[13] 蔡襄《蔡襄集》，卷三十二，頁583-584。曹氏故事另一個更加詳細的版本由章望之（生卒年不詳，但是為蔡襄同時代之人）所作，存於著名新儒家呂祖謙所編纂的南宋文學合集《宋文鑑》中。張在其所寫傳記中解釋道，當曹氏拒絕接受吏員對她父親葬禮的資助時，他們建議將這筆錢用於曹氏的婚禮開銷。此時，曹氏嚴厲地斥責了他們，反問道她怎麼能夠接受自己從父親的死亡中獲利，並指出若自己在服喪期間還考慮婚事，或者是以室中而受門外之私賄，將會多麼嚴重地褻瀆傳統。這個版本的傳記對許多在蔡襄版本中一筆帶過的情節做了清晰的解釋。

[14] 在這一點上，「傳」與同一時期的墓誌銘迥然不同。

[15] 儘管出於行文方便，我在此處使用「虛構」與「非虛構」這樣的詞語，但讀者們應該意識到的是，在中華帝國時期，這兩者之間的界限實際是十分模糊地。特別是，像「別傳」這樣的文體所提供的「真實性」長期以來也被人們所接受。

[16] 張耒《柯山集》（《四庫全書》，卷一千一百一十五），卷四十三，3a-4b。許多宋、元、明時代的作者在他們的詩歌、散文中打趣「竹夫人」的擬人形象。特別是北宋詩人黃庭堅以堅持認為「涼寢竹器，憩

臂休膝，似非夫人之職」而聞名，他還提出以「青奴」取代「竹夫人」之名。（黃庭堅《黃庭堅全集》正集，卷十，頁246。）呂南公（1047-1086）在其《平涼夫人傳》中以擬人之辭描繪了看似竹夫人之物。（《灌園集》，卷十八，4a-ab）。十三世紀，林景熙為「湯婆」寫了一篇類似的諷刺傳記（《湯婆傳》，《霽山文集》，21b-23a）。

[17] 秦觀《淮海集》（《國學基本叢書》本），卷三十五，頁166。

[18] 關於這些故事所體現的唐末文化，參見宇文所安（Stephen Owen）《中世紀的終結：中唐文學文化論集》（*The End of the Chinese 'Middle Ages,' Essays in Mid-Tang literary culture*, Stanford: Stanford University Press, 1996。有中譯本）宋代早期類書《太平廣記》卷四百八十四至四百九十一，保存了許多從晚唐到五代的這類故事。

[19] 參見杜德橋（Glen Dudbridge），*The Tale of Li Wa, Study and critical edition of a Chinese story from the ninth century*, Oxford oriental Monographs No. 4 (London: Ithaca Press, 1983)。想要判斷宋代傳奇中的女主角之歷史真實性是不可能的，但是值得注意的是，她們中的一些，比如溫琬（下文將要討論到），似乎被後世的作者們當作了歷史人物。清代厲鄂的《宋詩紀事》卷九十七，1-1b，引用了溫琬的詩。民國時期的胡文楷同樣將她收入其《歷代婦女著作考》卷五十二。其實，筆者個人認為，宋代詩人朱淑真並不見得比文琬更真實可信。

[20] 關於宋、元妓女的多樣化角色及其社會影響，參見柏文莉*Courtesans, Concubines, and the Cult of Female Fidelity*, 以及"Shifting Identities: Courtesans and Literati in Song China"（Harvard Journal of Asian Studies 62.1〔二〇〇二年六月〕），頁5-37。筆者在此所分析的北宋妓女故事均引自劉斧的《青瑣高議》（宋元筆記叢書，上海：上海古籍出版社，一九八三年），該書囊括了一系列材料，從簡短軼事、志怪故事到長篇傳奇。雖然該書所包含的內容中有一部分源自某些更早的作品，但大多數卻是依據宋代的歷史人物及歷史情境而作的可貴材料。雖然書中的傳奇被認為在文學成就上遠不如唐代的，該書還是為我們提供

了大量研究北宋社會行為及社會態度的寶貴資訊。

【21】劉斧《青瑣高議》別集，卷二，頁213。

【22】劉斧《青瑣高議》前集，卷十，頁95-99。

【23】劉斧《青瑣高議》後集，卷七，頁166-173。

【24】妹尾達彥在其文章《「才子」與「佳人」：九世紀中國新的男女認識的形成》（收錄於上引鄧小南編《唐宋女性與社會》，頁695-721）中已經論證，詩歌娛樂是構成中國式浪漫愛情的中心要素。

【25】關於宋代對上層婦女作詩的反對，參見伊沛霞（Patricia Ebrey）的《內闈：宋代的婚姻和婦女生活》（*The Inner Quarters: Marriage and the Lives of Chinese Women in the Sung Period*），（Berkeley：University of California Press, 1993），頁124。該書有中譯本。

【26】劉斧《青瑣高議》別集，卷二，頁212；後集，卷七，頁167。

【27】劉斧《青瑣高議》前集，卷十，頁96。

【28】劉斧《青瑣高議》後集，卷七，頁168。

【29】關於宋代上層婦女的文學造詣及理財能力，參見柏文莉*Poweful Relations*，頁17-19，以及柏清韻（Bettine Birge）"Chu Hsi and Women's Education"，收錄於De Bary及Chaffee編*Neo-Confucian Education, The Formative Stage*, Berkeley: University of California Press, 1989。

【30】劉斧《青瑣高議》後集，卷七，頁171。

【31】劉斧《青瑣高議》前集，卷十，頁99。

【32】需要強調的是，在北宋，寡婦守節雖然是受人欽佩之行，但卻並未成為社會準則。即使是在上層社會中，年輕寡婦是能夠再嫁而不以為恥。與此相同，妓女的忠貞在當時也通常被認為是一種文學的想像：妓女傳記的作者坦承他們所描述的這種忠貞在他們同時代的妓女中是極其罕見的。參見劉斧《青瑣高議》後集，卷七，頁166。

[33] 正如宇文所安指出的，男性與妓女之間的浪漫時常被隱藏在他們關係之下的經濟交換所威脅。他認為在唐代有關此類關係的故事中，「否定女性在與男性的關係中有任何經濟約束，是一個關鍵的情節因素」。宇文所安*The End of the Chinese 'Middle Ages'*，頁132（中譯本，頁107）。

[34] 關於浪漫故事對明清時代節婦傳記的影響，參見本書中柯麗德、盧葦菁的論文。

[35] 杜德橋在*The Tale of Li Wa*，頁25-26中提出，這種形式對於早期傳奇的發展有重要作用，早期傳奇基本是既有敘事詩的前言。

[36] 各種傳記文字、詩歌以及評論的插入在妓女溫琬的傳記中特別突出，溫琬的傳記包括了一篇前言與一篇後記，均附屬於「她的」三十首詩歌的集合。

[37] 劉弇《龍雲集》（《四庫全書》，卷一千一百一十九），卷二十四，《章文柔詩序》17-19b。

[38] 參見柏文莉"Faithful wives and heroic martyrs,"頁528-531，以及柏文莉"Gender and Empire, A View from Yuan China"，收錄於*Journal of Medieval and Early Modern Studies* 34.1（Winter, 2004），頁197-223。）

[39] 宋代及宋以前的文人通常給讚頌男性活動的詩集寫序。但我沒有找到其他宋人為女性所寫的詩序。

[40] 關於徐積升格為道德模範的政治背景，具體參見柏文莉的*Courtesans, Concubines, and the Cult of Female Fidelity*。徐積在宋以後的很長時期中仍被稱頌為道德模範，因此在中華帝國晚期頗具名氣。湊巧的是，他也提供了現存最早的有關纏足的紀錄之一（其作品不符傳統的又一個跡象），參見Ko, "In Search of Footbinding's Origins,"收錄於上引鄧小南編論文集，頁403。

[41] 徐的傳記（一篇行狀）是由王資深（1050-1127）（王自稱是徐積的姻家）於一一一六年至其卒年一一二七年之間編纂的。見《節孝集》，卷三十二，頁10b-17b。

[42] 這時期宋代朝廷黨爭正酣，此時，道德模範開始為政治目的所用。大約因此，儘管徐積很有名氣，在關於他的各種歷史記載間存在著一些令人疑惑的差異，包括他取得進士的時間（有一〇六五年與一〇六七年兩種說法），他第一次得到委任的時間（有一〇八六及一一〇〇兩種說法）。儘管在北宋晚期黨爭的

背景中這些差異十分有趣，但在此處，我們可以對此不予考慮。

【43】徐積《節孝集》（《四庫全書》本，卷一千一百零一），卷十三，頁8b-11。

【44】徐積《節孝集》（《四庫全書》本，卷一千一百零一），卷三，頁5b-7。

【45】南宋洪邁的《夷堅志》中保留著一個非常相似的故事，不同的是，洪邁的版本中，妻子並非忠貞有德之人，而是早已與殺害其夫者私通。參見洪邁《夷堅志》（何卓編，北京：中華書局，一九八一年）補，卷五，頁1590。

【46】徐積《節孝集》（《四庫全書》本，卷一千一百零一），卷三，頁7b-8。

【47】筆者找到了一篇更早的紀念女性道德模範的並序詩：唐代李華（715-766）寫的一篇賦體詩，描寫了一位熟人的女兒為匪徒所虜，於自殺前設法將丈夫的官印交託給一位村婦。李的詩寫得很精緻，風格也比徐積的高雅很多。參見李華《李遐叔文集》，卷一，頁11-1b。

【48】趙鼎臣《竹隱畸士集》（《四庫全書》，卷一千一百二十四），卷十四，頁1a-4b。這個傳記有可能實際上帶有政治寓意，是為繼續效忠於昏庸的徽宗辯解。但是，鑑於趙將他個人與主人公相聯繫，筆者傾向於採用該文的表面意義。

【49】關於南宋道德模範文本的其他方面的討論，參見柏文莉，*Courtesans, Concubines, and the Cult of Female Fidelity*。筆者曾經在"Faithful wives and heroic maidens"一文中討論過這些文本戲劇性的修辭。

【50】王之望《漢濱集》（《四庫全書》，卷一千一百三十九），卷十五《桂女傳》，頁6-8。

【51】陳亮《陳亮集》（北京：中華書局，一九七四年），卷十三《二列女傳》，頁160

【52】陳長方《唯室集》（《四庫全書》，卷一千一百三十九），卷二《二列婦傳》，頁8-9。

【53】程俱《北山集》（《四庫全書》，卷一千一百三十），卷十七，頁3b；王之望《漢濱集》（《四庫全書》，卷一千一百三十九），卷十五，頁5b。榮氏的傳記現存於《宋史》中（脫脫等編，《宋史》，卷四百六十，頁13481）。

【54】周紫芝《太倉稊米集》（《四庫全書》，卷一千一百四十一），卷十《讀徐伯遠書外家遺事作二絕句以紀之，並序》，頁13。筆者尚未能確認徐伯遠為何人。

【55】我找到的兩個南宋晚期的例子分別是，楊萬里《誠齋集》（四部叢刊本，上海：商務印書館，一九二一年），卷一百三十一《節婦劉氏墓銘》，頁3b-5b；劉克莊《後村先生大全集》（四部叢刊本），卷一百四十九《李節婦墓誌銘》，頁10b-11b。這兩個文本在宋代墓誌銘中是十分獨特的，因為它們在文本的題目中就直接稱主人公為「節婦」。

【56】柯麗德"The Social Uses of Female Virtue in Late Ming Editions of the Lienü. Zhuan"，收錄於*Late Imperial China* 12.2（1991），頁117-48。也可以參考她的"Desire, Danger, and the Body: Stories of Women's Virtue in Late Ming China"，收錄於Gilmartin等編*Engendering China*（Cambridge and London: Harvard University Press, 1994）。柯麗德在本書中的論文同樣也強調了虛構故事在塑造晚明女性世界以及世界觀上的重要性。

【57】柯麗德描述了明代刻畫妓女與節婦自殺的文本出現類似激增的現象。參見柯"The Daughter, the Singing Girl, and the Seduction of Suicide"（*Nan Nü* 3:1〔2001〕22-46）。

【58】政治危機、外敵入侵、政府政策以及菁英競爭等其他各種因素均與這一發展歷程相聯繫。參見上引柏文莉"Faithful wives and heroic martyrs"。

情婦、長舌婦、妖婦與良婦：明中期墓誌銘及小說中爭競的女性形象

柯麗德（Katherine Carlitz）／匹茲堡大學
宋剛譯／香港大學

此前姚平（Ping Yao）和柏文莉（Beverly Bossler）所寫的兩章，爲我們展示了「女性理想生活方式」的觀念如何在唐、宋兩代演進。本章將這一演進推至明代，並以十六世紀爲重點。跟從柏文莉的前導，我將小說與墓誌銘並列考察，以說明婦女理想生活方式的標準，不過我會側重在似乎有悖於那些標準的小說上面。我的目的是要指出更寬泛意義上的明代幻象，而墓誌銘僅爲其中的一部分。因我所討論的事例具有持久性，其源頭可追溯至明以前幾個世紀之久，我們也會對唐人及宋人的幻象有所瞭解。這樣可以強化我們對墓誌銘的閱讀，因爲更大的歷史語境有助於我們發現其社會性目的。本章也會強調小說的複雜性，以及小說與傳統道德的模糊關係，提升我們對明代婦女作爲墓誌銘物件及小說讀者的理解。

姚平寫的一章對墓誌銘文體作出了定義，而這也正是我在此所側重的。明代的墓誌銘比柏文莉所討論的傳記還要常規化和標準化，並展示出與姚平所分析的唐代墓誌有顯著的連貫性。從唐代到明代，社會組織發生了變化，士族權勢讓位給官僚統治。不過，反映科舉制度持續增長影響力的墓誌銘，仍舊幫

助家族以德行表達其社會地位。碑銘加強了統治階層家族的想像社會群體的規範，其期待在很大程度上是因科舉考試而形成的。爲幫助家族進入社會群體，或者在其中提升地位，明代女性的墓誌銘與唐宋一樣頌揚女德：節儉、謹愼舉止、明智持家、專心侍奉丈夫及公婆。這些期待性的規範也會對其他社會成員產生很大影響。[1]

然而就女性眞正的想法和感覺而言，墓誌銘只是個很窄的視窗。早在唐代，借助可得的資料和媒介，女性能看到、讀到及聽到某些故事，或者參與某些宗教活動，其中的形象與墓誌銘的範本極爲不合。在這些文本和故事裡面，年輕人捲入風流韻事，女兒向父母頂嘴，小妾偷去髮妻的孩子，還有女妖吞噬沒有防範的青年男子。女孩和成年女性——男子也在這個意義上也包括在內——是如何將這些爭競形象融入他們的生活中的呢？

我們也許傾向於將此視爲正統（墓誌銘）與一種非正統潮流（關於不馴女性的流行故事）的對峙，但對立模式會引導我們離開實際的複雜情況。這裡所討論的明代故事，其搜集者和出版者爲男性，與有學養的墓誌銘作者並沒太大分別。這些作者所編的地方史料包括了以可信事實面目呈現的軼聞，與我們看到的唐、宋、明小說看起來很近似。熱烈的愛情故事與明代文人用以悼念其亡妻的過度悲痛相呼應。我們研究這些墓誌銘和故事，需要將它們視爲動態平衡的元素，女性們無疑樂於接受的那些充斥溢美之詞的墓誌銘，以及作爲表達幻想和恐懼媒介的故事，開啓了新的情感的可能，或以新的方式重新書寫占支配地位的價值觀。

我所側重的成化（1465-1488）到嘉靖（1522-1567）年間，是研究較少卻又很重要的一段時間。明代商業繁榮正在增強；其官僚體系也正趨於成熟，在不同時間徵聘了本章所涉及的墓誌銘作者；而推進改革的地方官也在搗毀本地廟宇和興建儒家先賢、先烈的祠堂，以此將倫常標準化。[2]我將主要分析生平大部分時間都住在河南開封的李夢陽（1473-1529）所寫的墓誌銘，但也會涉及到住在其他地方李的同代人或近代人所寫的墓誌銘，展示他們在描寫女性時使用一種共同語言。已經有學者指出，科舉教育對中國的統治階層造成了極大的同質化的影響。[3]

爲避免年代錯位，我將只考慮那些可能影響到本章所論墓誌銘銘主的小說：流傳於十五世紀晚期和十六世紀早期的情愛故事、十五世紀末在江蘇嘉定發現的說唱詞話，以及《清平山堂話本》裡的俗語短篇故事，該書原本由杭州的洪楩在一五五〇年出版，但其中很多在幾十年之前就已經寫就。[4]然而這些資料不僅僅屬於有明一代。這裡所分析的故事都有前朝的先例，因而我們從十六世紀的出版物可知，這些古老故事仍然有旺盛的活力，只不過在當時被新的媒介所利用。我們也掌握了有關部分資料的讀者的具體證據，可能有助於我們評價某一特定女性讀者群。

墓誌銘

李夢陽友人何景明（1483-1581）寫的一篇墓誌銘，向我們展示出常用於彰表明代菁英女性的典型模式：

予鄉都指揮僉事鮑君德明喪其正室淑人任氏。將葬，請曰：「亡妻有勤于予。今逝，去我。我願得子之文志其葬」。乃志曰：「任氏者，信陽衛中所千户任清女也。適都指揮僉事鮑君威。誥封淑人。淑人室有女德，家有婦儀。禦眾媵妾不嫉妒，待群僕不刻害，益婦人有君子行者也。鮑君爲指揮時，淑人甚承之。整齊其內，內有巨細，悉不以干鮑君。鮑君治於官，淑人治於家。以故鮑君盡能於外，無有內累也。」[5]

在這篇以及他篇墓誌銘中，何景明完全集中於主人公的婚姻生活。如姚平所論證，早在唐代，墓誌銘作者（通常爲家庭成員）青睞於描繪女性主人公的童年生活和文學成就。[6]但到了何景明的時代，墓誌銘反映了對家庭、女性及男性的新態度。宋代的理學教育強調家是國的範本，而明朝創建者將這個範本提升到了國家政策的高度。模範家族是女性所嫁的家族，她對丈夫的忠誠常常被頌揚，與對帝國的忠心相對等。唐代墓誌銘已經突出了我們在明代所見到的主題：女性對夫家福祉的貢獻、不嫉妒、寡婦保持不嫁的可能性，還有一個下文要分析的重要主題，就是正妻把妾所生的孩子當作自己的撫養。到了十六世紀，這些主題傾向於排斥所有其他因素。明代統治階層女性的墓誌銘與烈女故事有所區別，是注重成果的敘述，而不是殉難型的敘述。然而，二者共同享有烈女故事的核心價值，並同樣重視這些價值。

爲取得剛去世家人的墓誌銘，各家族都搜集逝者生前的資料，之後如上述鮑德明及何景明一樣，在可負擔情況下付錢給最好的作者。除了用作陪葬物品之外，墓誌銘也會被作者本人放入其文集中出版，因而我們或許可以假設那些家族是知道而且重視這一公衆性因素的。所以，墓誌銘是一種混成式的文本：其中的重要事件和逸聞讓我們看到那些家族意圖在哪些方面爲人所知，而文獻中所展現出來的人格則是作者本人的。在李夢陽的例子中，我們就看到了一個非常特別的人格。

李的坎坷一生體現在高官和階下囚的交替過程中，先後冒犯了弘治年的後妃，權傾一時的宦官劉瑾（一五一〇年去世），以及由他呈報教育狀況的南昌官員，最後一次是在他加入一個叛亂集團被彈劾之後。李夢陽二十歲就得到進士，從初期留在京城時起就被認爲是文學的領袖之光。[7]這種光芒從未減弱，而很多家族都爭相求他爲本族的逝者寫一篇墓誌銘，並以此爲榮。在爲李氏本族女性寫的墓誌銘中，李夢陽也很得意地記錄了自己的成就。在他取得功名後，他的岳母曾爲女兒的華麗服飾而感動流淚，說：「向謂李生微而貧，乃今若此矣。」[8]

李夢陽爲自己妻子所寫的墓誌銘，顯示出很多與何景明一致的價値取向，幾乎到了戲劇演出的程度：

李子哭語人曰：「妻亡而予然後知吾妻也。」人曰：「何也？」李子曰：「往予學若官，不問家事，今事不問不舉矣。留賓酒食，稱賓至今不至矣，即至弗稱矣。往予不見器處用之具，今器棄擲弗收矣。然又善碎損。往醯醬鹽豉弗乏也，今不繼舊矣，雞鴨羊豕時食，今食弗時。瘦矣。妻在內，無嘻嘻門，予出即夜，弗扃也。門今扃內，嘻嘻矣。予往不識衣垢，今不命之澣不澣矣。縫剪描刺，妻不假手、不襲巧，咸足師，今無足師者矣，然又假手人。往予有古今之愾難友言，而言之妻，今入而無與言者。故曰『妻亡而予然後知吾妻也。』」[9]

江蘇的歸有光（1507-1571）也頌揚了很多類似的有能力的婦女：毛孺人（常用於指官員妻子）「處娣姒間，油然無間言。」[10]唐孺人在丈夫外出宦遊之時，每日爲百餘人預備飯食，還能兼顧歲時伏臘的費用。[11]張孺人的丈夫遊歷名山大川，將治家和教子的事務都交由她來管理，而她也認爲自己責無旁貸。[12]

從李夢陽爲代州知州邊節家的婦女所寫的墓誌銘可以看出，治家有方被認爲是包括了管理家庭財務的重要自主權。邊節的母親萬太君曾阻止兒子變賣兒媳的首飾；兒媳董孺人亦曾回護夫君的繼母弟弟邊城，在父親死後他要帶著私蓄離家，而董氏卻知而不發。此舉令邊城的妻子不勝感激：

> 孺人病且死，會城婦自曆城來，匍匐於終事。[13]

此處邊家主動向李夢陽提供了董孺人的祕事，表明其家人不但允許她的自主決定，而且還對此加以稱許。

然而，這個人妻的楷模同時要保持緘默、沉靜，不出風頭。那些墓誌銘中的理想妻子將漢代班昭的經典著作《女戒》熟記於心，其中對順從家長和謹愼言行的教訓是「擇辭而說，不道惡語，時然後言，不厭於人，是謂婦言。」[14]李夢陽對其岳母的一段評價，就是對這個教訓的回應：「屏澤飾，卸華綺，蔬素終身，怒不至詈，笑不見齗，終其身弗踰閾見人也。」山東的李開先（1502-1568）在言及自己的小妹時表達了同樣的話：她為人「言動遲重」，而且「非造飯不至廚，非歸寧不出戶。」【15】

此外，妻子的判斷要以全家族的名義作出，而不是僅為個人或本房的益處。侯氏是一個特別的例子，她為了保全夫家而請求寬待殺死自己兒子的兇手：

> 侯氏者，巖之女也。事姑猶夫事母，事二嫂猶夫事二兄。嫂之子提殺璐也，侯與處士計曰，「吾幸尚有珣，奈何令伯氏無後！」卒出之獄以百金。詒處士謝，處士不受；詒侯謝，侯亦不受，曰：「吾利而金出汝邪？」【16】

此類模範妻子將丈夫的需要放在個人需要之上，且因扮演嚴厲女監工的角色而受到讚揚。對這樣的妻子而言，服侍男人需要她盡心盡力完成自己的職責。戶部主事裴卿的母親張氏嫁入裴家後，公婆為其婦德所感，曾預言說張氏「必興吾家」。所以當她的丈夫中舉做了知縣的時候，張氏沒有為華服美食而高興，反而流淚提醒他說：「往祖父母父母謂裴氏必興也，今即弗大興也，然足以養之，乃胥弗逮矣。」她的丈夫深為此言所感，相對而泣，承認她是對的，因為他並未超越先人之上。不久，裴倫棄世而去，張氏就將注意力轉到兒子身上，語輒飲泣，說他父親沒能增添本家的成就，至死沒有完成「大興」，「所不賷恨以歿者，謂有汝也。」裴卿將這些話謹記在心，後來得中進士，取得該職位和母親太安人的封號。張氏又飲泣說，「汝父往雖謂有汝，然不及見汝官也。」母親淚流成行，裴卿自然感慨不已，勉力政績，因而很快就聲名遠播。[17]

然而，家族和睦並不能承受妻妾之間由妒忌而產生的巨大危險。《大明律》的大小規條表明，好爭吵的妻子會被視爲一個重要的威脅。[18]模範妻子應該使夫家易於接受她，而她對家族的忠誠也使她能接受其他的女人。

此類墓誌銘形成的一個主要動因，在於生育兒子的需要，以強化聯姻網路，維持兒子是合法妻子的後嗣的想像，並宣揚參與其中的家族適合這樣的聯姻。妾在這些墓誌銘裡被認爲是必要的，不過對子嗣的需要勝過了女性們所可能感受到的任何一種情感痛楚。李夢陽記錄的申宜人的例子，描述她如何受到被她取代的副室的妒忌。然而，在申宜人漸次贏得董氏家族的故事中，李夢陽最後去除了那位副室的聲音、感受，甚至是她對董家的服侍。

初，董娶於李，病而無子，乃更娶陳氏。居無幾，李卒，於是繼娶於申。而陳氏則大不平，鬧曰：「吾儒門女也。父兄謂李病無子，乃始副室於君，然恒日夜念曰，李或不幸，卒吾女其繼之矣。乃今繼申氏女邪？」於是宗族鄉黨聞之，私爲董憂曰：「申入門，二女必鬥爭。」

即便如此，申氏的才能還是贏得了董家上下，而且很快如李夢陽所言，陳氏自己都對申氏表示了對正妻一樣的遵從。她們二人如姊妹一般，宗族鄉黨都欣喜相告說，董中書是個福人，得到兩位賢慧妻子。但是沒多久，除掉陳氏的過程就開始了：

> 年餘，陳生子瀾，申抱之，育爲己子。已又生子潤暨女，申又抱之育爲己子。諸子女乃鹹亦不自知其非申出。或唆之曰：「汝曹實非申出。」諸子女不信也。已而知之，乃顧益母申。

身爲董家摯友的李夢陽驚歎說，他自己都「猶不知二子非申出」。[19]同樣，李開先也告訴我們，儘管他髮妻所生的孩子都已早夭，但她並不妒忌他的小妾們。[20]像李夢陽一樣，李開先也驚異於知道一位鄰舍的子女實際上是小妾生的。[21]

治家的責任不僅限於女性，在男性墓誌銘中也是常見的主題。例如，封丘王朱僖順的父親年屆四十而無子。憂愁之下，他向自己的先生求教。先生答以「仁者必後」，此後封丘王改弦更張，戒酒節欲，結果生了四個兒子。[22]然而不論丈夫德行如何，一個家族需要找到有合適品性的女子，生育或撫養兒子。輔國將軍夫人賈氏有一個清廉、節儉、孝順、恭敬並聰穎的兒子，這被李夢陽視爲將她自己的品格傳輸到兒子身上，因而她被稱爲「女君子」。[23]

規範化的墓誌銘語言也可能被用於表達深切、痛苦的情感，這一點我們可以從曾與李夢陽在京師短暫共事過的陝籍官員王九思（1468-1551）的墓誌銘中有所瞭解。他不僅在文中傾吐了喪女之痛，而且還爲令摯友康海失望而深感歉疚。他的女兒嫁給康海之子，在產下一個死胎之後，很快就死了。王九思認爲她因令公公失望，以致絕望而死，「女由是恨怒涕泣，踰三日病，腹痛甚。」此處治家能力的言辭再次被使用，以表明女兒的完美人性：「女思復其姑之舊。居嘗與栗言，凡饋祀紡績織紉之事，雞豚之畜，蔬果醯醬之宜，靡所不慮也。孰意其死！」很明顯，這種規範化言語使王九思表達出眞實的傷痛，既因失去了他的女兒，也因失去了他摯友日夜期盼的孫兒。他寫的「人言汝類我」乃是同時對女兒和摯友講的。不論他還誇讚了女兒什麼其他的品質，王九思在這篇銘文中所珍賞的是，女兒用完美的婦德加強了他與友人的關係。[24]

上述言辭在不同地區之間存在著一致性。四位作者讚譽女性的治家、幽居、謙卑和不嫉妒。我們能看到的區域差異在於他們對女性文才的處理。李夢陽和王九思全然不提女性的讀書和寫作。山東的李開先不但以成規化言語描述其妹「見其中麓兄讀書，從旁質問史傳，默記入其室，繙閱冊籍，濡染筆墨，稍能通其大義」，[25]而且還在一位友人之母的詩集序中提到，她的父親曾稱許她說「不在其兩弟之下」。[26]來自書籍之鄉江蘇的歸有光走得更遠，他把墓誌銘主人公所讀的書籍都羅列出來（佛經、列女傳和歷史小說），而且還記述了某位妻子是「少從女師」且「通古今大義」。她和科舉失意的丈夫以讀書互相安慰，這與本書中伊維德（Wilt Idema）所講的那對夫婦非常類似。[27]

小說

我在其他研究中提過，明代那些有著悲慘或令人恐怖細節的烈女故事，是同代小說興盛期的產物。[28]對高度程式化的明代墓誌銘而言，也是這樣。何景明的語言可能很乏味和程式化，但李夢陽在關於申宜人和她的小妾對頭的墓誌銘中，生動地描繪了一幅家族及族群的圖畫。這種有小說價值的故事，使墓誌銘與更大範疇的明代小說世界裡的愛情、性、怨恨與危難故事銜接起來，即便其中主角並沒有牽涉到那些危難。

明代道學家意識到了小說世界的威脅。江蘇昆山的葉盛（1420-1474）對當時書籍氾濫的情形感到失望，因爲包括農民、「愚婦」在內，所有人都借助小說而不是儒經教導去瞭解歷史和倫常。[29]河南的呂坤（1536-1618）多年在京城任大小官職，他關注的是女童教育的危險傾向，反對教她們寫詩詞，讀「鄙俚之言」，聽「豔樂」。[30]重要的是，這兩位相隔一個世紀的學者都覺察到女性在閱讀。即便將他們的斷言視爲誇大其辭（葉盛說「每家」都有流行書籍的收藏），我們也會想到圍繞著社會各階層女性的通俗文化大潮。她們在讀什麼？或聽人讀什麼？或看什麼戲曲表演？

與墓誌銘模範女性關係最複雜的，是那些浪漫愛情故事。小說的題材模糊夫婦之愛與未婚之戀的界限，已經有很長一段歷史了。從七世紀到十七世紀的文學敘事，越來越多地描述出身望族的青年男女發生性關係、兩情相悅，然後才成婚。[31]洪楩的《清平山堂話本》包括了漢代極有主見的卓文君，藐視父親意願而與詩人司馬相如私奔。[32]在十二世紀話本版的《西廂記》中，紅娘幫助男女主人公夜間幽會，享受纏綿之愛，其中關於性的描寫十分直露，而明清時期從這個故事改編的戲曲也一直都很流行。[33]在十三世紀別具一格的小說《嬌紅傳》中，兩個戀人在女方父母的眼皮底下私訂婚約，直到被矇騙的父親發現真相，迫使二人自殺殉情。[34]

浪漫戀愛的理想模式並未導致呂坤所擔心的社會解體（「少年男女，稚氣童心，恣縱嬻經，媟狎敗禮。故生人之慢易放肆，莫甚於閨門，烏在其爲君子之道乎？」）。[35]在《清平山堂話本》的版本中，在丈夫出人頭地之前，卓文君傳統式的賢慧治家使夫婦二人得以維持生計：當司馬相如擔心自己沒有經商能力的時候，始終以「賤妾」自稱的卓文君變賣她所有的首飾，開了一間酒鋪，結果他們度過了艱難的時刻。毫無疑義，九世紀元稹所作的《鶯鶯傳》記述的令人羞慚且喜樂參半的隱祕之愛，被中國文化轉換成了《紅樓夢》，其中雖保留了非法情愛，但結尾卻是皆大歡喜的婚姻，以及科舉的成功。[36]愛情故事似乎豐富了整個文化的情感調色板。對統治階層婦女而言，禮儀規條以外的性愛是絕不能允許的事情，然而正如馬蘭安所指出，只有有錢人家才能買得起的豪華版《西廂記》，是與下面所述的說唱故事集同時在北京出版的。[37]羅開雲（Kathryn Lowry）則指出，明代文獻甚至推薦《西廂記》中的文辭，作爲夫婦間通信的合適用語。[38]

夫婦之愛的理想模式對男性如何書寫其亡妻有重要影響。喪妻之痛達到超越禮儀限度，也成了一種司空見慣的說法（這令那些鰥夫們自視爲有深厚情感的男人，也是中晚明時期是一項重要的文人價值觀）。耿直不屈的李夢陽確信，他的喪妻之痛導致了奇蹟的發生：「翌日牲奠左氏，烹牲腸。腸自團織文理陰陽，狀若流蘇垂綬，夾耳提襻在上。李子觀之，哭愈慟，曰嗚呼神哉。於是賦〈結腸〉之篇。」[39]

對明代中國人而言，腸乃情感發生之所在：心碎即是斷腸。陰陽象徵兩性調和一體。下面是李夢陽第一首詩的一段，顯示他如何將意象和對亡妻的淒絕呼喚交織在一起：

痛哉釜鬻結豬腸，神靈恍惚心駭傷。團圞肉毬出中湯，左迴右盤準流黃。
經緯纏糾文陰陽，底形井字圈兩旁。翼翼彷彿雙鳳凰，有綏在下累而長。

上有提襻五寸強，汝乎無意豈爲此，呼汝欲問魂茫茫。
十呼不應百轉咽，腸乎腸乎爲疇結。

在第三首詩中，李夢陽使用了標準的情人言辭：

錦衾塵埃委鴛鴦，繐帷中夜風琅琅。

李夢陽的友人趙澤的「鬱悒」之情也到「踰禮」的程度，而他也得到一個神蹟：一隻喜鵲停在亡妻的棺材上，唶唶鳴叫。[40]

夫妻之愛的理想模式，甚至將居於明代女德話語中心的寡婦忠貞主題加以情色化。一四六五年金台魯氏出版了一部《新編寡婦列女傳詩曲》，其現存的一首斷片非常清楚地表明了寡婦忠貞是出自對過去激情的回憶：[41]

天啊！
想男兒當初在日，
他和我同心可意。
只道他是張敞插眉、何郎付粉，

誰想他到做了短命顏回！
知他是我命裡他命裡姻緣錯配。
天呵！
道不如俺一塔兒死了伶俐。[42]

類似的語言也出現在明代統治階層女性的詩中：

啼鳥驚回午夢醒，起來無力倚銀屏。
蛾眉未得張郎畫，羞見東風柳眼青。[43]

然而，浪漫理想模式對男女的影響並不完全相同。愛情對年輕女性而言是一把雙刃劍。一方面，妻子忠貞的基本價值會通過浪漫之愛的語言加以頌揚（因而即便是《西廂記》裡的情節也受婚姻的控制）。但另一方面，性濫交行爲是與娼妓及奴婢相關的社會和律法的標記，如柏文莉所描述，宋代良家婦女要保證自己不因性方面的污染而落到下賤的地位。柏文莉論證說，對宋代士人而言，與一個受教育的娼妓發生關係可能意味著高度的開放和正直。這也是明代士人的主要標記。[44]但是對良家婦女而言，任何性關係上的污點都可能是毀滅性的：歸有光的昆山縣縣誌裡面，記錄了某縣吏的妻子在被另一名小吏性騷擾後自殺的事件。[45]儘管大範圍使用隱喻來強化傳統婚姻的價值，浪漫故事仍未能保證天堂在人間實現：《嬌紅傳》的戀人只能在死後合爲一體，其情感因素呼應了上述寡婦所寫的詩句。[46]未嫁女子可能對婚後性生活產生畏懼，因爲她們可能聽到一些關於「鬧新房」的故事，如今在陝西旅遊網頁上成了一個誘人的傳統元素。然而在明代，卻是新郎朋友在新娘經歷初夜時所製造的一場令人恐懼的喧鬧。

最後，年輕女性也可能疑慮自己本身的性騷動，因爲女子的性行爲被普遍描繪爲猙獰可怖的。在下面討論的成化年間的一篇故事中，某家的獨子被一名美貌少女所引誘。當她被聲名遠揚的包公所識破時，才發現實際上是一隻貪婪的餓虎。一個世紀以後，據一五七二年的《海州志》記載，一隻老虎每年索要一個男童作祭物，卻被一名偷去虎皮外衣的男子所降伏，顯露出女兒身。男子娶了虎妻，而她在離家回本處之前還生了兩個孩子。[47]

洪楩的《清平山堂話本》裡面有兩篇講述了更加恐怖的故事：在第三篇〈西湖三塔記〉中，一位青年男子受渾身皺皮的一個老婦誘騙，被領到了一處道觀裡，在一間由法術變成的珠瓦紅牆的廂房中，有一個美婦來引誘他。不久，另一個青年男子被帶進來，那個老婦和她的女兒將他的心和肝挖出來吃掉。經過半個月的男歡女愛，這位青年主人公的皮膚蠟黃，身形消瘦，而他也意識到自己將會是下一個犧牲品。他逃脫了之後，在母親的照料下恢復了元氣。同樣的老婦和美婦出現在第八篇〈洛陽三怪記〉，這一次是一個道士設法除掉了她們。

女妖威脅著意志薄弱的年輕男性，而女子對傳統婚姻規條的拒絕也會被認爲是威脅到了整個社會。吳燕娜分析了洪楩《清平山堂話本》裡的第七篇〈快嘴李翠蓮記〉，其中的女主人公輕易地拒斥了所有上述墓誌銘中見到的緘默及順服的法規。[48]李翠蓮否認有德行的理想丈夫的話躍然紙上：

人人說道好女婿，
有財有寶，
又豪貴又聰明又伶俐，
雙六象棋通六藝，
吟得詩、作得對，
經商買賣諸般會，
這們女婿要如何？
愁得苦水兒滴滴地！

在娘家的祭台前辭行時，李翠蓮先爲夫家的興旺祈禱，但之後她卻流露出令人訝異的隱祕目的：

小姑有緣，不上三年之内，死得一家乾淨，家財都是我掌管，那是翠蓮快活幾年。

她那被嚇壞了的父母懇求她在去夫家的時候不要說話，唯恐她令他們成爲笑柄，可是成婚三日之後，在她母親拜訪親家時，翠蓮已經冒犯了媒婆和丈夫全家人。她不肯參與夫家祠堂的禮儀（「才向西來，又向東？」）。只有丈夫閉嘴不言，她才讓他上床。第二天婆婆讓她早起做家務，她卻說：

不要慌，不要忙。

她與上述墓誌銘中倍受讚揚的妻子們一樣能幹：

女兒不是誇伶俐，從小生得有志氣。紡得紗，績得苧，能裁能補能刺繡。做得粗，整得細，三茶六飯一時備。

但是在公公提醒他一個媳婦應該要「溫柔」時，她卻反駁說，自己恰恰相反，從小就是「剛」的稟性。可以預見，她被趕回自己父母家裡，她的父母、兄嫂都責備她丟了本家的面子。翠蓮的解決方法是換去舊裝，到尼姑庵出家。

《清平山堂話本》版本並不是李翠蓮在文學作品中的首次亮相。吳燕娜列出了一系列諸如此類的「麻煩女兒」故事，其先例可以追溯到漢代。李翠蓮本人的形象則可以在八世紀的一篇敦煌變文中找到，而該故事在十六世紀《清平山堂話本》中的說唱形式，顯示出它是同時以口頭和文字方式流傳的。這些版本很可能到了河南地區，為李夢陽墓誌銘中的主角或其他相近背景的女性所知。李翠蓮故事的另一線，即她的丈夫將她的魂魄從地獄中解救出來，則一直存留在由明代至今的戲曲當中。這一翻版李翠蓮很高興與丈夫團圓，但她的地獄之旅的緣由和〈快嘴李翠蓮記〉一樣，是因她拒絕做一個順服並幽居的妻子。（她動用家中資財周濟和尚，當起疑心的丈夫責備她時，她就上吊自盡了。）[49]

〈快嘴李翠蓮記〉很值得注意，因爲聰明的女主角從未表示認錯。該故事不是嘲笑李翠蓮，而是嘲笑所有那些責備她的人。這是否意味著存在一股反父權中心主義的女性文學的暗流？如我在此前所言，也許並不存在這樣的暗流。這個非典型的不認錯麻煩女兒的故事，無疑是由一位受過很好教育的男性創作並出版的。如果我們只將這個故事解讀爲女性對權力的顛覆，我們不會意識到李翠蓮對女性和男性都有吸引力。而更富有成效的讀法，是將其視爲含有多種意義的故事，能引發從衆多不同主體地位而發出的正面回應：既有那些清楚記得自己初爲人媳的難處的女性，也有那些生活在一種高度重視敢於對抗錯誤權威的個人（雖然大部分都是悲劇收場）的官場文化中的男性。因爲李翠蓮對士人文化所讚頌的家庭模式的批判，她也許成就了男人負罪的快感，而我們必須要記得，關於這樣一位勇猛、快嘴的女主角的故事，是由男性出版的。[50]

儘管如此，這個喜劇還是有它的黑暗面。李翠蓮詛咒丈夫全家死掉的禱告，揭示出傳統婚姻樣式中的內在張力。妻子與夫家生活在一起的主導模式，使得每個婚姻都成爲潛在的危機：新娘能忠心嗎？能生出子嗣嗎？能幫助婆婆並與其他房的女人和睦相處嗎？如果不能，這個家就可能破碎，而國（明代）也隨之破碎。吳燕娜和馬克夢（Keith McMahon）都分析了中國文學作品中重複出現的潑婦或刁婦的修辭，不斷複述將外人帶到窠臼裡面的危險。[51]通過這個故事的評述，我們試圖把握其內涵。而李翠蓮提醒我們，這樣特別的內涵即便不是不可能，也是很難於把握的。

同樣難於把握的是妻妾間的關係，因爲我們能憑直覺發現，前述三位墓誌銘作者都感到有必要確證那些妻子們是「不妒」的。一部十五世紀的說唱集收錄了有關惡妾故事中最有名的一篇，即撫養宋仁宗長大的劉皇后，將尚在襁褓中的仁宗偷去，並放逐了他的生身母親。[52]說唱版本的〈宋仁宗認母記〉將該故事變成一個偵探故事：有傳奇色彩的包公趕赴皇宮，路上停在一間寺院中，見到了一個襤褸老婦住在窯洞中。在得知有關她身分的眞相以後，包公迫使皇帝承認她是自己的生身母親。在這個故事裡，德行雖贏得勝利，但卻體現爲被迫害者以鬼怪面目的回歸：皇帝的母親骯髒、邋遢、蠻橫無理，還因包公開始不相信她的話而打人。然而眞相大白之後，皇帝的生母原諒了劉皇后，還免除了她的死刑。因爲畢竟「三年乳哺受他恩」，結果兩個女人如姊妹一般和睦相處。

在這個流行故事中，對妻妾關係的文化迷戀完全重寫了歷史記述。賈志揚（John Chaffee）分析了眞實劉皇后（969-1033）的生平，從她的平民出身到其巔峰時期作爲養子仁宗的攝政監護人。[53]（類似於伊碧霞在本書中對向皇后的研究，賈志揚查閱宋代筆記和野史，以補充正史缺失的記述。）仁宗是由一位李姓宮女在一〇一〇年產下的，被當時還是妃子的劉皇后「視爲己出」，而當時仁宗的父親眞宗已在試圖將劉妃扶正爲皇后。李氏（擢升爲妃子，死後被封爲皇后）的母親地位被剝奪。劉妃在一〇一二年被晉封爲皇后，並在一〇二二年眞宗去世後成爲仁宗的攝政監護人。李氏則住在後宮中默默無聞，直到一〇三三年前的某年去世。直到劉皇后一〇三三年去世時，仁宗才知曉生母的眞相。所以仁宗在他母有生之年從未見過或承認她的身分。李氏被隔離索居，但是從來沒被驅逐（也沒有落入貧困境地），而且毋庸多言，根本沒有包公出場將這些人物聯繫在一起。

不過，虛構的包公形象很早就成爲宇宙正義的象徵，而讀者在〈宋仁宗認母記〉中所要尋找的正是這樣的答案。[54]饒有意味的是，雖然報應觀念在這個說唱故事中有所體現（李氏杖打皇帝，而皇帝以絞刑威脅劉皇后），但其解決問題的方式是將罪行轉嫁到隱藏騙局的下人身上，而最後傳達的一條資訊則是和解。宇宙正義的介入，完成了明顯是現實家庭所永難克服的問題。

那麼有誰會讀這樣的故事呢？十六世紀的說唱版本也並非是最早的。據現存的紀錄，元代晚期江西已經出現一篇標題相同的雜劇，[55]而從仁宗葬在李夢陽家鄉河南的事實，我們可以推知該故事也很可能在當地流通。馬蘭安的詳盡報告顯示，這個說唱文本是在北京印製的，卻在嘉定府的一位官員及其妻子的墓中發現。[56]如此的時空跨度，加之有證據表明此類說唱故事曾以廉價版出售並在個人家中誦記，使我們有充分理由假定李夢陽寫的墓誌中的女性知道這個故事，就像今天的戲迷（包括那些Youtube版的觀眾）知道這個故事一樣。[57]

表面上，這個故事的結尾與李夢陽所記錄的申宜人和陳氏衝突的解決一樣，以歡喜收場，但它也像李翠蓮的故事那樣具有多重意義，因而良善的動機並非其吸引力的全部。髮妻也許暗地裡期望趕走養子的小妾生母，而對小妾而言，這個故事也可能成就了某種報復那些偷走她們孩子的女人的幻想。那些困在低層官階或是從未得進官場的丈夫們，則可能欣賞包公判案膽識，即便對皇帝都敢發號施令。像所有成功的小說一樣，該故事沒有流於簡單化：它再次題寫了妻妾和睦的傳統價值，而又同時讓讀者意識到，這樣的和睦有可能是以高昂代價換得的。

這裡同樣有較爲負面的一點說明。作爲虛構的人物，李翠蓮和李氏可能導致了一種因那些受嘲諷女性採取報復行爲而產生的恐懼感。方志資料向我們展示了一系列受族群屈待的女性，被認爲變成復仇鬼魂而發起蟲災和旱災。在明代，揚州地方的祠堂曾獻祭撫慰一名漢代被誣殺人的媳婦的冤魂，[58]歸有光也記錄了嘉定府一次持續三年的旱災，直到在殺害一名女性的兇手被定罪，人們也爲受害者建了一處祠堂，災情才沒有繼續蔓延。[59]這種被充分證實了的恐懼感，有助於說明爲什麼那些具有持久吸引力的故事，都重在揭示女性所面臨的困境，並提供某種想像性的解決方案。

結論

即使上述墓誌銘只是受到成規的局限，也沒有理由認爲它們是虛僞的。明智持家和忠心侍奉被理解爲女性實現道德人格的方式，而且成功家族對輔佐他們興旺發達的女性存有感戴之心。墓誌銘作者通過創作這種有自身特定虛構性的文本，表達了整個社會層面的謝意，而略去所有負面的細節，將女性的「生平」調節到容易識別的樣本。這個樣本體現了人們深信不疑的價值觀，它也展示出模範妻子可以期盼獲得眞誠的欽慕，以及她們死後強烈的悲痛。

可以想像，年輕女性在贏得夫家人接納之後的慰藉，以及未辜負父母希望的感覺，使得墓誌銘的理想模式成爲最安全的人生選擇，而在廚房裡所講述的叛道故事也許幫助她們淨化了婚姻艱難時期的怨怒。那些規條在被衝擊之下依然存活，因爲這類故事提供了打破規條的方法，卻最終折返原點：非法之戀可以有婚配或死後聯爲一體作結局，而佛教也爲那些不宜婚配的人提供了一個安全、文化上易於接受的避難所。

李夢陽墓誌銘中所寫的女性會閱讀這些特別的故事嗎？我們有理由認爲，此類素材是爲菁英階層女性所知的。十六世紀文人對《西廂記》的熱愛，證明官員和富商業也在買書人之列——一旦家裡出現一本書，假定它沒有女性會看是不明智的說法。十五世紀的說唱故事集在某個地方官的墓中被發現，而這些故事通常所面向的讀者是那些「良夫良婦」。[60]

實際上，我們可以認爲這些故事對良夫良婦所構成的社會起到了增強作用，包括統治者和被統治者。初看上去這些故事似乎有越界的嫌疑，但它們在中國文化中存活了許多世紀。通過吸引衆多的主體地位，它們爲女性和男性提供了一套思考自我的方式。儘管喜劇因素占了絕大部分（連《嬌紅傳》都以戀人死後聯爲一體結束，而且那些受女妖危害的青年男子也會在母親的調理下恢復元氣），這些故事爲困擾了多個世代的問題提供了宇宙性的解決方案。

借助承認問題的存在（小妾總是被正妻搶走孩子，而嚴厲婆婆的形象也波及到墓誌銘文學），並將問題限定在爲讀者提供娛情效果的範圍內（有誰不喜歡李翠蓮的快言快語呢？），小說解開了墓誌銘規條的鎖環，讓人安全地考慮一些危險的想法。這種有墓誌銘和小說相互映襯的社會秩序，到後來卻面臨著十五、十六世紀女性所未曾經歷的壓力，最後崩潰解體。

註釋

【1】墓誌銘是統治階層創作並服務於統治階層的，這就對我們在何種程度上能從墓誌銘中得出關於中國女性的結論產生限制。然而，在帝制晚期，菁英階層墓誌銘中所稱頌的某些品性見於如此眾多的資料，以致於我們可以假定它們是廣泛流傳的觀念。明代地方誌開列了寧死不再嫁的各個階層的女性，而戴真蘭（2004）指出清代鄉村女性非常謹慎地守護其貞潔。明清訟案敘事文本顯示，在各個社會階層都有對家族內女性間的和睦共處的期待。見艾梅蘭（Maram Epstein），二〇〇七，戴真蘭（Janet M. Theiss），二〇〇七，歐中坦（Jonathan K. Ocko），二〇〇七，頁268-271。

【2】柯麗德，一九九七，頁624-637。

【3】艾爾曼（Benjamin Elman），一九九一；韓南，一九八一，頁1-16。

【4】一批珍藏的圖文刻本說唱詞話於一九六七年在嘉定縣被發現，一九七三年上海博物館出版了影印版。見參考書目。馬蘭安（Anne McLaren）曾分析過這個集子（一九九八）。韓南曾討論過洪楩及其《清平山堂話本》，一九七三，頁3；及一九八一，頁56-57。

【5】〈誥封淑人任氏墓誌銘〉，見何景明一九七七，頁36，23b-24b。

【6】明代文人也鍾愛描寫他們的女兒，例如見下引王九思為女兒寫的墓誌銘，及歸有光為兩個年輕女兒寫的墓誌銘，〈女如蘭壙志〉，歸有光，一九八一，頁535-536；〈女二二壙志〉，歸有光，一九八一，頁536。不過這些文字只占明代喪葬寫作的一小部分。

【7】《明代名人傳》（*Dictionary of Ming Biography*），頁841-845。

【8】〈封宜人亡妻左氏墓誌銘〉，李夢陽《空同集》（台北：台灣商務印書館，一九七八），卷四十五，7b-10b。為本家女性所寫的墓誌銘是自傳的一種方便手段。下面討論的李開先，在為其妹寫的墓誌銘中提到李家早期的貧困，但他為妻子寫的墓誌銘卻是慶賀自己事業成功所取得的財富：「既非秀才時窘

逼，又非居官時危疑。園圃亭台，可以棲身縱目。」〈誥封宜人亡妻張氏墓誌銘〉，李開先《李開先全集》（北京：文化藝術出版社，二〇〇四），頁632。

【9】〈封宜人亡妻左氏墓誌銘〉，李夢陽，一九七八，卷四十五，頁7b-10b。

【10】〈毛孺人墓誌銘〉，歸有光《震川先生集》（上海：上海古籍出版社，一九八一），頁519。

【11】〈周子嘉室唐孺人墓誌銘〉，同上，頁503。

【12】〈張孺人墓誌銘〉，同上，頁506。

【13】〈明故奉訓大夫代州知州邊公合葬志銘〉，李夢陽，一九七八，卷四十四，頁17b。

【14】〈儀賓左公合葬志銘〉，李夢陽，一九七八，卷十五，頁5a-7a。

【15】〈亡妹袁氏婦墓誌銘〉，李開先，二〇〇四，頁584。

【16】〈高處士合葬志銘〉，李夢陽，一九七八，卷四十五，頁15b。

【17】〈明故封太安人裴母張氏墓誌銘〉，李夢陽，一九七八，卷四十四，頁16a。

【18】辱罵雙親在《大明律》中被列為「十惡」之一，在第351-154條（即卷215-8條）有明確規定。相關條例及具體案例，見黃彰健，一九七九，頁846-847。

【19】〈明故中宜人墓誌銘〉，李夢陽，一九七八，卷四十四，頁13b。

【20】〈誥封宜人亡妻張氏墓誌銘〉，李開先，二〇〇四，頁632。

【21】〈曾孺人李妻應氏墓誌銘〉，李開先，二〇〇四，頁634。

【22】〈封丘僖順王墓誌銘〉，李夢陽，一九七八，卷四十四，頁1a。

【23】〈夫人賈氏墓誌銘〉，李夢陽，一九七八，卷四十四，頁9b。賈氏也治家有方，所以他丈夫能夠自由遊歷和求學。

【24】〈康氏女墓誌銘〉，王九思：《渼陂集》（台北：偉文圖書出版社，一九七六），頁521-524。

【25】〈亡妹袁氏婦墓誌銘〉，李開先，二〇〇四，頁584

【26】〈敕贈安人項母周氏墓表〉，李開先，二〇〇四，頁690。

【27】〈毛孺人墓誌銘〉，歸有光，一九八一，頁519。

【28】柯麗德，一九九四。

【29】馬蘭安，一九九八，頁70。

【30】呂坤，一六一七（一九二七重印），卷一。

【31】幾篇唐代故事，見《太平廣記》，卷兩百七十四〈情感〉。

【32】〈風月瑞仙亭〉，洪楩《清平山堂話本》第五篇。

【33】關於十二世紀版本，見《董解元西廂記》，陳譯，一九七六。奚如穀（Stephen H. West）與伊維德在一九九一年翻譯並分析了明代戲曲版本的《西廂記》。

【34】宋梅洞：《嬌紅傳》，載成伯泉，一九八四，頁280-323。見王崗，一九九四。該故事被孟稱舜（1599-1684）改編為戲曲《嬌紅記》。

【35】呂坤（一九二七重印），卷一，頁1b-2a。

【36】柯麗德，二〇〇〇。

【37】馬蘭安，一九九八，頁49-50。

【38】羅開雲，二〇〇三，頁258-159。

【39】〈結腸篇〉，李夢陽，一九七八，卷二十二，頁18b-20a。

【40】〈趙妻溫氏墓誌銘〉，同上，卷四十四，頁12a。

【41】魯氏書坊還出版了數種小曲和《西廂記》的一個版本。

【42】張敞是漢元帝時期的官員，他拒絕回答令他困窘的問題，即為什麼為妻子描眉。何郎是三世紀的何晏，他的白皮膚讓人誤以為是傅粉。顏回是孔子的得意弟子，他的早亡令孔子悲痛嗟歎。

【43】〈閨怨〉，朱靜庵（妙端，1423-1506）

【44】見魏嘉麗（Lara C. W. Blanchard），二〇〇七；柯麗德一九九七及二〇〇一。

【45】《昆山縣誌》（一五三九），卷十三，頁18b-19a。僅在一七三三年因性關係而導致的女性自殺被特別定罪（見戴真蘭，二〇〇一，頁66），但《昆山縣誌》顯示此類案件早在洪武年間（一三六八－一三九九）就已經為人所知了。

【46】洪楩《清平山堂話本》中第九篇〈風月相思〉深受《西廂記》的影響，其結尾有類似的愛之死的結局。

【47】《海州志》（一五七二），卷八，頁10b-11a。

【48】吳燕娜，一九九五，頁166-172。

【49】見明小說《西遊記》，十一和十二章，以及後來的戲曲，見曾白融，一九八九，頁386。

【50】下面討論的《西廂記》中十分流行的婢女紅娘，也因對抗權威而受到稱許。不過紅娘是一個相對不複雜的例子，因為她對抗的權威很明顯是不公正的（女主角的母親可以理解為對婚約承諾的食言）。

【51】馬克夢，一九九五。

【52】〈宋仁宗認母記〉，嘉定《說唱詞話》文本的第四篇。本人感謝伊維德指出這個故事的關聯性。

【53】賈志揚，二〇〇一。

【54】關於歷史上宋代的判官包拯從元代至今日成為文本及電視劇中的正義主角的轉變過程，見韓南，一九八〇，James St. André，二〇〇七，尤德（Daniel M. Youd），二〇〇七。

【55】作者為元代晚期江蘇省的汪元亨。該劇本已不存。

【56】馬蘭安，一九九八，頁15-76。

【57】說唱故事在家中吟誦，見馬蘭安，一九九八，頁70。粵劇《狸貓換太子》的片段可以在Youtube上找到。

【58】有關為孝女竇娥建祠，見柯麗德，一九九七，頁623和624；又參見《海州志》（卷八，頁15b-16a）中關於為她建祠的另一處記載。

【59】〈張貞女獄事〉，歸有光，一九八一，頁92-94。

【60】馬蘭安，一九九八，頁30。

㈡史外線索

向皇后（1046-1101）及史傳以外的傳記資料

伊沛霞（Patricia Ebrey）／華盛頓大學
宋剛譯／香港大學

朝代史通常包括皇后的傳記，其中包括因兒子取得皇位而晉升爲皇后的妃子們。這些傳記與本書中宋漢理（Harriet Zurndorfer）、錢南秀及其他學者所論述的《列女傳》傳記一樣，有著相同的老套和成規的問題。然而就皇后而言，其他方面的史料常常使我們能重建有關她們生平更詳盡的記述。宋代有足夠的資訊收錄在標準的史料中，以重建她們生平中無可置疑的核心部分——出生、死亡，或者嫁娶不論是已出還是妃子生的皇帝的子女。就攝政的皇后而言，不論攝政時間或短或長，關於宮廷政治方面的史料在宋和宋以後的各朝一般都很豐富。當然，標準的政治性敘述有其自身局限，由於黨爭的驅動，很少關於宮廷政治的文本能逃脫被改寫的命運。不過現代史學研究已經做了很多工作，指導我們如何閱讀這些材料。[1]

北宋時期（960-1126），有四位守寡的皇后扮演了重要的政治角色。眞宗在（997-1022年在位）一〇二二年駕崩時，他的寡妻劉太后主持由其年僅十三歲的繼子仁宗（1022-1063）繼位，並攝政直到她在一〇三二年殯天爲止。[2]神宗（1067-1085在位）一〇八五年駕崩時，他的母親高太后主持由其十歲的孫子哲宗（1085-1100在位）繼位。她攝政直到八年後殯天爲止。高氏是一位強力勢統治者，她廢除了神宗和王安石（1021-1086）所推行的新法，從而成爲保守派或反改革派的領袖。哲宗一旦有機會自己執政，就全力反覆高氏所爲，重新推行其父皇的新法。哲宗於一一〇〇年駕崩時並無子嗣，他的養母也就是神宗的寡妻向皇后主持了由新皇帝徽宗（1100-1125在位）繼位，並與徽宗共治了半年時間。一一二七年，在欽宗與他的皇子們及退位的徽宗遭金人俘虜之後，曾被哲宗於一〇九六年貶黜並在此後三十年的大部分時間住在道觀中的孟皇后，被請回去主持登基，指定徽宗衆子中唯一一位逃脫追捕的趙構爲新的皇帝（高宗，1127-1162在位）。[3]

在本文中，我會考察有關第三位女性即向皇后的生平資料。在翻譯《宋史》中她的傳記之後，我會說明正史所缺部分大多可以在其他史料中找到，而這也同樣適用於任何其他的宋代皇后。然而，向皇后之個案對我尤爲吸引之處，在於一部僥倖存留後世的日記，乃是向氏參政之時作爲宰執一員的曾布所作。[4]這一極爲詳盡的日記，記錄了朝廷內外議政者之間的談話，被用來作爲一種會議筆錄。《永樂大典》所存抄的三章，包含哲宗在位後九個月到徽宗繼位的前六個月的一段時間。該日記記錄了向皇后與群僚或與曾布一人之間的多次會談，使得我們有可能比其他史料更多地看到她對自身處境的看法。

《宋史》中的向皇后傳

《宋史》中的向皇后傳很短，全文如下：

神宗欽聖憲肅向皇后，河內人，故宰相敏中曾孫也。治平三年，歸於潁邸，封安國夫人。神宗即位，立爲皇后。

帝不豫，后贊宣仁后定建儲之議。哲宗立，尊爲皇太后。宣仁命葺慶壽故宮以居后，后辭曰：「安有姑居西而婦處東，瀆上下之分。」不敢徙，遂以慶壽後殿爲隆祐宮居之。帝將卜后及諸王納婦，后敕向族勿以女置選中。族黨有欲援例以恩換閤職，及爲選人求京秩者，且言有特旨，后曰：「吾族未省用此例，何庸以私情撓公法。」一不與。帝倉卒晏駕，獨決策迎端王。章惇異議，不能沮。

徽宗立，請權同處分軍國事，后以長君辭。帝泣拜，移時乃聽。凡紹聖、元符以還，惇所斥逐賢大夫士，稍稍收用之。故事有如御正殿、避家諱、立誕節之類，皆不用。至聞賓召故老、寬徭息兵、愛民崇儉之舉，則喜見於色。纔六月，即還政。

明年正月崩，年五十六。帝追念不已，乃數加恩兩舅，宗良、宗回，皆位開府儀同三司，封郡王。而自敏中以上三世，亦追列王爵，非常典也。[5]

這個傳記沿用了《宋史》中很多皇后傳記都具有的成規寫法。我們知道向氏有無可挑剔的家族出身。由於先祖中有一位極受尊崇的宰相，因而她是出身於文官菁英階層，而不是提供了眾多皇后的武官菁英階層。[6]提供給我們關於她個人的證據都是經過仔細挑選的事件，顯示出她與婆婆高太后及與養子徽宗的交往。即便在成了寡婦且養子哲宗即位之後，向氏對高氏始終以媳婦自居。她與徽宗的關係沒有得到全面的概述。她爲徽宗而反對宰相章惇的異議，但是並未努力像婆婆的那樣治理朝政，而是在六個月之內就「還政」給徽宗。史家還強烈暗示，向氏對徽宗朝政的參與，似乎與將朝廷交還給被哲宗放逐的保守派官員有關。

這個傳記還論及一個俗套，即掌權的皇后極力將族黨與后位分隔，以此保全族親。因而本傳記的重要部分在於向氏如何拒絕族黨的請求，不讓本家的女子成爲下一代皇子們的擇偶人選。借助強調她迅速將朝政歸還給徽宗，傳記作者提醒讀者留意這樣一點，即在新皇帝成長到足夠親自主政時，劉太后和高太后並未將權力返還，而是把持權力直到她們去世爲止。

這篇傳記所遺漏的某些部分是很容易被識別的。其中既沒有提及向氏與丈夫神宗的關係，也沒有提及她所生的孩子，也沒有提及她與包括哲宗、徽宗生母在內的神宗其他嬪妃的關係，更沒有言及任何她與兒媳之間的關係。接下來我會引用其他方面的史料，以便能更深入地瞭解這些另類關係。

重建向皇后生活中的女性及子女們

標準史料涵蓋足夠的重要訊息，使我們瞭解到任何一年中皇宮裡的主要住戶。這類訊息包括嬪妃們何時受封、何時死亡，她們的兒子何時出生和死亡，女兒何時受封、死亡或出嫁，以及每個子女的母親的身分。[7]在此我想總括這些方面，看看我們可以從向皇后三十五年的宮內生活中得到什麼。

一〇六六年，向皇后二十一歲，成爲英宗（1063-1067年在位）長子的妻子。她的丈夫即後來的神宗當時十九歲，在那一年年底之前會被正式立爲儲君。次年年初英宗駕崩，神宗登基，而向氏則被晉封爲皇后。

在皇位變更之時，與先皇相關的女人們沒有馬上離宮，所以向皇后不是宮內的大婦。她的外祖母也即仁宗的後妻曹氏太皇太后尚且健在，時年五十二歲。仁宗所生的三個女兒於一〇六〇年及次年受封，此時也住在宮中，大約七、八歲左右。還有兩位仁宗的寡妻，都是位階較高的嬪妃，苗氏於一〇三八年得初級封號，到六十年代升到三等德妃；周氏四歲與姨母入宮，一〇五九年得初級封號，而她所生的兩個女兒在一〇六〇年及次年分別得到封號。此時苗氏無疑已經四十歲開外，而周氏似乎只比向皇后大不到十歲。

向皇后與她丈夫的直系親屬的聯繫似乎更爲密切。她的婆婆高太后三十五歲，比她大十四歲。除神宗外，高氏還有四個子女住在宮中，包括兩個十幾歲的女兒（分別在一〇六九和一〇七〇年出嫁）和兩個兒子，一個十七歲，而另一個十一歲。因高太后希望他們留在身邊，所以特意安排讓這兩個小叔婚後留住在宮中。[8]因英宗納了很多其他嬪妃，所以還有與高氏同樣的寡婦。不過她們中間沒有人生育子女。至少有三位繼續在此後的二十幾年中得到晉升。

當子女長大離家及新皇帝有了更多的嬪妃和自己的子女之後，先皇家庭的顯赫勢力自然開始衰減。一〇六九和一〇七〇年，神宗的兩個妹妹相繼出嫁。向皇后是神宗的嬪妃中第一位生育的，她產下一個女嬰，似乎是在神宗即位之前出生的，於一〇六七年得到首個封號。一〇六九年有三位女性得到嬪妃的稱號：宋氏在一〇六九年爲神宗生下第一個兒子，但他在一年內夭折。一〇七〇年張氏生下神宗第二個女兒，一〇七一年邢氏生下神宗的第二子，但在一個月內夭折。邢氏和張氏都是普通宮女出身，在神宗對她們發生興趣之後（或直到讓她們懷孕之後），二人才被擢升列爲嬪妃等級。向皇后在一〇六七年產下一女之後，就沒有再生育過，所以很可能神宗對宮女的興趣要大於對正妻的興趣。

到了一〇七五年，神宗在位已經八年，又有三個子女出生。一〇七三年，宋氏產下第三子。次年另一位不明身分的女性產下第四子，但兩日內就死了。一〇七四年，邢氏產下第五子，也只活了一年多。不過，向氏和張氏的女兒都已經長大，而且另外一位朱氏被提升爲貴妃。一〇七六年她生下第六子。因爲前五個兒子中的四個都沒能活過兩歲，新生兒在出世時只有一個長兄，而他（三子）在一〇七七年五歲的時候也死了。至此，幾乎所有在宮內的子女都是神宗一人的。仁宗的兩個女兒在一〇七五年出嫁，此時僅剩一人。

仁宗妻子曹氏太皇太后於一〇七九年殯天，這使向氏的婆婆高太后成爲宮中階位最高的女性。既然高氏不必再以兒媳身分守候曹氏，向氏很可能花更多時間親近高氏。她的女兒在一〇七八年十二歲時死去，不再有自己的兒女。事實上，在一〇八〇年神宗只有兩個子女還活著，一個兒子於一〇七六年出生，而另一個兒子於一〇七八年出生。一〇八一年，兩個兒子中小的也死了，因而所有龍脈傳承的希望都在這個男孩身上。有可能是因應這個危急情況，神宗開始寵倖其他內宮女性。一〇八二年，宮女郭氏、陳氏、武氏和林氏都得到嬪妃封號，而她們也都在同年或次年產下子女。兩年內有五個男孩出生，一〇八二年三個，加上一〇八三年兩個。到一〇八四年底，神宗有七個子女，兩個女孩和五個男孩。另外，還有幾位嬪妃也都懷孕了。

一〇八五年三月（陰曆），神宗三十八歲時因病駕崩，而向皇后的人生則發生了戲劇性的變化。神宗的長子哲宗爲朱氏所生，當時僅十歲，被置於皇帝寶座。向氏的婆婆攝政，成爲一個有決斷的統治者。朱氏因兒子承繼帝位而被升爲皇太妃，但因向氏的關係而不能成爲皇后。不過她後來搬到了自己的寢宮聖瑞宮。

神宗駕崩時有孕在身嬪妃們一旦生下子女，後宮多年不再有生育紀錄，但生活在宮中的皇族人員的構成仍以其他方式發生變化。高太后的兩個兒子最終搬出皇宮（她最小的女兒也於一〇八五年出嫁）。一〇九〇年哲宗的大姊出嫁，而高太后和向皇后則開始籌畫哲宗的婚事，以及接下來他的弟弟妹妹的婚事。

即便哲宗於一〇九二年十七歲時成婚，他並未被視爲成人，他的祖母在上朝時仍坐他旁邊的屏風後面聽政。然而次年高太后殯天，哲宗開始親自掌權。此時，在進入皇宮二十七年之後，向氏成了位階最高的女性。

九十年代後期，哲宗的弟弟妹妹們離開了皇宮。在一〇九五到一〇九九年間，五個弟弟先後搬到爲他們興建的王府中。哲宗偶爾會帶著向皇后和皇子的母親們臨幸各個王府。在這段時期，哲宗開始有他自己的子女。他們的存活比例沒有高過自己的兄弟姊妹，在一〇九六到一〇九九年間出生的五個子女中，只有兩個存活，而且都是女孩。

哲宗二十四歲時，於一〇九九年下半年得重病，次年正月駕崩。作爲后妃之長，向皇后選擇了哲宗的二弟徽宗繼位。

孟皇后與劉妃事件

標準史料不但爲我們提供了重要訊息，而且還提供了對向皇后而言十分重要的事件的敘述，儘管她本人的傳記在這方面保持了沈默。她的兩個兒媳之間的爭鬥就是一個很好的例子。爭鬥結果，引出對孟皇后不利的佞巫指控，宮內太監進行的祕密調查，孟皇后的被黜，與她相關的幾個人的死亡，及最後劉妃被晉封爲皇后。【9】

在高太后還活著的時候，她與廷臣商議有必要爲哲宗找一個皇后。臣子們支持從「勳德之家」選后的傳統，所謂「勳德之家」，就是那些一個多世紀以前有份於宋朝創立的家族。高氏和向氏的家族尤其被認爲是合適的對象，然而兩家都呈報沒有適齡女孩參選。高太后認同選皇后當以賢德爲先，不過卻反問說「人家子女養於閨閣，賢與不賢，人安得悉知？」【10】也許是自問自答，有超過一百位女孩被帶到宮中，以便爲哲宗選一個合適的皇后。【11】

在半年之內，高太后遴選出來自九個家族中的十個女孩，她宣諭群臣說孟氏最爲出色，只是比哲宗年長三歲。她認爲女方最好不是貴戚之家，因爲從貴戚家族出身的女兒都驕矜難教。群臣們都同意對孟家進行仔細查驗。【12】一〇九二年下半年，哲宗與孟氏成婚。

高太后殯天之後，哲宗終能得以表達他被高氏所掌控的不滿。也許主要是因爲他將孟氏與高氏聯繫在一起，所以他向高氏爲自己選的妻子發難。他縱容甚至有可能慫恿自己所寵愛的劉婕妤，粗暴對待年輕的皇后。當劉氏指控孟氏與邪術道士有染時，哲宗命大太監們在後宮查辦所謂的陰謀。三十名宮女和太監被用刑，有些人甚至被毀肢斷舌，其後各種罪名被羅織出來。比如指控說孟氏讓人繪製劉氏的畫像，用大釘釘入其心臟部位，以此希望殺死劉氏。她還被指控說在紙上寫「歡喜字」，燒符取灰，放在茶水中進奉給哲宗，冀望他對孟氏回心轉意。【13】

在收到呈報之後，哲宗告諭群臣說兩宮太后（即向氏和他的生母朱氏）指示他下詔罷黜孟氏。臣僚們與哲宗展開了持久爭論，他們分明知道對尤其是柔弱女性施以酷刑的審問不見得揭示出眞相，但他們也知道哲宗相信自己處於危殆的境地。最後，他們默許了哲宗的決定，將孟氏罷黜並遣送到一處道觀中。【14】

選擇徽宗繼位

另一件在向皇后生平中較重要的事，乃是她在選則徽宗繼位過程中所扮演的角色。該事件被完整記錄在曾布的日記中。

哲宗在病榻奄奄一息時，樞密院有四位宰輔：曾布、章惇、蔡卞和許將。儘管四位都可以列爲王安石新法的支持者之列（常常稱爲新黨），他們之間仍有明爭暗鬥，而曾布視章惇爲主要敵手。一一〇〇年一月十二日，曾和同僚們入宮，總管太監將他們引到福寧殿，而向皇后已在那裡垂簾等候。她跟臣子們說哲宗已駕崩，因爲她沒有兒子，所以在皇位繼承問題上必須作一決定。據曾布所記：

眾未及對，章惇厲聲云：「依典禮、律令，簡王母弟之親，當立。」餘愕然未對。太后云：「申王以下，俱神宗之子，莫難更分別。申王病眼，次當立端王。兼先帝曾言端王生得有福壽。嘗啓云，官家方偶不快，有甚事？」[15]余即應聲云：「章惇並不曾與眾商量，皇太后聖諭極允當。」蔡卞亦云：「在皇太后聖旨。」許將亦唯唯。[16]

曾布記載，在對議中有超過一百名臣下及太監在簾外羅立，他們莫不聽聞此語。曾布命其中一位都知梁從政召哲宗的五個弟弟。梁從政指出，「五王至，當先召端王入即位。訖乃宣諸王。」後來得知端王請假，不在宮中，於是遣使宣召。[17]當他們等候徽宗的時候，曾布告訴太監說宰輔們需要親眼看到哲宗的遺容。得向皇后許可之後，宰輔們被帶到御榻前，解開覆面白巾，確認哲宗已死。[18]很快，宰輔們就聽報說端王到了。

余等皆同升，至寢閣簾前，皇太后坐簾下，諭端王云：「皇帝已棄天下，無子，端王當立。」王踧踖固辭，云申王居長，不敢當。太后云：「申王病眼，次當立，不須辭。」余等亦云：「宗社大計，無可辭者。」都知已下搴簾，引端王至簾中，猶固辭。太后宣諭云：「不可辭。」余等隔簾云：「國計不可辭。」聞簾中都知以下傳聲索帽子，遂退立庭下。少選，卷簾上頂帽，披黃背子，即御坐。[19]

宰輔們退下，以哲宗名義商定遺制，召學士蔡京草擬。在對朝臣宣讀遺制之前，徽宗命宰輔們覲見。曾布是這樣記錄的：

> 上御坐，宣名奏萬福訖，升殿。上密諭章惇，語聲低，同列皆不聞。余云：「臣等皆未聞聖諭。」惇云：「請皇太后權同處分事。」上亦回顧餘等云：「適再三告娘娘，乞同聽政。」余曰：「陛下聖德謙挹，乃欲如此，然長君無此故事，不知皇太后聖意如何？」上云：「皇太后已許，適已謝了，乃敢指揮。兼遺制未降，可添入。」[20]

宰輔們召回蔡京，將遺制重新修改。寫完之後，其他朝臣被告知哲宗已駕崩，徽宗繼位。而後，宰輔們又前去撫慰向皇后。

> 復升殿，至簾前與親王等分立。又奏皇太后，已得聖旨，於遺制中添入「權同處分軍國事」。太后云：「官家年長聰明，自家那裏理會得他事。」余等云：「皇帝宣諭，云太后已許，已謝了。」太后云：「只爲官家再三要如此，只管拜。」余云：「已降遺制，願上體國計，勉徇皇帝所請。」遂退。[21]

從曾布的見證看，向皇后讓徽宗繼位的意見很明確。在他處被記錄的對話中，她重複講述徽宗如何聰明。其中有一次，她明確地說其他皇子都比不上端王。[22]還有一次她講端王有仁慈之性，因爲曾有宮妾被拷打致死，端王聽說之後爲其哭泣。[23]沒有任何理由懷疑向氏是喜歡徽宗的，而且認爲他是神宗子嗣中最有能力的一個。另外，端王只比申王趙佖小三個月，所以兩人的年齡差距只具有象徵性意義。如果大弟有眼疾或者視力不佳，他可能無法勝任帝位的人選，因爲皇帝必須要閱讀大量的奏章和文件。

一一〇〇年參政

在徽宗告訴宰輔們說想讓向皇后共同掌政後，他們立即退下共同商議如何做出安排。當時考慮了兩種有先例可循的選擇。一個是前朝的幼帝仁宗和哲宗的例子，在太后聽朝時豎立捲簾，而太后和幼帝共同坐在簾子後面。宰輔們同時對二人說話，不過事實上是與太后商討國事。此外，太后在禮儀上被視爲統治者，其生日被給予名號加以慶賀，而其聽政之事也要知會宋朝的主要外交夥伴契丹遼國。宰輔們提出來可供選擇的另一個「故事」先例，則發生在英宗生病時期，宰輔們先到議政大殿面見英宗，之後去後殿面見曹太后，呈報與英宗所談事項，請曹太后定奪。這個方法被當作是臨時的權宜之計，而依禮太后不會被視爲統治者。曾布認爲英宗的先例最爲可行，因爲徽宗和英宗都是以成人身分求太后襄助。儘管有同僚提出異議，但最後被曾布說服了。[24]

曾布而後試圖勸說徽宗，「章獻時仁宗方十三，宣仁時大行方十歲，陛下豈可坐簾中？」[25]然後宰輔們拜見向皇后。在爲她解釋了英宗朝先例之後，向氏說，「相公等裁定。」章惇和曾布堅持詢問向皇后的意見。向氏說：「莫奏，取官家指揮。」曾布保證說已與徽宗談過此事，「適皇帝再三令稟皇太后聖旨，兼此事是皇太后身分事，皇帝實難裁處。」章惇也說：「是太后面分事。」向氏就說：「皇帝長成，本不須如此，只爲皇帝再三堅請，故且勉從。非久便當還政，只如慈聖故事甚好。」[26]

宰輔們都盛讚向皇后聖德謙恭，然後商定具體細節，包括她不會到前後殿聽朝，也不會接受各種上奏表章。樞密院成員在奏請皇帝之後，會到東門向她呈報。此外，向氏的生辰不建名節，也不遣使契丹知會她聽政之事。[27]

此後幾天，向皇后主動提出後宮事務處理的問題，例如徽宗去世的母親，以及哲宗守寡嬪妃的生活起居和封號賞賜。攝政兩天後，向皇后親寫手詔，表示不久就會退歸權力，而且不會在前後殿聽政。[28]大臣們將手召呈給徽宗，稱讚說向皇后之德古今所未有。徽宗也稱歎不已。曾布又稱讚向皇后的文采，說文詞甚美，即便外廷的詞臣也不能相仿佛。徽宗回答說：「皇太后聰明，自神宗時已與聞政事。」[29]神宗駕崩之時，徽宗還只是一個孩童，所以他應該是從有過經歷的宮女或太監口中得知這些往事的。

攝政剛剛幾日，向皇后就不再採取主動，只是即刻同意大臣們和徽宗所作出的決定。不過有時她會在大臣們覲見時討論時政。一一〇〇年三月九日，大臣們彙報朝官任免之事，談論到上主明辨正邪官員的重要性。

太母咨嗟久之，云：「惇等誤先帝處多。」又云：「神宗聖明，豈近世人主可比？只是晚年不免錯用卻人，不免致天下論議。」余云：「神宗英睿，非其他人主可比。其所用人材，亦皆極一時之選，然拔十得五，古人之所不免，其間固不能無錯，聖諭盡之矣。先帝聰明亦極過人，但少年輔導，不可不得人爾。臣初在政府，所聞德音多可稱頌，其後爲眾論所咻，不能無惑，昨因彗星肆赦，寅畏恐懼見詞色。」太母云：「亦畏懼。」[30]

在之後的對話中，向皇后又歎息哲宗常被人誤導。曾布接著談到了哲宗自己掌權之後發起的一次更惡劣的爭端，指控高太后陰謀罷黜他，還說高太后不是神宗的生母。向氏回應說：「宣仁是慈聖養女，嫁與英宗，當時是甚事勢，又宣仁實妒忌，方十六七歲，豈容有他人所生之子。廢立事以冤他人，娘娘豈有此意？如此教他先帝，怎生不惡？」[31]

曾布雖看起來與向皇后相處融洽，不過他曾警告徽宗防範向氏。他不僅促成了一種相對有限的攝政，而且還警告徽宗確保向氏要如自己所承諾的那樣引退。五月九日，曾布對徽宗提及向皇后，「陛下已生子，皇太后弄孫，無可垂簾之理。」徽宗重複說此事是他自己堅請所致，而且向皇后寫有手詔，要在哲宗牌位升祔之後還政，也不過是一兩個月的事而已。然而，曾布指出她有可能像高太后那樣改變主意，而她身邊的人可能不情願她失去影響力，所以建議徽宗應該預防這些人妄生事端。徽宗不相信太母會輕易受騙，但同意小心行事。曾布又催促說，徽宗要事先決定在向皇后還政之後，有哪些事還會向她呈報。令他安心的是，徽宗回答說，除親王公主的閒事之外，其餘的外事不必向她呈報。[32]

此番談話之後，曾布請求徽宗不要讓其他人知道他說了些什麼，「君不密則失臣，臣不密則失身。」[33]很明顯，曾布不相信向皇后身邊的那些人，甚至向皇后本人也不信任。

向皇后參與的一項政治事件，是介入曾布和新知樞密事的韓忠彥試圖將蔡京調離京城的行動。她想讓蔡京留下重修神宗朝史書，這明顯是由於她認爲高太后掌權時所任命的保守派史官，對自己丈夫的記錄仍有太多的偏見。[34]

四月二日，徽宗召見曾布。他警告曾布說向皇后想留下蔡京，而後曾布拜見向皇后，結果她不肯讓步。曾布警告說，如果她不讓步，他就可能請辭。然而向氏回答說：「干樞密甚事？」（曾布任職樞密院，其職權乃是兵部首腦）。當曾布說「君子小人不可同處」時，向皇后反駁道：「先帝時亦同在此。」因爲曾布固執地不斷回到這個話題，向皇后最後不得不說「日色已晚」，令其退下。[35]

七月底，哲宗喪事辦理完畢，他的牌位也被列於皇室的宗祠中。向皇后正式退出參政，而徽宗也能更自主地更換長兄哲宗所任命的官員。因而在一一〇〇年九月八日，徽宗最後接受了章惇的請辭。

向氏不再正式介入朝政，官員們得以再次有機會抨擊蔡京。最敢於直言的保守派左司諫陳瓘在一一〇〇年九月十六日上奏，抨擊向皇后的親屬，還指控她實際上沒有放棄參與朝政。向氏非常難過，不肯進食。徽宗試圖安慰她，說要放逐陳瓘。向氏的隨從建議說，能令她安心的做法是讓蔡京擔任宰輔一職。徽宗沒有那樣做，但在次日他將陳瓘調離了京城。[36]陳瓘則不斷上奏，指斥向皇后干政。[37]

一一〇〇年十月（陰曆），蔡京最後被奪職返鄉。曾布告訴徽宗，舉國都想罷免蔡京，然而因他此前試圖說服向皇后，結果卻將她惹怒，所以他很怕再爲此事開口。[38]

史家常常認爲向皇后是最想挽回保守派的人，只是由於她在一一〇一年去世，徽宗才能改變形勢。實際上，徽宗與大臣們論及很多保守派官員，而他也親自提議將其中多人召回朝廷。相反，向皇后卻更關心將新黨的蔡京留在朝廷。

與曾布關於宮廷人際關係的談話

新皇帝不但意味著外廷的高官間權力關係的變化，而且也引發了內廷的調整。哲宗駕崩時，有三位女性對尊號有特別強烈的要求：向皇后是神宗的寡妻、哲宗及徽宗的養母；朱太妃是神宗的長妃及哲宗的生母；劉皇后是哲宗的寡妻。每人都有自己的寢宮，有相應的太監和宮女侍候。例如，一一〇〇年有七百隨從與朱太妃住在聖瑞宮。[39]向皇后的地位因徽宗登基而得到加強，因爲她是唯一有徽宗母親身分的人。相反，朱太妃和劉皇后與龍脈傳承的主線不再緊密相連。她們也可能預見，過去與她們拉關係的人如今把注意力轉向更有希望的恩主，比如徽宗的妻子，或任何一個得到徽宗寵倖的妃子。哲宗首任皇后所錯過的機會，徽宗妻子王皇后很快就得到了。一一〇〇年四月十三日，她爲徽宗生下第一個兒子。

曾布偶爾會記錄與向皇后在內宮事務上的長談。二月二日，向氏談到哲宗的最後的時日和治療。那一天她也抱怨自己的閱讀能力還不足以處理朝廷公文。她本不識「瞎」字，直到在邊奏中看到征名中有這個字才識得。章惇說太后聖明，足夠裁處政事，還提到禪宗六祖也是不識字的。[40]

在曾布記錄的對話中，向皇后很少顯露出對朱太妃的熱心和同情，即使她與後者比鄰而居達三十年之久。她常常將朱氏稱爲「聖瑞殿中人」或者直接稱「聖瑞」。她和徽宗都意識到，朱氏的兒子對未能繼位心存不滿，所以需要留意防範。[41]二月十二日，曾布與向氏談論章惇及其在哲宗駕崩當天的舉止。

向氏的理論是哲宗的生母朱太妃在幕後支持章惇，立她的兒子簡王繼位。她認爲朱氏叫一名太監告訴章惇說，他應爲自己得到宰相的職位而報答朱氏，散布消息說哲宗病危時曾說過，他的十二弟是朱氏親生的，因而爲穩便起見應該被選中繼位。向皇后同意曾布的看法，說散布此種消息的人罪當至死。[42]一個月以後，曾布和向皇后談論了類似的故事，牽扯上朱氏和另一個太監，說那個太監把朱氏的東西搬到哲宗病臥的寢宮，顯然是要在哲宗死時在場，以便讓繼位之事按她的心意進行。[43]

向皇后不喜歡她的媳婦劉皇后，最明顯體現在她試圖廢黜劉氏，恢復孟氏的皇后名號。她認爲貶黜孟氏乃是正義的重大失敗。她告訴宰輔們說，她從未支持貶黜孟氏，並且否認看到所謂貶黜孟氏的詔書。[44]不久後的五月初（陰曆），徽宗命宰輔們考慮恢復孟氏皇后名號。曾布告訴他說，此舉唯一的先例是死後封還名號。另外，同時有兩位皇后的情形也似乎不妥。五月七日，徽宗告訴曾布說，向皇后希望廢黜劉氏而恢復孟氏。曾布則堅持，如此做法是顯彰哲宗之短處，而且小叔不能廢除兄嫂。徽宗命人去向向皇后解釋原因。在他們提到這個話題時，向皇后堅持一帝一后的常理。章惇支持她，而其他人則保持沈默。當曾布又有機會與向皇后談論時，他試圖轉移話題，將章惇對哲宗的惡劣影響作爲主題，強調他僞造了朱氏的詔書。結果，雙皇后的辦法成爲最大的妥協。向皇后很不情願地同意了這樣的處置。[45]六月二十三日，詔令傳到瑤華宮，孟皇后被復位。[46]

在談到孟氏返宮所要遵循的禮儀時，向皇后沒有隱藏她對孟氏的多方偏愛。她決定讓劉皇后先拜，而後孟皇后答拜，而且孟皇后隨從靈駕，而劉皇后只是恭迎虞主。

在談話間，向氏又旁顧言他：

郝隨嘗取宣仁所衣后服以被元符，先帝見之甚駭，卻笑云：「不知稱否？」……元祐本出士族，不同，初聘納時，常教他婦禮，以至倒行、側行皆親指教，其他舉措非元符比也。【47】

這次談話中曾布還提到一個微妙的話題：

「皇太后自正位號，更不曾生子，神宗嬪御非不多，未聞有爭競之意。在尊位豈可與下爭寵？」太母云：「自家那裏更惹他煩惱。然是他神宗亦會做得，於夫婦間極周旋，二十年夫婦不曾面赤。」【48】

有位官員表示擔心孟、劉在成爲雙皇后之後如何和睦相處，向氏對宰輔們說，「元符、元祐俱有性氣，今猶恐其不相下。」宰輔們說唯有向氏才能讓二人中規守矩，向氏就回答：「他兩人與今上叔嫂，亦難數相見，今後除大禮、聖節、宴會可赴，餘皆不須預，他又與今皇后不同也。」【49】

讀過《宋史》的後妃傳之後，再讀曾布日記這樣的史料，會有清新之感，其中對話的引文部分，常常以口語記錄。內宮生活的圖景也許對我們並不完全陌生（儘管我不會猜測朱太妃的寢宮有七百名侍從之多）。朱太妃竭力讓她兒子繼承哲宗的做法是十分可能的，而她找一個高品階太監幫忙的想法同樣有可能。向氏和朱氏之間的齟齬也言之成理，因爲如果一個不在了，另一個就會有更強的地位。

在曾布記錄的對話中，向皇后在眞正關注某事的時候可能會很嚴厲，比如她爲保留蔡京和廢黜劉皇后的所作所爲。然而，她的權力仍然有限。宰輔們願意哲宗死後封雙皇后的方案，不過他們堅持向氏和徽宗不能在哲宗死後貶黜劉皇后。在向皇后退出參政的兩個月內，蔡京被逐出京城，這意味著引退之後她的權力已經大大縮減了。

將《宋史》中向皇后傳同有關她的其他方面的史料加以比較，不但顯示出正史的史傳內容單薄，而且常常有誤導性。例如，史傳讚揚她不讓本家的女孩作爲哲宗皇后的遴選對象，但從更全面史料中的記載來看，似乎是因爲向家當時沒有適齡的未嫁女孩。史傳讚揚她從未給自家親屬任何好處，但更全面的史料顯示她非常關注族親，而且會因他們受攻擊而難過。史傳暗示她在挽回保守派方面值得肯定，然而實際上她卻主動要留下新黨領袖蔡京。史傳暗示她本人的謙恭使她不立誕節，不設家諱，就像劉太后和高太后的先例一樣，然而我們從曾布的日記看到，她是在曾布及其他大臣強力壓力下才那樣做的。即便向皇后以兒媳身分服侍高太后多年，也不因此表明她具備後者所有的政治情懷。也許像哲宗一樣，她也不滿於高氏的強力手腕。考慮到她堅持讓蔡京重寫神宗朝的歷史，很可能她也對高氏全盤否決神宗新法所帶來的不利環境而感到不滿。

本書的作者都意識到女性傳記中成規範式的力量。有人將成規範式作爲研究主題。有人則突破傳記資料的局限，運用多種方法瞭解更多的婦女生活。例如，姚平向我們展示出如何彙集成百上千的墓誌銘，以從中獲取有用的資料。我此處所採納的方法，是在朝代史中一名女性的傳記隱過於顯的情況下，引用一些無法歸類爲史傳的資料，在某種意義上書寫我自己爲她所作的傳記。

我認爲，我對《宋史》向皇后傳的分析，爲閱讀其他朝代史皇后傳記提供了方法。讀者們顯然需要注意這些傳記中的缺失部分，以及被收錄的內容背後隱藏著某種政治動機的可能性。最好的方法是將這些史傳與其他資料對照閱讀。即便是與那些皇后們時間重合的嬪妃們的傳記，也能提供關於被遺漏或被曲解部分的某些線索。

註釋

[1] 關於黨爭如何影響到宋代的歷史記錄，見蔡涵墨（Charles Hartman）所寫的文章，尤其是〈奸人的塑造：秦檜和道學〉（"The Making of Villain: Ch'in Kuei and Tao-hsueh"），《哈佛亞洲學研究》（*Harvard Journal of Asiatic Studies*），一九九八年五十八期，頁59-146；〈不情願的史家：孫覿、朱熹和北宋的滅亡〉（"The Reluctant Historian: Sun Ti, Chu Hsi, and the Fall of Northern Sung"），《通報》（*T'oung Pao*），二〇〇三年八十九期，頁100-148；及〈《宋史》蔡京傳的文本歷史〉（"A Textual Hisotry of Cai Jing's Biography in the *Songshi*"），載伊沛霞、畢嘉珍（Maggie Bickford）編：《徽宗與北宋晚期的中國：文化政治與政治文化》（*Emperor Huizong and Late Northern Song China: The Politics of Culture and the Culture of Politics*），麻州劍橋：哈佛亞洲中心，二〇〇六年。

[2] 關於劉的生平，見賈志揚（John W. Chaffee）：〈劉皇后的得勢與攝政〉（"The Rise and Regency of Empress Liu"），《宋元研究》（*Journal of Song-Yuan Studies*），二〇〇一年三十一期，頁1-25。

[3] 這裏我用英語的習慣表達，以皇后的姓氏指稱她們。在中文資料中，更通常的做法是使用她們的封號。故而曹太后稱慈聖，而高太后稱宣仁。即使在下面的翻譯中，我也用這些稱呼以便有助於清晰表達。我還用了其他可比較的名稱，根據所指之人的身分，將先帝翻譯成神宗或哲宗，或者將元佑譯為孟皇后，將元符譯為劉皇后。

[4] 《曾公遺錄》，載繆荃孫編，《藕香零拾》（北京：中華書局，一九九九年）。關於宋代宰輔所保留的日記，見燕永成，〈北宋宰輔朝政筆記研究〉，《文獻》，二〇〇一年第三期，頁105-119。

[5] 脫脫等著：《宋史》（北京：中華書局，一九七七），卷兩百四十三，頁8630。該傳記的一個早期版本存於王偁的《東都事略》（台北：文海，宋史資料萃編，一九六七年），卷十四，頁2b-3a。其中包括有關她先祖的其他資訊，不過文本大部分相同或相近。

【6】關於皇族與軍事菁英階層的聯姻，見程秦家德（Priscilla Ching Chung）著：《北宋宮廷女性》（*Palace Women in the Northern Sung*），（《通報》專著十二，萊頓：布里爾，一九八一年），以及彼得．勞治（Peter Lorge），〈北宋軍事貴族和皇族〉（"The Northern Song Military Aristocracy and the Royal Family"），《戰爭與社會》（*War and Society*），二〇〇〇年十八期二號，頁37-47。

【7】此處所引資料為《宋史》卷兩百四十二、兩百四十三、兩百四十六和兩百四十八；徐松編《宋會要輯稿》，「帝系」，卷一，頁36a-41a；卷八，頁20b-38b；李埴，《皇宋十朝綱要》（台北：文海，宋史資料萃編，一九六七），卷四，頁124-127；卷七，頁198-199；卷八，頁210-213；卷十一，頁263-265；卷十五，頁320-326。

【8】《宋史》，卷兩百四十六，頁8720。

【9】這些敘述有多個出處，包括《宋史》卷兩百四十三，頁8632-8638；陳邦瞻：《宋史紀事本末》（北京：中華書局，一九七七），卷四十七，頁459-463；楊仲良：《通鑑長編紀事本末》（台北：文海，宋史資料萃編，一九六七），卷一百一十三，頁1a-10a；及《續資治通鑑長編拾補》（北京，中華書局，二〇〇四），尤其是卷十三，頁523-528。

【10】《長編本末》，卷一百一十三113，頁1a-b。

【11】《宋史》卷兩百四十三，頁8632。

【12】《長編本末》，卷一百一十三，頁2a-3b。

【13】《長編拾補》，卷十三，頁523-525。

【14】《長編拾補》，卷十三，頁523-526。

【15】這句話有些模稜兩可。也許向皇后試圖表明端王對哲宗很細心專注，也可能向氏在這裡以神宗指先帝（她用這個詞同時稱呼神宗和哲宗）。

【16】《宋史》卷十九，頁357-358記載了幾乎同樣的細節，但在徽宗〈本紀〉末尾對他的評價是「然哲宗之

崩，徽宗未立，惇謂其輕佻不可以君於下。」史家很可能在這裏採納了軼事文學圈内流行的常常是虛構的故事。例如關於相士的幾個故事，預言徽宗繼位，這無疑是在他即位之後傳開的。

【17】《曾公遺錄》，卷九，頁3a-b。

【18】《曾公遺錄》，卷九，頁3b。

【19】《曾公遺錄》，卷九，頁3b-4a。

【20】《曾公遺錄》，卷九，頁4a-b。

【21】《曾公遺錄》，卷九，頁4b-5a。

【22】《曾公遺錄》，卷九，頁10a。

【23】《曾公遺錄》，卷九，頁10a。

【24】《曾公遺錄》，卷九，頁6a-7a。

【25】《曾公遺錄》，卷九，頁7a-b。

【26】《曾公遺錄》，卷九，頁7b-8a。

【27】《曾公遺錄》，卷九，頁8a。

【28】《曾公遺錄》，卷九，頁8b。

【29】《曾公遺錄》，卷九，頁9a。

【30】《曾公遺錄》，卷九，頁39a-b。

【31】《曾公遺錄》，卷九，頁39b-40a。

【32】《曾公遺錄》，卷九，頁67b-68a。

【33】《曾公遺錄》，卷九，頁68a-b。

【34】關於這個時期歷史的改寫，見李瑞（Ari Daniel Levine）《北宋後期的修史黨爭與黨爭語言》（“A House in Darkness: The Politics of History and the Language of Politics in the Late Northern Song, 1066-1104”），

哥倫比亞大學博士論文，二〇〇二年。

【35】《曾公遺錄》，卷九，頁48a-b。又見《長編拾補》，卷十五，頁584-585。

【36】《長編拾補》，卷十六，頁606-607。此奏本的全文，見趙汝愚，《宋朝諸臣奏議》（上海：上海古籍出版社，一九九九），卷三十五，頁346-349。

【37】《宋朝諸臣奏議》，卷三十五，頁350-351。

【38】《長編本末》，卷一百二十，頁13b。

【39】《曾公遺錄》，卷九，頁59b。

【40】《曾公遺錄》，卷九，頁24a-b。

【41】《曾公遺錄》，卷九，頁70a。

【42】《曾公遺錄》，卷九，頁31b-32a。

【43】《曾公遺錄》，卷九，頁40b-41a。

【44】《曾公遺錄》，卷九，頁56a-b。

【45】《曾公遺錄》，卷九，頁65a-b。

【46】《曾公遺錄》，卷九，頁66a-b。

【47】《曾公遺錄》，卷九，頁69a。

【48】《曾公遺錄》，卷九，頁69a-b。

【49】《曾公遺錄》，卷九，頁69b。

生命與書簡：對曇陽子之再思

王安（Ann Waltner）／明尼蘇達大學
潘宗億譯／東華大學

本文致力於對十六世紀蘇州年輕女性宗師曇陽子之傳記及其書信集的相互對照研究。在此相互對照下，兩種文本間得以互爲闡明，而使我們得以較爲綜合的視野來理解此二文類（genre）。曇陽子的書信集，使我們有機會傾聽她的聲音；亦即以她個人的著述話語，來聆聽她如何闡述她的生平與教義。其次，藉由閱讀曇陽子的傳記與書信，我們得以探究性別相關議題，特別是曇陽子如何在其宗教修持的脈絡下概念化性別，以及其男性立傳者如何概念化性別。同步檢視曇陽子書信集及其傳記的結果，顯示晚明在性別觀念，以及與成仙之道相關性別論述上，與清代確有差異。再者，這兩種文本，讓我們得以觀察宗教實踐，如何成爲更廣泛之性別體系的一部分，並另闢蹊徑追蹤該性別體系之變化。

誠如本書導論性章節所論，列女傳乃中國歷史編纂傳統中女性傳記的典型。但傳記不僅可作某一種示例，正如道教與佛教傳記傳統，便載錄聖女生平，以作爲圭臬、模範與勵志之用。這些傳記反映出歷史載記文本的多種形式手法。它們通常簡短扼要，大抵以將傳記主體置於時間（討論父母家世的家系時間）與空間（經由標明出生地）脈絡，作爲其開端。這些簡短文本，在略述其特異童年歷程之後，通常進而舉徵傳主可作為圭臬的故事。[1]

女性典範傳記（或他類傳記）的讀者，可能受驅使提出一些連文本本身都無法回答的問題。正如本書所輯諸多文章所提，其中一個重要的問題，即有關「聲音」的問題。讀者在閱讀傳記時，不禁會想知道，「傳記主體會如何重述那一段故事？她又會如何理解自己的生命歷程？」我近期發現的一些書信，讓我得以開始回答有關曇陽子諸如此類的問題。

曇陽子（1557-1580）是一個同時浸淫於佛教與道教傳統的年輕宗教導師。她是一五八五年官居內閣首輔的王錫爵（1535-1610）之女。一五八〇年重陽之日的升天成仙，見證其一生宗教活動的高潮。經由其門徒所撰許多著述，曇陽子得以為世所知。其中關於曇陽子生平最重要的著述，莫過於由她父親與王世貞（1536-1590）所合作撰寫的《曇陽大師傳》。由其書信集，我們得知，曇陽子的門徒曾撰寫關於她的記述，而藉由《曇陽大師傳》所錄資訊，我們也知道她自己曾寫過一些書信和短文。直至近期以來，我們僅能透過其門徒與曇陽子崇拜批判者的聲音，得見其面貌。筆者最近無意中發現收藏於北京故宮博物院尤求所繪的曇陽子畫像，而該畫像乃是五十一頁曇陽子所撰而由王世貞輯錄之文冊題跋的卷首冊頁。[2]此一文冊（此後我稱之為故宮文冊）分成三卷，其中收錄許多種類的文本，但最主要則是曇陽子寫給她家人與王世貞本人及其家人的訓示和書信。此一故宮文冊全部未曾出版。在本文當中，我將介紹故宮文冊所輯錄文本，並將它們與《曇陽大師傳》作一對照，最後在此對照的基礎上，歸納若干嘗試性的結論。

一、曇陽子的生命歷程

曇陽子之出世伴隨祥瑞徵兆，她在非常年幼時，便表現出對觀世音早成的宗教虔誠之心。在其青少女時期，當曇陽子雙親著手籌備她與太倉人徐景韶之婚禮時，她開始停止進食。當其雙親表達他們的憂慮，她告訴他們無須憂心，因爲神祇有賜給她食物。當其未婚夫徐景韶在婚禮舉行前過世時，她則要求雙親讓她以徐郎「未亡人」的身分繼續生活。曇陽子的父親起初十分反對，說道既然她尚未嫁給徐郎，就不可作他的「未亡人」。此一爭辯，與本書中盧葦菁一文所論有關未嫁女性是否應爲死去丈夫殉身的爭論相當類似。最終，曇陽子不僅說服了父親，並得以在其家庭院所新闢居室，得開獨立進行宗教上的學習、教導與實踐。

造訪曇陽子之衆神明，以一系列魔難（或者更適當地說危機）來試煉她，而這些試煉清楚顯示，婚姻議題的解決並不意味著性別（性欲）問題的解決。在第一次危機時，一位穿著優雅的婦人，提議送給曇陽子一本名爲《相思》的書，該書名稱明顯帶有性欲的暗示意味；她回拒了婦人，因她視該書爲「邪」書。然後，一名年輕男性突然攻擊曇陽子，同時另一名男子則持刀抵住她的喉嚨。如《曇陽大師傳》文所述：

> 俄而，介者來，露刃譁曰，奈何傷吾兒？從吾婚則生，不者立斷汝頸。師即引頸受刃。欲下而眞君至大咲，遂蘇。[3]

在第三次危機時：

少年衣冠者前，通刺曰，余徐生也，念夫人以我故過自苦，特來相慰响。師正色對曰，吾自守吾志耳，寧爲情守唶而，它鬼耶則速滅，果徐子耶，歸而待我異日之魄於暮，少年乃愧謝去。

在最後一次危機時，一名道士出現並以曇陽子自身美貌爲由引誘她：

吾哀若命等菌露，而欲救若，今爲若復食，微膚媮鬒以窮世法娛，何似？師復不應，道士忽不見，而眞君與偶師皆在傍，撫掌曰，婁試子婁過矣。[4]

這些魔難試煉清楚說明，爲了成仙，曇陽子必須超越克服其肉體與情慾天性。[5]與時推移，曇陽子的宗教實踐益發精練。在其冥想（幻象）體驗（visionary experience）中，她曾神謁（佛教神祇）觀音菩薩與（道教神明）西王金母，而此番經歷則詳述於《曇陽大師傳》之中。曇陽子逐漸開始吸引男女徒眾。在其入靜（冥想）（meditational practice）過程中，她曾凌空翺翔於王家住所之上。她後來獲得一條靈蛇，並名之爲「護龍」。曇陽教義之精髓在「恬」與「憺」，其門徒視此二字爲「道」之根本。

正如晚明宗教人士一般，曇陽子同時致力於佛教與道教經典的研讀，但其主要成就則是道教的成仙之道。在一五八〇年的九九重陽之日，於光天化日十萬群衆見證下，由其「護龍」靈蛇陪伴，曇陽子升天成仙。曇陽子的若干門徒，包括她的父親與王世貞兄弟，在她得道成仙之後，也紛紛出塵求道。然而，日常世俗生活的壓力與誘惑如此強烈，他們在數年之後皆回歸正常生活。曇陽子崇拜似乎從未以任何實際方式延續下來，但直至今日，徐景韶墓地所在之太倉直塘村地方人士，仍流傳著她的故事。[6]

二、《曇陽大師傳》

《曇陽大師傳》是王世貞與王錫爵的合作結晶。此文獻重述（並合理化）其本身創作的背景。自一五七四年伊始，王錫爵即每日記錄曇陽子十六歲以來求道、遇道與謁金母的種種歷程。在接近曇陽子人生最後階段，王錫爵將該日記拿給她看，而她卻將它鎖入箱中，並於日後燒毀。在其升天成仙之後，她出現在王世貞和王錫爵的相同夢境中。在該夢境中，王錫爵問道：

> 固不蘄名，然奈何竟泯泯不一爲學人地耶？且今人間世務鉤隱弔恠不乏矣，彼其逞臆於七寸之管者，何限也？
>
> 師頷曰，然奚爲而可？學士曰，吾欲自傳之則避親，欲王子傳之則避踈，親則比，踈則寡徵毋，乃使王子傳之，而吾具草可乎？師復頷曰然。[7]

這段簡短摘文觸及晚明中國傳記寫作的若干關鍵問題，尤其是女性傳記的寫作。其一，曇陽子本人授權傳記之撰寫；若思及（傳統中國對）女性公開談論自己的嚴苛限制，她的授權與認可，更加顯得重要。王錫爵意識到關係親近與傳記寫作的問題，並提議以曇陽子所認可與王世貞合作的方式，來解決此一問題。很清楚地，曇陽子傳記之目的，在於啓發後世，也在於取得故事的主控權。藉由詳述曇陽子的生命歷程，王錫爵與王世貞意在主控已經以各種版本流傳於世的故事。其次，也同樣重要的是，王錫爵與王世貞並未建議曇陽子由他們來收集、出版她的宗教訓示；亦即，後世人所要閱讀的，乃是關於曇陽子的生平：她的教義呈現於她的生活之中，而有關其乃非正統宗教修持的誹謗流言，則由其傳記來加以辯駁。就此而言，傳記自然成爲具體呈現並傳授其宗教身體實踐的合理體例。

王錫爵與王世貞的確合作撰寫了《曇陽大師傳》，並於她升天成仙數月之內完成該傳記之著述，並予以出版與傳布。在該傳記出版後，王世貞與王錫爵及其兄弟世懋、鼎爵，很快即遭到上書彈劾。其中一個上書奏請彈劾的官員，以「妖徒日盛」[8]形之，另一官員則稱「大臣舉動亂常，蠱惑人心，大傷風化等事。」[9]對此二官員而言，曇陽子崇拜被視爲當時普遍危機——文人菁英支持異端宗教之日漸增長——的一部份。[10]此一對於王錫爵拋棄他在蘇州地方道德權威身分的顧慮相當明顯，而較之更嚴重的是，王錫爵爲異端宗教之故，利用了他的道德權威影響力。當牛惟炳初次耳聞竟有一儒士家庭之女從事祕密宗教活動時，似乎仍表現出對王錫爵的同情。但當他取得並閱讀《曇陽大師傳》後，他對王錫爵的同情之情全然消失。（對牛惟炳而言）王錫爵並非一位因女兒異端活動而感到困窘的父親，反而是該活動的提倡者。在誇飾王錫爵作爲儒家文人的成就之後，牛惟炳寫道：「一旦溺於神怪，遂舉其所學而弁髦之。」[11]神怪的誘惑如此之強，即便深受儒家教育之菁英如王錫爵，都無法與之抗衡。更重要者，王錫爵若可遠離異端而返歸正道，則一般平民將會一如效法其崇拜異端，而效法他的自我革新。換言之，讓地方菁英成爲道德典範的影響力，同樣可使他們用以蠱惑、腐化人心。牛惟炳視爲腐化人心力量的王錫爵影響力，乃其奏摺的主要考量點。

《曇陽大師傳》的公開流通性，乃是該文本所引發之爭議的核心。它的流傳非常迅速，版本爲數眾多，且內容並非一致。[12]曇陽子於一五八〇年九九重陽之日成仙，若干紀錄指出，其傳記的某個版本，在該年年末前已流傳至京師。[13]譴責該傳記的彈劾奏摺，則於曇陽子升天後僅僅八個月之內即寫成。實際上，曇陽子傳記的迅速流通，乃是奏請彈劾官員格外警覺的一點。其中部分彈劾奏摺，或指出「未幾，見曇陽大師刻布朝市」，或甚而要求「曇陽大師傳刻板進行拆毀」。[14]這些彈劾訴求，並沒有獲致任何結果，而實際上，在此彈劾風波僅僅五年後，王錫爵即官拜內閣首輔。

三、故宮文冊

曇陽子授與眾門徒和仰慕者的書信與訓示，由王世貞輯錄於故宮文冊題跋，而其卷首插畫則是一幅尤求的畫作。曇陽子門徒在其生前與得道成仙之後，皆曾繪製並崇拜她的畫像。曇陽子畫像及其繪製、傳布與信奉儀式，曾是其多位門徒書信中的主題。[15]曇陽子本人則曾在給一位女門徒的書信中提議，送一幅她的畫像給該門徒，以作爲其在女性閨閣禮拜之用。在該信中，曇陽子如此寫道：「視之（畫像）

如見吾也。」她還特別警惕該門徒必須妥善保存畫像，不可洩露於世。[16]這警惕有兩層意涵：其一，正如一女性之離世，其畫像應當隱匿；其二，因其畫像具有神力，故僅能示於門徒。（換言之）畫像與文本皆可作爲信奉崇拜之用；這些曇陽子畫像大抵是其門徒私下使用的禮拜器物。即使沒有流傳下來的圖像，我們可清楚知道，曇陽子崇拜在視覺上是極爲豐富的。

但是，確實有兩幅曇陽子圖像流傳至今，且皆出自畫家尤求之手。於一五八〇年末，約莫王世貞撰寫《曇陽大師傳》之際，尤求曾畫了一幅曇陽子肖像。此一畫像目前收藏於上海博物館，並曾是史帝芬·李特（Steven Little）於若干年前在芝加哥博物館（Art Institute of Chicago）所籌辦之「道教藝術」（Arts of Taoism）展覽的一部分。[17]身爲頗富盛名的仇英之婿，尤求（active c. 1564-1590）乃一小有名氣的職業畫家。[18]如一般人對職業畫家之設想，尤求繪畫主題非常廣泛，包括人物山水、宗教圖與瀰漫情慾色彩的仕女畫。在其相關論述中，高居翰（James Cahill）曾用「山水景緻中工整而無靈性之人物」一語來形容尤求的畫作。[19]

王世貞是尤求的主顧。根據Louise Yuhas的說法，尤求曾爲王世貞繪過四幅畫作，但無一流傳至今。[20]儘管尤求被稱爲「職業」畫家（亦即非文人畫家），他似乎與王世貞有某種程度的交往。有一次，在一個文人交流詩作的聚會上，尤求以畫代詩參與了該場合。又有一次，王世貞爲尤求代寫了一首詩，讓他呈獻予聚會學者。[21]（在重述此一故事時，巫鴻稱尤求爲「身披學者外衣的通俗娛客」。[22]）尤求之出現在王世貞的社交圈，強烈暗示他對於曇陽子或者《曇陽大師傳》或許有直接之認知。尤求的曇陽子畫像，完全有可能是在王世貞要求下所繪。即便不是，那兩幅畫像也是在兩者主僱（patron-client）交流脈絡下的產物。我認爲這些曇陽子畫像，乃是宗教崇拜之物，而與文冊題跋同時發揮功能。兩幅畫像上的墨跡，皆出自同一人，也就是章藻的手筆。兩幅尤求曇陽子畫像則頗有差異。在故宮文冊卷首的畫像中，曇陽子正安坐於山景之中伏案寫作，且旁有兩名侍從。該幅畫像曾經過塗改，尤求的印章與署名皆被抹去。故宮文冊覆以木質封面，並以扇頁形式裝訂，正如許多佛經一般。文冊書頁尺寸約八乘五英吋。讀者可以想像，文冊卷首畫像所描繪的景象，乃是曇陽子正伏案書寫那些輯錄於文冊題跋中的文本。所有見諸上海博物館所藏掛軸上的題跋，亦可見諸故宮文冊，但後者文本在內容上則更形廣博。故宮文冊所輯文本之核心，乃一系列曇陽子所撰書信，凡五十一頁題跋文字，據信爲曇陽子所作。根據第二卷卷末的註明文字，我們至少知道，該卷所收書信乃由王世貞所輯。

在明代末期，輯錄男性所寫書信，乃是一個普遍的習慣（即便少數女性的書信也被輯錄成集，且就我所知，曇陽子書信集或許是我所見流傳至今最大一部十六世紀女性書信集）。通常，書信最後均被收入作者的著作集。此外，名士也出版書信範本文集，作爲信函寫作的指南。羅開雲（Kathryn Lowry）曾發表有關書信範本文集的著作，魏愛蓮（Ellen Widmer）則曾具體呈現，書信如何促使女性建構一個對於其創作與情感生活皆相當重要的社會支持網絡。[23]這裡的重點是，爲名人編輯書信集，在晚明文學保存實踐的脈絡下，其實相當合理。根據若干書目所提例證，當時確有一部名爲《曇陽子遺言》的文本流傳於世。[24]因此，收集曇陽子書信，而以題跋形式附於畫像，作爲宗教實踐之用，並非不可能。在結論中，我將再討論這一點。

在故宮文冊題跋中的部分書信，乃傳授得道成仙之訓示的訣別信函。其他則是體現曇陽子與世俗情感世界之聯繫的一般書信；例如在其嬸母生病時安慰她的叔父，或者在其兄弟遇惡夢時給予意見。無論其主題爲何，曇陽子書信具體呈現出她和家人與門徒間的深厚關係，即使在其升天成仙之際亦然。《曇陽大師傳》具體描述其門徒在她生命最後階段所表現出來信奉曇陽子的熱誠，並此許透露出故宮文冊所輯書信寫作的背景：

> 時男婦狂走來，請謁師，一切謝絕之。久而不能已於中表女戚，則稍見其重者。尋歎曰，此非平等法也。乃又稍見貧婺者誠者，然不能得師語，間得一二語，則中其痛癖愧心，往往自誓請洗改。而他祈福利蠅集黽噪，示之微咲而已。其善根以大小受予。【25】

當接近曇陽子預定升天成仙的時辰，仕紳門徒（相對於上引諸女戚）也向她請示訓言。既然他們是以書面形式向曇陽子請示訓言，我們可合理假定他們是以文字形式受教於師。《曇陽大師傳》對諸如景況有如下描述：

> 時薦紳先生慕從者，投啓於學士，以希一言之規。學士爲從更師，度不容已，則察其人可與言者而授之言，其精若獅乳之散略，要若烏號之破的，毋不心折意飽而去。【26】

在許多其他地方，《曇陽大師傳》告訴我們，曇陽子曾寫過某文本（或書信），而故宮文冊中所輯某文本（或書信）之內容，不管收信者與主題、甚或時間點的角度來看，正好符合傳記所指涉的文本（或書信）。在本文接下來所論述的主要問題，亦即曇陽子書信集如何改變與挑戰我們從《曇陽大師傳》所得知的資訊。然兩者間的差異其實頗爲細微，我並未因此而重新思考我早先關於曇陽子的結論。更確切的說，曇陽子書信集可使我們對從《曇陽大師傳》所勾勒之圖像，建立更爲細緻而深入的理解。

四、故宮文冊的新觀點

故宮文冊確爲一份有助於我們更清楚瞭解曇陽子故事之若干面向的文本。例如，曇陽子故事中最有趣的面向之一，就是她與未婚夫徐景韶之間關係的本質，而故宮文冊中所收錄的一封信正可幫助我們釐清該關係。我們從《曇陽大師傳》已經知道，其未婚夫徐郎之死，對曇陽子來說，是一個非常重要的事件。她與徐郎之婚禮籌備，促成曇陽子開始禁食與產生幻象，而年輕徐郎之逝，終使她自稱徐郎之未亡人。曇陽子的家人起初並不願承認她作爲徐景韶未亡人的身分，但正如本書盧葦菁一文所論年輕未婚守貞女子，曇陽子以婚約等同於婚姻的說法，勸服了她的家人，而其家人最後總算允許她獨居於王家庭院之中。（對未亡人而言，這是稍微不尋常的安排：在較正常的狀況下，通常讓未亡人繼續與其過世夫婿家人住在一起。）徐郎墓地是曇陽子崇拜的一個重要地點，當曇陽子即將升天成仙之際，她忽然抽刀割斷其右邊髮髻，並要求以其髮髻代替其身與徐郎葬在一起。在其未婚夫過世後，她想親訪徐郎墓地，但恐怕其雙親不允許，因而「請屬祭辭百餘言，使保嫗酹而焚之墓。」[27]故宮文冊中輯錄了一篇凡一百三十三字的〈初歸祭徐郎文〉，而此文可能就是傳記中所指祭辭。在〈初歸祭徐郎文〉中，曇陽子表達了她無法親自到徐郎墓地祭拜的遺憾。她以「矢心無二，立志如石」一語，表明其立誓守貞的決心，並告知徐郎她原本殉夫之初衷，但卻因爲她雙親仍然在世而窒礙難行。於是，曇陽子在其祭文中寫道：「已嫁入門者，當一意殉夫。在家者，當兩全節孝。」在她的祭文末段，曇陽子表示將停止進食飲水，並立誓捐軀，不向繁華，以酬謝度引她得道成仙之諸聖人。[28]

如此一來，該祭文便以哀悼過世未婚夫爲始，而以其宗教修持之誓志爲終。〈初歸祭徐郎文〉具體呈現出，對曇陽子而言，保守貞節、忠於家庭與宗教修持，如何成爲一圓滿整體之道。在《曇陽大師傳》中，曇陽子父親質疑她何以仍心繫徐郎，而願爲其誓守貞節。王錫爵如此問道：「今既已成道，而區區守匹婦，諒爲太過，行是不名障，即愛緣耳，何所稱道哉？」[29]就此點而言，本書中盧葦菁有關未婚守貞女子的論述發人深省。她清楚闡明，若守貞女性之動機乃出自對過世丈夫之性欲激情，則寡婦守貞可能是一具爭議性的德行。（關於此，也可參閱本書柯麗德〔Katherine Claritz〕一文中有關寡婦對過世配偶之性欲激情成爲其守貞動機的討論。）諸如這些論述所清楚呈現，貞節作爲一種德行，無法自外於性欲論述。因此，當曇陽子回應其父之質疑時，她告訴他，正是因爲其安守貞節，衆神祇才因而理解並接受她。[30]最終，王錫爵相當信服曇陽子的解釋，但他當初對女兒立誓守貞的最初反應，實意在貶低並視其爲一般德行。然而，曇陽子（以及指導她的衆神祇）卻視守貞爲一個確證其德行與決心之堅強意志力的表現。因此，由《曇陽大師傳》和曇陽子書信，我們均可瞭解到，她的貞節，亦即遵守一般女性之適當行爲準則，乃其最終臻於成仙之祕的先決條件。在曇陽子的宗教世界之中，儒家德行與獲致佛教或道教精神正果，並不可分。是故，她與未婚夫的關係，實具社會與宗教兩種功能，而作為（或看似）「守匹婦」之開端的德行，於是成為曇陽子宗教故事的重要部分。

從《曇陽大師傳》我們知道，女性在曇陽子崇拜中扮演了重要的角色，但我們卻對這些女性所知甚少。故宮文冊輯錄了兩封曇陽子寫給不隸屬於王世貞與王錫爵社交圈之女性的書信，而它們清楚闡明了這方面的闕疑。在《曇陽大師傳》中，曾提及信佛老婦「蕭嫗」造訪曇陽子的故事。在故宮文冊所存一封信的開頭，曇陽子即以崇敬的口吻稱呼「蕭嫗」，並聲稱以她的根性，不確定是否值得受教於該老婦。在信中，她還詢問病中老婦的健康狀況；當曇陽子寫該信時，老婦已屆八十高齡。在以一語道破晚明女性所面臨之若干難題時，曇陽子如此寫道：「吾本女流，初意藏身斂跡，為憐塵世，願普度賢愚，故顯身勤修，不忍負後學耳。」在這點上，該信的語調作了些許改變，曇陽開始以導師的語氣跟老婦說話。她勸告老婦：「定心少思，神魂安泰，自然腎水上升，病則能瘉。休言卜筮賽神……小道絕穀休糧，皆感太陽膳餌之功，故不饑常飽，尊嫗亦當如是。」如此一來，這封信便以相當尊崇的語氣開頭，然後以一席對老婦訴說養生鍊性以改善健康狀態之修持訓示作為結束。最後，該信在結尾時，語氣再度呈現一鮮明轉折：「一概頑人過吾樓者，無不大咲爾我，甚或加以惡言，但默默順受之，是非不足介論也。」[31]雖然我們從《曇陽大師傳》可知世人於她在世時對曇陽子崇拜的批判甚囂塵上，但藉由這封信，我們首次獲知曇陽子對那些惡言、訕笑的回應。在這封信中，訓示與傾訴的語氣皆而有之：她述及顯身的決定，儘管不成文限制反對此種行為；同時，她還提到自己所受到的嘲笑（雖其行文脈絡顯示，她並不受此番嘲笑所影響）。

除此之外，還有一封書信是寫給《曇陽大師傳》中未曾提到的「葉女師」。在這封信一開始，曇陽子表明她已數年未聽到來自「葉女師」的消息，但無論何時想到她，都記得與葉女共享之宴席與愉悅的交談。然後，針對葉女於兩天前造訪王家一事，曇陽子如此寫道：「本欲一見，念我塵情幽曠已久，素不接父母顏色，故不好請會。」然後她繼續說明，她確曾耳聞葉家遭遇困頓，並爲自己無法報答「葉女師」教導恩情而感到遺憾。緊接著，曇陽子有趣地寫道：「我已向大道，頓捨一切錢鈔，徹底囊空，無以酬給我師。」她並給朋友一個言簡意賅的訓示：「養其氣，去其陰，除其有。」而這些方要則將引領葉女得道。最後，在接近書信尾端，曇陽子再次重申，一旦得道之後，則「衣食自然」出現。曇陽子大抵在暗示葉女，她可藉減低慾望來解決貧困的難題。[32]當我們檢視〈與葉女師書〉，可發現其行文語氣逐有轉換，一開始十分尊敬（意味老婦地位較高），結束時讀起來卻幾乎像在教誨葉女。此外，給葉女書信的開端，還具體呈現出宗教導師與信徒間活絡的社交活動；曇陽子所記得的事情之一，即是她與葉女間的宴席與愉快交談。我們不知道諸如此類的社交活動之所以未見諸《曇陽大師傳》，是否因男性立傳者不知道——由於那些活動都發生在其無緣窺見的隱密女性閨閣空間內——亦或者他們知道卻不稱許，甚或他們知道卻覺得不值一提。

《曇陽大師傳》未曾提及王家女眷也是曇陽子信徒，雖然它確實讓我們知道她的母親與祖母都成爲她的信徒。故宮文冊的書信中，清楚表明了王世貞家女性對曇陽之道的虔敬崇拜之心。王家女眷在《曇陽大師傳》中之闕如，是一個相當有趣的省略；王世貞或許是爲了保護其家中女性的隱私。（雖然爲了清楚闡明曇陽大師的教義，有關她的記述實屬必要，但王世貞卻可以不將王家女性情事記入故事之中。）很明顯的，曇陽子和王家女眷的關係實為深厚：故宮文冊輯錄了曇陽子寫給男婦沈（王世貞之子士騏的妻子）、小婦李（王世貞之妾）以及王世貞之弟世懋之妻的書信。另還有一通書信提及王世貞之妻魏氏。由曇陽子提議贈送沈氏一幅供女性在閨閣空間信奉禮拜她之畫像一例，我們可以推斷，在王家中確有一群信奉曇陽子的女性。王世貞在傳記中對此之省略，乃一實例說明了傳記以外的材料提醒我們，受制於立傳者本身個人偏見與設定主題，傳記實乃人生不完整與部分之再現。關於此，我們可在本書中其他地方看到若干實例，尤其是伊沛霞（Patricia Ebrey）的文章。

故宮文冊書信還提供了曇陽子如何思考性別與宗教的寶貴訊息。在給王士騏及其妻沈氏的兩封信中，曇陽子針對沈氏意欲成為門徒一事提出了她的建議。在捎給沈氏的信中，曇陽子如此寫道：

> 志慕出塵，頗有求道之念。但恐紅緣有阻，世情牽纏，不能解脱苦厄，未遂吾賢徒之願，深可惜也。待後男成女就，家計安閑，那時或者得向空門，投師可也。【33】

在給士騏的信中，曇陽子又說：

> 我意勸他不必斷絕夫婦之情，兒女未長，彼乃執意不從，後日免怨於我。弟今還宜取良家女為妾。【34】

我將曇陽子娶妾的建議解讀為一種折衷之道，意即一方面，沈氏不應拋棄家務，但另一方面，士騏卻宜娶妾以減輕其妻負擔。很明顯的，曇陽子認為家務（如育兒）既是得道阻礙，卻又是不可也不應推卻的重要職責。她並未對阻礙部分加以責罵，而僅勸告沈氏宜有耐心。紅緣世情之阻，將會隨時遞減。當兒子立業與女兒出嫁後，家庭義務與責任亦將隨之減輕。

在其他若干情況下寫給其男性門徒的書信中，曇陽子也提到其女性家眷意欲從師於她的情事。在給王世貞的一封信中，即曾提及世貞之妻（大娘子）如何因熱切期盼成為門徒而夢見曇陽子一事。[35]但王世貞之妻魏氏，也實在為家務所纏。曇陽子記述了她與魏氏間的對話，並提及自己曾告訴年長她二十七歲的王世貞之妻：「門下女徒尚少，待老投師，或者能如願。」[36]

曇陽子寫給女性信徒以及有關女性信徒的書信，顯示宗教實踐中某種強烈的性別意識。在那些給女性信徒的信中，我們可以清楚看到，女性義務構成一種在性質上有別於男性所遇到的另一種得道阻礙。曇陽子也表達她對男性信徒因世情俗務之牽扯而未及得道的關切，但她卻從未要求他們必須在子女長大成人之前推遲其宗教修持之實踐。[37]她意識到宗教得其正果的各種障礙，但卻未曾闡明男性與女性信徒有不同的修道方法。我們也從未發現任何有關曇陽子成仙之道，因性別差異而不適於男性信徒之修持的說法。曇陽子所見因性別所致修道障礙，是社會性而非生理性的。

曇陽子書信使我們更加認識她如何看待常例與特例，或者說宗教與家庭生活之間的交集。這些書信也展現出曇陽子如何以不同於《曇陽大師傳》所呈現之運用其權威的方式。性別（差異）乃其權威的一個面向。相較於其門徒有關她的著述，曇陽子更常談到她的性別與青春；她認為她的青春與性別是必須加以闡釋的現象。它們皆只是一個短暫生命肉體的現象，但此短暫生命肉體的現象，卻隱含著豐富的社會與經驗意義。此一性別差異意識，在《曇陽大師傳》與曇陽書信集兩種文本上，扮演了不同的角色。《曇陽大師傳》衆多有趣面向之一，即曇陽子的性別在故事鋪陳上扮演了極小的作用。在其傳記中，曇陽子的性別並非不曾被提及，但卻非一個主要議題。它通常在敘述中以有趣的方式表達，而或許更重要的，是以她自己的聲音表現出來，例如當她向父親解釋她何以必須凌霄飛翔時，她說是因其棲身於女性肉體之故，其所能用來吸引信徒的資源因而相當有限。而且，她的性別確實在後來當世的批判中，成爲主要的議題。但一般而言，當王世貞與王錫爵在闡述曇陽子故事時，對其世俗形象（包括性別）並沒有太大的興趣。她是造訪西王金母宮廷的冥想者，並確實領悟了得道成仙的奧祕，而這才是眞正的重點。

但是，曇陽子卻闡述了一個不同的故事。在其書信當中，她強烈意識到自己是一個教導具有卓越成就之年長男性的年輕女性。她在一封給門徒的訣別信中即曾寫道：「本一介女流，焉能及上賢智士。」[38]如前所見，她也曾在給「蕭媪」信中提及「吾本女流，初意藏身斂跡」一語。因其宗教職志之驅使，她才讓自己顯身於世。曇陽子意識到宗教教導之使命與正確性別角色之間的衝突，雖然，非常清楚地，她作爲一個宗教導師的義務，比她遵從這些性別角色的義務，還更爲重要。但是，對曇陽子的立傳者而言，正確的性別角色，並非主要的關注點。

然而，誠如我於上文所述之四種魔難所見，《曇陽大師傳》確實以一種格外有趣的方式處理性別相關議題。該傳記清楚表明，對曇陽子而言，爲了在宗教修持上有所精進，她必須超越克服其性欲。她曾建議王士騏盡快娶妾；此一建議實出自其妻精神修煉的背景，而此一事實，正明白意指，性事乃女性於宗教修持上的阻礙。但是，在故宮文冊所輯書信當中，並未發現在曇陽子傳記中所見對性欲之顧慮。在《曇陽大師傳》中，曇陽子的權威來自她的冥思與訓示。她具有吸引信徒的靈力。在書信中，我們看到曇陽子甚至會威嚇信徒，假如他們在宗教修持上有所懈怠。在衆多所發生的例子中，其中之一乃事關靈蛇；該靈蛇被曇陽子稱爲「護龍」，且隨曇陽子升天成仙。《曇陽大師傳》如此詳述該靈蛇的出現：

> 攜以歸，置樓之下室空書櫃中，家人乍見怯之，蛇馴伏不動，而傍有片紙朱篆，乃弗敢煞。[39]

在一篇輯錄於故宮文冊而篇名爲〈收靈蛇示弟子〉的文本當中，曇陽子則寫道：「既爲弟子，生殺由我。若犯色戒，後有退心者，使神蛇纏身，慧劍斬魂。」[40]從《曇陽大師傳》得知，該靈蛇之出現使王家人感到焦慮，但這是我們首次看到它被用來威嚇曇陽子信徒。

在其〈別諸弟子〉一文中，曇陽子述及其修持要略，以作爲其死後門徒得道指南。（作者按：曇陽子並非意欲在其身後留下傳記以引導信徒；傳記式知識並非唯一在此發生作用的模式。她的傳記由他人傳遞；她自己則傳遞宗教修持之方。）她承諾將返回人世幫助信徒，並表示衆門徒將只能見其形，但無法聽其聲。在此，如在其他地方所示，曇陽子威嚇她的信徒：假如他們「叛盟違戒」，她必定上奏天庭官員，以示適當懲罰。她甚至更進一步警示其門徒，必須小心傳道的對象。假如善男信女向他們問道，應當先檢視問道者是否遵守誡律，並探析其才識。如果確證問道者符合標準，方可傳道給他們。此乃道家文獻中常見警示，亦即成仙之奧祕，只能傳授給那些具備資格受道之人。假若有人在追求曇陽子之道的過程中有所動搖，則絞刑砍頭致死與上奏天庭等類似威嚇，爲曇陽子崇拜增添幾分恐怖氣息，而對此之恐懼可見諸其門徒來往信件當中，但卻不見於《曇陽大師傳》。

此一恐懼與曇陽子將返歸人世的承諾密切相關。我們確實可以在《曇陽大師傳》看到她可能將返回人世的說法。例如，在她逝世後十六天，曇陽子在夢中告訴王世貞：

> 吾道無他奇，澹然而已。嚮語，若固靈根，去嗜好，薄滋味，寡言語，久而行之。即不得，毋厭倦。稍有得，毋遽沾沾喜自以爲得，則終弗得也。吾今長去若矣，雖然，吾實不去若。若與吾父左提右挈，以從事大道毋負我，吾誓不舍吾父與若獨成也。[41]

故宮文冊所輯文本表現更加明顯。曇陽子在寫給王世貞之子士騏（多少是她同時代人）的信中，即曾提及她將重返人世，但警告他必須對此祕密保持緘默。

故宮文冊並沒有輯錄曇陽子寫給她家或王世貞家以外男性的書信。（在此，值得注意的是，在若干點上，王錫爵與王世貞家成員皆宣稱，於曇陽子有生之年，兩家親如一家人。此一親近性，或正可說明，何以給王世貞家人的信件，會輯錄在故宮文冊之中。誠然可能有其他較爲現實的原因，亦即王世貞可能有較易獲得這些書信的管道。）保存在《曇陽大師傳》中的曇陽子遺教，通常是給相當有名氣的男性，曇陽子給這些男性的訓示，於是成為其宗教活動公開紀錄的一部分，而輯錄在故宮文冊中的書信，則相對屬於較為私人的領域。

在《曇陽大師傳》中，作者於世人對曇陽子崇拜之尖刻誹謗略顯隱諱，但卻較為強烈地被描述在故宮文冊當中。在一封給其弟王衡的信中，曇陽子寫道：「姊止有修身一事可以教人延年消災，並不敢虛誘。」[42]她在一封給王世貞的信中，則再度否認她曾虛誘過任何人。[43]在給老婦蕭的信中，她也暗示世人對曇陽子崇拜之中傷：世間頑人對她的訕笑，以及她被迫表明其所不在意的蜚短流長。我們從《曇陽大師傳》得知，確實有此番流言可能對其父官途造成傷害的顧慮，其祖父母甚因對世人誹謗感到焦慮，而將曇陽子從京師帶回太倉。[44]

我將要探討的《曇陽大師傳》與曇陽書信集間的最後一個差異，事關實踐層面上的差異，而此一差異，如上文所列舉，只有語氣上與細微之別。在《曇陽大師傳》中，八戒被視為曇陽子教義的關鍵。此八戒包括：愛敬君親、止淫殺、憐恤孤寡、和光忍辱、慈儉惜福、敬慎言語不談人過、不蓄讖緯禁書與不信師巫外道及黃白男女之事。[45]雖然故宮文冊卷一也提到此八戒，但諸多書信，則更常提及五戒。而該五戒全部實際內容，則列舉於曇陽子給沈氏的信中，而其他書信亦多次提及此一辭彙。[46]這五戒包括：修心、存性、戒勞役、守約、除思慮。此五戒乃修道之內化要節，而八戒則專指在人世處事之道。

五、若干結論

曇陽子書信集乃非凡的史料，而其非凡之處，即在於它們提供了曇陽子的聲音。她的聲音非常鮮明，她無懼於傳道、斥責、甚或威嚇。那些以極爲尊崇之表白爲開端的書信，經常以賜予收信者自我革新的相關具體訓示作結。其部分原因，或出於年輕的傲慢，但主要原因，實出於曇陽子宗教上的信心與魅力。曇陽子曾冥思造訪西王金母之宮廷，並獲致得道成仙之奧祕。假如她沒有堅持其信徒遵從她的訓示，她的存在或將因而湮滅於世。

曇陽子在書信中的聲音，實屬一性別化的聲音，而我們或可在她給其他女性的信中最清楚看到這一點。但是，聲音被性別化的方式，並不單純。值得強調的是，在這裡我們並沒有看到攸關十八、十九世紀女性道士得道成仙專屬於女性之宗教實踐的任何說法。當曇陽子談到男性與女性不同的社會角色時，她並沒有述及後世文獻中所指稱的修持方法：斷紅，意即透過某種調解與飲食技巧停止月經，以減少一向被認爲是女性得道障礙的污穢經血。在曇陽子的教義當中，男性與女性採取不同路徑修道，實無任何意義；亦即，在其宗教訓示中，其身體實踐不適用於男性身體，完全沒有道理可言。[47]在此，値得強調的是，在曇陽之道中，幼童確實構成得道的障礙，但其主要是因爲幼童需要被照顧，而非女性身體中的任何內在不純潔。實際上，我們甚至沒有在其本人著述當中，發現任何《曇陽大師傳》所見，有關她的性欲必須被加以超越克服的說法。曇陽子的修持之道是身體上的，但這些實踐於身體上的方法，並非由性別所定義。（就此而言，値得比較曇陽子之道與佛教「身」的概念，該概念特別指明佛陀如來三十二相其中之一，乃是一伸縮自如的陽物。）

這兩種文本彼此互相呼應的方式，說明王世貞所輯曇陽子書信，實乃《曇陽大師傳》之增補，其意在於教誨一小群曇陽子的信徒。（我並非認為書信撰寫的動機，是為了補充說明傳記，但它們確實被輯錄而成為一補語。）正如我於前文所主張，我們知道曇陽子圖像是用來禮拜信奉曇陽大師，而故宮文冊也極可能是用作信奉之途。該文冊所輯錄書信，或可視為僅流通於信徒之間的奧祕文獻，並非意在公開出版，而是僅供少數特定群體拜讀。而刻印與流通範圍相對較廣的《曇陽大師傳》，則具有向懷疑之大衆解釋曇陽子教義的功能。該傳記提供曇陽子崇拜之脈絡背景，即意在提供其正當化的理由。它以傳記的形式闡述宗教訓示的故事。傳記此一文類，提供了一種具體而如實展現宗教身教的形式。

註釋

[1] 有關佛教比丘尼的傳記，請參閱Kathryn Ann Tsai, *Lives of the Nuns: Biographies of Chinese Buddhist Nuns from the Fourth to Sixth Centuries: A Translation of the Pi-ch'iu-ni chuan*〔比丘尼的生活：四至六世紀中國佛教比丘尼傳：譯（釋寶唱）《比丘尼傳》〕（Honolulu: University of Hawai'i Press, 1994）；有關唐代道教傳記，請參閱：Suzanne Cahill, *Divine Traces of the Daoist Sisterhood: Records of the Assembled Transcendents of the Fortified Walled City*〔《道教姊妹的神跡：墉城集仙錄》〕（Honolulu: University of Hawai'i Press, 2006）。

[2] 此一未出版之文冊列於「中國21.1-1962，355」，其標題為〈王仙師遺言圖一開〉，而曇陽子之書信集名為《左髻曇陽王仙師遺言》。

[3] 這裡的重點是，對於曇陽子而言，她的貞節比她的生命本身更至關重要。

[4] 王世貞，《曇陽大師傳》，輯於《弇州山人續稿》，卷七十八（台北：文海出版社，一九七〇），頁6a-6b；冊八，頁3799-3800。

[5] 關於明代對女性性欲之焦慮，以及當時年輕女性如何內化此一焦慮，參見本書所收：柯麗德（Katherine Carlitz）〈情婦、長舌婦、妖婦與良婦：明中期墓誌銘與小說中爭競的女性形象，頁235-260〉。

[6] 參見：Ann Waltner, "T'an-yang-tzu and Wang Shih-chen: Visionary and Bureaucrat in Late Ming China," *Late Imperial China* 8:1 (1987): 105-133。

[7] 王世貞，《曇陽大師傳》，卷七十八，頁25b；冊八，頁3838。

[8] 《萬曆邸鈔》（台北：國立中央圖書館，一九六九），頁117。

[9] 同上註，頁119。

[10] 關於討論此一肇始於萬曆年間對異端宗教信仰之普遍焦慮，請參見：ter Haar, B.J, *The White Lotus*

Teaching in Chinese Religious History（Leiden: E.J. Brill, 1992）；有關晚明文人菁英對佛教日增之興趣，以及儒家人士對此之批判，請參見：Timothy Brook, *Praying for Power: Buddhism and the Formation of Gentry Society in Late-Ming China*（Cambridge, Mass: Harvard University Press, 1993），p.92。

【11】《萬曆邸鈔》，頁119。

【12】曇陽子信徒趙用賢（1535-1596）之子趙綺美的《脈望館書目》中，有一個條目提及一篇名為《曇陽子事略》的文本，參見：趙綺美，《脈望館書目》（涵芬樓秘笈本，第六集）（上海：商務印書館，一九一八），子頁36b。同時，該書目也有一註文，提及一篇名為《曇陽大師傳》的文本（子頁36b），但未指明作者。其次，伍袁萃提供了一個例證，指出另一不同於《曇陽大師傳》而流傳於當時的版本：他指稱，在一五八〇年，他一位在京師的朋友，送給他一篇名為〈曇陽傳〉的文本。參見伍袁萃，《林居漫錄》，別集，卷二（萬曆年間本；芝加哥大學所藏微捲），頁5b；上冊，頁234。再者，徐乾學《傳是樓書目》中道教部分，則列舉了兩本兩卷本的《曇陽子傳》，但也未註明作者姓名；參見：徐乾學，《傳是樓書目》，收於《續修四庫全書》（上海：古籍出版社，二〇〇二），卷三，頁38b（頁753）。同一篇名但只有一卷的另一份文本，可見於黃虞稷（1629-1691）的《千頃堂書目》，而此書目註明該文本之作者為王世貞。最後，還有一個具體證據指出另一最早刊梓於一五八一年的版本。在一份現代書目中，有一條目指出作者名為王世貞的《曇陽大師傳》，但未分卷，由張齊出版於一五八一年；參見：杜信孚，《明代版刻綜錄》（揚州：江蘇廣陵古籍刻印社，一九八三），卷四，頁53。除了以上所述登錄各種篇名的三條目外，我們在其他書目也可找到一篇名為〈曇陽大師傳〉的文本，包括趙用賢及其子趙綺美的書目。

【13】伍袁萃，《林居漫錄》，別集，卷二，頁5b；上冊，頁234。

【14】《萬曆邸鈔》，頁117-121。

【15】如給汪仲淹的信，參見：王世貞，《弇州山人續稿》，卷一百八十一，頁14b；冊十六，頁8242。王世貞

在許多書信中曾提及曇陽子畫像，例如：王世貞，《弇州山人續稿》，卷一百八十九，頁14a；冊十七，頁8589。後一封書信討論接近曇陽子畫像之適當儀式與崇敬。另外，可參見屠隆關於他所擁有之兩幅畫像的討論：屠隆，《白榆集》（台北：偉文圖書出版社，一九七七），卷六，頁18。

【16】《左髻曇陽王仙師遺言》，卷二。

【17】Steven Little, *Taoism and the Arts of China.*（Chicago: Art Institute of Chicago; Berkeley: University of California Press, 2000）。該畫像是一幅一百一十八點五公分長、五十七點三公分寬的掛軸，標定日期為一五八〇年的十二月。

【18】參見：Osvald Siren, *Chinese Painting: Leading Masters and Principles*, vol. 7（New York: Ronald Press, 1958）, p. 274。有關尤求之簡論，可參見：Sewall Jerome Oertling, "Ting Yun-peng: A Chinese Artist of the Late Ming Dynasty." PhD diss. University of Michigan, 1980。尤求所繪兩幅宗教畫，收錄於Marshal Weidner的*The Later Days of the Law*當中：其中一幅為手持柳條的觀音畫像，收於該書頁13；另一幅名為〈羅漢渡海〉（Lohans Crossing the Sea）之畫像及其相關討論則見於該書頁367-372；參見 Marsha Weidner, *The Latter Days of the Law: Images of Chinese Buddhism 850-1850*（Lawrence, KS: Spencer Museum of Art and Honolulu: University of Hawai`i Press, 1974）。相關討論也可參見：徐沁，《明畫錄》，卷一（上海：商務印書館，一九三九），頁8：徐沁在該討論中指尤求「白描人物最工，所畫仕女艷冶絕世」；徐沁《明畫錄》輯於一六三〇年左右。

【19】James Cahill, *Parting at the Shore: Chinese Painting of the Early and Middle Ming Dynasty 1368-1580* (New York: Weatherhill, 1978), p.210。

【20】Louise Yuhas, "Wang Shih-chen as Patron," in Chu-tsing Li, ed., *Artists and Patrons: Some Social and Economic Aspects of Chinese Painting*（Seattle: University of Washington Press, 1989）, pp. 145-146。

【21】王世貞，《弇州山人四部稿》，卷三十七，頁 1a-1b（冊四，頁1977-1978）；引自 Yuhas, "Wang Shih-chen as Patron," p. 149。

【22】 Wu Hung, *The Double Screen: Image and Representation in Chinese Painting* (Chicago: University of Chicago Press, 1996), p. 190。

【23】 Kathryn Lowry, "Personal Letters in Seventeenth-Century Epistolary Guides," in Susan Mann and Cheng Yu-ying, ed., *Under Confucian Eyes: Women and Gender in Chinese History*, (Berkeley: University of California Press, 2001), pp. 155-168; Kathryn Lowry, "Three Ways to Read a Love Letter in Late Ming," *Ming Studies* 44 (2000): 48-77; Kathryn Lowry, "Editing, Annotating, and Evaluating Letters at the Turn of the Seventeenth Century: Instituting Literary Forms for the Self," in 章培恆與王靖宇, ed., *Zhongguo wenxue pingdian yanjiu lunji*中國文學評點研究論集（Essays in research on Chinese literary criticism）（上海：上海古籍出版社，二〇〇二）; Ellen Widmer, "The Epistolatory World of Female Talent in Seventeenth-Century China," *Late Imperial China* 10.2 (1989): 1-43; David Pattinson, "The Chidu in Late Ming and Early Qing China." PhD diss.. Australian National University, 1998。

【24】 徐乾學，《傳是樓書目》，卷三，頁38b（753）。

【25】 王世貞，《曇陽大師傳》，卷七十八，頁20b；冊八，頁3828。

【26】 王世貞，《曇陽大師傳》，卷七十八，頁28a；冊八，頁3843。

【27】 王世貞，《曇陽大師傳》，卷七十八，頁7a；冊八，頁3801。

【28】 《左髻曇陽王仙師遺言》，卷三。

【29】 王世貞，《曇陽大師傳》，卷七十八，頁19b；冊八，頁3826。

【30】 王世貞，《曇陽大師傳》，卷七十八，頁19b；冊八，頁3826。

【31】 《左髻曇陽王仙師遺言》，卷三。

【32】 《左髻曇陽王仙師遺言》，卷三。

【33】《左髻曇陽王仙師遺言》，卷二。

【34】《左髻曇陽王仙師遺言》，卷二。

【35】大娘子通常指妻子；但是，我不完全確信這裡所指為王世貞之妻魏氏，而非其妾李氏。有關魏氏與妾李氏，參見：Ann Waltner, "Remembering the Lady Wei: Eulogy and Commemoration in Ming Dynasty China," *Ming Studies* 55 (2007): 75-103。我們知道妾李氏素有宗教情懷，而我推測王世貞之師從曇陽子，造成其與魏氏之決裂。

【36】《左髻曇陽王仙師遺言》，卷二。

【37】然而，我們不宜因此而低估男性信徒對宗教與家庭義務兩者間拉扯所感衝突的嚴重程度。當王世貞在曇陽子死後遁入宗教冥思時，他曾不斷提及拋棄子女的罪惡感，而其家人確實也因為他不在家而遭受苦痛。但曇陽子未曾在給王世貞的信中，表達過對其子女的憂慮，而她卻在給王世貞之妾的信中，表達同樣的憂慮。這或許是因為曇陽子乃以比王世貞更直接而明確的眼光來看待男性在家庭責任與互動上的角色。參見：Waltner, "Remembering the Lady Wei: Eulogy and Commemoration in Ming Dynasty China."

【38】《左髻曇陽王仙師遺言》，卷一。

【39】王世貞，《曇陽大師傳》，卷七十八，頁16a；冊八，頁3819。

【40】《左髻曇陽王仙師遺言》，卷三。

【41】王世貞，《曇陽大師傳》，卷七十八，頁25a；冊八，頁3837。

【42】《左髻曇陽王仙師遺言》，卷一。

【43】《左髻曇陽王仙師遺言》，卷二。

【44】王世貞，《曇陽大師傳》，卷七十八，頁7a，20b-21a；冊八，頁3801，3828-3829。

【45】王世貞，《曇陽大師傳》，卷七十八，頁22a；冊8，頁3831。

【46】八戒之要點在兩個版本中基本上完全相同，除了在《曇陽大師傳》中第一戒標記為「首」，而在故宮文

冊中所引則標記為「一」（兩者皆意指第一個）；在《曇陽大師傳》中第二戒被標記為「次」（意指下一個，且常被用來指涉一系列項目中的第二個），在故宮文冊則標記為「二」（意即第二個）。

【47】關於強調性別差異之清代修持方法，請參見：Elena Valussi, "Beheading the Red Dragon: A History of Female Alchemy in China," PhD diss.. School of Oriental and African Studies, University of London, 2003。Valussi所用最早有關女性煉丹的文獻出自一六八三年，並且在更晚之後方才出版。此外，當若干早期文獻提及性別差異，它們並沒有描述專屬女性的特殊修持方法；請參見：Catherine Despeux and Livia Kohn, *Women in Daoism* (Cambridge, MA: Three Pines Press, 2003).

四、自己的聲音？

薄少君百首哭夫詩中的自傳與傳記性質

伊維德（Wilt Idema）／哈佛大學東亞語言語文明系

柳下既死，門人將誄之妻曰：「將誄夫子之德耶，則二三子不如妾知之也。」乃誄曰……門人從之以爲誄，莫能竄一字。

——劉向，〈柳下惠妻〉，《列女傳》

直到十七世紀，中國的女作家很少嘗試祭文與傳記這些文類的寫作。儘管如同柳下惠的妻子所說，她比柳下惠的任何門人都更瞭解柳下惠，因此是最適合替她丈夫作誄的人，誄文這種在社交往來上具高度可見性的文類通常還是由男性撰寫，特別是交給同樣在社會上高度可見的男性人物。[1]唯一有誄文知名的女性作者是三世紀下半葉的女詩人左芬，然而這些多半是宮中的應詔之作。[2]在誄文逐漸失去文學上的主導地位之後，一些女作家爲她們過世的丈夫撰寫祭文，其中最有名的是六世紀女詩人劉令嫻爲其夫徐悱所作的祭文。[3]然而此後數百年間留存下來的祭文只有李清照（1084- ca.1151）爲其夫趙明誠，以及張氏爲其殉節的丈夫楊椒山（繼盛，1516-1555）所寫的祭文片段。[4]如果我們查閱一八四三年出版的《宮閨文選》，由女性所寫的傳記只有一篇，即由宋若昭（fl.800）寫的〈牛應貞傳〉，然此文另說出自於牛應貞的父親牛肅（ca.700-ca.760）。[5]

在「詩」這種文體中，三世紀的詩人潘岳開創了「悼亡詩」這種文類，以此為題潘岳寫了三首組詩悼念他的亡妻。由於悼亡詩的焦點在私生活與個人情感，人們或許會認為這種文類適合讓女性用來悼念摯愛。然而這種文類為女性廣泛運用的時間比想像中的晚。至今我所注意到的第一首由女性所做的悼亡詩出自於明代，且只有一首，而非組詩。題為〈哭夫〉的詩比較早一些。唐代詩人裴羽仙有以此為題的兩首詩，但這些詩寫的是被俘而非死去的丈夫。在這種少見女性作者的傳統之下，十七世紀的女詩人薄少君在其夫逝後一年間所寫的百首悼亡詩絕對是空前的，不僅是詩的篇幅（一百首中的八十一首留了下來），同時也在她特意採取男性口吻的風格上。

如果由女性書寫的散文體傳記很稀少，在十七世紀之前由女性書寫的散文體自傳更是少見。李清照的〈金石錄後序〉因此相當特別。在這篇為亡夫所收集的金石文獻集錄所寫的跋當中，她敘述了其夫收藏的聚散，而同時也為他倆婚姻生活與她其後的寡居生活提供了親近且相對詳細的紀錄。[6]然而，視散文為自傳的主要表現手法當然是一種西方的概念。中國自傳書寫的現代研究似乎都假定了一種自傳的一般模式，即自傳是由長篇敘述散文寫成，作者為自己的一生提供一個有條理的紀錄，且特別注重作者自身的心理發展，以及其外在行為表現與自內眞我之間的緊張關係。中國的男性與女性想為其一生留下紀錄的想法或許與歐洲人不相上下，然而在中國「詩言志也」的傳統之下，由作者精心編纂、剪裁與改寫，且通常以時序排列的文集明顯地是中國作者較偏好的、記錄自身的型式。[7]不僅男性如此，女性作者亦然。傳統中國女性並不留意現代女性研究的學者所感興趣的課題，因此我們在閱讀她們的文集時常常感到挫折，因為其中沒有太多我們所在意的訊息，即使個人文集比通常已經高度標準化的傳統或當代女性文學選集更具訊息含量。然無疑地，中國明清時期的女性作者儘管意識到許多以文類與閨範加諸於她們身上的諸多限制，[8]她們仍欲透過其詩集為世人所知。而如同薄少君詩的編纂者所指出的，薄少君便是透過她的百首〈悼亡詩〉讓後世的人記得。

薄少君與其夫

薄少君（d. 1626）於十七世紀初年生於蘇州，當時蘇州可能是整個中國最富有的城市。更準確的來說，薄少君來自長洲縣，蘇州城的兩個縣之一。雖然她的丈夫沈承（d. 1625）來自太倉，薄少君一生的生活範圍基本上都在蘇州。如果只根據《蘇州府志》中薄少君傳中的記載，我們所能知道的僅能有下列事實：

> 薄少君，長洲人。婉孌有節操，歸於沈文學承。沈名噪海內，而不得售以卒。少君哭以詩百首，辭韻愴烈。明歲忌辰，酹酒，一慟而絕。[9]

在十七世紀二〇年代早期，蘇州成為了對抗朝廷的異議知識份子的聚集中心。當時的朝廷（天啓年間，1621-1627）逐漸為宦官魏忠賢所掌握。薄少君的丈夫沈承是其邑人張溥（1602-1641）與張采

（1596-1648）的好友，他倆人在崇禎早期都因猛烈批判魏忠賢失勢過世後的殘黨而知名致富。相較之下同樣批判社會的沈承較為不幸。在很年輕的時候沈承已以首名通過府試，但在鄉試屢戰屢敗。在參加六次考試都失敗之後，一六二五年沈承到南京第七次嘗試。突來的痢疾讓他提早離開試場，且在兩個月後過世。他一生中最高的功名是在一六二三年取得的廩生（儘管他只在一六二五年拿到第一次廩米）。[10]

薄少君並不是沈承的第一任妻子，在薄少君之前沈承已娶顧氏。沈承的文集中有兩首平淡的悼亡詩，必然是寫來哀悼顧氏的。

悼亡

去日花雙語，歸時月獨啼。寒衣燈焰下，誰復剪窗西。

又

倏然一弱裾，造物何相窜。地下不相憐，殷勤道夫姓。[11]

薄少君記述與其夫的第一次見面在一六一三年，可能即是他們結婚的那年。他們至少有一個早逝的女兒，沈承為她寫了一首詳細的長篇祭文。[12]除此之外，周鍾與張溥為沈承文集寫的序文都提及沈承夫妻的美滿生活。然而因為這些序文都寫於薄少君死後，因此我們不是很清楚這些序文作者的描述是根據薄少君的詩句，或是根據自己的觀察。周鍾這樣描寫他們夫妻倆的生活：

君烈家徒壁立，而室人薄少君以美才懿行左右贊襄。每相與評詩詞之工拙，究內典之精微。唱和之樂，雖古人所稱梁孟相對，恐未能有此也。[13]

張溥的描述也有類似的情境：

與婦薄孺人靜居一志。孺人通詩書，能琴，又好禮梵，亦不食魚腥。兩人以高素相友……[14]

沈承逝時薄少君有孕在身，男嬰產於其父逝後百日。薄少君在其夫一年忌辰後一日隨之棄世。周鍾描述其亡：

君烈死越朞年，而孺人以哀痛之迫，亦遂不食而亡。[15]

張溥對此事件的描述稍有不同：

至君烈中棄，孺人晝夜擗摽，甘心灰沒。賦悼亡詩百首，愁怨悲慄，痛逾柳下之誄。侵染成疾，殞其身。躬計去君烈之亡栽餘一年有一日耳。[16]

其他關於她的早期材料通常說她「一慟而絕」。[17]雖然一些當代人以「殉」描述薄少君的死亡，他們並不是說薄少君是自殺而亡。然而在兩百多年後的道光十七年（1837），薄少君被官方追認爲烈婦。

在他們婚姻生活中的最後幾年，薄少君與其夫生活窮困。沈承府試的主考官毛一鷺在沈承過世時任江蘇巡撫，他資助一大筆錢給沈承的宗人辦葬禮。然而在薄少君死後，沒有人前來照顧他們的兒子，直到後來張溥接走他。然而他們的兒子在約十年後過世。

沈承死後不久，他的朋友在毛一鷺的資助之下出版他的文集。[18]這六卷的《即山集》保存了下來。至今我尚未在沈承的作品中發現提及薄少君的部分，然而這並不讓人意外。在文集的附錄當中，文集的編者收入了薄少君百首〈悼亡詩〉中的八十一首。附錄的編者張三光在〈題辭〉中這樣解釋：

> 君烈玄心傲骨，澹性飛才，少君一一繪出。匪伊生前良朋，抑亦歿齒知己也。若乃名通之識，絕去塵情，奇警之思，盡空故諦，即窮年者矻矻者，或未之逮，豈圖於閨秀得之。百詩既成，一身旋逝。鐵板之歌痛於閨怨矣。獨地下急殉，何以不顧遺孩。倘責在後死，定有起而撫孤，少君殆能先見耶。稿凡三紙，每紙三十餘首，似撰完總書，蓋已自分必死，豫爲必傳地矣。向所作領甚楷，此則稍帶行體，相聞，少君書酷肖君烈信然。謄本多誤，余既索取是正，仍歸天如，令遺孤他日捧閱。故知球壁非珍，悉啻杯棬之感也。原詩一百首，錄八十一首，刪十六首，闕三首。[19]

即使薄少君在她的詩中讚美沈承的道德節操與其作品的文學價值，沈承自己的作品幾乎完全被遺忘。即使毛一鷺在一六二六年爲他出版的文集寫序，也沒能增加沈承的聲譽。其後毛一鷺便因爲在一六二七年替尚未失勢的魏忠賢建生祠，而在文人群體間留下永世罵名。我所注意到的，對沈承作品唯一的現代評價描述他爲晚明詩文的典型代表。[20]然而薄少君數量不多的作品，以其特出的才思與偶見的戲謔之語，而有別於一般的「閨秀詩」，因此毫不意外地立即引起當代人的注意。幾年之後，也許是明代最重要的女性詩歌選輯《名媛詩歸》將薄少君的全部作品獨立收爲一卷。[21]十七世紀晚期的女性詩歌選，如王端淑（1621-早於1685）的《名媛詩緯》或錢謙益《列朝詩集》的〈閨集〉當中，都選了很多薄少君的詩。直到十八、十九世紀薄少君的作品仍被閱讀，更晚的女詩人像吳藻（1799-1862）與徐自華（1873-1935）都在她們的詩作中與薄少君遙相呼應。[22]薄少君或許希望以其詩歌爲後人所記憶，然而其詩作的主要題材卻是她的丈夫與其夫的品格。

在其百首悼亡詩的開頭，薄少君表明了她並沒有要作「秋閨怨」來哀悼她的丈夫，而要以更男性化的風格來寫這些詩：

海內風流一瞬傾，彼蒼難問古今爭。[23]
哭君莫作秋閨怨，薤露須歌鐵板聲。

〈薤露〉是中國古代最著名的輓歌，將人生的短暫比喻爲露水。相傳這首歌最早爲田橫的徒屬所唱。田橫是齊王之後，在秦亡之際反秦自立，而在韓信陷齊之後入海居島中。漢有天下後，劉邦召田橫入朝，田橫在抵洛陽前自盡。薄少君或許看到了田橫與沈承的相似之處，前者國家被奪，而自認道德上有資格的沈承從未得到應有的功名。而鐵板的典故來自蘇軾（1036-1101）的知名軼事。相對於詩，詞因爲其主題、語調與風格，被視爲是比較女性化的文類。蘇軾是這種文類的重要創新者，他並不侷限在寫詞所慣用的語彙與主題，而運用詩的語言寫更自傳式的主題。相較於較早的、以柳永爲代表的「婉約」風格，蘇軾的風格通常被認爲是「豪放」。俞文豹在《吹劍續錄》敘述這則軼事：

東坡在玉堂日，有幕士善謳，因問：「我詞比柳詞何如？」對曰：「柳郎中詞，只好十七八女孩兒，執紅牙拍板，唱楊柳岸、曉風殘月。學士詞須關西大漢，執鐵板，唱大江東去。」公爲之絕倒。[24]

在開頭幾行的「莫作秋閨怨」中，薄少君已清楚的表明即使身爲女性，她並不想以女性化的、較幽微的風格寫這些詩，而是要採用較男性化的、直接的方式。薄少君所對立的詩的類型，或許可以另一位早薄少君一個世紀的蘇州女詩人孟淑卿爲代表。孟淑卿悼念亡夫的〈悼亡〉是女性以此詩題作詩的最早紀錄：

悼亡

斑斑羅袖濕啼痕，深恨無香使返魂。
豆蔻花存人不見，一簾明月伴黃昏。[25]

薄少君選用男性化風格使她容易招致批評。作爲女性作者，她多少處於一種兩難的境地。傳統的文學評論者通常容忍女性以女性化的風格寫作，視之無關緊要，而譴責以男性化模式寫作的女性爲粗俗。即使在十七世紀最大規模的女詩人選集《名媛詩緯》當中，收錄薄少君二十一首詩的女編者王端淑仍不能全完免於這種偏見：

端淑曰：讀少君悼亡詩，須存其一段高視闊步氣岸，其粗豪處當耐之。吾尤喜其胸中浩然無宿物。[26]

但在十七世紀薄少君亦有其辯護者。《玉鏡陽秋》這麼評論：

少君以奇情奇筆，暢寫奇痛，時作達語，時爲譃言，莊騷之外，別闢異境。世何以豆目相繩，苛較聲格，將無爲此奇女子所笑。[27]

然而，本文以下討論的重點不在這些詩的文學性，而是在其傳記性質與自傳性質的層面。這些詩是寫來哀悼沈承的，薄少君再三地描述與評價其丈夫，讓這些詩具有強烈的傳記性，又因爲通常使用相當光耀的詞彙，有時甚至有「行傳」的味道。然而在喚起其夫生前的形象、思考其夫死亡的意義與死後世界上，這些詩免不了也要觸及他們的婚姻生活，以及薄少君自己在丈夫過世後的處地。這百首組詩包含了許多應該與寫作活動本身合併起來一起考慮的自傳性質片段。從這點來看，在寫作這些詩作爲亡夫的紀念同時，她也以這些詩爲作爲烈婦的自己留下紀念。在接下的一節，我將更詳細的討論薄少君如何在她的詩中呈現她的丈夫與她自己。

哭夫詩百首

薄少君的〈悼亡詩〉常常也被稱爲〈哭夫詩百首〉。留存的八十一首顯然致力於描繪其亡夫的理想形象。開頭第一首的第一句即稱其夫「海內風流一瞬傾」，次句則以《詩經》〈黃鳥〉中「彼蒼」的典故將沈承連結到殉死秦繆公的三良臣。在其他地方則稱他「心似蓮花腸似雪，神如秋水氣如蘭」（第二十九）。在第二首詩沈承被形容爲「學道人」，在另一處薄少君說其夫致力於「實學」（第三十九），即與社稷民生直接相關之學。如果司馬遷的文章受益於環遊四海，沈承的文章更是超乎其上，眼界包含整個宇宙（第五十九）。在薄少君的筆下，沈承文章的道德與藝術價值足以永世留名（第五、十二、三十四、七十一）。在他的時代，沈承的耿直不群讓他陷入困境（第

八、三十五、四十二、五十、五十二、七十），而太多當代人只留意到他的文才卻忽略他的高貴心志（第二十）。科場連年不售（第十、十八、二十七、二十八、六十四）讓他（與她）飽受挫折（第二十七），但在他處薄少君也承認其夫的性格難以順遂仕途（第六十五）。

因沈承亦不滿於爲人代筆（「恥爲人作嫁衣裳」第七十四、七十九），兩人生活困苦（第九、十九、二十五、三十八、六十），然而沈承甘之如飴（「有睛不屑顧黃金」第二十、三十二、三十九、七十），即使因爲貧窮無法完成「跡遍名山」的心願（第七十三）。薄少君在詩中偶爾也將他們的困苦相對化：野雀是他們家的「闖席賓」（第五十一），而對訪客的招待如此簡陋而不需回禮（第六十六）。在一首詩中描述沈承就家中破壁漏下的月光看書（第六十四）。即使這麼貧窮，他們的家中還是藏滿了書，有時讀到激動處甚至爲古人起舞笑罵（第七十七）。有些詩則描述沈承寫詩作文的習慣（第七、十九、二十六）。

如果科場不售與伴隨而來的窮困是沈承生命中重大挫折之一，沒有子嗣則是另一個挫折（第十四）。在沈承死後薄少君方產下一子，她用強烈的語句描寫此事：

> 悲來結想十分痴，每望翻然出櫬期。
> 一滴幸傳身後血，今朝眞是再生時。

之前兩人有一女兒在學語之前即夭折（第十六、十七）。留意到自己可能早逝，薄少君敦促她的幼子長大後要學習父親的文章（第十五）。在另一首詩她想像長大後的兒子問起父親生平，她只能指著他父親的畫像而無法再說下去（第三十）。

一方面薄少君形容沈承爲儒者，但另方面她也提到沈承對佛教的虔誠。這種虔誠可能與當時因袁黃而廣泛流行於文人之間的「功過格」思想相關。袁黃根據自己的經驗，主張個人可因積功避過而中舉生子，而沒有罪過能比殺生累積更多的業障。這種功過格的思想因之特別強調一生中的因果報應。[28]依薄少君的詩句，她的丈夫「君無多事求超脫」（第五十六），且薄少君要他視這些天堂地獄爲「戲場」。但是薄少君也強調果報的必然（第四十一），且提到其夫清修持齋（第三十八），設身處事「愼因緣」（第三十九）。他（或她？）茹素冥思（第五十），參透「舌根禪」，令茄味似羊、果若烹鮮（第六十一）。即使如此，因爲他倆窮得要以蚌殼切菜頭，所以仍未能除盡殺生之業（第六十六）。作爲不爲世人賞識的學者，薄少君常有意無意地拿沈承與蘇軾（1036-1101）相提並論（第三、七十）。蘇軾與僧人的往來衆所皆知，而蘇軾本身對佛教的虔信與戒殺使兩人更相像。[29]而作爲多才卻落魄短壽的文人這點，沈承也常在詩中被比擬爲唐代詩人李賀（790-816，第二、二十二、七十八）。

人們或許會注意到薄少君的詩很少涉及其丈夫家居之外、社會層次的生活。就算涉及家居之外的生活，薄少君的描述僅限於其夫對科場失敗與生活窮困的情感反應等這些薄少君在兩人生活中能體驗到的部分。總體來說，薄少君對其夫一生的描寫聚焦於他的家居活動，即兩人所能共享的生活。

在薄少君所讚揚的、其夫的道德情操中，她所能經驗到的只有其夫的一生清貧與英年早逝。開頭的第一首詩她說這些遭遇「彼蒼難問」（第一）。在第九首詩中她認爲丈夫的早死是爲鬼所弄，再後幾首則說丈夫的才名為天所忌（第十二）。在另一首較戲謔的詩中，她認為沈承的死是殺死混沌的懲罰（第五十）。另一首詩則改寫常見的將過世形容為到天庭為上帝寫文章的婉稱，主張沈承一定是被召喚至紫宸作為上帝的丞相（第二）：[30]

上帝徵賢相紫宸，賦樓何足屈君身。
仙才天上原來少，故取凡間學道人。

對描述丈夫的死，薄少君描繪出兩組不同的意象。一組意象是基於夢與醒的二分。在一首詩中死亡被描述為長眠（第四十三），另一首則是從夢中醒來（第六十二）。[31]對於「人生如夢」這個主題最具巧思的改寫或許是第七十五首：

何人不是夢中人，好夢榮華惡夢貧。
君是酒人方夢飲，阿誰呼覺未沾唇。

另外一組則是使用鶴的形象。死亡常會被稱為是成仙或鶴（仙人也常幻作鶴形）。其中一首詩可說直接重述了遼東丁令威的傳說。丁令威離家求仙，數百年後化成鶴形回家，而後人早已不識（第五十五）。鶴的形象也出現在第三十一首詩，其中死亡被比喻為跳下萬仞懸崖而化身為鶴飛天（亦見第二十九）。當薄少君告訴她丈夫死後他將可以飛去生前無法造訪的名山（第七十三），她或許將丈夫想像爲鶴更甚於蝴蝶。而鶴也可能出現以傳送死亡訊息，帶領亡魂前往仙境（第七十九）。

在一些比較陰暗的詩中，想像死亡的狀態是墓中的黑暗與孤寂。薄少君在一首詩中想像丈夫死後唯一的對話對象是「山前石人」（第六十九），另一首詩她希望丈夫的寂寥可因之前死去的女兒相伴而稍減（第十六）。另一個慰藉是她想像千年之後會有來自萬里之外的解人前來「哭古碑」（第七十一），然而這又與下一首（第七十二）的結尾相反：

寢終豈是男兒事，應怪家人聒耳啼。

薄少君有許多詩將她的亡夫置身於地府。這些詩的靈感來源或許部分來自「做七」的儀式。據信死者的靈魂在死後七日、十四日、二十一日、二十八日、三十五日、四十二日、四十九日與第一百日會陸續到地府的第一至第八殿報到，而在一年後與二十七個月後到第九與第十殿。爲了協助亡靈度過這些磨難，死者家人邀請僧侶前來誦經，而他們通常以展示地獄苦刑磨難的圖像將其教誨視覺化。[32]家人會爲死者焚燒大量的紙錢，以償還出生時的債，並賄賂地府差役。然而沈承一片紙錢都不帶便到地府，且能斥責閻羅王（第二十一）。薄少君懷疑他丈夫的文章在地府可有用處（第二十五），並且警告他丈夫到地府不要好發大作，以免觸犯易怒的地府當權（第四十五、四十九），這實爲對其夫生平遭遇的謔語。其他的詩表明她有信心儘管是最嚴厲的地府判官也找不到沈承任何的道德缺陷（第三十八、三十九）；

然而最後她也懷疑不容於當事的丈夫「不知地下可相安」（第六十五）。

以上的圖像都是想像亡者爲人，無論是化身爲仙爲鶴，或是墓裡冥中的靈魂。然而另外一組意象是想像亡者魂靈與宇宙融合，透過河聲山色與生者對語。第四首詩似乎希望將沈承神格化，但又說「骨作山陵氣作潮」，而在另一處則是「江聲岳色把神傳」（第四十三）。

整組詩本身當然是一種回憶的行動，但有些詩將回憶這個行動本身作爲主題。薄少君記得他們的第一次見面（第三），以及一年前與丈夫夜話（第十九）。在其他時候，她相信她聽到了丈夫窗外的腳步聲（第六）、廊下吟詩的聲音（第十一），及她收起丈夫的筆時丈夫的歎息聲（第二十六），偶爾她仍希望可看到丈夫暮中歸來（第五十四）。然而如同過去成爲一場夢（第三），回憶只變得更痛苦，特別是留意到她對丈夫準確特徵的記憶逐漸褪去（第五十三），讓她恐懼如果未來相會時會認不得丈夫（第三十二）：

> 痛飲高談讀異文，回頭往事已如雲。
> 他生縱有浮萍遇，政恐相逢不識君。[33]

莫怪薄少君寧願化作「望夫石」永遠固定她的思念（第四十）。另一種特別的回憶形式是思君之夢（第四十四、四十八）。然而當夢中的影像比日間的記憶更清楚時，結果是更加的惆悵（第六十七）：

消宵一夢駭重逢，夢裡惟愁是夢中。
急把衣裾牽握住，醒來依舊手原空。

沒有任何溫柔的回憶可以追回逝者、可以消盡喪親的苦痛（第十三、四十四、六十、六十八）。最終薄少君的哀傷延伸到所有已逝之人：「焉得長江俱化酒，將來澆盡古今墳？」（第六十八）另一個結論是人最好是先死，勝過留下來哀悼摯愛的人（第五十八）。

留下來的人仍有許多現實的事務要處理。一首詩中薄少君敘述自己決定了丈夫墓的地點（第四十六）。然而最緊迫的責任是準備丈夫要出版的遺稿。當她整理丈夫的書箱中的遺稿，辨認書籤的眼中充滿淚水（第六首）：

檢君笥篋理殘書，欲認籤啼淚轉霏。
忽聽屧聲窗外至，回頭欲語卻還非。

沈承的遺稿在第十二首詩再被提及。在第二十三首詩薄少君說她將爲丈夫的遺稿準備兩副謄本，一副用以刻書，一副陪葬皇陵。其夫的文章在細心修改與儲藏之後將千秋留名（第二十四），即使當代的人誤解了他的作品（第三十四），後人也可能理解錯誤（第三十六）。在第六十首時沈承的字畫也被提及。

周鍾與張溥在他們的序言中都強調沈承與薄少君的婚姻生活建基於彼此的深刻瞭解。而在薄少君的詩中，她迴避用任何浪漫或情慾的意象來描述兩人的關係。這些詩中沒有出現過任何鴛鴦，只有一隻寒雁孤鳴帶來哀緒（第四十八）。然而在一首詩中薄少君回憶與丈夫徹夜交談（第十九），而另一首夢中詩回想起更親密的時刻（第四十四）：

帶夢思君形影疑，一燈陰處想欣帷。
生前幾許牽懷事，並集清宵不寐時。

薄少君以「知己」（第八）來形容與丈夫之間的關係，但在他處則強烈否認兩人知識上的對等關係：「對君莫怪談鋒少，萬石洪鍾偶觸蚊。」（第四十七）在組詩的前幾首，薄少君形容自己是丈夫全心的門徒，而以蘇軾與秦觀（1049-1100）比擬兩人（第三）。我們已經提到薄少君在詩中反覆拿丈夫與蘇軾相比。秦觀則不只是蘇軾最鍾愛的門生，同時也在蘇軾門生中最強調蘇軾訓誨的道德價值。此外，秦觀以創作女性化的詞而知名，薄少君則在組詩的開頭將自己連結到蘇軾「鐵板」的典故。除此之外，道潛禪師（參寥子）爲蘇軾作的十五首輓詞也可能是薄少君作此百首詩的直接靈感來源。

雖然薄少君哭夫詩的內文無法讓我們對薄少君的閱讀狀況得出特定的結論，但很有趣的是在當時大量出現的白話文學中蘇軾是很受歡迎的人物。馮夢龍從一六二一到一六二七年間在蘇州出版的「三言」當中，關於蘇軾與其友人的故事比起其他文人都多。其中一部話本焦點在蘇軾的妹妹與秦觀之間的婚事與新婚夜裡蘇小妹對秦觀的考驗。薄少君在兩首詩（第三十、七十六）中提到的張良在當時的白話文學也相當受歡迎。一則張良離開劉邦朝廷的白話故事在十六世紀時便收錄於《清平山堂話本》，且也持續以獨立的故事文本流傳。

這組題為〈悼亡詩〉或〈哭夫詩〉的作品，如同題目所表明的，死去的丈夫可說是中心人物。而作為一種自傳性質的表述來說，首先這組作品便是透過薄少君表達對丈夫無論是其一生，或是體現在其作品上的道德情操永無止境的欽讚，以及對丈夫之死的永久哀痛。對其婚姻生活及之後寡居的場景的描述都是在這個脈絡下發生作用。然而，部分因為這組詩的篇幅、部分是因為薄少君坦率的人格特質，她的詩句提供我們一種新奇的眼光、讓我們進入一個十七世紀蘇州貧窮士紳妻子的生命之中。

結論

在薄少君死後的三百年間，中國女作者在適當的情境之下持續創作題為〈悼亡詩〉與〈哭夫詩〉的作品。也許是受了薄少君的影響，這些作品即使很少到百首的程度，愈來愈多的作品以組詩或組詞的方式呈現。我所知道的唯一在篇幅上超過百首的〈哭夫詩〉是十八世紀出身滿族的佟佳氏。其夫是多爾袞的第四代孫，為他佟佳氏寫了超過兩百首七言絕句，從中她選出一百七十首以《繐帷淚草》出版。雖然數量龐大（作者為此在序言道歉），但這些詩並未顯現如薄少君詩句的多樣性，而只聚焦在自己的悲傷，提及丈夫時亦只用最尊敬的用語。[34]

在十七世紀及其後，女性作者在多大程度上跨越了哀悼詩的形式，而寫作更公開的散文體傳記？雖然女性作者爲同爲女性的讀者寫道德訓誡，《列女傳》這種文類通常是由男性編纂，如十七世紀的呂坤。[35]且如同季家珍（Joan Judge）在本書中討論的，一直到二十世紀早期，男性作者還一直創作這種文類。由於傳記的重點通常認爲是逝者的社會活動，女性的位置不利於寫作男性的傳記。當十七世紀女作者沈宜修（590-1635）寫作傳記時，她的傳主是她的么女與表親。[36]然而對於一生幾乎都在內闈度過的女性，同樣是女性的作者的確在瞭解其傳主上占有有利的位置。在明朝覆亡之後，之前是名妓的柳是便與她的丈夫錢謙益合作撰寫《列朝詩集》中女詩人的小傳。[37]儘管通常仰仗之前的傳記或序言，王端淑在《名媛詩緯》中爲女詩人作的小傳不只數量更多，長度也較更長。王端淑可能也是第一位爲男性立傳的女作者，但即使是這樣獨立的精神，王端淑在爲男性立傳時也急欲告知當代讀者，她是受了張岱（1597-1689）的請託方爲明代烈士寫傳。[38]在十七世紀末，一旦當世局穩定下來之後，由女性所寫的男性傳記再度消失。女性所寫的女性傳記仍然很少見，但女性作者爲其他女作者文集所寫的序中通常包含了許多傳記性資料（魏愛蓮Ellen Widmer在本書的文章中論及這個主題），而在女性編者選編的閨秀詩選中，女性作者也持續爲女詩人編寫小傳。在清朝末年則有秋瑾的女性朋友爲她寫的傳記，胡纓已針對這個課題作過研究。

十七世紀以來，的確有一些女性所寫的短篇散文自傳。[39]學者已經注意到這個時期男性作者所作的自傳通常是爲了提供道德模範：透過展現個人如何在修身過程中克服各種困難，作者教導他的讀者如何照著做。[40]女性所寫的自傳作品背後也許具有可相比較的道德意義。[41]儘管這些稀少的作品很珍貴，其價值因爲過於注重事實與過於簡明而受到限制。然而，這些散文體自傳反而突顯了詩歌表達自我與作爲自傳性表述的價值所在。詩歌強調個人感受與重視事物細節的特色讓我們得以一瞥當時女性的生活情境，而這些是更正式的傳記與自傳材料一向忽略的。然而，儘管如此，在婦德中對婦言的要求之下，菁英階層的女性能夠言其所欲言的機會仍然相當稀少。[42]

註釋

【1】柳下惠妻此條目的英譯，見Albert Richard O'Hara, *The Position of Woman in Early China According to the Lieh Nü Chuan "The Biographies of Eminent Chinese Women"* (Washington: Catholic University of America Press, 1945)，pp. 65-66。

【2】對左芬的簡介與其部分作品的英譯（並未包括她所寫的誄文），見Wilt Idema and Beata Grant, *The Red Brush: Writing Women of Imperial China*. Cambridge MA: Harvard University Asia Center, 2004, p. 43-48。

【3】劉令嫻生平簡介與部份祭文的英譯，見Wilt Idema and Beata Grant, *The Red Brush*，pp. 146-53。

【4】在唐朝所見超過六千多件的墓誌銘當中，不到兩三件是由女性所寫，見姚平，《唐代婦女的生命歷程》（上海：上海古籍出版社，二○○四），頁111-12。這些墓誌銘都來自近代的考古發現。

【5】此文的英譯見： Wilt Idema and Beata Grant, *The Red Brush*，pp. 167-73。Biography是中文「傳記」在漢學界的通用翻譯。然而特別要強調的是中文的「傳」大多只有短短幾頁，而在傳統中國，對個人一生專書篇幅的研究實際上不存在。相較於西方傳統底下專書篇幅的傳記，在篇幅與風格上，中國的「傳記」比較接近訃文或生平小傳，這同時也是因為中國的傳記傾向注重傳主的社會生涯更甚於內心世界。只有負面人物的傳記會強調其外在行為與內在情感的衝突。

【6】關於本文的研究與極佳的英譯，見Stephen Owen, "The Snares of Memory," in his *Remembrances, The Experience of the Past in Classical Chinese Literature*. Cambridge: Harvard University Press, 1986, pp. 80-98。亦見Wilt Idema and Beata Grant, *The Red Brush*, pp. 207-14。吳百益曾簡要討論李清照在中國自傳寫作傳統的位置，見Pei-yi Wu, *The Confucian's Progress. Autobiographical Writings in Traditional China*（Princeton: Princeton University Press, 1990），pp. 64-67。

【7】同樣的，編輯一名作者的作品成為個人文集也許便相當於寫他/她的傳記。.

【8】例如與薄少君同時的女作者梁孟昭便曾清楚地提到這個問題，見Wilt Idema and Beata Grant, *The Red Brush*, p. 354.

【9】《蘇州府志》，引自小林徹行，《明代女性の殉死と文學——薄少君の哭夫詩百首》（東京：汲古書院，二〇〇三），頁14-15。

【10】除了沈承自己的作品，關於其生平的主要資料來自其文集中的衆多序言與其他傳記性資料。見一六二六年出版的《毛孺初先生評選即山集六卷附附刻一卷》（後作《即山集》），此版本收入於《四庫禁燬書叢刊》第四十一冊。

【11】《即山集》6：5a（41-669）。

【12】《即山集》2：28b-31a。小林徹平作了日文翻譯，見小林徹行，《明代女性の殉死と文學——薄少君の哭夫詩百首》，頁16-24。

【13】周鍾，〈沈君烈遺集序〉，《即山集》，6a（41-553）。梁鴻與孟光是西元一世紀的人。梁鴻批評時政而生活窮困，然孟光始終敬重其夫。

【14】張溥，〈即山集序〉，《即山集》，2a（41-556）。這裡的「詩書」指五經中的詩經與書經。

【15】周鍾，〈沈君烈遺集序〉，《即山集》，6b（41-553）。

【16】張溥，〈即山集序〉，《即山集》，3a-b（41-556）。

【17】小林徹行從方志與詩文選集中收集了薄少君的傳記資料，見小林徹行，《明代女性の殉死と文學——薄少君の哭夫詩百首》，頁14-16。

【18】一六二六年時毛一鷺為討好魏忠賢逮捕聲望甚高的周順昌（1584-1626），在蘇州城激起士民義憤，引起群衆抗議（見Dardess, *Blood and History in China: The Donglin Faction and its Repression 1620-1627*, Honolulu: University of Hawaii Press, 2002, pp. 108-12）。毛一鷺對沈承的施予某種程度上可能是一種平撫蘇州地方士紳的姿態。

【19】小林徹行，《明代女性の殉死と文學——薄少君の哭夫詩百首》，頁139。根據小林徹行，此〈題辭〉出自《即山集》的復刻版本，但在《四庫禁燬書叢刊》根據北京大學圖書館藏《即山集》重印的版本中沒有看到這篇〈題辭〉。因為薄少君死前數月身體狀況很差，這些「改正」應該是指抄寫間無意的錯誤。張三光沒有說明他是以什麼標準刪掉怎麼樣的詩。

【20】「他是一個相當有才氣的人，性情又很古怪，環境又是這樣的壞，所以他的全部詩文鈔，都是罵人發牢騷的話。」「他的詩文所有的唯一好處，便是寫實；然而所寫的範圍太狹窄，大概是他自己家門以內的事，而他的思想也不外乎是考試考不取，自己覺得是抱屈而已。」見胡懷琛，〈介紹女詩豪薄少君〉，《逸經》，二十九期（1936），頁7。這篇文章是作者以胡寄塵之名發表的另篇文章的擴充。見胡寄塵，〈介紹女詩豪薄少君〉，《小說世界》，十四卷二十三期（1926），頁1-8。

【21】《名媛詩歸》可經由哈佛大學Hollis系統上網觀看。薄少君的詩作在頁1634-64。

【22】薄少君的詩也常見於近十幾年出版的女性文學選集。林順夫將她部分的詩作翻譯成英文，收入於K'ang-i Sun Chang and Haun Saussy, Eds., *Women Writers of Imperial China*（Stanford: Stanford University Press, 1999），pp. 218-21。日本的小林徹行在二〇〇三年出版一本專書討論薄少君的哭夫詩，譯註了她所有的詩。這本書《明代女性の殉死と文學——薄少君の哭夫詩百首》提出了一個很有問題的說法，認為這些詩應該讀作薄少君一年來準備自殺殉死的詳細日記。這種讀法固然增強了薄少君詩的自傳性質，然細讀這些詩並不能得出這樣的結論。

【23】「彼蒼」的典故來自《詩經》中的〈黃鳥〉。這首知名的詩描述秦國「三良」為其君殉死。這首詩主要不在讚美他們的勇敢，而在哀嘆他們的早逝，並譴責上天不公。因此這首詩通常被用來作為英年早逝的典故，如劉令嫻為其夫寫的祭文就用了這個典故。

【24】轉引自石聲淮與唐玲玲編，《東坡樂府編年箋注》（武昌：華中師範大學出版社，一九九〇），頁544。

【25】鍾惺編，《名媛詩歸》（收入於《四庫全書存目叢書》第三百三十九冊），25：4a-5b（283-84）。「反

魂香」是起死回生的神藥，始見《海內十洲記》。「豆蔻花」是用以青春少女的意象，暗示孟淑卿很年輕時便成了寡婦。孟淑卿這首詩廣泛地被收入晚明的詩集，所以我們可以假定薄少君讀過這首詩。

[26] 王端淑，《名媛詩緯》木刻原版，7：13b-14a.。

[27] 引自胡文楷，《歷代婦女著作考》（上海：上海古籍出版社，一九八五），頁204。《玉鏡陽秋》應該是一本評論十七世紀女詩人的作品。《歷代婦女著作考》中《玉鏡陽秋》的片段來自《宮閨氏籍藝文考略》的引文，此為王士祿（1626-1673）《然脂集》少數流傳下來的部分。

[28] 對於此主題經典的英文研究為Cynthia Brokaw, *The Ledgers of Merit and demerit: Social change and Moral Order in Late Imperial China*. Princeton: Princeton University Press, 1991。

[29] 道潛禪師（參寥子）為蘇軾作的十五首〈東坡先生輓詞〉（見《全宋詩》（北京：北京大學出版社，一九九五），頁10800-02）可能是激發薄少君靈感的作品之一。《東坡先生輓詞》的第一首詩結尾是問天無語，與薄少君〈哭夫詩〉第一首的第二句相似。道潛數次提及蘇軾的「風流」，這也是薄少君〈哭夫詩〉第一首的第一句形容她丈夫的特質。薄少君詩的第四十三首與第五十五首用了與道潛〈輓詞〉最後一首詩相同的典故。關於道潛輓詞的詳細討論，見Ronald Egan, *Word, Image, and Deed in the Life of Su Shi*, Cambridge MA: Harvard University Press, 1994, pp.355-57。

[30] 相傳唐代詩人李賀被召往天庭為新蓋好的宮殿寫記。沈承的友人也許讀過這些詩，也以此描述沈承的早亡，而薄少君改寫這個意象。

[31] 幾乎是不能免地，我們又看到「莊周夢蝶」這個典故的改寫。

[32] Stephen F. Teiser, *The Scriptures on the Ten Kings and the making of Purgatory in Medieval Chinese Buddhism*. Honolulu: University of Hawaii Press, 1994。

[33] 最後兩句詩的靈感來源或許是蘇軾知名的詞〈江城子〉。這首詞寫來回憶他的妻子，提到他害怕即使再與妻子相見，他的妻子恐怕認不得他，因為十年過去後他的容貌已改變許多。見王水照註，《蘇軾選

集》（上海：上海古籍出版社，一九八四），頁256-57。

[34] 原本在北京圖書館，哈佛燕京圖書館藏有影印本。

[35] Joanna F. Handlin, "Lü K'un's New Audience: The Influence of Women's Literacy on Sixteenth-Century Thought." in *Women in Chinese Society*, ed. by Margery Wolf and Roxanne Witke. Stanford: Stanford University Press, 1975, pp. 13-38。

[36] 沈宜修為其最小的女兒葉小鸞（1616-1632）所寫的動人的傳記英譯見Wilt Idema and Beata Grant, *The Red Brush*，pp. 400-406。

[37] 柳是所寫的小傳英譯見Wilt Idema and Beata Grant, *The Red Brush*，pp. 359-61；364-65；366-67；368-69；370-71；384-85；514-15。十七世紀中葉以來也出現許多女尼為女尼所寫的傳記。Beata Grant研究了這些傳記與她們的其他作品的研究。

[38] 見"Selected Short Works by Wang Duanshu（1621-after 1701）," transl. by Ellen Widmer, in *Under Confucian Eyes: Writings on Gender in Chinese History*, Ed. by Susan man and Yu-yin Cheng. Stanford: Stanford University Press, 2001, pp. 178-194與Idema and Grant, *The Red Brush*, pp. 439-445。

[39] 一篇罕見的十七世紀散文體自傳英譯見"Record of Past Karma" by Ji Xian（1614-1683）," transl. by Grace Fong, in *Under Confucian Eyes*, pp. 134-146。Beata Grant所研究的十七世紀女尼當中，有部分也會作自己的傳略，用來啟發她們的弟子。部分自傳的翻譯見Wilt Idema and Beata Grant, *The Red Brush*, pp. 457-459。

[40] 相關研究見Wolfgang Bauer, *Das Antlitz Chinas. Die autobiographische Selbstdarstellung in der Chinesischen Literatur von Iheren Anfängen bis Heute*（München: Carl Hanser, 1990）。本書發現這種教化的傾向一直到毛澤東的自傳仍然存在。這是毛澤東親自告訴斯諾（Edgar Snow）的，見本書頁680。

[41] 一個罕見的例外，見Allan H. Barr, "The *Ming History* Inquisition in Personal Memoir and Public Memory,"

CLEAR 27（2005），5-32。本文討論陸莘行（1652-1707後）簡短的散文體自傳。

【42】哭嫁歌與哭喪提供農村婦女在一個儀式化的空間宣洩其悲傷，乃至咒罵她們的親人。湖南南部江永女書包括一種長篇自傳歌謠的文類，在這種歌謠當中女性宣述自己遭遇的不幸。部分這些歌謠的英譯見Wilt Idema and Beata Grant, *The Red Brush*, pp.553-57。

清代中期江南的女性傳記作家

魏愛蓮（威爾斯利大學）／趙穎之譯

傳統中國女作家寫作傳記會有何種境遇，她們是否大量寫作傳記？爲了回答這些問題，我對清代中期江南的一小群女作家進行了研究。從十八世紀後期袁枚（1716-1797）引人非議地招收女弟子開始，直至十九世紀中期太平天國運動爆發，在此期間一些女性聲名鵲起。她們的寫作觀念與較早和稍晚時期江南女作家的寫作觀念不完全一致，[1]與廣東的女作家的寫作觀念也不同。

我的推測是女作家在使用「傳」字之時，要受到一些約束。很多男作家認爲這一公共和正式的文體不應被輕易地使用，[2]可能因此女性很少使用這一文體寫作。因而在我們尋找女性傳記作家時，我們要看的不僅是「傳」這個字。我的推測對於《列女傳》的寫作傳統並不適合。正如Harriet Zurndorfer在最近的文章中所指出的，王照圓（1783?-?）於一八一二年補註《列女傳》是一種傳統允許的創新。曼素恩（Susan Mann）討論過惲珠（1771-1833）一八三一年《蘭閨寶錄》中這種寫作方式的運用。我還排除了有能力刊刻文集的那些與衆不同的女作家所作的「傳」。她們的文集中可能收有一些「傳」，傳主包括女性和男性的家庭和非家庭成員，但是這些傳作只有少數得以流傳。[3]

我的推測主要基於明清婦女著作資料庫（麥吉爾—哈佛網站），這項由方秀潔發起的工作致力於把哈佛燕京圖書館所藏的女作家作品（以及一些關於女作家的作品）進行資料化處理。[4]我對資料庫文集中「傳」字的檢索得到了四千九百二十七條紀錄，其中大多數是對大型文集中單個作家的短篇介紹性文字。[5]多數大型文集的編者是男性，如趙世傑（1628年左右在世）、鍾惺（1574-1624）和徐乃昌（1862-1936）。例外的情形如惲珠一八三一年的《國朝閨秀正始集》和王端淑一六六七年的《名媛詩緯》。在這種文集中，傳作只占極小篇幅，通常介紹作家籍貫、配偶、作品和其他一些基本資訊，長度不會超過幾行文字。四千九百二十七條紀錄中較為詳細的傳記幾乎都由男性親友在作者死後所作。[6]

可以肯定的是我的檢索方式有局限，重要的原因是有大量文本沒有收入資料庫。如果我們通過其他渠道進行尋找，我們會發現更多女作家所作的傳記，如十七世紀江南女編者王端淑為明代男性遺民所做的傳記。[7]但是仍然令人震驚的是由女性所作的傳記如此之少。我目前所作的解讀要表明，在光緒年間以前女作家為其他女性的作品作序的情形非常少見。

這並不意味著女性從來不為女性文集作序。假如我們在這個資料庫裡檢索「序」字，我們會得到兩百五十三條紀錄，其中很多由女性所作，很多具有傳記的性質。女作家常常為彼此的文集撰寫傳記性的序言，但是她們這樣做時幾乎總是冠名以「序」。

為了進一步檢驗我的推測，我要指出女作家的詩集至少在兩個方面為研究女作家的傳記才能提供了可能性。其一是她們為彼此的詩集所作的序言。這些通常被稱為「序」，而不是「傳」。按照慣例，序介紹一篇作品及其作者，[8]而傳描述一個人或一群人的生平，並不必然提及作品。兩個詞的重疊處在於它們都是具有傳記性質的散文。我在本章的觀點不是要強調文體的細微區別，而是要追問，如果文學傳統沒有限制女性寫作傳記，女作家所作的序是否可以被稱爲傳。換言之，假如有些女作家的序作出自男作家之手，它們很可能被稱爲傳。

我的論點基於對資料庫提供的材料。我的假想是，明清女作家通常不寫作那種用來爲文集作序的長篇傳記。她們寫作的長篇傳記要麼具有列女傳的性質，要麼是作爲其他寫作形式的材料。

我的第二個例子包括女性編者編輯的以傳記爲基礎的詩歌選集。此處我要討論其中最有名的三種，汪端（1793-1838）一八二二年的《明三十家詩選》，惲珠（1771-1833）一八三一年的《國朝閨秀正始集》，沈善寶（1808-1862）一八四五年的《名媛詩話》。我對汪端的研究最爲充分。這是由於她對歷史人物的記錄最接近我們現在所定義的傳記。但是，這並不意味著忽略惲珠和沈善寶的貢獻，她們的選集都有傳記的考慮。

我對本章開頭提出問題的回答是，只要我們不堅持使用「傳」字，不過分拘泥於當代的傳記觀念，我們會發現對於傳統中國女作家來說，對生命的書寫非常重要，事實上這是她們最有意義的貢獻中的根本成分。我不認爲我的兩個例子囊括了所有的女性傳記寫作，但是它們代表了這類寫作出現的重要場合。我們甚至可以推論（我在第二部分也有這一推論），一些女性的詩歌表現出對傳記的興趣。儘管如此，我在本章使用的「傳」這個字仍遵循傳統的用法，特指散文中的傳記。毫無疑問，由於我的材料來源，本章中我所考察的女性傳記散文總是以某種方式與詩歌有聯繫。但是，只要我們願意擴展對於傳這個字含義的認識，材料的限制並無損於它們作爲生命故事的價值。

女性為女性詩集所做的序文

現在我要用第一個例子——女性爲其他女性的詩集所作序文——來論證我的推測。我把這些序文和男性所做的相關的序和傳聯繫起來考察。我的目的是將它們充分地置於互證的語境中，討論女性的序作爲男性的傳記增添了何種內容，以及女性序作與男性傳記有何重要的不同。

我的第一個例子是袁枚（1716-1798）弟子江珠一八一一年《小維摩詩稿》中的五篇序作。江珠是揚州人，但是長期住在蘇州。她的另一部詩集——一七八九年的《青藜閣集》——使她成爲乾隆年晚期著名的女詩人團體——「吳中十子」——中的一員。[9]根據這兩部詩集的刊刻日期，江珠至少在二十二年中都是活躍的作家。她是袁枚的弟子，但是她的健康狀況使她有時無法參與袁枚的詩文聚會。[10]她以博學聞名，論者稱讚她的寫作與男性類似。[11]今天的讀者可能會疑問這是否是恭維，但在江珠的時代，這表示她寫作的出色，以及她對女性傳統的背離。在文學才能之外，她還以兩種表面上水火不容的興趣而知名：劍術和佛學。她也有音樂和繪畫才能。她的兄長江藩是知名文人，也是阮元（1764-1849）的追隨者。詆毀江珠的人曾經猜測她借鑑了兄長的作品和想法，對此她極力否認。[12]

《小維摩詩稿》的五篇序文中，出於男性者三篇，出於女性者兩篇，都作於她四十歲早逝之後。江珠的丈夫吾學海負責這部詩稿的刊刻，但是他沒有作序。五篇序文的基調各不相同。在此我對它們作一簡介。

第一篇也是最長的一篇由江藩所做，強調了江珠的德行、才能、理家能力和學識。序文提及她的作品大部分都散失了，這讓她的丈夫難以找回她的詩作。第二篇序文由陳夔所做，他是吾學海的朋友，受吾之託而作序。他提及其他女作家的兩三部詩集，並且指出多數女作家生活艱辛。形成對比的是，江珠婚姻美滿，她的詩歌若能被清初著名詩歌編選家朱彝尊（1629-1700）見到，想必也會受到認可。[13]第三篇序文由徐煌所作，他可能也是吾學海的朋友。在出於男性的三篇序文中，這是最有趣的一篇。這篇序文強烈反對「女子無才便是德」的觀念，而是提出「無才是福」的說法，認爲沒有才能的女子可以獲得更爲圓滿幸福的生活。序文圍繞江珠的運氣展開。它並不完全認爲江珠健康欠佳是由於她的才能，但是認爲她運氣不佳，才能應爲此負部分責任。儘管如此，江珠仍然是幸運的，因爲在她去世以後，她的文學才能仍然爲人所知。因此，徐煌總結道，在某種意義上江珠的才能是一種運氣。

第四篇序文由女作家歸懋儀（約1762-1832）所作。她是明代散文家歸有光（1506-1571）的後代。她是常熟人，丈夫是上海人。歸懋儀和來自很多地區的女性都有聯繫。她廣泛的交遊部分源於她的貧困，這使她必須作爲閨塾師四處遊歷。在成爲袁枚弟子以後，她與陳文述（1775-1845）也有長期的交往。[14]在江珠去世時，歸懋儀已經相當知名，也許正因如此，歸懋儀被要求爲江珠的詩集作序。歸懋儀的序文開頭提及她怎樣得知江珠，以及未能親眼見到江珠的遺憾。她指出江珠在家庭以外的名氣。她稱讚江珠的理家才能和博學。歸懋儀指出江珠的丈夫經常出門在外，因此江珠負責教育他們的兒子，雖然她很慈愛，她對待孩子們「若嚴師」。江珠對閱讀有強烈的興趣，因徹夜閱讀而生病，這最終導致了她的早逝。歸懋儀指出她自己的遭遇與江珠「大概相同」。江珠的一句詩「斷無貧賤可長生」尤其打動歸懋儀。這篇序文總結道，江珠的謙遜讓她不急於通過刊刻作品來尋求知名度，但是她的丈夫爲她的早逝痛心，希望她的作品能夠傳世。歸懋儀最後寫道，女讀者會把江珠的作品奉爲活生生的經典，這也會給她的丈夫帶來安慰。

最後一篇是侯芝（1764-1829）的序文。侯芝是南京人，嫁給住在南京的一個安徽人。今天她的名氣主要由於她在彈詞編寫上的貢獻。侯芝的出名還由於她的詩歌，以及她的兒子梅曾亮的名聲。梅曾亮是舉人和著名散文家。和很多女性的序文一樣，侯芝的序文既是傳記，也是自傳。序文開頭描述了侯芝自己的求學過程。她的「二兄」（實際上是表兄）侯雲錦（1798年舉人）鼓勵她讀書，儘管她的父親認爲女子無才便是德。但她在婚後沒能繼續文學創作。一七九四年得病後，她發現寫作有助於康復。侯雲錦和她的其他兄弟把她的作品介紹給很多人。由此江珠得知侯芝。兩人還開始通信。一度中斷通信後，侯芝的一個兄弟把江珠的詩稿交給她，由此侯芝得知江珠已經去世。此前侯芝已經讀了詩稿的一部分，現在通讀整個詩集之後，她對江珠的才能有了新的認識，並且爲江珠的去世而悲痛。侯芝接下去寫道：「今夫人仙逝而芝遲遲者，或由於菲才，未招造物之忌耶？」序文以四首詩結尾，其中一首把江珠置於蓬萊仙島。

我們可以從兩位女性的序文中總結出什麼？首先，它們在五篇序文中居於末尾。考慮到多數文集中女性作品都被置於男性之後，這樣的安排並不令人驚訝。其次，由於兩位女性的知名度，她們才被要求作序。侯芝與江珠有直接交往，歸懋儀與江珠有間接的友誼，這是她們被要求作序的另一個原因，但是，假如她們並不知名，江珠的丈夫也不會選擇她們。第三，人們會問江珠的詩集是否眞的需要女性做的序文。難道男性的序文不是已經提供了關於作者的足夠資訊嗎？此處我的回答只是一種推測。我猜想江珠的丈夫挑選兩位女性的目的是奠定江珠在其他女作家中的地位。這種做法也許象徵著她作爲袁枚弟子的自豪感，也可能是讓閨秀得以接觸到她作品的一種方式。我想說的不是女性的判斷與男性的同樣或者更具權威性，而是女性的判斷可能擁有獨特的證明功效。此外，雖然歸懋儀從未見過江珠，兩篇序文表現出親密的情感。可能這就是歸懋儀和侯芝把自傳寫入他人傳記的原因。如果我們要研究這兩位女作家，我們既要看別人爲她們寫的序文和傳記，也要看她們爲別人的作品寫的序文。

我要研究的另一組序文是梁德繩已知的唯一一部詩集——一八四九年的《古春軒詩鈔》——中的序文。梁德繩是杭州人。今天她最爲人所知之處是爲陳端生作於十八世紀晚期的重要彈詞《再生緣》所作的續作。她文學圈子中的很多人也是江珠和歸懋儀的朋友，但是她的生活屬於更爲高貴的階層。她的祖先中有很多是高官和學者，[15]她的丈夫——進士許宗彥（1768-1819）——屬於同等的社會階層。雖然他先於她三十年去世，她仍然將家庭維持於同樣的社會高度。下文的兩篇傳和序都寫於她死後。一篇出於男性，另一篇出於女性。

第一篇由阮元所作。阮元熱衷於鄉邦揚州的發展，他在當時也具有很大影響力。他提倡學習西方數學和天文學，曾經連續擔任過三省總督。[16]從他爲女性所作的幾篇序文看來，他也是女性寫作的支持者，他家族中的幾位女性成員也有文學才能。[17]阮元的傳記名爲《梁恭人傳》。在本文研究的序作中，阮元是第一篇以傳爲名的。它開頭描述了許宗彥的成就。我們從傳中得知，許宗彥和阮元在同一年通過舉人考試，十三年後許宗彥通過了進士考試。由於父母年事已高，許宗彥很早就退出官場。這使他得以與阮元一起鑽研儒家經典、歷史、天文學和數學。由於許宗彥在這些領域的鑽研，他常常離家在外，因此梁德繩負責操持家務。阮元對梁德繩的治家才能深具敬意。梁德繩的一個女兒嫁給了阮元的第五個兒子。阮元稱讚道，梁德繩雖然出身顯赫，但爲人謙遜，不事奢華。阮元對梁德繩的理家才能給出了幾個例子。例如，她主持了丈夫的舅舅（姓方）和舅母的喪事，她還指導兒子們交友。「所與交必通名於恭人。察其有器識文藝者而後命之交。」她還留意爲她自己和丈夫姬妾的兒子尋找合格的塾師，以使他們「咸克自成立」。此外，「恭人綜理之井井有條，裕如也。遇義舉無不贊成。」當她的四子在省試中反覆失利後，她設法幫助他。當他死於任上，她幫助兒子的遺孀承擔起教育孫兒的責任。阮元稱讚道，「恭人平生無世俗之好，唯耽吟詠。」（他順便略去提及她的彈詞。）

隨後，阮元著重於梁德繩的個人生活，而不是她與丈夫和孩子的生活。孩提時她就隨父親四處遊歷，這些經歷滲透在她的詩作中。她一位姊姊（其夫姓汪）早逝後，她收養了喪母的兩個姪女，並教她們作詩，兩個姪女中的一個就是汪端（1793-1838）。汪端編選註釋了一部明人詩集，她還爲明史作註。阮元評論道，「亦恭人之教也。」傳記的結尾指出梁德繩的生卒日期（都精確到時辰），她的丈夫先於她三十年去世，列舉了她身後的孩子和先於她去世的孩子，孫兒（十八位）和曾孫（十七位）的數目。

第二篇序文由女詩人潘素心所作，和江珠詩集中的五篇序文一樣，潘素心的序文題名爲序。這篇文章和阮元的傳記一樣提供了一些基本資訊。潘素心出生於一七六四年，比梁德繩年長七歲。和歸懋儀一樣，她也是袁枚的弟子。她和梁德繩都與阮元的弟子陳文述關係密切。[18]和梁德繩一樣，由於父親的官宦生涯，潘素心孩提時遊歷甚廣。她嫁給翰林學士汪潤，在北京居住了很多年，與那裡的很多才女有來往。每當她丈夫的仕途變化讓他們搬遷到新的地方，她就會進入當地才女的社交圈。[19]潘素心也是女性寫作的熱心讀者，甚至包括在偏遠地區刊刻的作品。[20]她最後一部有系年的作品出現在一八五一年。她爲幾部文集作過序，包括惲珠一八三一年的《國朝閨秀正始集》和一八三六年的《國朝閨秀正始續集》。[21]

與侯芝和歸懋儀爲江珠所作的序文形成對比，潘素心爲梁德繩所作的序文只提供了很少的自傳資訊。開頭談到梁德繩的父親，她的早慧，讚賞她的男性師長，以及潘素心的丈夫對梁德繩才華的深刻印象。和阮元一樣，潘素心指出梁德繩與方家的聯繫。潘素心還回憶年輕時希望見到梁德繩，但是沒有成功。後來，她到了「冰冷」的北京，在那裡生活了二十年。這使她生活在梁德繩的社交圈外。潘素心指出，梁德繩身後留下的兩個女兒一個嫁入休甯的孫家，一個嫁入阮元家。因爲嫁入阮家的女兒住在北京附近，並要求潘素心爲其母的詩集作序，潘素心才最終得以讀到梁德繩的作品。她指出梁德繩的詩歌表現了她隨父親去廣東、廣西、福建、湖北和湖南的多次旅行，以及她和丈夫兒女們去廣東的旅行。潘素心讀了這些詩後，感歎沒有早點讀到它們。潘素心評論道，梁德繩出生的杭州自古以才女聞名，其中就有與梁德繩的丈夫有聯繫的方家的先祖，她的詩歌（即方芳佩一七五一年的《在璞堂吟稿》）至今仍爲士大夫傳誦。[22]梁德繩的丈夫是著名進士，海內習經術者皆願登堂入室。與方芳佩的兒子一樣，梁德繩的兒子也在科舉考試中取得功名。梁德繩顯然是個成功的詩人。潘素心謙遜地說自己粗知聲韻，老病頹唐，筆墨盡廢。「思欲與恭人杯酒言歡，渺不可得。猶幸以先世年家之誼，不棄譾陋，遠道致書，殷勤下問，使數十年企慕之忱稍可一慰。古人云『文章有神交』。有道如恭人者，才華兼衆人所有，福分爲當世所無，余何敢望爲文字之交哉！」

這種並置使我們得以進一步發展在討論江珠詩集中序文時形成的觀點。阮元的傳記和潘素心的序有不少共通之處。兩者都強調梁德繩的家庭背景和她對家庭的成功管理。兩者都觀察到她的早慧，她如何成功地將才能用於管家，這表現在她對汪端姊妹和兒子盡心的教育上。它們還強調了她丈夫的親屬關係。但在一點上兩篇文章表現出有趣的分歧：潘素心從未見過梁德繩，而阮元熟識梁德繩且可能擔任過她的老師，但是潘素心的序具有阮元的傳記所沒有的個人口吻。當潘素心表示想和梁德繩杯酒言歡時，這一點表現得尤其明顯。在侯芝和歸懋儀爲江珠所做的傳記中我們也發現類似的親密口吻。

現在讓我們回到在討論江珠詩集時所作的三種觀察。首先，正如我們預料到的一樣，男性的作品又一次出現在女性的作品之前。其次是作者名氣的問題，潘素心的知名度與歸懋儀或侯芝不相上下。第三，阮元的傳記已經完整地概括了梁德繩的生平，潘素心的序爲梁德繩的詩集加入了哪些新因素？對於這個問題，我們只能推斷，她的序可能也以其獨特的方式確認了梁德繩奉行婦道，在才女中很受尊崇。假如不是因爲這些原因，潘素心不會希望與這位從未謀面的朋友杯酒言歡。但是爲什麼阮元的文章名爲「傳」，而潘素心的文章名爲「序」？我們可以指出一些使阮元的文章更接近傳記的文體特徵。阮元的文章按照時間順序敘述梁德繩的生平，這可能是使它成爲傳的原因。但是在其他的很多方面，阮元和潘素心的文章非常類似。

現在我要考察另外三部由女性所作的詩集，我將在下文討論它們的作者。此處我僅列出詩集中傳作和序作作者的性別，以及他們寫作的文體。惲珠的《紅香館詩詞草》刊刻於一八一四年，當時作者仍健在。詩集中有三篇男性所做的序，作者是蔡之定、林培厚和高鶚（約1738-1815，《紅樓夢》續作者）。沈善寶一八三六年的《鴻雪樓初集》也在作者健在時刊刻，有兩篇男性作者李世俠和佟景文所做的序，以及女作家丁佩的序。最後一篇既非序也非傳，作者是一位男性，名爲富呢揚啊。因爲他是滿洲官員，他的文章列在女作家之後並沒有打破我們所總結的規律。[23]汪端的《自然好學齋詩》一八三九年版本由汪家在汪端死後刊刻，其中有五篇男性所作的序，一八一二年許宗彥，一八一四年梁同書（1723-1815），一八一六年蕭掄，一八二六年石韞玉（1756-1837），一八二六年張雲璈（1747-1829），以及胡敬（1764-1845）所作的傳。[24]

目前我們的互證材料多少與上文已經指出的傳統規範相符。第一，仍然健在的作者沒有傳記。第二，所有的傳記由男性所做。第三，由女性所做的序排在男性所做的傳和序後面。我們也發現了各種原因造成的爲數不多的例外，[25]但是上文的分析可以支持我的推測，即十九世紀初期的江南才女文化使得女性朋友和欣賞者可以積極參與到各自的文學創作中去。無論女性的作品刊刻之時作者是否健在，這一點都可以成立。這種參與通常以題詩的形式出現，但它也爲女性書寫傳記和自傳性質的序文提供了機會。

傳記和選集

在這個部分我要研究這一時期三部重要的詩歌選集和它們的編者。我將重心置於汪端，她對傳記的運用在明清女作家中格外突出。我也會提及惲珠和沈善寶。通過擴展對傳記重要性的討論，以及為研究汪端提供語境，我會對這兩位作家進行簡單的介紹。[26]

傳記書寫塑造了汪端的作品。對於她另外三種興趣——歷史、文學批評和小說，傳記書寫也有至關重要的作用。汪端既是她的姨母、姨父——梁德繩和許宗彥——的養女，又是陳文述的兒媳，終其一生她都有機會接觸到一流的私家藏書。[27]這些資源加上她的導師們的有力支持以及她自己的天才和好奇心，她得以從幼年起就自由地實現她的興趣，其中尤以明史為中心。

《自然好學齋詩》中隨處可見她對傳記的興趣，這部詩集在她健在時可能刊刻過幾次，隨後至少又以不同的版本刊刻過三次。[28]雖然她的很多傳記作品並非現代意義上的傳記，她以詩歌或散文描寫歷史上男女人物的熱情從未改變。她的詩歌描寫漢初劉邦（西元前256-195）項羽（西元前232-202）之爭，以及清初的明代遺民張煌言（1620-1664）的悲劇命運。[29]這些特出人物的生世為人熟知，其他女作家也寫過類似的詩作。但是汪端對歷史和推動歷史的人物的探索還擴展到人們不熟悉的領域。當她的寫作對象不為人知時，她常常會用註釋解釋人物身分。這些註釋都具有傳記性質，通常比詩歌長。[30]與汪端同時代的女作家中，除了歸懋儀博學到足以與汪端進行關於唐代四位無名將軍的詩歌唱和，很少有其他人可以在傳記書寫方面與其匹敵。[31]甚至在汪端為同時代的女性作詩時，她也常把她們比作過去的女作家，例如她把歸懋儀和晚明詩人黃媛介（1618-1685）相比。[32]黃媛介、卞夢玨（十七世紀）和其他晚明女作家在她的其他詩歌裡也成為了主人公。[33]我所知的其他女作家都不如汪端這樣始終如一地把晚明與其生活的時代結合。雖然汪端也寫些社交詩和應景詩，這些詩也充滿註釋，缺乏詩歌的流暢。應景詩的一個例子是對惲珠的悼念詩。這首詩收在《國朝閨秀正始續集》的末尾。詩裡提及很多惲珠的生平故事，但是由於大量的註釋，這首詩不如通常的悼念詩具有抒情性。[34]假如汪端生活的世界對女性的敘事寫作更爲寬容，很可能她會減少詩歌創作，致力於散文。

汪端尤其以兩部關於元末的組詩而知名。兩者的主題都是在明朝蓄勢推翻元朝之時，張士誠（1321-1367）和朱元璋（1328-1398）之間的爭鬥故事。這個故事激發了汪端的強烈興趣，但是她是間接地從文學評論而不是史書知道了這個故事。她對明初詩人高啓（1336-1374）的研究讓她開始研究這段歷史。她關注的是高啓的兩點。第一點是後代詩人評價高啓的詩歌不如其他很多詩人。汪端試圖推翻這一評價。第二點是她不平於高啓被明朝不公正地處死。這讓她思考假如明朝沒有成立事態會如何。這兩點相關的興趣促使她寫出了兩部開創性的作品。第一部是刊刻於一八二二年的《明三十家詩選》，當時汪端三十歲。據我所知，這是第一部而且是唯一一部由明清女性編寫的大型男性詩歌選集。第二部開創性的著作是她的小說《元明逸史》，這部書的成書日期不明，但是應該在《明三十家詩選》以後。在經歷了個人創痛——丈夫和兒子的去世——以後，她毀掉了這部作品，向佛教尋求慰藉。這使她用小說喚醒沉睡歷史的想法發生了改變。假如這部作品流傳下來，它應該是第一部已知的由女作家所作的小說（或者是通俗歷史。我們不確定作品的文體）。

讓我們從《明三十家詩選》開始討論這兩部作品中傳記的地位。從傳記的角度來看，這部書最有趣之處在於每個傳主都是男性。同樣引人注意的是每個傳主傳記的長度。其中有些節選了其他史家的長篇文章，但是汪端自己所寫的篇幅也很長。她關注的兩點主要是傳主的道德品質和才能。這些傳記與惲珠詩集中簡短的傳記大相逕庭。下文我會細談這一點。

現在我要討論《元明逸史》。雖然汪端毀掉了這部作品，她確實允許其中的兩組詩（我們不知道是原文還是原文的修訂本）刊刻於《自然好學齋詩》。[35]這些詩題名為《張吳紀事詩》（二十人）和《元遺臣詩》（十一人）。此外，《自然好學齋詩》收錄了為這些人分別做的頌詞和其他不少關於高啓的詩。

這兩組詩都附有元末和明初重要人物的傳記。這些都是散文，長度從二十行至數頁不等。傳記後是詩。所寫的人物基本是男性，但也有七位女性，例如有一個條目是名為金姬的占卜人，關於她的內容有八頁，是兩組詩中最長的。還有一個條目是關於張士誠的七位姬妾。在每篇傳記末尾是稱頌傳主的詩。下文是一篇關於張士誠的弟弟張士德的短篇傳記。它最初收錄於《張吳紀事詩》。

張士德，泰州人，士誠弟。善戰有謀，能得士心。從士誠起兵江南、浙西地，皆其所略定。至正十七年，與明兵戰常熟，被執，生致金陵，太祖欲降之，不屈，間道貽士誠書，俾降元，遂不食，死。士誠既降元，順帝追封士德楚國公，立廟昆山。[36]

我們可以從這篇單篇傳記裡得知汪端的傳記間都有聯繫。放在一起，三十一個條目構成了一個完整的故事，記錄了張士誠試圖推翻元朝卻失敗了的英勇戰鬥。

汪端的作品與隨後的惲珠和沈善寶的兩部選集中傳記的地位形成了有趣的對比。如前所述，惲珠沒有以大量篇幅描寫任何人。儘管如此，通過把上千篇「傳記」和詩歌結合，惲珠把個人的德行和整個朝代的文化功用聯繫起來。[37]她爲汪端所作的傳記（作於汪端健在之時）就是一個例子。

> 汪端：字允莊，浙江錢塘人，同知陳棐之室。著有《自然好學齋詩集》。按棐之字小雲，工詩，即雲伯（陳文述）子。允莊深於詩學，曾選前明三十家詩爲初、二集。知人論世，卓爾大家。[38]

惲珠的選集首先著眼於詩歌，而不是生平。在以上這段介紹以後，還有汪端的四首詩，其中一些有詳細的序言。選集的體例以及組織方式表明傳記材料的地位遠不如詩歌。但是在結尾，道德說教氣息甚濃的詩歌與傳記一起爲惲珠的目的服務。與汪端關於元明轉折的作品相比，惲珠的作品算不上是故事，但是它把部分與整體聯繫的方式讓每個條目都有了意義，這與汪端的方式正類似。

沈善寶的《名媛詩話》與《國朝閨秀正始集》相比結構較爲鬆散，它按時間順序編排，入選者包括閨秀、尼姑、貧民、妓女和外國人。兩本選集對各個人物生平的關注也非常相似。事實上，兩本選集中很多人物是重合的，《名媛詩話》也常常徵引惲珠的選集。但是沈善寶的口吻完全不同。首先，她的選集中人物少得多，對每人的介紹卻長得多。她給汪端寫的條目（寫於汪端死後）比惲珠寫的長得多。

> 汪小韞，號允莊，著有《自然好學齋詩鈔》行世。小韞博學強記，穎悟非常。九歲工詩，吐

屬已過老成。歸陳小雲別駕，時有金童玉女之目。小雲即陳雲伯文述大令之子。一門風雅，討論切磋，得竟其學。詩派神似乃舅，專以選色鍊聲爲主，而用意亦能深婉。因人論明詩多沿歸愚舊說，尊李夢陽、王鳳洲，而薄青邱。小韞非之。竭數年心力選明詩初、二兩集，參以斷語，多知人論世之識。集出，海內詩家莫不折服。[39]

沈善寶接著引用了汪端不同作品裡的句子，包括她對顧炎武（1613-1682）和其他明代詩人的評價，她臨終時做的詩，爲三國所做史詩序言的一部分，以及關於三國的一首詩。沈善寶指出汪端的道德和詩歌判斷都令人信服。她總結道女作家中很少有能匹敵汪端者。[40]

沈善寶的選集有道德考慮，否則她的選集不會排除社會地位不高的女性，但是她的主要目的不是像惲珠那樣稱頌德行，而是記錄才女文化的活力，包括其社會特點及其孕育其中的詩歌品質。此外，它的口吻不如惲珠的超然。從《名媛詩話》中我們可以對沈善寶和她編選的詩人得到同樣多的瞭解。[41]雖然選集不完全是自傳性的，但是它透過作者的親身經歷來觀察大量健在和逝去的清代才女。

無論我們是否以汪端的作品爲標準來衡量這些著名的選集，我們都可以瞭解到對惲珠和沈善寶的選集來說傳記有多麼重要。儘管兩者的選集都不如汪端的有傳記和歷史性質，也沒有傾向於散文書寫，傳記顯然是兩者都試圖表現的重要方面。

無論這些女性的目的是推動清代的文化事業，才女的詩歌唱和，對明詩和明史的新觀察，還是註釋《列女傳》，看來十九世紀初期容許女性傳記寫作並尊重其成就。

但是對汪端而言，小說／野史的方式是不妥的，而《元遺臣詩》和《張吳紀事詩》的傳記／頌讚的方式則可以被接受。[42]本文第一部分提出的推測表明有一種力量阻止女性使用傳這個字眼，考慮到這一點，我們應該記住，當汪端的小說使她感到焦慮之時，更具傳記性質的《元遺臣詩》和《張吳紀事詩》成爲相反的力量，對於她來說是安全的退路。顯然此處的禁忌並非針對詳細描述生命故事本身，也不在於她對男性的關注，因爲在《元遺臣詩》和《張吳紀事詩》中這兩個特點都存在。甚至對明史的尖銳批評在這兩組詩中也都可以見到。排除掉這些因素以後，我們的結論是，汪端對於《元明逸史》的焦慮來源於兩個方面，它的形式和它只運用散文。

結論

本章開頭討論了影響女性在寫作中運用傳這個字的傳統。雖然這個字出現在《列女傳》和單獨的篇什中，當女性爲彼此的文集作序時，她們的原則是不把這些序稱爲傳。她們撰寫具有傳記性質的序。但在本文最後一部分，我們推測有一些比語義更複雜的因素。汪端毀了她的一部作品，這更多地告訴我們她的性格，而不是廣泛影響女作家的傳統，但是其他事實表明了一種影響更深遠的禁忌。她是第一個大量描寫男性的女作家，且後繼乏人，這暗示在清代中期的江南，有一種強大的力量阻止女性以男性爲寫作題材。此外，汪端試圖在一個明顯抑制女作家創作純粹敘事文學的世界裡書寫傳記和歷史，甚至是小說。汪端書寫敘事作品的願望使我們可以推斷，社會對女性的期待是她們主要應當寫詩，假如我們的推斷是正確的，這是另一個重要的禁忌。在不同的社會氛圍中，汪端可能會更自由地書寫傳記、歷史或小說，不會花那麼多時間在詩歌上。令人驚訝的是，十八世紀的廣東有一位女性作出了這樣的選擇。[43]但是在十九世紀初的江南，汪端認爲她還是把散文和詩歌書寫結合起來爲好。

惲珠和沈善寶這樣富有革新精神的女性擁有不同的技巧和目的，她們在各自的選集中用她們的方式運用傳記。她們的選集看上去比汪端的作品傳統得多，很大程度上這是因爲詩歌占了更多篇幅，加之她們關注的僅僅是女性。儘管她們的選集與汪端的不同，但是傳記都是她們的主要工具。女性爲彼此的詩集所做的大量序文，以及三部選集中傳記文字所占的比重使我們可以認爲，在清代中期江南女性中，傳記寫作已然成形，但是傳統仍然阻止女性寫作傳記。

註釋

【1】與過去的對比之一可能在於「傳」這個字在晚明和清初有時可以用於健在的作家。例如，王端淑一六六七年的《名媛詩緯》中有《王端淑傳》和《丁夫人傳》。在此之後，我猜想女性的文學網路受到太平天國運動的破壞。隨後，女性作品的刊刻狀況有所改變。從一八七二年開始，《申報》文學副刊開始接受女性的投稿。雖然這些書報中表現為女性的一些作者可能實際上是男性，胡文楷《歷代婦女著作考》中的著錄可以確認有些是女性。

【2】參見胡纓，126（註29）。

【3】例如，晚明陸卿子的《張孺人小傳》，惲珠為她的先祖惲日初（1602-1679）作的《惲日初先生家傳》，收於王秀琴和胡文楷《歷代婦女著作考》，上65-66，下81-82。與序和其他文體相比，這部選集裡的傳很少。

【4】http://digital.library.mcgill.ca/mingqing/。目前其他圖書館的藏書正在陸續加入，雖然這並非最初的目標。總共九十部作品已經資料化，其中一些是選集。包括五千多位作者和兩萬多個題目。

【5】在多數情況下，資料庫的編者加入傳字，將其置於括弧裡。

【6】資料庫裡少數的傳由女性所做，如十八世紀中期作家沈彩寫的傳記。沈彩的《褚先生傳》和曹貞秀（約1815年）的《黃夫人家傳》是我在資料庫裡發現的光緒年間（1871-1908）以前僅有的由女性所做的詳細傳記。但是這些都不是為現存的女性詩集所做的序。事實上，沈彩的傳記是為一位男性所做。可能我的統計有缺漏。我不能確認少數作品作者的性別，把作者算作男性。也可能有些傳記在資料庫裡沒有索引，例如沈宜修（1590-1635）的兩篇，參見王秀琴和胡文楷，上67-72。

【7】參見王端淑《吟紅集》，20。

【8】序有第二種用法，表示送別某人。本章中我沒有討論這種用法。

【9】關於這個團體，參見Robertson：伊維德（Idema）和Grant：孫康宜和蘇源熙（Saussy），以及其他研究。關於江珠的詩題，參見胡文楷，287。

【10】合山究，一九八五，尤其參見129-130。

【11】根據下文討論的歸懋儀的序，批評家康愷用這些詞讚揚江珠。

【12】高，80。

【13】關於朱彝尊的名聲，參見Polachek，49。

【14】歸懋儀是袁枚的弟子。陳文述在稱頌才女的《西泠閨詠》14：a，中有關於她的條目。關於歸懋儀，參見魏愛蓮，二〇〇八。

【15】恒慕義（Hummel），505-506。

【16】艾爾曼（Elman），265-270及其他。也請參見恒慕義，399-402和梅爾清（Meyer-Fong），114-127。

【17】參見胡文楷，219、328、356、376、712、721、945。梅爾清，122，阮元幼年時由母親教育。

【18】陳文述的《西泠閨詠》有關於兩位的條目，參見13：12a和15：1a。

【19】參見胡文楷，937和938。

【20】沈善寶從杭州到北京之前已經讀過沈的作品。參見沈，一八四五，7：4b。

【21】關於潘素心的生年，參見合山究，《袁枚及其女弟子》（袁枚と女弟子たち），刊於《文学论辑》，三十一（一九八五年八月）：129。關於一八五一的作品，參見胡文楷，605，也請參見Ann Waltner關於潘素心的條目，劉詠聰《中國女性傳記辭典：清代篇1644-1911》（*Biographical Dictionary of Chinese Women: The Qing Period, 1644-1911*），Armonk., N.Y. and London: M. E. Sharp, 1998, 166-169。

【22】關於這個時期「士大夫」的特殊含義，參見Polachek，11。

【23】胡文楷頁366-367提及的版本不包括富呢揚啊未署名的作品，收錄於沈，一八四五。

【24】後來的版本略微改動了題目，把這些和其他序作混淆起來。參見胡文楷，357。胡文楷在《自然好學

齋詩》下列出了這篇文章的四個版本。中國國家圖書館的版本題為《自然好學齋集》、《自然好學齋詩》、《自然好學齋詩集》、《自然好學齋詩鈔》。我本文中的引文來自哈佛燕京圖書館所藏，冒俊編輯的一八四四年《林下雅音集》，題為《自然好學齋詩鈔》，包括陳文述作的傳和女詩人管筠作的序，其中還收入了其他資料。

【25】沈善寶《名媛詩話》把富呢揚啊的序安排在丁佩的序之後。很可能如果他是漢族人，他的序作會被置於丁佩之前。另一個例子是冒俊刊刻的汪端《自然好學齋詩》。其中張雲璈的序被置於女作家管筠之後。可能這個版本於晚清光緒年間的一八八四年刊刻，因此會有這種不同尋常的安排。也許是因為這個版本中附錄資料的安排很淩亂。

【26】關於英文文獻中對這些作家的討論，參見魏愛蓮，二〇〇六和一九九七。方秀潔，伊維德和Grant，恆慕義。

【27】關於許宗彥的藏書目錄，參見許宗彥，1931。

【28】早期版本出現於一八二二、一八三九和一八四四年。許宗彥一九三一列出了兩個題目，《自然好學齋詩鈔》和《自然好學齋詩》。參見565和569。

【29】1：12b，項羽，1：16 b，張煌言。

【30】9：7b-8a。

【31】例如，2：1b-2a。

【32】3：11a。

【33】4：6b-7a。

【34】參見《國朝閨秀正始續集》，輓詞，4a-5b。

【35】《自然好學齋詩》中汪端的兩篇傳記討論了這兩組詩與小說之間的關係。

【36】《自然好學齋詩鈔》，6：1b-2a。

【37】關於「文化功用」，參見曼素恩（Mann），215-216。

【38】《國朝閨秀正始集》，20：5 b。

【39】《名媛詩緯》，6：4b-6b。我感謝李惠儀（Wai-yee Li）對此處及其他譯文的修正。

【40】她沒有引用《明三十家詩選》，看來她沒有這本書。

【41】例如，沈善寶書中一條典型的條目提及吳藻為沈善寶舉辦的一場送別聚會，並且收入沈善寶當時作的詩。

【42】很多男性也不寫小說，或者寫小說時署別名。

【43】關於李晚芳（十八世紀）和她一七八七年的《讀史管見》，參見胡文楷，337。《讀史管見》是李晚芳對司馬遷（西元前145-90）《史記》的評論。

改寫人生之外：從三位女性口述戰爭經驗說起*

游鑑明

中國人物歷史的書寫自古以來便持續不輟，早期有自傳、傳記、墓誌銘，近代以來，包括回憶錄和口述歷史。傳記和墓誌銘的書寫主要是在垂訓世人或爲世人訂立典範，因此，多數撰者採史傳的方式進行書寫工作。無疑的，在這樣的書寫原則和書寫格式中，表露了撰者嚴謹而認眞地書寫態度，他們的撰寫方式也因而成爲後人撰寫歷史人物的圭臬。這種制式化的書寫模式在撰寫女性歷史時，更發揮的淋漓盡致。

從各種版本的《列女傳》到「百美」圖集，婦女的歷史書寫不是強調美德，便是才華，這些女性歷史的紀錄絕大多數是由男性編纂，以說教的方式，呈現男性理想中的女性典範。[1]但當歷史敘事成爲宣傳婦德的工具時，女性複雜多樣的形象和生活樣貌就被簡化。劉向撰寫《列女傳》時，還包括了正、反面的各類女性，在《新唐書》中卻成了無論孝女、節婦都非烈女不足以入傳的單面向書寫。[2]這不但出

* 本文已發表在游鑑明，《她們的聲音：從近代中國女性的歷史記憶談起》（台北：五南出版社，二〇〇九年），頁127-154。

現在傳記中，從墓誌銘裡也看得到這個現象。劉靜貞發現在宋代士大夫筆下，女性墓主被刻劃成幾乎一式「無外事」的人，她從歐陽修不同文類的書寫風格中窺得，在貞烈賢慈勤儉持家等德行幹才背後，歐陽修也期待女性有生活情趣的另一面；但墓誌銘的文類特質，讓歐陽修書寫女性墓誌時，必須以「婦德主內」作爲前提，於是陷入「無事可記」兼「有事亦不可記」的書寫困境中。[3]其實，在男性掌控的女性歷史書寫中，也有少數的女性在書寫自己的歷史，隨著女性作品不斷地浮現，我們看到另類的書寫方式，她們所勾勒出來的是較複雜的女性世界；只不過，她們筆下的女性聚焦在中上階層，偏重的是美德與才華的敘事。[4]

走入近代，歷史人物的書寫不再有嚴格的要求，雖然來自官方或私人出版的傳記、自傳、回憶錄和口述歷史大體還保留史傳體例，部分的傳主或受訪人，也有意或無意的爲人們樹立典範，但敘寫的原則已相當寬鬆，甚至沒有特定的原則。換言之，近代歷史人物的書寫，是以各種稜角來折射歷史人物，一反過去定於一尊的範式。這種書寫方式，涵蓋了男男女女，既豐富了傳主、受訪人的生命，也提供讀者對歷史人物的更多認識。不過，儘管近代歷史人物的書寫具有較寬闊的空間，與傳統文類碰到的問題是一樣的，都只記載了一部分眞實。以個人經驗爲出發的自傳，便呈現著不少缺點，自我膨脹、隱惡揚善、虛構情節、誇大不實或遺忘疏漏是最被學者所詬病。[5]事實上，除了自撰式的回憶錄有相同的問題之外，由他人撰寫或訪問的人物歷史也避免不了這種情形。

自傳、傳記或回憶錄是屬於文學作品，傳主或作者可以盡情的美化歷史記憶，優游在眞實與虛構之間。而被當作學術研究的口述歷史，訪問人則必須如實記載受訪人的每一句話，但寫實的口述歷史畢竟很難存在。口述歷史由訪問人和受訪人共同完成，當訪問人與受訪人之間有著某種程度的關係，訪問人雖然可以獲得較多的「祕辛」，卻不免會因迴護受訪人而失眞；即使訪問人與受訪人完全不熟識，訪問人也會受訪問動機的限制，採取選擇性的訪問方式，導致見樹不見林。至於受訪人多半年事較高，除了會產生一般所瞭解的遺忘、誇張或迴避等問題之外，便是對個人隱私的保密，或者爲了不傷害第三者、不願捲入無謂的困擾，無法暢所欲言。[6]簡單的說，口述歷史的訪問對象，在陳述過去發生的事時，也是相當有選擇性、重建性與現實取向的。[7]

儘管口述歷史有一些缺點，卻比書寫人物歷史的其他文類，更受到重視。一方面，在部分檔案文獻被刻意遮掩或抹煞的現實政治中，口述歷史材料頗具價值；[8]另一方面，傳記、自傳、墓誌銘、回憶錄記載的都是重要人物的事蹟，口述歷史雖然也以社會名流、政治菁英、知識份子爲邀訪對象，名不見經傳的人物往往也有被訪問的機會。再者，受訪人的歷史記憶固然會模糊、錯誤，但他們畢竟還健在，訪問人除了可以查證史料，再向他們求證之外，還可以從他們保存的資料或實物中，幫助他們重建過去，不管是日記、書信、證件、手稿、畢業紀念冊、照片或者是過去使用過的日用品，都有助於受訪人記憶，也爲訪問人提供最佳的證據。

對從事近代女性歷史的學者來說，口述歷史的價值更不容小覷。儘管相較於傳統女性的研究，近代女性史的資料頗爲豐富，但對不能書寫或沒有人爲她們書寫歷史的女性而言，口述歷史爲這些失聲的女性找到舞台。我投入近代台灣與中國婦女史的研究以來，深切發現女性口述史料對研究女性史的重要，這些年間，我既是女性口述歷史的建構者也是這些史料的使用者，口述歷史對我的研究有很大的幫助。

除了重拾女性歷史、呈現女性主體性之外，女性口述史料還有一項重要的貢獻，也就是這種從女性聲音出發的歷史，有時與史家的認知或檔案文獻有很大程度的不同，它帶給史家的意外和驚嘆號，促使史家有重新詮釋或重構歷史的必要。[9]

Gail Hershatter以一九五〇年代中國陝西鄉間女勞模的訪問紀錄，去比對政治的宣傳資料時，便找到許多矛盾，不但憾動了官方刻意建構的史料，也挑戰女勞模典範產生的歷史（Hershatter 2006, 1-35）。[10]本文也以口述訪問記錄，去檢視被「公認」的歷史，我關注的是，中日戰爭時期的女性生活，雖然有關這段時期的研究相當豐富，戰時女性生活史的討論也開始受到注意，但經由女性的口述，是否會出現不同的論調？本文擬透過曾經經歷中日戰爭的三位女性的口述歷史，觀察她們的戰爭經驗，瞭解戰爭如何改變女性的人生，並進一步審視她們述說的歷史，是否顛覆了刻板說法？是否提供新的研究方向？哪些史料可以建構或改寫歷史？同時，也把訪問時可能出現的陷阱，略做解釋。在討論這些問題之前，我將先說明本文的研究方法，包括我爲何訪問她們？如何訪問？以及訪問前後或訪問中曾遭遇甚麼問題？然後，根據這三份訪問紀錄，以說故事的方式，分成「悲歡離合：婚姻與家庭」、「顛沛流離的逃難經驗」兩個部分，呈現中日戰爭時期與戰後，這三位女性的戰爭經驗。

一、訪問的緣起與過程

本文所要討論的這三位女性的訪問紀錄，已收錄在《烽火歲月下的中國婦女訪問紀錄》這本書中。

由於我的同事羅久蓉和我發現，中日戰爭帶給中國人的衝擊，遠勝於過去任何一個時期，而且這場戰爭的後續影響直到現在仍未終止，雖然每個國家的戰爭故事幾乎大同小異，但中國人的際遇卻特別不同。不僅改寫了國民黨和共產黨的歷史，也改變了無數中國人的生命史，特別是女性。因此，我們在一九九八年展開這項訪問計畫。

目前已經有越來越多的人注意這段歷史，許多自傳、傳記、回憶錄或口述歷史都有中日戰爭的記述，由中國大陸李小江主編的《讓女人自己說話：親歷戰爭》，就是一部歷經戰爭的女性口述紀錄。不過，同樣採訪談方式來建構戰時的女性生活史，李小江等人的做法和我們有程度上的差別，他們訪問的對象包括參加過中共土地革命的女性，並以中國大陸為主要生活場域；我們訪問的對象則是戰後從中國遷徙到台灣的女性，因此這群女性的戰爭經驗，延續到戰後的台灣。在內容上，李小江等人主要訪問受訪人親歷戰爭或見證戰爭的經過，我們雖然也以戰爭經驗為主軸，但為更深入瞭解受訪人戰爭前後的生活全貌，盡量完整的記錄下她們的生命史。

在長達八年的戰爭期間，每個地區或群眾受影響的程度，因時間先後與戰爭規模而不同，但可以確定的是，這場戰爭沒有貧富、貴賤的區別，因此，我們沒有特定的訪談對象，而是透過長輩、親友或同鄉會的介紹，廣泛的訪問。我訪問的三位女性，張王銘心生於一九一八年湖北黃陂，出身書香門第，她畢業於湖北第二師範學校高師科，擔任過教師、職員和出版工作。與張王銘心年齡相近的余文秀，一九二一年生於安徽宿縣，小學畢業，曾當過小學教師、貨物檢查員。年紀最輕的裴王志宏，出生於一九二八年的北京，雖然只有小學肄業，卻擔任許多工作，例如賣雜貨、開早餐店、幫傭、照顧小孩等等。從這三位女性的簡單資歷看來，她們來自不同地區，家世背景與學歷也不一樣，雖然她們只是當時芸芸衆生中的極少數，但由她們陳述的戰爭記憶，仍頗具代表性。

口述記錄的最重要工作是，如何建立主訪人和受訪人之間的互信與默契。根據我的口訪經驗，首先必須掌握對方的語音，在沒有語言隔閡下，她們才能暢所欲言。三位受訪人中，裘王志宏受教育不多，個性又十分直率，很多語言是不經修飾的說出，充分呈現自我，也讓訪問紀錄較爲鮮活。雖然我們的訪問紀錄不是原音重現，但盡可能保留受訪人習慣的用語。因此，裘王志宏的訪稿中，會出現一些粗俗的話語。

把握受訪人的語音固然重要，營造愉悅的訪談氣氛也有益訪談的進行。初次訪問時，雙方都在相互調適中，難免不很自然。以這三位受訪人爲例，他們不曾受過訪問，甚至把訪問當成是閒話家常。雖然訪談前，我預先告訴她們，訪問的動機和大致內容，但未能如願以償，因此，我必須逐步引導，給她們方向。斐王志宏便是一位「調皮」的老人家，起初並不順著我的問題回答，不過，當她明白我是認眞地想透過她的記憶，瞭解戰爭中的女性生活時，她非常配合，也以她一貫不假思索的說話習慣，陳述她的歷史。這種正式卻不嚴肅的訪談方法，一方面讓受訪人不致於漫無邊際的述說，另一方面也讓受訪人在自由陳說下，發揮了主體意識。[11]

訪問時，能完整的述說往事的人其實不多，我的三位受訪人就有這樣的問題，特別是張王銘心和余文秀。不過，我還是盡量重建眞相，例如，張王銘心保留了個人受教育和工作的履歷，她記憶錯誤或遺忘的部分，都從這裡找到答案；口述紀錄出版前，張王銘心的女兒又提供她母親的日記，讓我得以印證她的部分敘述。余文秀和裴王志宏敘述不清的內容，則是靠她們的家人或舊物協助回憶，其中老照片發揮了意想不到的作用。

事實上，不管我花費多少工夫去查證，就如我先前提到「寫實的口述歷史很難存在」，尤其是對日常生活或戰爭苦難的陳述，根本無從考證，而這往往是她們記憶中的精華。不過，我們的訪問沒有涉及任何金錢或利害關係，受訪人十分瞭解我是爲研究而來，她們無需過度誇張她們的歷史。

以下我將敘述的兩個部分「悲歡離合：婚姻與家庭」和「顛沛流離的逃難經驗」，在這三位女性的生命中鮮活難忘，因爲這期間，她們從從豆蔻年華的少女或少不經事的女童，轉變爲已婚、生子的成年女性，她們所敘述的這段歷史無關政治問題或人事糾葛，可信度較高，也提供我們許多改寫歷史或書寫女性史的重要素材。

二、悲歡離合：婚姻與家庭

翻閱二十世紀上半葉中國的報刊雜誌，會發現篇幅最多、討論最熱烈的議題，莫過是婚姻與家庭，映入眼簾的不外是「一夫一妻制」、「自由戀愛」、「獨身主義」、「婚姻自主」、「自由離婚」這類字眼；刊登在社會版的婚戀事件、家庭糾紛，或是廣告欄中的各種婚姻啓事，更讓人眼花撩亂。然而，這種「變調」的婚姻價值觀，大多發生在都市或部分知識分子身上，或只流於紙面文章；到中日戰爭期間，許多家庭的婚姻關係才眞正面臨空前的紊亂。

呂芳上指出，抗戰時期，兩性關係變得活潑而複雜，離婚、重婚事件時有所聞，同居或背著元配在異鄉另組家庭也處處可見，而這與戰時社會變遷、人口流動，削弱了大家庭的權威與社會道德，有很大關係。[12]的確，戰後的許多電影、小說或社會新聞都暴露這些問題，我訪問的這三位女性本身或她們周邊的親人，便不乏這類故事。儘管我們已聽過千篇一律的故事，透過訪問，可以更進一步瞭解事情發生的原委，以及新聞媒體追蹤不到的一些發展。必須說明的是，我無意當狗仔隊員，刻意挖掘她們的私密；我關注的是，在顚沛流離的時代，她們如何面對婚姻問題；更重要的是，在受訪人自由陳述下，出現許多無法想像的婚姻故事，遠超過文獻的記載。

1. 千山不獨行

張王銘心是一個有個性卻很隨和的女性。在湖北地區，未婚女性通常綁兩條辮子，已婚女性則梳髮髻。一九三八年，她就讀師範學校時，曾剪短髮，成爲同學中的「流行人物」。[13]張王銘心不認爲自己是新女性，不過，對於婚姻的看法卻很新穎，她和要好的同學都抱獨身主義。據她自述，她決心不結婚，是因爲她發現她周遭的女性親戚婚後不停地生孩子，似乎「女性活著就是爲了生娃娃」。因此家人一逼她結婚，她就以「去當尼姑」來抗議，結果，家人也不再勉強她。[14]

然而，戰爭時期的逃難經驗卻讓她放棄了獨身，因爲擠火車時，車內、車頂上擠滿了人，許多婦女是丈夫把她們抱起來往上丟，她才發現結婚還是有好處；再加上，和她一樣抱獨身主義的女同學先後結婚，於是她改變了心意。結婚的對象來自山東，是東北大學畢業生，由於她的丈夫也是教友，又拜她父

親爲師，因此，在父母同意下，一九四五年，他們在重慶結婚。【15】

這個婚姻故事，原本應該在這裡畫下句點，但當我把出版的口述紀錄交給她的女兒，她竟然告訴我，她父母結婚前，父親早已在山東結了婚。張王銘心已經去世，我無法求證，婚前她是否知道這件事；但坦白說，這是受訪人自述的歷史，因此，在訪問紀錄中，張王銘心的婚姻是圓滿的。何況，如前所述，這樣的婚姻在抗戰時期處處可見。

在她的敘述中，較有意義的反而是，她在婚姻觀上的峰迴路轉，以及嬌生慣養的她，如何去因應婚後的家庭生活。婚前，家中有嫂嫂和佣人，她不曾做過家事；婚後，適逢戰亂，家中請不起佣人，由她丈夫做飯，但丈夫上班時，她得一個人煮飯，經常一邊做飯、一邊哭泣，有時把飯燒糊了、有時是半生不熟。抗戰勝利不久，她丈夫應聘到台灣，這時大腹便便的張王銘心，由母親陪產，詎料，她竟遇上難產，熬了四天五夜才生下女兒。有趣的是，她原本不婚，就是怕生

1945年年底張王銘心女士手抱剛出生的大女兒。出自《烽火歲月下的中國婦女訪問記錄》，頁85。

產，但這一生，她竟然懷孕了六次，擁有四位子女。[16]

來到台灣，丈夫的工作固然穩定，她也僱了佣人，但家中經濟始終捉襟見肘，遠比不上沒有戰爭和小姑獨處的日子。她提到，一度生活拮据到需要向賣菜的攤販賒帳，剛生下的孩子在奶水不足下，用米湯和餅乾餵大。這段貧苦的生活，除了出現在她的述說中，她遺留下的日記，也清楚的記載一九五三年一到二月間欠款的每一個項目。[17]不過，儘管在台灣的生活並不富裕，她還是覺得很自在，因爲逃難的不安定經驗，讓她深感保住生命更加重要。[18]

2. 親上加親

余文秀在三、四歲時便與姨媽的兒子訂婚，是一門「親上加親」的婚事。有人笑她，唸過書還接受訂親，但她認爲：「從小封建思想根深蒂固，就是認命。」訂婚後的他們，小時還一起玩耍，長大後，父母便不准他們見面，她的未婚夫想交女朋友，也被家人制止。[19]抗戰開始，他們通過幾封信；當她未婚夫準備參加國軍的「政教合一」訓練時，雙方的父母突然思想大開，同意讓余文秀隨未婚夫一起前往受訓，因爲父母們擔心他們兩人日後不合，不如利用受訓瞭解彼此，萬一不合，就結束婚約。他們見面後，對對方的印象都很好。受完訓後，他們在一九四一年結婚，[20]這段婚姻一直很幸福。值得一提的是，余文秀的故事糾正了訂婚男女婚前不往來的說法，其實，戰爭時期因父母授意，一起前往大後方的未婚男女並不少見。

然而，就如張王銘心一樣，由於戰爭的影響，婚後的經濟生活每下愈況。余文秀最苦的日子有兩個階段，讓她難以忘懷，成爲她口述的重點。一段是一九四七年，她的公公和丈夫到台灣工作，她和婆婆原本想回鄉下老家，但兵荒馬亂下，多數人都逃到城裡，她們只好暫住在宿縣的親戚家，靠他們接濟，由於這個親戚家住了四戶逃難的人家，伙食根本不夠幾十個人吃，余文秀在這時嘗到生命中首次也是唯一一次的挨餓，她說：

> 我帶著三個小孩，最小的還在吃奶，餵老二吃了飯，鍋裡已經沒米了，堂嫂問我吃過沒有，我謊稱吃飽了，那一個月我都是有一頓沒一頓的，我一輩子就是那一段時間挨過餓。[21]

後來，她轉到好友家，由這位朋友接濟，一直到她的先生接他們到台灣。另一段是來台初期，剛到台灣時，她的丈夫因孫

1956年余文秀女士的五個子女攝於桃園。出自《烽火歲月下的中國婦女訪問記錄》，頁147。

立人事件而失業，丈夫北上謀職的那段時間，她再度面臨困苦生活。她每餐省吃儉用，曾經還偷採不知名的豆類植物，充當菜來吃。幸而，比鄰而居的朋友都是來自中國大陸的外省人，彼此會互相照顧，她的早產便在鄰居的協助下，找了產婆助產；這個嬰兒後來在他們全家遷往北部途中夭折。余文秀生育了三女二子，其實，她不想生太多孩子，據她表示，那時沒有避孕的觀念，她曾吃過奎寧墮胎，並沒有見效。[22]

余文秀除了陳述她自己的婚姻和家庭生活之外，也提到她四哥的婚姻，這個話題原本不在我的預設之內，但當我問到身為共產黨員的四哥，在戰後的境遇如何時，她突然把話鋒轉到四哥的婚姻上。她四哥曾在延安讀大學，是很活躍的共產黨員，當國民黨在河南對共軍進行掃蕩時，她四哥躲在一戶民宅裡，這戶人家向國民黨的軍隊誑稱，這是他們的「女婿」；之後，她的四哥真的成為這戶人家的女婿，也生了一個兒子。直到中共獲得政權，她四哥從南京來信，余文秀的全家才得知四哥再娶的消息。她的母親非常氣憤，帶著四哥的原配直奔南京；雖然她四哥做了很多的解釋，並沒有留下四嫂。四嫂返鄉後，找了工作，也結了婚。為了怕被判重婚罪，她的四哥、四嫂都改名換姓，擁有各自的家庭。這段錯亂的姻緣，讓余文秀感觸很深，她語重心長地說：「這是造化弄人，也是因為戰爭所造成。」[23]

在此處，余文秀提供一條重要線索，就是在中日戰爭或戰後改名換姓的問題。在兵荒馬亂、戶政工作不嚴密的時代，改名換姓，變換身分地位，或是虛報或誤報出生年齡，都是很平常的事，但如果不是當事人自述或旁人揭露，這項祕密將永遠湮滅。因此，採用戶政資料研究這時期人口問題的學者，必須小心這個漏洞。

3. 錯點鴛鴦譜？

和其他受訪人不同的是，一九三七年蘆溝橋事變發生後，北京就受日軍統治，戰爭期間，裴王志宏的家人一直留在北京，不曾遷徙流離。王家家境貧困，日軍入城後，生活雖然更不如往昔，卻沒有太大差別。在這期間，她由女童變成荳蔻年華的少女；長大後，一直有人替她作媒，也有人追求她，她都沒有接受。直到戰爭結束，在鄰居親戚的介紹下，認識了隨國軍進駐北京城的一位陝西籍軍人，一九四五年冬天，他們結了婚。[24]當時裴王志宏只有十七歲，但戰爭期間和戰後，像她這樣早婚的女孩相當多。

這段婚姻，日後有很大的變化，是她始料未及的。訪問前，她的媳婦曾要求我，訪問她婆婆的婚姻要特別謹慎，不要讓她傷心，因爲她公公早有家室，卻騙了她婆婆和婆婆的家人，直到她公公返大陸探親後，才向她婆婆說出眞相。我訪問時，裴王志宏的丈夫剛去世不久，她仍爲此事耿耿於懷，因此，她的媳婦私下透露了這段婚姻內幕，不希望因訪問帶來困擾。對我而言，基於訪問倫理，我不會對受訪人不想回憶的話題，打破沙鍋問到底，特別是婚戀問題。[25]但儘管我堅守諾言，裴王志宏也未曾坦述她的遭遇，性格直率的她，還是在言談中不經意地流露她的幽怨。她提到二哥曾勸她不要嫁給這位陌生人，而且告訴她：「妳三兩年也許不會受罪，但以後就會後悔。」[26]當我問她，兩人交往初期，語言如何溝通的這個問題時，她回答我，裴先生曾說：「我慢慢講，妳就懂了。」對此，她還補充道：「他對我很有耐心，不過現在想想很滑頭。」坦白說，如果不曾知道她丈夫欺騙她，應該不會有「現在想想很滑頭」這句話。從此處可以看出，口述訪問的一些陷阱，也就是受訪人的記憶，是會隨時間而變動。

裴王志宏選擇外地來的軍人，做爲終身伴侶，這在中日戰時或戰後的中國是很普遍的現象，但有些人的婚姻並沒有獲得父母同意，裴王志宏在滿載軍眷來台的船上觀察到，有的女孩是跟著軍人私奔。[27]裴王志宏還告訴我，戰爭不但影響女性的婚姻，男性也是如此，她住在台南眷村[28]時，曾看到許多隻身來台的光棍軍人，找不到結婚的對象；而眷村生活的艱苦，除造成夫妻不睦之外，年輕好玩的妻子，棄夫丟子與人私奔的例子，不乏其聞。[29]

未婚以前的裴王志宏曾負擔家計，到處工作；結婚後，夫妻二人和一群軍眷住在東北大學，生活還算安定，但這期間，她不慎流產，接著又懷孕生女。到了台灣，丈夫收入微薄，為了供應小孩學費，改善家庭經濟，她做了很多工作。[30]她一共生了三個孩子，但據她表示，在眷村裡，她算是生育較少的女性，有的人雖然生活困苦，卻生了七、八個小孩。[31]這種情形普見於戰後的台灣社會，當時無論來自中國大陸或台灣本地的女性，都傾向多產，而且沒有貧富之別，造成許多貧困家庭，因食指浩繁，苦不堪言。

三、顛沛流離的逃難經驗

中日抗戰讓中國人同仇敵愾，如何解救中國或參加抗日戰爭是當時不少年青學子的心願，但不是每個人都熱血滔滔的走向戰場，絕大多數的人是隨著各自不同的生活背景去因應戰爭，其中女性與男性又很不一樣，這三位女性親身經歷或旁觀的戰爭故事，便明顯的有不同的版本。陳述這段經歷時，三位受訪人都能娓娓道來，不需要我的提示。顯見戰爭在她們的生命中，是如何的刻骨銘心，也讓她們眼界大開。至於延續到戰後的逃難歷程，以及如何定居異鄉，也各有差別。由於這部分對戰後台灣史的研究，有極大的意義，其中族群相處的問題，特別引起我的興趣，從她們的敘述裡，我得到的一些珍貴史料，足以挑戰目前被過度解讀的泛政治化語言。

1. 輾轉遷徙

張王銘心戰時的逃難經驗是輾轉起伏，一共走過七個省分，最後落腳台灣。王家經濟良好，又沒有任何政黨、派系背景，因此，戰爭期間別人是倉皇逃難，她和家人卻是包船「旅行」。因爲沿路有風景可看，對沒有出遠門的她來說，就像在旅行；而且每到一處，都有安頓好的住處，照樣吃喝玩樂。[32]不過，衡陽遇劫的這件事，讓她終生難忘，在記載中日戰爭的各種文類中，讀者印象最深刻的莫過是日軍的暴行，但張王銘心全家害怕的，不是日本兵，而是趁火打劫的盜匪，據她描述，臘月二十七日晚上，四個軍人打扮的搶匪闖入衡陽的家，幸而她父親機智的應對，才讓全家逃過一劫。[33]這雖然是張王銘心的個人經驗，卻也說明民眾在這場戰爭遭逢的傷害，不只是日軍，還包括中國的匪徒。換言之，戰爭帶給中國社會的失序，似乎不亞於砲火或日軍暴行，因此，當我們再次解讀中日戰爭的歷史時，這或許是另一個必須關切的議題。

然而，張王銘心眞的沒有面臨日軍侵襲的經驗嗎？在我的追問下，她告訴我，住在重慶時，曾經歷敵機的轟炸，經常得躲入防空洞，那時重慶到處都設有防空洞，裡面不僅有柱子支撐，還有電燈，是幾十戶人家出資協力修成。[34]由此看出，國統區的民眾在戰時是如何自衛。戰爭時期，張王銘心和家人一起往大後方遷徙；戰後，部分家人先行返鄉，這時的她，一反過去嬌弱的形象，陪著母親、姪兒和女兒返回武漢，再隻身帶著女兒，到台灣和丈夫相聚。從武漢、上海到台灣，所乘的船是由她的哥哥安排，還有挑夫幫忙扛行李，因此，張王銘心的台灣行，就如她自己說的：「很舒服」。[35]但往台灣的旅途中，她曾遇到麻煩和危險，先是有軍人搶占她預訂的特等艙，她只好請軍人的長官評理；再是，爲了搶救被大風吹走的女兒尿褲，她差點落水。[36]不過，比較同樣在這時期到處逃難的很多人來說，她顯然較爲幸運。

來台灣後，張王銘心的丈夫有穩定的工作，但戰後台灣經濟蕭條，她也斷斷續續的從事辦事員、教書和校對等工作。她的生活環境，不時會接觸台灣人，於是我有機會去詢問她和台灣人相處的情形，而她也對這個話題興致勃勃。當時，來台的許多外省家庭都雇有台灣女傭協助家務，主僕不睦的事，常常見報；但也有外省主婦與女傭相處和睦，甚至相互學習對方的語言，減少溝通障礙的例子。[37]張王銘心和她的女傭便是後者。[38]最感人的是，因爲她長得像鄰居一位台灣老太太的女兒，老太太要求收她爲乾女兒，此後，她和這家人建立深厚感情，二二八事件時，他們全家就在老太太家人的保護下，平安無事。[39]另一位讓她懷念的台灣人，是照顧她生產的護士，據她表示，她們年齡相近，又無所不談，因而成爲莫逆之交。[40]張王銘心與台灣人的深厚情緣，正顛覆這時期省籍衝突的說法。

2. 驚險萬狀的逃難日子

余文秀的逃難經驗和張王銘心大異其趣。對住在安徽宿縣臨渙鎮的民眾來說，這地方原本就不平靜，抗戰前，當地的部隊經常因搶地盤而開戰，只要軍隊開戰，民衆便往親友家避難，當地人稱這種逃難，爲「跑反」。抗戰期間，這裡更是國軍、新四軍和日本軍爭戰的地帶，處在這種環境下，余文秀的戰時經驗特別豐富。

她提到中日戰爭期間，她和家人有好幾次遭遇險境，幸而都平安無事。爲了躲避日本軍隊，只要聽到有軍隊到來，左右鄰居便偕老攜幼的往偏僻的鄉間避難，纏腳的母親也一樣得跟著跑，晚上大家便露宿在土坡上。由於有不同的軍隊在這地方進進出出，他們無法分辨是敵或友，在一次逃難途中，有一支部隊經過他們身旁，余文秀和一群小孩以爲是自己人，還向他們揮手、致意，大人則在牛車上休息，完全沒有任何戒備，直到事後，才知道他們曾經和日軍如此接近。由於逃難時，余文秀聽過許多女性鄰居或同學遇到日軍暴行的故事，能逃過這一劫，讓她深感慶幸。【41】

除逃難之外，抗戰時期，她和未婚夫到大別山接受國民黨「政教合一」的基礎訓練，訓練期間，教官指導學員如何做敵後工作以及怎樣防禦敵人侵襲，還對他們進行嚴格的軍事訓練。當時受過訓練的學員多數被派到基層服務，余文秀則到小學教書。【42】這是抗戰時期少數女性才有的經驗，如果沒有余文秀的敘述，我們可能錯過這段重要的歷史。婚後的生活原本算是安定，但不幸發生她公公被日軍俘擄的事，夫家因此陷入左右爲難的局面。由於她的公公曾替李宗仁工作，在她公公身分暴露被捕後，雖然日本人不曾傷害她公公，而是利用她公公，讓他在檢查處做商品報稅的工作，但她公公等同於漢奸，因此，她的公公在戰後被政府監禁一年。另一個不可思議的是，爲了營救她的公公，他們曾住在新四軍盤據的老家，結果國民黨認爲他們投共，不願意接受他們，共產黨則認爲他們受過國民黨的訓練，也不容

納他們。走投無路下，他們只好改做生意，在僞政府管轄的宿縣批發商品，一直到抗戰勝利。【43】

處在戰爭時期，民衆對國家或政黨的認同充滿曖昧，從她夫家的故事，又可以看到對國家或政黨「守貞」竟是如此困難。這期間，爲了生活，投靠日軍或變節的人不乏其聞，因此國家和人民或政黨和黨員之間，很容易失去了互信的基礎。余文秀夫家的例子，可以幫助我們進一步去思考，戰爭時期，國家、政黨與民衆錯綜複雜的關係。

戰後，余文秀面臨她生命中最貧窮的日子，如前所述。當她丈夫接她的婆婆、她和三個小孩，到台灣的這段路程，也是相當驚險。因爲離開宿縣前，這座城已經被中共猛攻兩個月，他們費盡辛苦逃了出來。在火車不通的情形下，他們坐了一部無蓋的貨車，花了兩天的時間，才抵達南京；然後再經南京到上海，到上海不久，津浦線便被中共控制，這時想搭船到台灣的民衆非常多，他們等了二十多天，終於坐上了船。不到一個月，上海也失守了。不過，在這段膽戰心驚的逃難途中，余文秀仍讓自己有輕鬆的機會，在上海等船的那段日子，面對五光十色的大城市，她逛了先施百貨公司，還搭了電梯、電車，這些都是她不曾接觸過的。戰爭帶給女性新的生活體驗，由此可見一斑。

到台灣後的余文秀，沒有正式工作，主要在家裡照顧小孩，後來曾替旗袍店縫布扣子，因爲酬勞不錯，又不需外出，這工作做了八年。【44】雖然因丈夫工作關係，他們全家經常遷居，但和張王銘心一樣，因爲左右鄰居多半是台灣人，她和台灣人的關係相當和諧。不但向台灣老太太學做台灣菜，也和鄰居建立珍貴友誼。她印象最深刻的是，住在桃園時，她不但和台灣婦女交朋友，也和客家婦女往來，彼此相互幫忙，並學習對方的語言。【45】

3. 自力更生

日軍進入北京城時，裴王志宏只有八歲，她帶著弟弟、妹妹，親眼看著日軍進城，當時她完全不懂得害怕，是抱著看熱鬧的心情前去。據她回憶，日軍剛進城時，曾挨家挨戶找「花姑娘」，鄰居的年輕女孩只好將頭髮剃掉，打扮成男孩子，來躲日本兵；這件事惹火北京人，於是有人殺日本人出氣，爲了平息眾怒，日本人開始自我約束，事情才不再擴大。[46]

在日本人統治下，北京城的物資受到各種管制，從裴王志宏的陳述可以看出，除了生活沒有過去自由、較困苦外，所有作息都照常行進；這段日子，她曾逛市集、看電影或聽相聲；但抗戰勝利後，因國共的衝突，北京城的秩序反而不比從前，物價也變得不穩定。一九四八年，北京更加不安寧，她丈夫的軍隊準備離開北京，身爲軍人眷屬的她，也被迫必須離開。因此，和許多人不同的是，她的逃難經驗是在中日戰後才開始。[47]

由於軍隊和眷屬並不同行，年輕的裴王志宏帶著女兒和女眷們先坐火車到塘沽，再搭船到上海，然後換船，轉往台灣，這期間，她遭逢許多折磨，因此回憶這段來台的過程，她有數不盡的怨言，情緒相當激動，不雅的語彙也脫口而出。她指出，倉惶逃難中，軍方安排的是一艘貨船，船艙內既有貨物，又擠滿逃難的眷屬，導致她和另一位同行女眷沒有艙位，只能棲身在通道裡，爲了爭取一席之地，她曾不惜與人吵嘴。[48]這與前述張王銘心的情形十分相似，儘管兩人採取的方式不同，但爲了在戰亂中，爲自己和孩子爭取生存空間，她們都強烈的表現女性堅毅不屈的一面。

從塘沽到上海的三天三夜航程，一路上並不平靜，除有中共的船追趕之外，不少人病倒，也有人死亡，夭折的嬰兒就丟到海裡。到了上海等船時，許多人趁機外出閒逛，暫時拋棄逃難的心情；但帶著女兒的裴王志宏卻不方便外食，每天和眾人搶大鍋飯，結果吃壞肚子，險些喪命。這些點點滴滴，讓她印象非常深刻，也害怕再搭船，當一九四九年，他丈夫想回陝西老家時，她堅決表示，除非搭飛機，否則她不回去。[49]從此以後，他們就以台灣爲家，即使裴王志宏必須不斷工作，來貼補家用，她還是選擇住在這塊土地，度過大半輩子。

來到台灣，裴王志宏和一群軍眷被安排住在台南的眷

裴王志宏女士（左一）與眷村太太們合影於1963年眷村竹籬笆前。出自《烽火歲月下的中國婦女訪問記錄》，頁218。

村，她對台灣的生活不很習慣，例如台灣人的生火方式，和她的家鄉不同，曾經因使用不當，幾乎釀成火災；訪問時，她對這件事還餘悸猶存；而台灣的地震、颱風也曾令她驚惶失措。[50]定居台南後，她就開始工作；工作之外，她的生活圈非常單純，主要往來的對象是眷村裡的人，因此，她不會說閩南話，也很少和台灣人接觸。[51]這種不太與本省人交往的現象，是因爲眷村有他們自己的生活型態。然而，這也是造成省內、外民衆隔閡或不瞭解的潛在因素。

四、結論

這三位女性口述的戰爭經驗，證明戰爭改變了女性的生命史，帶給她們新的契機，同時，寬闊她們的生活空間，增廣她們的見聞。這與許多女性戰爭史的研究不謀而合，有研究甚至指出，女性在戰爭中獲得主體位置。然而，如果完全套用這個公式，去解讀戰爭中的中國女性，將過於單一、淺薄。基本上，我肯定戰爭賦予女性改造生命的機會，但是否因而獲得完全自主，或許需要進一步思考。

這三位女性的述說，提醒了我，討論戰爭時期的中國女性，不能忽視婚姻與家庭對她們的影響，若把戰爭、婚姻與家庭一起放在這時期的女性身上，問題就複雜多了。例如，張王銘心放棄獨身、佘文秀四嫂的另嫁、裴王志宏嫁給外來的軍人，都發生在戰爭時期，且不論這到底帶給她們幸或不幸，她們對婚姻的抉擇是否算是自主，顯然不是那麼單純。

另外，戰爭期間中國女性頻繁的生育率，除影響生活品質之外，也對一九二〇年代以來沸沸揚揚的節育論述是一大諷刺，不僅對未受教育的女性不具效力，即連受過高等教育的女性也置若罔聞，但與其說她們不懂得如何節育，或許不如說，戰爭讓她們注重為家族延續香火，因為戰爭帶來的疾病、災難，讓人們的生命變得很脆弱，特別是嬰兒或幼童。如果我的推測可以成立的話，戰爭時期女性的多產，應該有自願的成分，但也是出於不得已。

再者，新契機產生的背後其實有許多難言的辛酸，走過這段歷程的她們，比其他人更加宿命，不管貧富貴賤都沒有兩樣，傳統女性通常是和宿命畫等號，但這顯然不是她們的專利，因為我在這三位女性的口述中看到宿命論。因此，通過口述訪問，我對戰爭是否讓女性建構主體位置，頗為保留。

值得注意的是，張王銘心等人的口述紀錄，不僅提供研究女性生命史的史料，也勾勒她們生活的大時代背景，這些述說雖然不完全與女性史有直接關係，卻帶給近代史學者一些值得注意的研究方向。首先，中國土地廣闊，每個地區受戰爭侵害的程度不盡相同，因應戰爭的方式各有萬千，張王銘心和余文秀都曾遭遇日軍侵襲，逃難的過程與心境卻有很大的差別；至於受日軍控制的北京又截然不同，戰爭時期，裴王志宏沒有逃難經驗，到戰後才開始流離遷徙。因此，處理中日戰爭歷史不能一以概之，需要注意地區性的差異。

其次，中日戰爭期間，除有日軍暴行之外，民眾還得防範趁火打劫的盜匪、或面對不同政黨之間的矛盾關係；軍事、政治與社會問題交錯發生在民眾的日常生活中。張王銘心、余文秀的故事，都呈現了這些複雜的社會現象。

其三，有史以來，中國這塊土地不斷地發生戰爭，以中日戰爭規模最大，民眾流動範圍也比過去任何一次戰爭來得廣泛，在居無定所或異鄉人不斷移入的情形下，衍生的問題一直延續到台灣。這個現象，顯然不是「戰爭」這兩個字可以完全涵括，現代化交通工具如何在這場戰爭中，協助中國民衆撤退、遷移，似應列入思考，因爲這三位受訪人的逃難經過，都與舟車有關，也帶給她們許多新的體驗。

其四、戰後遷移到台灣定居的中國民衆，有商人、文化界人士、公教人員、軍人及其眷屬等，他們與台灣民衆的互動各有不同，將雙方的關係落入「省籍情結」的泛政治化解釋裡，有失公正，經由不同階層、族群的口述，有助於還原眞相。

其五、研究中國史的許多學者，多半不涉獵中日戰後在台外省人的活動，以及他們和中國大陸親友的關係。不可否認的，海峽兩岸開放探親之前，雙方幾乎不相往來。然而，必須注意的是，研究一九四九年以前的中國史學者，顯然不能忽視這群在台外省人，在戰爭時期或戰後對中國的影響，將他們消音，是無法對這段歷史有全盤的認識。更何況，許多藕斷絲連的關係一直在兩岸間擺盪著，應重新觀照這段歷史。

綜括而言，由主訪人和受訪人共同完成的女性口述紀錄，經過主訪人有意或無意的挖掘，使潛藏在受訪人記憶深處的歷史得以浮現。再加上，口述紀錄的受訪對象不限於名人，這種來自各階層女性的聲音，除了讓我們讀到不同女性的生命史之外，以她們爲視角的歷史，與主流歷史和男性歷史大異其趣，不僅可以相互檢證，甚至還顚覆主流歷史，有助於增加歷史書寫的厚度。不過，在樂觀之餘，我必須強調的是，口述歷史無法擺脫虛構，就如被認爲可信度較高的機關檔案，也有造假、竄改的可能，因此，採用口述紀錄撰寫歷史時，應該保持懷疑，畢竟口述歷史只是多種史料中的一種。

註釋

【1】Susan Mann, *Precious Records: Women in China's Long Eighteenth Century*（Stanford; Stanford University Press, 1997）, pp. 205-208.

【2】劉靜貞，〈書寫與事實之間—《五代史記》中的女性像〉，《中國史學》，卷十二（二〇〇二年十月），頁57。

【3】劉靜貞，〈歐陽修筆下的宋代女性—對象、文類與書寫期待〉，《台大歷史學報》，期三十二（二〇〇三年十二月），頁59-73。

【4】Susan Mann, *Precious Records: Women in China's Long Eighteenth Century*, pp. 208-214.

【5】張瑞德，〈自傳與歷史—代序〉，張玉法、張瑞德主編，《中國現代自傳叢書》，輯一（台北：龍文出版社，一九八九年），頁7-10。

【6】游鑑明，〈鏡花水月畢竟總成空？女性口述歷史的虛與實〉，詳見游鑑明，《她們的聲音：從近代中國女性的歷史記憶談起》，（台北：五南出版社，二〇〇九年），頁53。

【7】王明珂，〈誰的歷史：自傳、傳記與口述歷史的社會記憶本質〉，《思與言》，卷三十四，期三（一九九六年九月），頁154。

【8】王明珂，〈誰的歷史：自傳、傳記與口述歷史的社會記憶本質〉，頁179。

【9】其實，不僅是口述歷史，由女性自撰的歷史，也讓史家得重新看待她們生活的時代，Susan Mann對十八世紀江南才女書寫文化的研究，便不斷提到這個問題。參見Susan Mann, *Precious Records: Women in China's Long Eighteenth Century*。.

【10】Gail Hershatter, "Getting a Life: The Production of 1950s Women Labor Models in Rural Shaanxi", 本文發表於UC Irvine主辦的"Women's Biography and Gender Politics in Chinese History"（March 3-5, 2006）國際

會議，出版中。

【11】游鑑明，〈鏡花水月畢竟總成空？女性口述歷史的虛與實〉，詳見游鑑明，《她們的聲音：從近代中國女性的歷史記憶談起》，頁53。

【12】呂芳上，〈另一種「偽組織」：抗戰時期的家庭與婚姻問題初探〉，《近代中國婦女史研究》，期三（一九九五年八月），頁97-121。

【13】游鑑明訪問、黃銘明記錄，〈張王銘心女士訪問紀錄〉，羅久蓉、游鑑明等訪問、丘慧君等記錄，《烽火歲月下的中國婦女訪問紀錄》（台北：中央研究院近代史研究所，二〇〇四），頁67-68。

【14】游鑑明訪問、黃銘明記錄，〈張王銘心女士訪問紀錄〉，頁78-79。

【15】游鑑明訪問、黃銘明記錄，〈張王銘心女士訪問紀錄〉，頁78-81。

【16】游鑑明訪問、黃銘明記錄，〈張王銘心女士訪問紀錄〉，頁82、84、102。

【17】游鑑明訪問、黃銘明記錄，〈張王銘心女士訪問紀錄〉，頁103-105。

【18】游鑑明訪問、黃銘明記錄，〈張王銘心女士訪問紀錄〉，頁113。

【19】游鑑明訪問、陳千惠等記錄，〈余文秀女士訪問紀錄〉，《烽火歲月下的中國婦女訪問紀錄》，頁122-123。

【20】游鑑明訪問、陳千惠等記錄，〈余文秀女士訪問紀錄〉，頁128-131。

【21】游鑑明訪問、陳千惠等記錄，〈余文秀女士訪問紀錄〉，頁135。

【22】游鑑明訪問、陳千惠等記錄，〈余文秀女士訪問紀錄〉，頁142-143。

【23】游鑑明訪問、陳千惠等記錄，〈余文秀女士訪問紀錄〉，頁126-128。

【24】游鑑明訪問、朱怡婷記錄，〈裘王志宏女士訪問紀錄〉，《烽火歲月下的中國婦女訪問紀錄》，頁198-201。

【25】游鑑明，〈鏡花水月畢竟總成空？女性口述歷史的虛與實〉，詳見游鑑明，《她們的聲音：從近代中國

女性的歷史記憶談起》，頁58-59，65-66。

【26】游鑑明訪問、朱怡婷記錄，〈裘王志宏女士訪問紀錄〉，頁201。

【27】游鑑明訪問、朱怡婷記錄，〈裘王志宏女士訪問紀錄〉，頁199-200、203。

【28】眷村是當時台灣軍方提供給軍人全家居住的場所，早期眷村設備十分簡陋，是個大雜院，住在眷村的人家，幾乎完全沒有私密可言。

【29】游鑑明訪問、朱怡婷記錄，〈裘王志宏女士訪問紀錄〉，頁215-216、220。

【30】游鑑明訪問、朱怡婷記錄，〈裘王志宏女士訪問紀錄〉，頁212。

【31】游鑑明訪問、朱怡婷記錄，〈裘王志宏女士訪問紀錄〉，頁222-223。

【32】游鑑明訪問、黃銘明記錄，〈張王銘心女士訪問紀錄〉，頁72-77。

【33】游鑑明訪問、黃銘明記錄，〈張王銘心女士訪問紀錄〉，頁77-78。

【34】游鑑明訪問、黃銘明記錄，〈張王銘心女士訪問紀錄〉，頁83。

【35】游鑑明訪問、黃銘明記錄，〈張王銘心女士訪問紀錄〉，頁86-88。

【36】游鑑明訪問、黃銘明記錄，〈張王銘心女士訪問紀錄〉，頁88-89。

【37】游鑑明，〈當外省人遇到台灣女性：戰後台灣報刊中的女性論述（1945-1949）〉，《中央研究院近代史研究所集刊》，期四十七（二〇〇五年三月），頁197-206。

【38】游鑑明訪問、黃銘明記錄，〈張王銘心女士訪問紀錄〉，頁91-92。

【39】游鑑明訪問、黃銘明記錄，〈張王銘心女士訪問紀錄〉，頁99-101。

【40】游鑑明訪問、黃銘明記錄，〈張王銘心女士訪問紀錄〉，頁102-105。

【41】游鑑明訪問、陳千惠等記錄，〈余文秀女士訪問紀錄〉，頁123-126。

【42】游鑑明訪問、陳千惠等記錄，〈余文秀女士訪問紀錄〉，頁128-131。

【43】游鑑明訪問、陳千惠等記錄，〈余文秀女士訪問紀錄〉，頁132-134。

【44】游鑑明訪問、陳千惠等記錄，〈余文秀女士訪問紀錄〉，頁144-145。
【45】游鑑明訪問、陳千惠等記錄，〈余文秀女士訪問紀錄〉，頁144-145。
【46】游鑑明訪問、朱怡婷記錄，〈裴王志宏女士訪問紀錄〉，頁188-189。
【47】游鑑明訪問、朱怡婷記錄，〈裴王志宏女士訪問紀錄〉，頁190-198、201-203。
【48】游鑑明訪問、朱怡婷記錄，〈裴王志宏女士訪問紀錄〉，頁203-204。
【49】游鑑明訪問、朱怡婷記錄，〈裴王志宏女士訪問紀錄〉，頁205-207、213-214。
【50】游鑑明訪問、朱怡婷記錄，〈裴王志宏女士訪問紀錄〉，頁216-218。
【51】游鑑明訪問、朱怡婷記錄，〈裴王志宏女士訪問紀錄〉，頁220。

結語：如何閱讀中國女子傳記

胡纓、季家珍

回顧本書第一章曼素恩所討論的法氏，那位在已故未婚夫家裡寡居度過一生的貞女。通過五段簡短的敘述和一篇透露了些許內情的墓誌銘（並非她本人的墓誌銘，而是她賢惠的妯娌的墓誌銘），法氏的故事被載入史冊，但大部分仍「隱藏於沉默之中」（shrouded in silence）。她眞實的一生是什麼樣的呢？假定我們能夠穿越時間，像賀蕭訪問一九五〇年代的勞動模範那樣訪問她，她將會代表自己說些什麼呢？我們的訪談能揭示出一個不同於她所選擇的貞女角色的個人嗎？她會用什麼樣的語言談論她的生活，是明清所推許的頌揚語言、文人批評貞女崇拜的諷刺語言，還是抒情詩的感傷語言？

或許像勞動模範們一樣，她首先會轉向官方史書的語言，使用老師教給她的、從更早的典範故事中收集到的那些熱烈詞彙和迷人警句。因爲明清的貞節體制，像一九五〇年代的集體化計畫一樣，是一個政府有計畫、有步驟地發起、地方熱烈支持、個人熱情參與的、具有強大政治威力的構造世界的規劃。確實，這些規劃是如此的強有力，以至於個人的希望、慾望甚至記憶都有可能完全受它們調控，只能通過它們所認可的語言來表達。

※※※

本書的前提是，中國女子傳記構成了一個重要的歷史傳統。我們著手發掘這一豐富的傳統，是爲了對中國女性歷史瞭解更多。然而我們發現，廣泛流播、歷史悠久的女子傳記幾乎總是捲入到當時強有力的巨大意識形態議程之中。甚至那些允諾會進入內在生活的文類，諸如私人傳記概略和口頭訪問，也常常用當時流行的話語來講述那些生平故事。南宋名妓或二十世紀初的英烈完全可能是出色的個體，但其傳記的散布與保存更應歸功於外在於其獨特人生的、更大的文化、政治力量。恰恰因爲女子作爲象徵符號的含義是多變的，在南宋、晚明及共產主義時代初期這種政治、文化動盪不安的時代，女子傳記這一文類才常常被號召起來發揮規範性、規定性作用。在這些時刻，生平故事變成了隱喻，變成了用來傳播緊急教導的程式化工具。故而，前面的許多章節更多向我們談到傳記生產的過程，談到生平故事的變形、散布及轉送，而非所謂的生平本身。無疑，瞭解這些過程是必要的，因爲對批判地理解歷史知識生產中的權力機制來說，它們至關重要。

但生平本身呢？在一般套話和意識形態機器背後、之下或之上，難道沒有眞人存在麼？這個問題聽上去可能有些幼稚，但我們做歷史的人的心頭不可能不縈繞著司馬遷的幽靈，他永不停息的激情便是去保存有價値的人物行爲、言語和意圖，儘管他也承認，他們的行爲並不必然會取得成果，他們爲之奉獻終生的事業有時候並不値得他們的犧牲。鑑於有史以來，女性經驗往往被埋葬在宏大歷史敘事之中，這一問題對女性主義歷史學家呈現出強烈的緊迫性。那麼，中國女子在何處？除了「隱藏於沉默之中」的不發聲的存在，或者更糟地，與生產她們的更大的意識形態力量完全融合在一起的主體之外，我們什麼也沒發現嗎？

然而，圖景不必如此暗淡，前提是我們必須問對問題，並且根據適合於手邊材料的歷史文化特徵來調整我們的期待，本書爲此提供了不少例子。實質之，這是一場關於主體的質疑，核心問題是認識論：我們能知道什麼？我們如何知道？

或許我們想像的貞女法氏會像王安那章所討論的曇陽子，這位以貞女自命的年輕宗教大師。儘管貞操意識形態框架在她的時代如此強大，曇陽子仍然發揮了可觀的能動性。首先，她控制了她住在哪裡，此乃決定了女子自由程度、根本福祉的重要因素。並且，這個「她自己的房間」（“room of her own”）很要緊地位於她父母家中，而非她公婆那可能不那麼宜人的環境之中（儘管後一種選擇，也是眞實的貞女法氏的選擇，要更加正統）。[1]曇陽子還善用語言，並熟練運用了許多其他文化資源。她在辯論及講授時十分有說服力，並且巧妙機智，充分運用了道教、佛教和儒家權威——包括貞女的道德權威——來爲她非正統的行爲做合法化辯護。她親自授權了她的第一本傳記，從而盡可能地控制對自己生平故事的講述。

或者我們的貞女法氏會像伊維德一章的薄少君。這位年輕女子可能會被說成是殉夫而死，但意味深長的是，她是在作完一百首精心描摹丈夫和他們二人感情生活的詩歌之後，才溘然長逝。如果說薄在丈夫周年祭日那天死去可以被解讀爲她參與明清烈女—守節寡婦崇拜的信號，那麼，她精通悼亡詩這一在很大程度上屬於男性的次文類則以她自己的方式在文學史上樹立了聲譽。即使在她追隨明清烈女經典中所頌揚的烈女寡婦的腳步時，薄少君同時也調動了錢南秀所謂的賢媛傳統，一個讚美女子才華及獨立精神的傳統。與薄少君類似，許多貞女都留下了書面作品，就像盧葦菁對他們的全面研究所揭示的那樣。這些文獻恰恰是她們參與明清貞女崇拜時、努力講述自己生平故事的歷史痕跡。

中國女子的典範故事以一種截然不同於現代西方模式的傳記概念對我們構成了挑戰——西方模式往往有其固有的傳記標準。如果我們把葛斯（Edmund Gosse）常常被引用的那句話作爲代表，那麼，西方傳記便是「忠實描繪靈魂在生命之旅中的探險。」[2]我們暫且不管這個定義關於傳記中立性的暗示，以及對浪漫主義探險強調，而聚焦在「內在性」這個概念上：一個具有「靈魂」的個性化的統一自我——這樣一個假定對西方傳記主體概念來說是至關重要的，也可以說是我們尋找「眞實的法氏」的動因。

爲了理解這些中國女子的生平故事，爲了切實體會她們所做的選擇，我們必須認識到中國傳記傳統的文化特徵。這一傳統基於對個人生活經歷的不同理解，攜帶著一套與西方當代傳記所不同的假定。

根據長期以來儒家的理想生活軌跡概念，在人生早期，個體從現有的所有角色中選擇一個能最好地反映其社會地位和人生價值的角色。終其一生，他都會履行這一角色：堅持不懈地培養其道德自我，調整其角色，使之符合由時代、政治或個人的危機所引起的變化。[3]用孔子的話說，一個理想的主體到中年時應該在相當程度上成就了自我：「四十不惑」；老年的「七十而從心所欲不逾矩」，則是個人需求和社會/禮儀的要求之間達到了完美調和的程度。[4]這一理想主體所內在的、可獲得的品質被構想成既外在於他，又內在於他：只有當他逐漸培養出他所渴求的品質、棲身於他所選擇的角色（們）時，主體才開始存在。面臨角色選擇和角色演變時，他既非徹底自由，又不是完全無能爲力，而是在一定程度上發揮著能動性。

然而，如本書中的多數研究所揭示的，不是每個人都有各式各樣的選擇餘地。我們上文所用的代詞「他」也清楚表明了，有著寬廣選擇餘地的完全主體（full subject）不可能是一位女子（也不可能是一位下層階級的男子）。如我們在導言中提到的，中國男子傳記的模式對我們來說用處有限。與胸懷大志之儒士的選擇範圍相比，歷史上儒家的理想女性模式要有限得多，尤其是在貞節崇拜自十一世紀起勢頭增猛之後。有限的選擇範圍進一步受到特定性別的生命進程標記的影響，諸如婚姻、生養孩子，以及年老。[5]最終，進入中國傳記經典的女子是那些被認爲在特定歷史時刻的某個標準領域內做出了明智抉擇、並有所成就的人。

那些完全被其時代高度約束性的意識形態機器包納的人，與那些能夠發揮一定能動性的人之間的差別，很大程度上取決於她們所能夠調動的文化資源。仍以貞女法氏的悲劇爲例，她的沉默意味著她的故事僅僅由別人來講述，無論是稱讚她抑或是指責她（當然是含蓄地）。儘管她作爲傳記主體存在於官方紀錄之中，但她的失語標記出了她在歷史上的非主體位置，一個別人不能提的「心疾」病人——僅僅在一個例外時刻，作爲區別於另一位女性典範（她賢惠的妯娌）的反襯才被提到。[6]與之相反，薄少君和曇陽子通過她們的詩歌和書信對其生平敘述施加一定程度的控制。無疑，即使在她們的例子中，她們距離浪漫的獨立自主主體的概念相距甚遠：她們的能動性是有限的、脆弱的，她們所使用的語言不是、也不可能完全屬於「她們自己」。然而，她們設法調動可觀的文化資源，建構出了更能發揮個人能動性的主體位置。

曇陽子和薄少君發揮了相當大的主體性，而法氏則幾乎完全沒有主體性可言，本書所討論的多數傳記主體則位於二者之間。一九五〇年代的勞動模範在她們與文化資源的關係上是一個特例：以前完全被剝奪權利的農村婦女在「蹲點幹部」的教導下，學習讀書寫字——當然用的是官方宣傳語言，到今天她們仍然使用這一強大的話語描述她們的記憶，這一事實發人深省，這些勞動模範儘管與薄少君和曇陽子存在著明確的階級差異，卻並非與她們毫無相似之處：在這些社會主義模範用她們的生活和言詞創造歷史時，她們脆弱的主體性是通過生產她們的那套語言發揮出來的。

現在，我們可以重新構思前面提出的那個問題了，「中國女子到底在何處？」「眞實」的中國女子並非位於產生她們的、更大的文化規劃「之下、背後或之上」；她們就在這些規劃「之中」，在不同程度上參與了她們自己的生產，留下了一定程度上的適應、討價還價和偷樑換柱的挪用等種種痕跡。這一同時被建構（constructed）和建構的（constructing）辯證主體，使得我們能夠處理本書導言所提出的那個問題：一位傳記主體——比如被明清女性貞節這一強大文化規劃建構起來的貞女那樣的傳主——是否可能是一個批判性主體？像前面許多章節所表明的，通過從內部顚覆性的引用並賦予權力話語以新意，她的確可能成爲一位批判性主體。無疑，她並非浪漫主義意義上的、有著充分能動性和完全自由選擇的獨立自主的主體，因爲她的「內在自我」像她的「外部自我」一樣，都是文化規劃的一部分。然而，同樣就是這些傳記主體，她們中間不少人通過對其生產過程的質疑、對主流文化表現形式挪用，從而介入到對自身生平的敘述之中，並最終介入到歷史的寫作之中。

註釋

【1】這句引文出自伍爾芙·維吉尼亞（Virginia Woolf）一九二九年的著名論文《自己的房間》。在這篇文章中，她明確指出居住場所對女人的個人自由及其寫作能力的重要性，顯然，曇陽子也清楚地認識到這一點。關於法氏艱難處境的進一步思考，參見畢克偉，〈曼素恩《張家才女》書評〉（Waltner, Review），頁39。

【2】《大英百科全書》，第十一版（*Encyclopaedia Britanica*, 11th ed.）。

【3】芮沃壽，〈價值、角色和人物〉（Wright, "Values"）。

【4】《論語》，第十一章第四節（*Analects* 11.4）；理雅各，《儒學：〈論語〉、〈大學〉與〈中庸〉》（Legge, *Confucius*），頁146-147。

【5】曼素恩，《蘭閨寶錄：漫長十八世紀中的中國婦女》（Mann, *Precious*），第三章。

【6】關於法氏的精神疾病，參見曼素恩，《張家才女》（Mann, *The Talented*），頁172。關於可憐與心疾，參見巴特勒，〈為了仔細閱讀〉，頁139；《要緊的身體：論有關性的鬆散限定》（Butler, "For," 139; *Bodies*）。

附錄一：正史列女傳統

	修史時間	作者	書名	列女條目
1	西漢	司馬遷（約前 145–約前 86）	史記 130 卷	無
2	東漢	班固（32–92）	漢書（206-202），100 卷	無
3	劉宋	范曄（398–445）	後漢書（前 202-220），120 卷	17
4	西晉	陳壽（233–297）	三國志（220-265），65 卷	無
5	唐	房玄齡（578–648）等	晉書（265-420），130 卷	33
6	梁	沈約（441–513）	宋書（420-479），100 卷	無
7	梁	蕭子顯（489–537）	南齊書（479-502），59 卷	無
8	唐	姚思廉（557–637）	梁書（502-557），56 卷	無
9	唐	姚思廉	陳書（557-589），36 卷	無
10	北齊	魏收（506–572）	魏書（386-534），114 卷	17
11	唐	李百葯（565–648）	北齊書（550-577），50 卷	無
12	唐	令狐德棻（583–666）等	周書（557-581），50 卷	無
13	唐	魏徵（580–643）等	隋書（581-618），85 卷	15
14	唐	李延壽（唐貞觀年間〔627-649〕人）	北史（386-618），100 卷	34
15	唐	李延壽	南史（420-581），80 卷	無
16	五代	劉昫（887–946）等	舊唐書（618-907），200 卷	30

17	宋	歐陽修（1007–1072），宋祁（998–1061）	新唐書（618-907），225卷	47
18	宋	薛居正（912–981）	舊五代史(907-979)，150卷	無
19	宋	歐陽修	新五代史（907-979），74卷	無
20	元	脫脫（1313–1355）等	宋史（960-1279），496卷	38
21	元	脫脫等	遼史（947-1125），116卷	5
22	元	脫脫等	金史（1125-1234），135卷	22
23	明	宋濂（1310–1381）等	元史（1260-1368），210卷	80
24	清	張廷玉（1672–1755）等	明史（1368-1644），332卷	170
25	民國	柯劭忞（1850–1933）	新元史，257卷(1922 ed.)	127
26	民國	趙爾巽（1844–1927）等	清史稿（1644-1911），536卷	412

附錄二：《世說》賢媛傳統

	撰著時間	作者	書名	賢媛條目及所覆蓋時間
1	劉宋	劉義慶（403–444）等	世說新語	漢末魏晉（約150-420），32條
2	唐	王方慶（?–702）	續世說新書，10卷，佚	不詳
3	唐	封演（約唐天寶十五載〔756〕進士）	封氏聞見記，10卷	唐，無
4	唐	劉肅（806–820年前後在世）	大唐新語，13卷	唐，無
5	宋	孔平仲（宋治平二年〔1065〕進士，1065–1102年前後在世）	續世說，12卷	25條，南北朝至五代（420–960）
6	宋	Wang Dang 王讜（1086–1110年前後在世）	唐語林，8卷	10條，唐(618–907)
7	明	何良俊（1506–1573）	何氏語林，30卷	22條，漢至元（前206–1368）
8	明	王世貞（1526–1590）	世說新語補，20卷	41條，漢至元（前206–1368）
9	明	焦竑（1541–1620）	焦氏類林，8卷	無賢媛門，代之以夫婦篇，26條，上古至元（約前3000–1368）
10	明	李贄（1527–1602）	初潭集，30卷	無賢媛門，代之以夫婦篇，79條，上古至元（約前3000–1368）
11	?	李垕，生卒年不詳	續世說，10卷	16條，南北朝(420–589)

12	明	李紹文（1600–1623年前後在世）	皇明世說新語，8卷	20條，明初至明中葉（約1368–1572）
13	明	鄭仲夔（1615–1634年前後在世）	清言，又名蘭畹居清言，10卷	9條，漢至明中葉（約前206–1572）
14	明	焦竑	玉堂叢語，8卷	無賢媛門
15	明	張墉（明末）	廿一史識餘，又名竹香齋類書，37卷，未見	不詳
16	明	林茂桂（1591–1621年前後在世）	南北朝新語，4卷	17條，南北朝(420–589)
17	明	顏從喬（1639年前後在世）	僧世說，24卷	無賢媛門
18	明	趙瑜（明末）	兒世說，1卷	無賢媛門
19	清	梁維樞（1589–1662）	玉劍尊聞，10卷	14條，明（1368–1644）
20	清	李清（1602–1683）	女世說，4卷	759條，上古至元（約前3000–1368）
21	清	汪琬（1624–1691）	說鈴，1卷	無賢媛門
22	清	Wu Sugong 吳肅公（1662–1681年前後在世）	明語林，14卷	16條，明（1368–1644）
23	清	江有溶、鄒統魯（清初）	明逸編，10卷	不詳
24	清	王晫（1636–?）	今世說，8卷	6條，清初（ca. 1644–1680）
25	清	章撫功（清初）	漢世說，14卷，未見	不詳

26	清	章繼泳（清初）	南北朝世說，20卷，未見	不詳
27	清	嚴蘅（1826?–1854）	女世說，1卷	79條，清初至嚴蘅去世（1644-1854）
28	民國	易宗夔（1875–?）	新世說，1卷	33條，清（1644-1911）
29	日本 德川	服部南郭（1683–1759）	大東世語，5卷	15條，平安（794–1185）與鎌倉（1185–1333）時期
30	德川	太田南畝（太田覃）（1749–1823）、今井久助（1786–1829）	假名世說，2卷，署名杏花園蜀山、文 堂散木	2條，德川早期（1603-1867）
31	德川	太田南畝、今井久助	假名世說後編，未見	不詳
32	德川	太田南畝	世說新語茶，署名山の手の馬鹿人	無賢媛門
33	德川	角田簡（角田九華，1784–1855）	近世叢語，8卷	18條，德川早至中期（1603-1788）
34	德川	角田簡	續近世叢語，8卷	14條，德川時期（1661-1821）
35	明治	太田才次郎（1892年前後在世）	*Shin seigo*新世語	未分門

參考文獻

二劃

《二程遺書》，四庫全書，卷六九八，頁1-279。

卜正民，《爲權力祈禱：佛教與晚明中國士紳社會的形成》（*Praying for Power: Buddhism and the Formation of Gentry Society in Late-Ming China*. Cambridge, Mass: Harvard University Press, 1993）

卜正民，《縱樂的困惑：明代的商業與文化》（Brook, Timothy. *The Confusions of Pleasure: Commerce and Culture in Ming China*. Berkeley: University of California Press, 1998）

三劃

《大英百科全書》，第十一版（1910-1911），二十九卷（*Encyclopædia Britannica*, Eleventh Edition（1910–1911）. 29 vols）

大矢根文次郎，《世說新語與六朝文學》（Ōyane Bunjirō大矢根文次郎. *Sesetsu shingo to rikuchō bungaku* 世說新語と六朝文學（*Shishuo xinyu* and Six Dynasties literature）. Tokyo: Waseda University Press, 1983）

小史蒂文，《道家與中國藝術》（Little, Steven. *Taoism and the Arts of China.* Chicago: Art Institute of Chicago; Berkeley: University of California Press, 2000）

小林徹行，《明代女性的殉死與文學：薄少君的哭夫詩百首》（Kobayashi Tetsuyuki 小林徹行. *Mindai josei no junshi to bungaku. Haku Shōkun no* Kofushi hakushu 明代女性の殉死と文學——薄少君の哭夫詩百首（Women following their husband into death and their literature during the Ming dynasty. Bo Shaojun's *One Hundred Poems Lamenting My*

Husband）. Tokyo: Kyoko shoin, 2003）

山秀珍，《光榮的無產階級戰士：基層婦女幹部學習資料》，小冊子，出版地不詳：陝西婦聯印，一九六二年，婦聯檔案178-313-001。

山秀珍，訪問：高小賢與賀蕭，一九九七年六月二十八－二十九日（Shan Xiuzhen. Interview with Gao Xiaoxian and Gail Hershatter, June 28-29, 1997）

山崎純一，〈現代《列女傳》的轉變：以安積信《列女傳》爲中心〉Yamazaki Jun'ichi 山崎純一，"Kinsei ni okeru Retsujoden no hensen: Ôken *Retsujo den to Asaka Shin Reppu den* o chûshin ni" 近世における「列女伝」と安積信「列婦伝」お中心に（"A Transition of Lieh-nü-chuan in modern times—with a special reference to Lieh-nü-chuan by Wang-Hsien and Leppuden by Asaka Shin）. *Chûgokukoten-Kenkyû, The Journal of Sinology*（12: December 1964）: 41-54.

川勝義雄，〈江戶時代《世說新語》研究的一個方面〉（Kawakatsu Yoshio 川勝義雄，"Edo jidai ni okeru Sesetsu kenkyū no ichimen" 江戶時代における世說研究の一面（An aspect of the study of the *Shishuo xinyu* during the Edo period）. *Tōhōgaku*東方學 20（1960）: 1-15）

四劃

《中國古代書畫圖目》，二十三卷，北京：文物出版色和，一九八六－二〇〇一年。

中共渭南縣委編著小組編，〈「黃毛女子」放出了「棉花衛星」〉，西安：陝西人民出版社，一九五九年五月。

中共渭南縣委編著小組編，《我們趕上了張秋香》，西安：陝西人民出版社，一九五九年五月。

中國社會科學院考古研究所，《偃師杏園唐墓》，北京：科學出版社，二〇〇一年。

卞孝萱、唐文權編，《辛亥人物碑傳集》，北京：團結出版社，一九九一年。

太史文，《〈十王經〉與中國中古佛教裡地獄的形成》（Teiser, Stephen F. *The Scripture on the Ten Kings and the Making of Purgatory in Medieval Chinese Buddhism*. Honolulu: University of Hawai'i Press, 1994）

孔平仲，《續世說》，《國學基本叢書》本，上海：商務印書館，一九三七年。

孔平仲等，《清江三孔集》，《四庫全書》，卷一千三百四十五，頁177-541。

孔飛力、費正清編，《清代文獻簡介》，第一部分，卷一、二，修訂版（Kuhn, Philip A., and John K. Fairbank, comp. *Introduction to Ch'ing Documents*, Part one, vols. I and II, Rev. ed. Cambridge, MA: Harvard University, Harvard-Yenching Institute, 1993）

尤德・丹尼爾，〈超越包公：中華帝國晚期敘事文學中的道德曖昧與法律〉，收入何谷理、柯麗德編《中華帝國晚期的寫作與法律：犯罪、爭端與判決》（Youd, Daniel M. "Beyond *Bao*: Moral Ambiguity and the Law in Late Imperial Chinese Narrative Literature." In *Writing and Law in Late Imperial China: Crime, Conflict, and Judgment*, ed. Hegel, Robert E. and Katherine Carlitz, 215-33. Seattle: University of Washington Press, 2007）

巴特勒・朱迪斯，〈爲了仔細閱讀〉，收入本哈比等編《女性主義主張：哲學辯論》（"For a Careful Reading." In Feminist Contentions: A Philosophical Debate, ed. Seyla Benhabib et al., 127-44. New York: Routledge, 1995）

巴特勒・朱迪斯，《要緊的身體：論有關性的話語邊界》（Butler, Judith. Bodies That Matter: On the Discursive Limits of Sex. London and New York: Routledge, 1993.）

方秀潔，〈書寫自我與書寫生命：沈善寶的性別化自傳實踐〉（"Writing Self and Writing Lives: Shen Shanbao's (1801-1862) Gendered Auto/Biographical Practices." *Nan Nü: Men, Women, and Gender in Early and Imperial China* 2:2（2000）：259-304）

方秀潔，〈標記身體：明清女性自殺作品的文化意義〉，收入羅溥洛、曾佩琳、宋漢理編《多情女子：中華帝國晚期的女性自殺》（Fong, Grace S. "Signifying Bodies: The Cultural Significance of Suicide Writings by Women in Ming-Qing China." In *Passionate Women: Female Suicide in Late Imperial China*, ed. Paul S. Ropp, Paola Zamperini and Harriet T. Zurndorfer, 105-142. Leiden: Brill. 2001）

方芳佩，《在璞堂吟稿》，一七五一年，社科院圖書館，北京。Fang Fangpei, *Zaiputang yingao*，在璞堂吟稿（Draft chantings from the hall in uncarved jade[JJ1]）, 1751.

方苞，《望溪先生文集》，《續修四庫全書》版，上海：上海古籍出版社，二〇〇二年。

日布隆．卡特琳娜，〈《列女傳》中的妻子形象〉，收入謝和耐、馬克．卡林諾斯基編《追隨王道：獻給汪德邁先生》（Gipoulon, Catherine. "L'image de l'épouse dans le *Lienüzhuan*." In *En suivant la voie royale: mélanges offerts en hommage à Léon Vandermeersch*, ed. Jacques Gernet and Marc Kalinowski, 97-111. Paris: École française d'Extreme Orient, 1997）

毛奇齡，《西河文集》，《國學基本叢書》版，台灣：商務印書館，一九六八年。

王．理查德，〈尙情文化：《嬌紅記》及晚明時期的浪漫主義〉（Wang, Richard G. "The Cult of *Qing*: Romanticism in the Late Ming Period and in the Novel *Jiao Hong Ji*." *Ming Studies* 33（August 1994）: 12-55）

王．羅賓，〈德、才、美：《列女傳》所創作的完備女人特質〉，收入彼得．赫斯霍克、安樂哲編《儒家權威文化》，頁93-115（"Virtue, Talent, and Beauty: Authoring a Full-fledged Womanhood in *Lienüzhuan*（Biographies of Women）." In *Confucian Cultures of Authority*, ed. Peter D. Herschhock and Roger T. Ames, 93-115. Albany, NY: State University of New York Press, 2006）

王．羅賓，《中國思想與文化中的女性形象：先秦至宋代作品選》（Wang, Robin. *Images of Women in Chinese Thought and Culture: Writings from the Pre-Qin Period through the Song Dynasty*. Indianapolis: Hackett Publishing, 2003）

王晫，《今世說》，八卷，作者自序一六八三年；上海：古典文學出版社，一九五七年。

〈王仙師遺言圖一開〉，出版日期不詳，北京：故宮博物館。

王九思，《美陂集》，《明代論著叢刊》本，台北：偉文圖書出版社，一九七六年。

王之望，《漢濱集》，《四庫全書》本，卷一千一百三十九，台北：台灣商務印書館，一九八三年。

王水照選註，《蘇軾選集》，上海：上海古籍出版社，一九八四年。

王世貞，《世說新語補》，二十卷，王世貞自序一五五六年，張文柱一五八五年刊本，北京圖書館，美國國會圖書館收藏。
王世貞，《弇州山人四部稿》，台北：偉文圖書出版公司，一九七六年。
王世貞，《弇州山人續稿》，台北：文海出版社，一九七〇年。
王令，《廣陵集》，《四庫全書》本，卷一千一百零六，台北：台灣商務印書館，一九八三年。
王去病、陳德和編，《秋瑾史集》，北京：華文出版社，一九八九年。
王去病、陳德和編，《秋瑾年表細編》，北京：華文出版色和，一九九〇年。
王秀琴、胡文楷，《歷代名媛文苑簡編》，上海：商務印書館，一九四七年。
王明珂，〈誰的歷史：自傳、傳記與口述歷史的社會記憶本質〉，《思與言》，第三十四卷第三期，一九九六年九月，頁147-183。
王重民，〈李清著述考〉，《圖書館學季刊》，第二卷第三期，一九二八年，頁333-342。
王重民，《中國善本書提要》，上海：上海古籍出版社，一九八三年。
王偁，《東都事略》，台北：文海出版社，《宋史資料萃編》本，一九六七年。
王堯臣，《崇文總目附補遺》，上海：商務印書館，一九三七年。
王溥，《唐會要》，北京：中華書局，一九九八年重印。
王照圓，《列女傳補註》，《郝氏遺書》，第十四—十五冊，《續修四庫全書》重印本，第五一五冊，上海：上海古籍出版社，一九九五—一九九九年。
王照圓，《列女傳補註》，《國學基本叢書》本，上海：商務印書館，一九三七年；台北：新興書局，一九六四年，重印。
王端淑，《名媛詩緯》，一六六七年，北京大學圖書館。
王曉波編，《二二八眞相》，第二版，台北：海峽學術出版社，二〇〇二年。
王讜，《唐語林》，八卷，上海：上海古籍出版社，一九七八年。

五劃

包世臣，《皇敕封孺人山東館陶縣知縣張君妻湯氏墓誌銘》，收入《碑傳集補》，台北：文海出版社，一九七三年（據一九三一年版重印），卷五十九，頁17a-18b。In Beizhuan ji bu 碑傳集補（Collected eulogies from stele inscriptions, supplement）juan 59.17a-18b. 1931. Rpt. Taibei: Wenhai chubanshe, 1973.

包弼德，《斯文：唐宋思想的轉型》（Bol, Peter. *This Culture of Ours: Intellectual Transitions in T'ang and Sung China*. Stanford: Stanford University Press, 1992）

包筠雅，〈閱讀十九世紀的暢銷書：四堡的商業出版〉，收入包筠雅、周啓榮編《中華帝國晚期的印刷與書籍文化》（"Reading the Best-Sellers of the Nineteenth Century: Commercial Publishing in Sibao." In *Printing and Book Culture in Late Imperial China*, ed. Cynthia J. Brokaw and Kai-wing Chow, 184-231. Berkeley: University of California Press, 2005）

包筠雅，《功過格：中華帝國晚期的社會變遷與道德秩序》（Brokaw, Cynthia J. *The Ledgers of Merit and Demerit: Social Change and Moral Order in Late Imperial China*. Princeton: Princeton University Press, 1991）

司馬光，《司馬文正公傳家集》，萬有文庫薈要本，台北：台灣商務印書館，一九六五年。

司馬遷，〈田單列傳〉，《史記》，華茲生譯，頁245-251（"T'ien Tan lieh-chuan"（Biography of Tian Dan）. In *Shiji*（Records of the Grand Historian）, trans. Burton Watson, 245-51. New York: Columbia University Press, 1964）[MC2]

司馬遷，〈田單列傳〉，收入《史記》，卷八二，第八冊，頁2457，北京：中華書局，一九五九年。

司馬遷，《史記》，七卷，倪豪士編（Sima Qian 司馬遷. *The Grand Scribe's Records*. 7 vols. Ed. William H. Nienhauser, Jr. Bloomington: Indiana University Press, 1994-2006）

司馬遷，《史記》，北京：中華書局，一九五九年。

史密斯．哈羅德，《二戰中的英國：社會史》（Smith, Harold L. Britain in the Second World War: A Social History.

Manchester: Manchester University Press, 1996.）

《四庫全書》，《文淵閣四庫全書》重印本，一五〇〇卷，上海：上海古籍出版社，一九八七年。

布洛克．莫里斯、喬納森．帕里編，《死亡與再生》（Bloch, Maurice and Jonathan Parry, eds. *Death and Regeneration of Life*. Cambridge: Cambridge University Press, 1982）

布蘭查德．拉臘，〈一位陪伴女伶的學者：宋明繪畫中氣節觀念的演變〉（Blanchard, Lara C. W. "A Scholar in the Company of Female Entertainers: Changing Notions of Integrity in Song to Ming Dynasty Painting." *Nan Nü: Men, Women and Gender in Early and Imperial China* 9.2（2007）: 189-246）

永瑢、紀昀等編，《四庫全書總目》，二卷，一八二二年；北京：中華書局，一九六五年重印。

瓦拉絲．艾琳娜，〈紅龍斬首：中國女性煉丹史〉，博士論文，倫敦大學亞非學院，二〇〇三年（Valussi, Elena. "Beheading the Red Dragon: A History of Female Alchemy in China." PhD diss.. School of Oriental and African Studies, University of London, 2003）

瓦拉絲．艾琳娜，〈賀龍驤《女丹合編》中的男男女女〉（"Men and Women in He Longxiang's *Nüdan hebian*." *Nan Nü: Men, Women and Gender in China* 10.2（2008）: 242-78）

《田漢全集》，石家莊：花山文藝出版社，二〇〇〇年。

田汝康，《男性焦慮與女性貞潔》（T'ien Ju-K'ang. *Male Anxiety and Female Chastity*. Leiden: E. J. Brill, 1988）

白亞仁，〈私人傳記和公共記憶中的《明史》案〉（Barr, Allan H. "The *Ming History* Inquisition in Personal Memoir and Public Memory." *Chinese Literature: Essays, Articles, Reviews* (*CLEAR*) 27 (2005): 5-32）

白瑞旭，〈早期中國石柱上的文本與禮儀〉，收入柯馬丁編《早期中國的文本與禮儀》（Brashier, K. E. "Text and Ritual in Early Chinese Stelae." In *Text and Ritual in Early China*, ed. Martin Kern, 249-284. Seattle: University of Washington Press, 2005）

石韞玉，《獨學廬餘稿》，收入《續修四庫全書》，上海：古籍出版社，一九九五－一九九九年。

六劃

伊沛霞，〈東漢碑刻〉（"Later Han Stone Inscriptions." *Harvard Journal of Asiatic Studies* 49（1980）: 325-53）

伊沛霞，〈歸於鄭氏名下的《女孝經》〉，收入曼素恩、程玉音（音譯）編《以儒家的眼光：中國歷史中的性別》（Ebrey, Patricia Buckley. "The *Book of Filial Piety for Women* Attributed to a Woman Née Zheng（ca.730）." In *Under Confucian Eyes: Writings on Gender in Chinese History*, ed. Susan Mann and Yu-yin Cheng, 47-69. Berkeley: University of California Press, 2001）

伊沛霞，《內闈：宋代的婚姻與婦女生活》（*The Inner Quarters: Marriage and the Lives of Chinese Women in the Sung Period*. Berkeley: University of California Press, 1993）

伊維德、錧佩達，《彤管：中國帝制時代婦女作品選》（Idema, Wilt, and Beata Grant. *The Red Brush: Writing Women of Imperial China*. Cambridge: Harvard University Asia Center Publications, 2004）

伊懋可，〈中國的女德與政府〉（Elvin, Mark. "Female Virtue and the State in China." *Past and Present* 104（1984）: 111-52.）

伍袁萃，《林居漫錄》，萬曆本，縮微膠捲，芝加哥大學。

伍爾芙．維吉尼亞，《自己的房間》（Woolf, Virginia. *A Room of One's Own*. London: Hogarth Press, 1929. Rpt. New York: Granada Publishing Limited, 1978）

任達，《中國1898-1912：新政革命與日本》（Reynolds, Douglas R. *China, 1898-1912: The Xinzheng Revolution and Japan*. Cambridge, MA: Council on East Asian Studies, Harvard University, 1993）

《全宋詩》，北京：北京大學出版社，一九九五年。

〈列女傳系史料探索〉（"Retsujo den kei shiyô tansaku" [A survey of historical documents in the genre of the *Biographies of Women*]）, http://www1.enjoy.ne.jp/~nagaichi/retsujo01.html.

列文・阿瑞，〈北宋晚期的歷史政治與政治語言，1066-1104〉（Levine, Ari. "A House in Darkness: The Politics of History and the Language of Politics in the Late Northern Song, 1066-1104." Ph.D. dissertation, Columbia University, 2002）

吉川次郎幸，〈藏在東先生年譜〉（Yoshikawa, Kōjirō 吉川次郎幸，"Zang Zaidong xiansheng nianpu" 藏在東先生年普（Chronological biography of Mr. Zang Yong）. *Tōyō gakuhō* 東方學報 6（1936）: 280-307）

吉陳・約翰，《聖徒生平與性別修辭：梅羅文加王朝聖徒傳中的男人與女人》（Kitchen, John. *Saints' Lives and the Rhetoric of Gender: Male and Female in Merovingian Hagiography*. Oxford: Oxford University Press. 1998.）

合山究，《明清的女性與文學》（*Min Shin jidai no josei to bungaku*明清時代の女性と文學（Women's literature of the Ming and Qing）. Tokyo: Kyûko shoin, 2006）

合山究，《袁枚與女弟子們》（Goyama Kiwamu 合山究. "En Bai to jodeshi tachi"袁枚と女弟子たち（Yuan Mei and his female disciples）. *Bungaku ronshu* 31.8（1965）: 113-45）

宇文所安，《中國「中世紀」的終結：中唐文學文化論集》（Owen, Stephen. *The End of the Chinese "Middle Ages," Essays in Mid-Tang Literary Culture*. Stanford: Stanford University Press, 1996.）

宇文所安，《追憶：中國古典文學中的往事再現》（*Remembrances: The Experience of the Past in Classical Chinese Literature*. Cambridge MA: Harvard University Press, 1986）

安作璋、耿天勤，〈郝懿行和他的《曬書堂集》〉，《史學史研究》，一九八九年第二期，頁73-80。

安德森，班納迪克，《想像的共同體：民族主義的起源與散布》（Anderson, Benedict. *Imagined Communities: Reflections on the Origin and Spread of Nationalism*. London and New York: Verso, 1983, 2003）

成伯泉，《古代文言短篇小說選註》，上海：上海古籍出版社，一九八三－一九八四年。

朱東潤，〈中國傳敘文學的過去與將來〉，《學林》，一九四一年第八期，頁19-29。

朱軾，《朱文端公集》，一八七一年。

朱彝尊，《曝書亭集》，《四部叢刊》版，上海：商務印書館，一九二九年。

江永林（音譯）譯，《大明律》（Jiang Yonglin, trans. *The Great Ming Code*. Seattle: University of Washington Press, 2005）

江珠，《小維摩詩稿》，一八一一年，中國國家圖書館。

牟正蘊，〈以身體書寫美德：重新閱讀兩部唐史中的女子傳記〉，收入牟正蘊編《在場與表現：中國文人傳統中的婦女》，頁109-147（"Writing Virtues with Their Bodies: Rereading the Two Tang Histories' Biographies of Women." In *Presence and Presentation: Women in the Chinese Literati Tradition*, ed. Sherry J. Mou, 109-47. Basingstoke: Macmillan, 1999）

牟正蘊，《紳士爲女子生活立法：中國女子傳記千年史》（Mou, Sherry J. *Gentlemen's Prescriptions for Women's Lives: A Thousand Years of Biographies of Chinese Women*. Armonk, NY: M.E. Sharpe, 2004）

艾思仁，〈鏡影簫聲和傳統女子圖傳〉Edgren, Sören. "The Ching-ying hsiao-sheng and Traditional Illustrated Biographies of Women." *The Gest Library Journal* 5.2 (1992): 161-74.

艾朗諾，《蘇軾的詞彙、意象與作爲》（Egan, Ronald. *Word, Image, and Deed in the Life of Su Shi*. Cambridge MA: Harvard University Press, 1994）

艾梅蘭，《範例：孝子特徵》，收入何谷理、柯麗德編《中華帝國晚期的寫作與法律：犯罪、爭端與判決》（"Making a Case: Characterizing the Filial Son." In *Writing and Law in Late Imperial China: Crime, Conflict, and Judgment*, ed. Hegel, Robert E. and Katherine Carlitz, 27-43. Seattle: University of Washington Press, 2007）

艾梅蘭，《競爭的話語：晚期中華帝國小說中的正統性，本眞性，及所生成之諸意義》（Epstein, Maram. *Competing Discourses: Orthodoxy, Authenticity and Engendered Meanings in Late Imperial Chinese Fiction*. Cambridge, MA: Harvard University Asia Center, 2001）

艾皓德，〈導論：激情與情的概念史〉，《中國文學中的情與愛》（Eifring, Halvor. "Introduction: Emotions and the Conceptual History of Qing." In *Love and Emotions in Chinese Literature*, ed. Halvor Eifring, 1-36. Leiden: Brill Academic

Publishers, 2004）

艾爾曼，〈晚期中華帝國科舉考試所帶來的政治、社會與文化增殖〉"Political, Social, and Cultural Reproduction Via Civil Service Examinations in Late Imperial China." *Journal of Asian Studies* 50.1（Feb 1991）: 7-28.

艾爾曼，《以他們自己的方式：科學在中國1550-1900》（*On Their Own Terms: Science in China: 1550-1900*. Cambridge: Harvard University Press, 2005）

艾爾曼，《從理學到樸學：中華帝國晚期社會與思想變化面面觀》（修訂版）（Elman, Benjamin A. *From Philosophy to Philology: Intellectual and Social Aspects of Change in late Imperial China*.（Second, revised, edn.）. UCLA Asian Pacific Monograph Series, 2001 [1984]）

西里．大衛，《高貴之死：希臘羅馬殉教史與保羅的拯救概念》（Seeley, David. 1990. *The Noble Death: Graeco-Roman Martyrology and Paul's Concept of Salvation*. Sheffield: Sheffield Academic Press, 1990）

七劃

何良俊，《何氏語林》，三十卷，文徵明序（1551），《四庫全書》，卷一千零四十一，頁441-895。

何谷理、柯麗德編《中華帝國晚期的寫作與法律：犯罪、爭端與判決》（Hegel, Robert E. and Katherine Carlitz, eds. *Writing and Law in Late Imperial China: Crime, Conflict, and Judgment*. Seattle: University of Washington Press, 2007）

何景明，《大複集》，台北：台灣商務印書館，一九七七年；《四庫全書珍本》第七集，卷六百五十九－六百七十二。

何劉詠聰編，《中國女子傳略辭典：清代，1644-1911》（Ho, Clara Wing-chung, ed. *Biographical Dictionary of Chinese Women: The Qing Period, 1644-1911*. Armonk, NY: M.E. Sharpe, 1998）

余哈斯．路易斯，〈作爲贊助人的王世貞〉，收入李鑄晉編《藝術家和贊助人：中國繪畫的社會經濟側面》（Yuhas, Louise. "Wang Shih-chen as Patron." In *Artists and Patrons: Some Social and Economic Aspects of Chinese Painting*, ed.

Chu-tsing Li. Seattle: University of Washington Press, 1989）
吳士鑑，《清宮詞》，石繼昌輯，北京：北京古籍出版社，一九八六年。
吳百益，《儒者的歷程：傳統中國的自傳寫作》（Wu Pei-yi. *The Confucian's Progress. Autobiographical Writings in Traditional China*. Princeton: Princeton University Press, 1990）
吳定，《紫石泉山房詩文集》，一八八七年。
吳玲，訪問：賀蕭，一九九六年八月十三日（Wu Ling 吳玲. Interview with Gail Hershatter, August 13, 1996）
吳樹平，〈記傳體史書中《列女傳》創始考〉，《中國史研究》一九八七年第四期，頁143-150。
吳燕娜，《中國潑婦：一種文學主題》（Wu, Yenna. *The Chinese Virago: A Literary Theme*. Cambridge, MA: Harvard University Press, 1995）
呂坤，《影印明刻閨范》，四卷，一六一七年惠州重印版，出版地不詳，Lü Kun 呂坤. *Ying yin Ming ke gui fan* 影印明刻閨範。4 juan. 1617 Huizhou ed. Rpt. N.p. Jiangning Wei shi, 1927.
呂芳上，〈另一種「僞組織」：抗戰時期的家庭與婚姻問題〉，《近代中國婦女史研究》，第三期，一九九五年八月，頁97-121。
呂南公，《灌園集》，《四庫全書》版，卷一千一百二十三，台北：台灣商務印書館，一九八三年。
呂祖謙，《宋文鑑》，文淵閣版，卷一千三百五十－一千三百五十一。
宋．瑪麗娜，〈中國列女傳統〉（“The Chinese Lieh-nü Tradition.” *Historical Reflections* 8.3（1981）: 63-74）
宋．瑪麗娜，〈陳端生〉，收入何劉詠聰編《中國女子傳略辭典：清代1644-1911》，頁16-18（Sung, Marina H. “Chen Duansheng.” In *Biographical Dictionary of Chinese Women: The Qing Period 1644-1911*, ed. Clara Ho, 16-18. Armonk, NY: M.E. Sharpe, 1998）
宋梅洞，《嬌紅傳》，收入成柏泉編《古代文言短篇小說選集》，上海：古籍出版社，一九八四年。
宋漢理，〈王照圓（1763-1851）以及梁啓超對「才女」的擦除〉，收入方秀潔、錢南秀、司馬富編《話語的不同世界：清末民初的性別與文類》，頁29-56（"Wang Zhaoyuan（1763-1851）and the Erasure of 'Talented Women' by Liang Qichao." In *Different Worlds of Discourse: Transformations of Gender and Genre in Late Qing and Early Republican China*, ed. Grace Fong, Nanxiu Qian, and Richard Smith, 29-56. Leiden: Brill Academic Publishers, 2008）

宋漢理，〈王照圓〉，收入何劉詠聰編《中國女子傳略辭典：清代1644-1911》，頁227-230（"Wang Zhaoyuan." In *Biographical Dictionary of Chinese Women: The Qing Period, 1644-1911*, ed. Clara Wing-chung Ho, 227-30. Armonk, NY: M.E. Sharpe, 1998）

宋漢理，〈王照圓的「永恆世界」：十八世紀中國的婦女、教育與正統——初步考察〉，收入現代歷史所編《中國現代史中的家庭歷程與政治進程》，第一卷，頁581-619（"The 'Constant World' of Wang Chao-yüan: Women, Education, and Orthodoxy in 18th Century China—A Preliminary Investigation." In *Family Process and Political Process in Modern Chinese History*, comp. Institute of Modern History, vol. 1: 581-619. Taibei: Academia Sinica, 1992）

宋漢理，〈如何同時成為賢妻良士：十八世紀中國女性行為規範——初步考察〉，收入汪德邁編《中國、日本、朝鮮與越南傳統下的公民社會與國家》，頁249-270（"How to Be a Good Wife and a Good Scholar at the Same Time: 18th Century Prescriptions on Chinese Female Behavior—A Preliminary Investigation." In *La Société Civile Face à l'État Dans la Tradition Chinoise, Japonaise, Coréene et Vietnamienne*, ed. Léon Vandermeersch, 249-70. Paris: l'École Française d'Extrême-Orient, 1994）

宋漢理，〈明代社會與文化的新舊視點〉（"Old and New Visions of Ming Society and Culture." *T'oung Pao* 88（2002）: 151-69）

宋漢理，〈導言：中華帝國關於婦女的著名評論（1000-1800）〉收入宋漢理編，《中華帝國往昔的婦女：全新視角》，頁1-18（"Introduction: Some Salient Remarks on Chinese Women in the Imperial Past（1000-1800）." In *Chinese Women in the Imperial Past: New Perspectives*, ed. Harriet T. Zurndorfer, 1-18. Leiden: Brill Academic Publishers, 1999）

宋漢理，《中國書目：有關中國之過去與現在的參考文獻研究指南》（Zurndorfer, Harriet T. *China Bibliography: A*

Research Guide to Reference Works about China Past and Present. Leiden: Brill, 1995）

宋漢理編，《中華帝國往昔的婦女：全新視角》（Zurndorfer, Harriet, ed. *Chinese Women in the Imperial Past: New Perspectives*. Leiden; Boston: Brill, 1999）

宋濂等，《元史》，十五卷，北京：中華書局，一九七六年。

巫鴻，〈超越陳規：清代宮廷藝術和《紅樓夢》中的十二美人〉，收入孫康宜、魏愛蓮編《中華帝國晚期的婦女寫作》，頁306-365（Wu Hong. "Beyond Stereotypes: The Twelve Beauties in Qing Court Art and 'The Dream of the Red Chamber.'" In *Writing Women in Late Imperial China*, ed. Ellen Widmer and Kang-i Sun Chang, 306-65. Stanford: Stanford University Press, 1997.）

巫鴻，《重屏：中國繪畫的形象與表現》（*The Double Screen: Image and Representation in Chinese Painting*. Chicago: University of Chicago Press, 1996）

李小江，《讓女人自己說話：經歷戰爭》，北京：三聯書店，二〇〇三年。

李文藻，《南澗文集》，《叢書集成新編》版，台北：新文豐出版公司，一九八五年。

李昉，《太平廣記》，十卷，北京：中華書局，一九六一年。

李清，《女世說》，四卷，一六五〇年代初編，一六七〇年代初出版，南京圖書館。

李埴，《皇宋十朝綱要》，《宋史資料萃編》本，台北：文海出版社，一九六七年。

李華，《李遐叔文集》，《四庫全書》版，卷一千零七十二，台北：台灣商務印書館，一九八三年。

李開先，《李開先全集》，卜鑑編，北京：文化藝術出版社，二〇〇四年。

李慈銘，《越縵堂文集》，台北：文海出版社，一九七五年。

李夢陽，《空同集》，台北：台灣商務印書館，一九七八年；《四庫全書珍本》，第七集，卷四百八十七—五百一十二。

李歐梵，〈文學流行我：追問現代性，1895-1927〉，收入費正清編《劍橋中國史》第十二卷《中華民國史，1912-1949

年》，頁452-504（Lee, Leo Ou-Fan. "Literary Trends I: the Quest For Modernity, 1895–1927." Republican China 1912–1949. Cambridge History of China, 12.1, ed. John K. Fairbank, 452-504. Cambridge: Cambridge University Press, 1983）

李學翠，訪問：高小賢與賀蕭，一九九六年八月九日。

李贄，《初潭集》，二卷，北京：中華書局，一九七四年。

李鑄普，《千峰萬谷：查爾斯．德里諾瓦茨藏品中的中國畫》（Li, Chu-tsing. *A Thousand Peaks and Myriad Ravines: Chinese Paintings in the Charles A. Drenowatz Collection*. Artibus Asiae: Ascona, Switzerland, 1974）

杜利．艾米、杜生編，《現代中國的女作家：二十世紀女性作品選》（Dooling, Amy D. and Kristina M. Torgeson, ed. *Writing Women in Modern China: Anthology of Literature by Chinese Women from the Early Twentieth Century*. New York: Columbia University Press, 1997）

杜希德，〈中國傳記問題〉，收入芮沃壽、杜希德編《儒家人物》（Twichett, Dennis. "Problems of Chinese Biography." In *Confucian Personalities*, ed. Arthur Wright and Denis Twitchett. Stanford: Stanford University Press, 1962）

杜信孚，《明代版刻綜錄》，揚州：江南廣陵古籍刻印社，一九八三年。

杜德橋，《李娃傳：對一個中國故事的研究及評論》（Dudbridge, Glen. *The Tale of Li Wa, Study and Critical Edition of a Chinese Story from the Ninth Century*. Oxford Oriental Monographs No. 4. London: Ithaca Press, 1983）

杜潤德，《模糊的鏡子：司馬遷作品中的緊張與衝突》（Durrant, Stephen W. *The Cloudy Mirror: Tension and Conflict in the Writings of Sima Qian*. Albany: State University of New York Press, 1995）

沙曼菲爾德，《重建婦女戰時生活：二戰口述史中的話語與主體性》（Summerfield, Penny. Reconstructing Women's Wartime Lives: Discourse and Subjectivity in Oral Histories of the Second World War. Manchester: Manchester University Press, 1998）

沈文述，《西泠閨詠》，一八二七年，哈佛燕京圖書館。

沈安德，〈閱讀宋明訟案：事實與虛構、法律與文學〉，收入何谷理、柯麗德編《中華帝國晚期的寫作與法律：犯罪、爭端與判決》（St. André, James. "Reading Court Cases from the Song and the Ming: Fact and Fiction, Law and Literature." In *Writing and Law in Late Imperial China: Crime, Conflict, and Judgment*, ed. Hegel, Robert E. and Katherine Carlitz. Seattle: University of Washington Press, 2007）

沈承，《毛孺初先生評選即山集六卷附附刻一卷》，一六二六年木刻版，收入《四庫禁毀書叢刊》，卷四十一。

沈約，《宋書》，八卷，北京：中華書局，一九七四年。

沈善寶，《名媛詩話》，一八四五年，北京圖書館。

沈善寶，《鴻雪樓初集》，一八三六年，中國國家圖書館。

汪中，《述學》，《叢書集成新編》本，台北：新文豐出版公司，一九八五年。

汪振蓬，〈前言〉，收入魏息園，《不用刑審判書故事選》，汪振蓬編，山西：群眾出版社，頁1-7。

汪琬，《堯峰文鈔》，《四部叢刊》本，上海：商務印書館，一九二九年。

汪端，《自然好學齋集》，收入冒俊編《林下雅音集》，如臯冒氏刊本，一八八四年。

汪端，《自然好學齋詩》，杭州：Ziran haoxue zhai shi 自然好學齋詩（Poems of Natural Love of Learning Studio）. Hangzhou: Wangshi Zhenqi tang, 1839.

汪端，《明三十家詩選》，一八二二年，一八七三年重印，哈佛燕京圖書館。

沃爾夫．瑪傑里，《延遲的革命：當代中國婦女》（Wolf, Margery. *Revolution Postponed: Women in Contemporary China.* Stanford: Stanford University Press, 1985）

角田簡（角天九華），《近世業語》（Tsunoda Ken 角田簡（Tsunoda Kyūka角田九華），*Kinsei sōgo* 近世叢語（Accounts of recent times）. 8 *juan,* 4 vols. Tokyo: Shorin 書林，1828）

角田簡（角天九華），《續近世業語》（*Shoku Kinsei sōgo* 續近世叢語（Continued accounts of recent times）. 8 *juan,* 4 vols. Tokyo: Shorin, 1845）

《辛亥革命浙江史料續集》，浙江省社科院歷史研究所、浙江圖書館編，杭州：浙江人民出版社，一九八七年。

阮元編，《十三經註疏》，二卷，一八一六年重刊本，北京：中華書局，一九七九年。

八劃

《周易〔註〕》，收入《王弼集校釋》，樓宇烈校釋，二卷，北京：中華書局，一九八〇年。

周一良，〈世說新語和作者劉義慶身世的考察〉，《中國哲學史研究》一九八一年第一期，後收入周一良《魏晉南北朝史論集續編》，北京：北京大學出版社，一九九一年，頁16-22。

周啓榮，《中華帝制晚期儒家儀式主義的興起：倫理、經典及譜系話語》（Chow, Kai-wing. *The Rise of Confucian Ritualism in Late Imperial China: Ethics, Classics, and Lineage Discourse*. Stanford: Stanford University Press, 1994）

周紹良、趙超，《唐代墓誌彙編》，上海：上海古籍出版社，一九九二年。

周紹良、趙超，《唐代墓誌彙編續集》，上海：古籍出版社，二〇〇一年。

周紫芝，《太倉稊米集》，《四庫全書》版，卷一千一百四十一，台北：台灣商務印書館，一九八三年。

周逸群（音譯），〈德與才：早期中國的婦女與副室〉（Zhou Yiqun. "Virtue and Talent: Women and *Fush* i in Early China." *Nan Nü: Men, Women and Gender in Early and Imperial China* 5.1 (2003): 1-42）

周壽昌輯，《宮閨文選》，一八四六年刻本。

周勳初，《唐語林校證》，二卷，北京：中華書局，一九八七年。

妹尾達彥，〈才子與佳人——舊世紀中國姓的男女認識的形〉，收入鄧小南編《唐宋女性與社會》，上海：上海辭書出版社，二〇〇三年，頁695-721。

季家珍，〈孟母遭遇現代：晚清女子教科書中的女性典範〉，《近代中國婦女史研究》二〇〇〇年，第八期，頁133-177。

季家珍，〈秋瑾的三重形象：根據日文資料重估文化偶像〉（“Three Images of Qiu Jin: Reassessing a Cultural Icon in Light of Japanese Sources.” Paper presented at the Association of Asian Studies Annual Meeting, 2003）

季家珍，〈混合的願望形象：世紀之交的中西女性典範〉（Judge, Joan. "Blended Wish Images: Chinese and Western Exemplary Women at the Turn of the Twentieth Century." *Nan Nü: Men, Women and Gender in China* 6.1（2004）: 102-35）

季家珍，《印刷與政治：「時報」與晚清的文化改革》（*Print and Politics: 'Shibao' and the Culture of Reform in Late Qing China*. Stanford: Stanford University Press, 1996）

季家珍，《歷史寶筏：過去、西方及中國的婦女問題》（*The Precious Raft of History: The Past, the West, and the Woman Question in China*. Stanford: Stanford University Press, 2008）

房玄齡，《晉書》，十卷，北京：中華書局，一九七四年。

易宗夔，《新世說》，一九二二年，收入周駿富編《清代傳記叢刊》，卷十八，台北：明文書局，一九八五年，重印本。

《明成化說唱詞話叢刊：十六種附白兔記傳奇一種》，上海市文物保管委員會，上海博物館，一九七三年。

明清婦女著作數字化工程（麥基爾－哈佛網址）：http://digital.library.mcgill.ca/mingqing/

服部南郭，《大東世語》（Hattori Nankaku 服部南郭（1683-1759）. *Daitō seigo* 大東世語（An account of the great eastern world）. 5 *chüan*. 2 vols. Edo: Sūzanbō 嵩山房，1750.）

林景熙，《霽山文集》，《四庫全書》版，卷一千一百八十八，台北：台灣商務印書館，一九八三年。

《武進陽湖縣合志》，江蘇常州，一八四二年。

波拉切克．詹姆斯，《內部的鴉片戰爭》（Polachek, James M. *The Inner Opium War*. Cambridge: Council on East Asian Studies, 1992）

阿英（錢杏邨）編，《晚清文學叢鈔：傳奇雜劇卷》，上海：中華書局，一九六〇年。

芮沃壽，〈價值、角色和人物〉，收入芮沃壽、杜希德編《儒家人物》，頁2-23（Wright, Arthur F. "Values, Roles, and Personalities." In *Confucian Personalities*, ed. A. F. Wright and Denis Twitchett, 2-23. Stanford: Stanford University Press,

1962）

芮沃壽，杜希德編，《儒家人物》（...and Denis Twitchett, ed. *Confucian Personalities*. Stanford: Stanford University Press, 1962）

九劃

侯外廬等，《宋明理學史》，二卷，北京：人民出版社，一九八四－一九八七年。

俞劍華，《中國美術家人名辭典》，北京：中華書局，一九八〇年。

哈爾佩林，〈家庭生活與佛家律法：宋代在家女眾肖像〉（Halperin, Mark. "Domesticity and the Dharma: Portraits of Buddhist Laywomen in Sung China." *T'oung Pao* 92（2006）: 50-100）

姜興漢、程萬里，〈第一個農民出身的女研究員張秋香〉，《中國婦女》，一九五八年第十期，頁6-7。

姚平，〈善業善緣：唐代的信佛母親（618-907）〉（Yao Ping 姚平. "Good Karmic Connections: Buddhist Mother in Tang China（618-907）." Nan Nü: Men, Women and Gender in China 10.1（2008）: 57-85）

姚平，《唐代婦女的生命歷程》，上海：上海古籍出版社，二〇〇四年。

恆慕義，《清代名人傳略》（Hummel, Arthur. *Eminent Chinese of the Ch'ing Period*. Washington DC: Government Printing Office, 1944. Rpt. Taibei, 1967）

施淑儀，《清代閨閣詩人徵略》，上海：上海書店，一九八七年。

柯劭忞，《新元史》，五卷，一九二二年重印版，台北：藝文印書館，一九五〇年。

柯律吉，〈遠古形象：明代藝術史前史〉，收入迪特・庫恩、黑爾加・斯塔爾編，《古器在場：古代世界高雅文化中古器的形式與功能》，頁481-491（Clunas, Craig. "Images of High Antiquity: The Prehistory of Art in Ming Dynasty China." In *Die Gegenwart des Altertums: Formen and Funktionen des Altertumsbezugs in den Hochkulturen der Alten Welt*, ed. Dieter Kuhn and Helga Stahl, 481-91. Heidelberg: Edition Forum, 2001）

柯素芝，《道教姊妹的神跡：墉城集仙錄》Cahill, Suzanne. *Divine Traces of the Daoist Sisterhood: Records of the Assembled Transcendents of the Fortified Walled City*. Honolulu: University of Hawai'i Press, 2006.

柯臨清，〈國民革命中的性別、政治文化與婦女動員，1924-1927〉，收入柯臨清、賀蕭、羅莉莎、泰勒・懷特編《造就中國：婦女、文化與國家》，頁195-225（"Gender, Political Culture, and Women's Mobilization in the Chinese Nationalist Revolution, 1924-1927." *In Engendering China: Women, Culture, and the State*, ed. Christina K. Gilmartin, Gail Hershatter, Lisa Rofel and Tyrene White, 195-225. Cambridge, MA: Harvard University Press, 1994）

柯臨清，《引發中國革命：一九二〇年代的激進婦女、共產主義與群眾運動》（Gilmartin, Christina K. *Engendering the Chinese Revolution: Radical Women, Communist Politics, and Mass Movements in the 1920s*. Berkeley: University of California Press, 1995）

柯麗德，〈女兒、歌女和自殺的誘惑〉，《男女：早期及帝制中國的男人、女人和性別》第三卷，二〇〇一年第一期，頁22-46；也收入羅溥洛、曾佩琳、宋漢理編《多情女子：中華帝國晚期的女性自殺》（Carlitz, Katherine. "The Daughter, The Singing-Girl, and The Seduction of Suicide." *Nan Nü: Men, Women and Gender in Early and Imperial China* 3.1（2001）: 22-46. Rpt. *Passionate Women: Female Suicide in Late Imperial China*, ed. Paul S. Ropp, Paola Zamperini, and Harriet T. Zurndorfer. Leiden: Brill, 2001）[MC3][MC4]

柯麗德，〈明代中期江南的牌坊、統治階級身分認同以及對寡婦守節的崇拜〉（"Shrines, Governing-Class Identity, and the Cult of Widow Fidelity in Mid-Ming Jiangnan." *Journal of Asian Studies* 56.3 (August 1997): 612-640）

柯麗德，〈晚明版《列女傳》中婦德的社會用途〉（"The Social Uses of Female Virtue in Late Ming Editions of *Lienü zhuan.*" *Late Imperial China* 12.2 (1991): 117-52）

柯麗德，〈晚明戲曲《鸚鵡洲》中的慾望和寫作〉，收入孫康宜、魏愛蓮編《中華帝國晚期的婦女寫作》（"Desire and Writing in the Late Ming Play Parrot Island." In Writing Women in Late Imperial China, ed. Kang-I Sun Chang and Ellen Widmer, 101-30. Stanford: Stanford University Press, 1997）

柯麗德，〈慾望、危險和身體：晚明婦德故事〉，收入吉爾馬丁等編，《造就中國》（"Desire, Danger, and the Body: Stories of Women's Virtue in Late Ming China." In *Engendering China*, ed. Gilmartin et al., 101-24. Cambridge and London: Harvard University Press, 1994）

柯麗德，〈論元稹的《鶯鶯傳》〉，收入余寶琳、包弼德、宇文所安、畢德勝編《言詞的歧路：以早期中國讀本爲中心》（"On *Yingying zhuan*, by Yuan Zhen." In *Ways with Words: Writing about Reading Texts from Early China*, ed. Pauline Yu, Peter Bol, Stephen Owen, and Willard Peterson, 192-197. Berkeley: University of California Press, 2000）

柏文莉，〈性別與帝國：元代視角〉（"Gender and Empire: A View from Yuan China." *Journal of Medieval and Early Modern Studies* 34.1（Winter, 2004）: 197-223）

柏文莉，〈陳亮（1143-1194年）的墓誌作品〉，收入曼素恩、程玉音（音譯）編《以儒家的眼光：中國歷史中的性別》（"Funerary Writings by Chen Liang（1143-1194）." In *Under Confucian Eyes: Writings on Gender in Chinese History*, ed. Susan Mann and Yu-Yin Cheng, 71-85. Berkeley: University of California Press, 2001）

柏文莉，〈節烈婦女：宋元時期的國家、社會和話語〉，收入中國史學會編《中國的歷史世界、一元系統及多元化發展》（"Faithful Wives and Heroic Martyrs: State, Society and Discourse in the Song and Yuan." In *Chūgoku no rekishi sekai, tōgō no shisutemu to tagenteki hatten* 中国の歴史世界、統合のシステムと多元的発展（The world of Chinese history, unified systems and pluralistic developments）, ed. Chūgokushi gakkai 中国史学会，507-556. Tokyo: Tokyo Metropolitan University Press, 2002）

柏文莉，〈節烈婦女：宋代的政治、美德和性別觀念〉（Bossler, Beverly. "Faithful Wives and Heroic Maidens: Politics, Virtue, and Gender in Song China"），鄧小南編《唐宋女性與社會》，上海：上海辭書出版社，二〇〇三年，頁751-784。

柏文莉，〈轉變的身分認同：宋代的名妓與士大夫〉（"Shifting Identities: Courtesans and Literati in Song China." *Harvard Journal of Asiatic Studies* 62.1（June 2002）: 5-37）

柏文莉，《樂妓，婢妾與節婦》，待刊（*Courtesans, Concubines, and the Cult of Female Fidelity*. [Forthcoming]）

柏文莉，《權力關係：宋代的親屬關係、身分與國家》（*Powerful Relations: Kinship, Status, and the State in Sung China* (960-1279). Cambridge: Council on East Asian Studies Publications, Harvard University Press, 1998）

柏清韻，〈元代的叔嫂婚姻與寡婦守節的復興〉（"Levirate Marriage and the Revival of Widow Chastity in Yuan China." *Asia Major* 8.2 (1995), 107-46）

柏清韻，〈朱熹與女子教育〉，收入狄百瑞、賈志揚編《新儒家教育：成型階段》（Birge, Bettine. "Chu Hsi and Women's Education." In *Neo-Confucian Education, The Formative Stage*, ed. William Theodore de Bary and John Chaffee. Berkeley: University of California Press, 1989）

洪楩編，《清平山堂話本》，上海：上海古籍出版社，一九九五－一九九九年；明嘉靖年間刊本之副本。

洪邁，《夷堅志》，何卓編，北京：中華書局，一九八一年。

派丁森．大衛，〈明末清初的尺牘〉，澳大利亞國立大學博士論文，一九九八年（Pattinson, David. "The Chidu in Late Ming and Early Qing China." PhD diss. Australian National University, 1998）

秋瑾，〈杞人憂天〉，鮑家麟譯，孫康宜、蘇源熙編《傳統中國的女作家：詩歌與評論選》，頁638（"The Man of Qi Fears Heaven's Collapse." Trans. Chia-lin Pao Tao. In *Women Writers of Traditional China: An Anthology of Poetry and Criticism*, ed. Kang-i Sun Chang, and Haun Saussy, 638. Stanford, CA: Stanford University Press, 1999）

秋瑾，《秋瑾史跡》，上海：中華書局，一九五八年。

秋瑾，《秋瑾集》，上海：中華書局，一九六〇、一九六二年。

胡文楷，《歷代婦女著作考》，修訂版，上海：上海古籍出版社，一九八五年。

胡適，《貞操問題》，《新青年》，第五卷第一號，一九一八年七月十五日，頁5-14。

胡懷琛，〈介紹女詩豪薄少君〉，《逸經》，第二十九期，一九三七年五月五日，頁4-8。

胡纓，〈書寫秋瑾的一生：吳芝瑛及其家學〉（Hu, Ying. "Writing Qiu Jin's Life: Wu Zhiying and Her Family Learning."

Late Imperial China 25.2（December 2004）: 119-160.）
胡纓、季家珍，〈中國歷史上的女子傳記與性別政治：會議提案〉（Hu Ying and Joan Judge. "Women's Biography and Gender Politics in Chinese History: Conference Proposal." 2005）
范曄，《後漢書》，十二卷，李賢註，北京：中華書局，一九六五年。
計東，《改亭文集》，《四庫存目叢書》版，濟南：齊魯書社，一九九七年。

十劃

倪來恩，〈從傳記歷史到歷史傳記：中國歷史書寫中的轉變〉（Moloughney, Brian. "From Biographical History to Historical Biography: A Transformation in Chinese Historical Writing." *East Asian History* 4 (1992): 1-30）
倪德衛，〈中國傳統傳記面面觀〉（Nivison, David S. "Aspects of Traditional Chinese Biography." *Journal of Asian Studies* 21.4 (August 1962): 457-63）
夏衍，〈秋瑾傳〉，收入《夏衍劇作選》，北京：人民文學，一九四二、一九五三年。
夏曉虹，〈秋瑾文學形象的時代風貌——從夏衍的話劇到謝晉的電影〉，《中國現代文學研究叢刊》，二〇〇九年第四期。
夏曉虹，〈秋瑾北京時期思想研究〉，《浙江社會科學》，二〇〇〇年第四期，頁114-118。
夏曉虹，〈晚清人眼中的秋瑾之死〉，收入夏曉虹編《晚清社會與文化》，武漢：湖北教育出版社，二〇〇〇年。
奚如谷、伊維德譯，《月與琴：西廂記》（West, Stephen, and Wilt L. Idema, trans. *The Moon and the Zither: The Story of the West Wing*. Berkeley: University of California Press, 1991）
孫文光編，《中國近代文學大辭典》，合肥：黃山書社，一九九五年。
孫奇逢，《夏峰先生集》，《叢書集成新編》版，台北：新文豐出版公司，一九八五年。
孫念禮，《班昭：中國第一女學者》（Swann, Nancy Lee. *Pan Chao: Foremost Woman Scholar of China*. 1932. Rpt. Ann

Arbor: Center for Chinese Studies, 2001）

孫康宜，〈明清女詩人及「才」、「德」觀念〉，收入胡志德、王國斌、余寶琳編《中國歷史中的文化和國家：習俗、膳宿和評論》（Chang, Kang-i Sun. "Ming-Qing Women Poets and the Notions of 'Talent' and 'Morality.'" In *Culture and State in Chinese History: Conventions, Accommodations, and Critiques*, ed. Theodore Huters, R. Bin. Wong, and Pauline Yu, 236-58. Stanford: Stanford University Press, 1997）

孫康宜、蘇源熙編，《中華帝國女作家選集：詩歌與評論》（and Haun Saussy, eds. *Women Writers of Imperial China: An Anthology of Poetry and Criticism*. Stanford: Stanford University Press, 1999）

徐沁，《明畫錄》，上海：商務印書館，一九三九年。

徐松編，《宋會要輯稿》，北京：中華書局，一九五七年。

徐乾學，《傳是樓書目》，《續修四庫全書》，上海：古籍出版社，二〇〇二年。

徐堅，《初學記》，《四庫全書》本，卷八百九十，台北：商務印書館，一九八三年。

徐載平、徐瑞芳編，《清末四十年申報史料》，北京：新華出版社，一九八八年。

徐碧卿，〈馮夢龍作品中的妓女與學者：超越社會地位與性別〉（Hsü Pi-ching. "Courtesans and Scholars in the Writings of Feng Menglong: Transcending Status and Gender." *Nan Nü: Men, Women and Gender in China* 2.1（2000）: 40-77）

徐積，《節孝集》，《四庫全書》版，卷一千一百零一，台北：台灣商務印書館，一九八三年。

徐興無，〈清代王照圓《列女傳補註》與梁端《列女傳校讀本》〉，收入張宏生編《明清文學與性別研究》，南京：江蘇古籍，二〇〇二年，頁916-931。

《時報》，上海，一九〇四－一九三九。

氣賀澤保規，《唐代墓志所在總和目錄》（Kegasawa Yasunori 氣賀澤保規，*Tōdai boshi shozai sōgō mokuroku* 唐代墓誌所在総和目錄（Complete index to Tang epitaphs）. Tokyo: Kyuko Shoin, 1997）

泰．哈爾，《中國宗教史上的白蓮教》（ter Haar, B.J. *The White Lotus Teaching in Chinese Religious History*. Leiden: E.J.

Brill, 1992）

《海州志》，張峰纂修；裴天祐校正。《高淳縣志》，《天一閣藏明代方志選刊》，卷十四，上海：上海古籍書店影印，一九八一年。

《浙江辛亥革命回憶錄》，杭州：中國人民政治協商會議浙江省委員會，一九八四年。

班固，《漢書》，北京：中華書局，一九六二年，Ban Gu 班固. Hanshu 漢書（History of the Former Han）. Beijing: Zhonghua shuju, 1962 ed.

秦家德，《北宋的宮廷女子》（Chung, Priscilla Ching. *Palace Women in the Northern Sung. T'oung Pao* Monographie 12. Leiden: E. J. Brill, 1981）

秦觀，《淮海集》，《國學基本叢書》本，上海：商務印書館，一九三六年。

郝繼隆，《從〈列女傳〉看早期中國的女性地位》（O'Hara, Albert Richard. *The Position of Woman in Early China According to the Lieh Nü Chuan "The Biographies of Eminent Chinese Women.* Washington: Catholic University of America Press, 1945. Rpt. Taibei: Meiya Publishing, 1971）

《陝西日報》，西安，一九五八－一九五九年。

陝西省民主婦女聯合會，《陝西省婦女棉田管理經驗交流大會專集》，出版地不詳（西安）：陝西省民主婦女聯合會，一九五六年五月。

陝西省農業展覽會編，《棉花豐產一面紅旗：渭南縣張秋香植棉小組》，出版地不詳，一九五八年十一月。

陝西省農業廳編，《九員女將務棉立奇功：渭南縣雙王鄉八里店社張秋香務棉小組經驗》，西安：陝西人民出版社，一九五八年四月。

陝西省檔案，西安。

馬克夢，〈守財奴、潑婦與一夫多妻制：十八世紀中國小說中的性別與男女關係〉（McMahon, Keith. "*Misers, Shrews, And Polygamists: Sexuality And Male-Female Relations In Eighteenth-Century Chinese Fiction.*" Durham: Duke University

Press, 1995）

馬威克，《二十世紀的戰爭與社會變遷》（Marwick, Arthur. War and Social Change in the Twentieth Century. London: Macmillan,1974）

馬威克編，《全面戰爭與社會變遷》（ed. *Total War and Social Change*. New York: St. Martin's Press, 1988）

馬哥丹特，〈導論：歷史實踐中的新傳記〉（Margadant, Jo Burr. "Introduction: The New Biography in Historical Practice." *French Historical Studies, Special Issue: Biography* 19:4（Autumn 1996）:1045-58）

馬哥丹特編，《新的傳記：十九世紀法國的女性特質操演》（ed. *The New Biography: Performing Femininity in Nineteenth-Century France*. Berkeley: University of California Press, 2000）

馬瑞志譯，《世說新語》（Mather, Richard B. trans. *A New Account of Tales of the World*. Minneapolis: University of Minnesota Press, 1976）

馬蘭安，《中國流行文化和明代詞話本》（McLaren, Anne E. *Chinese Popular Culture and Ming Chantefables*. Leiden: Brill, 1998）

高小賢，〈銀花賽：二十世紀五〇年代農村婦女與性別分工〉，收入王政、陳雁編《百年中國女權思潮研究》，上海：復旦大學出版社，二〇〇五年，頁259-277。

高小賢，〈銀花賽：二十世紀五〇年代農村婦女與性別分工〉，馬元曦（音譯）譯（Gao Xiaoxian 高小賢. "'The Silver Flower Contest': Rural Women in 1950s China and the Gendered Division of Labour." Trans. Yuanxi Ma. *Gender & History*, 18.3（Nov 2006）: 594–612）

高居翰，〈明清時期爲女子而作的繪畫?〉（Cahill, James. "Paintings Done for Women in Ming Qing China?" *Nan Nü: Men, Women* and Gender in China 8.1（2006）: 1-54）

高居翰，《江岸送別：明代初期與中期繪畫（1368-1580）》（*Parting at the Shore: Chinese Painting of the Early and Middle Ming Dynasty 1368-1580*. New York: Weatherhill, 1978）

高彥頤，〈教導十位女性的男子：中國十八世紀性別關係的塑造〉，收入柳田節子先生古稀紀念論集編輯委員會編《中國的傳統社會與家族》（Ko, Dorothy. “A Man Teaching Ten Women: A Case in the Making of Gender Relations in Eighteenth-Century China.” In *Chûgoku no dentô shakai to kazokû* 中國の傳統社會と家族(Chinese traditional society and family), ed. Yanagida Setsuko sensei koki kinen ronshû henshû iinkai 柳田節子先生古稀紀念論集編集委員會. Tokyo: Kyûko shoin, 1993）

高彥頤，〈尋找纏足的起源〉，收入鄧小南編《唐宋女性與社會》，上海：上海辭書出版社，二〇〇三年，頁375-414（“In Search of Footbinding’s Origins.” In *Tang Song nüxing yu shehui* 唐宋女性與社會（Tang-Song women and society）, ed. Deng Xiaonan 鄧小南，375-414. Shanghai: Shanghai cishu chubanshe, 2003）

高彥頤，《閨塾師：中國十七世紀的女性與文化》（*Teachers of the Inner Chambers: Women and Culture in Seventeenth-Century China.* Stanford: Stanford University Press, 1994）

高德耀、克洛維爾，《皇后與嬪妃：陳壽〈三國志〉裴松之註選譯》（Cutter, Robert Joe and William Gordon Crowell. *Empresses and Consorts: Selections from Chen Shou's 'Records of the Three States' with Pei Songzhi's Commentary*. Honolulu: University of Hawai'i Press, 1999）

十一劃

曼素恩，〈九種傳記：近代帝國儒家話語中的女性〉，收入鞏本棟等編《中國學術與中國思想史》，頁121-132，南京：江蘇教育出版社，二〇〇二年。

曼素恩，〈列女傳〔完顏惲珠選〕〉，收入《傳統中國文化讀本》（Mann, Susan. “Biographies of Exemplary Women [Selected by Wanyan Yun Zhu].” In *Reader of Traditional Chinese Culture*, ed. Victor Mair, 607-13. Honolulu: University of Hawaii Press, 2005）

曼素恩，〈宋代到清代女性傳記的歷史演變：清初江南個案研究〉（“Historical Change in Female Biography from Song to Qing Times: The Case of Early Qing Jiangnan." *Transactions of the International Conference of Orientalists in Japan* 30 (1985): 65-77）

曼素恩，〈清代血族、階級和群落結構中的寡婦〉"Widows in the Kinship, Class and Community Structure of Qing Dynasty China." Journal of Asian Studies 46.1: 37-56.

曼素恩，〈章學誠生活與思想中的女性〉（"Women in the Life and Thought of Zhang Xuecheng." In *Chinese Language, Thought, and Culture: Nivison and His Critics*, ed. Philip J. Ivanhoe, 98-105. Chicago: Open Court Press, 1996）

曼素恩，《張家才女》（*The Talented Women of the Zhang Family*. Berkeley: University of California Press, 2007）

曼素恩，《蘭閨寶錄：漫長十八世紀中的中國婦女》（*Precious Records, Women in China's Long Eighteenth Century*. Stanford: Stanford University Press, 1997）

曼素恩、程玉音（音譯）編《以儒家的眼光：中國歷史中的性別》Mann, Susan and Yu-yin Cheng, eds. *Under Confucian Eyes: Writings on Gender in Chinese History*. Stanford: Stanford University Press, 2001.

婦聯檔案，陝西省檔案館。

屠隆，《白榆集》，台北：偉文圖書出版社，一九七七年（Tu Long 屠隆. *Bai yu ji* 白榆集（White elm collection）. Taibei: Weiwen dushu chubanshe, 1977）

常璩，《華陽國志校註》，劉校註，成都：巴蜀出版社，一九八四年。

康德謨，《列仙傳》（Kaltenmark, Max. *Le Lie-sien Tchouan*. Paris: Collège de France. Institut des Hautes Études Chinoises, 1953. Re-ed. 1987）

張耒，《柯山集》，《四庫全書》版，卷一千一百一十五，台北：台灣商務印書館，一九八三年。

張廷玉等，《明史》，二十八卷，北京：中華書局，一九七四年。

張炎憲等，《二二八事件責任歸屬研究報告》，台北：二二八事件紀念基金會，二〇〇六年。

張惠言，《茗柯文二編》，《序》註明一八六九年。

張琦，《宛鄰詩文》，一八四〇年，一八九一年重印。

張琦，《明發錄》，一八四〇年；收入張琦，《宛鄰詩文》，卷五，一八四〇年，一八九一年重印。

張惇英，《緯青遺稿》，《宛鄰書屋叢書》版，序一八二九年；《江陰叢書》再版，金武祥編；粟香室版，一九〇七年。

張瑞德，〈自傳與歷史——代序〉，收入張玉法、張瑞德編《中國現代自傳叢書》，台北：龍文出版社股份有限公司，一九八九年，頁1-18。

張競男，訪問高小賢和賀蕭，一九九六年八月九日（Zhang Jingnan 張競男，Interview with Gao Xiaoxian and Gail Hershatter, August 9, 1996）

張綸英，《綠槐書屋詩稿》，二卷，宛鄰書屋刻本，一八四五年；北京大學圖書館；《附錄》，出版日期不詳，上海圖書館。

張濤，〈劉向《列女傳》的版本問題〉，《文獻》一九八九年第三期，頁249-257。

張觀發等，《古代不用刑審判案例》，中國法律史學會，一九八一年。

《曹竹香單行材料》，陝西省檔案178，未編號，出版日期不詳。

梁德繩，《古春軒詩鈔》（1849），附錄於她最後一任丈夫的文集《鑑止水齋集》，一八一九年，哈佛燕京圖書館。

梅杰，〈牌樓之價格〉（Meijer, M.J. "The Price of a P'ai-lou." *T'oung Pao* 67.3-5（1981）: 288-304）

梅爾清，《清初揚州的建築文化》（Meyer-Fong, Tobie. *Building Culture in Early Qing Yangzhou*. Stanford: Stanford University Press, 2003）

理雅各譯，《中國經典》，五卷（Legge, James, trans. *The Chinese Classics*. 5 vols. Hong Kong: Hong Kong University Press, 1960）

理雅各譯，《中國經典》，卷三，《書經》（*The Chinese Classics*. Vol. III, *The Shoo King*. Hong Kong: Hong Kong University Press, 1960）

理雅各譯，《儒學：〈論語〉、〈大學〉與〈中庸〉》（*Confucius: Confucian Analects, The Great Learning and the Doctrine of the Mean*. New York rpt.: Dover, 1971）

畢克偉，〈曼素恩《張家才女》書評〉（Review of *The Talented Women of the Zhang Family* by Susan Mann. Berkeley: University of California Press, 2007. *Journal of Chinese Studies* 49（2009）: 37-41）

畢克偉，〈銘記魏夫人：明代的頌詞與紀念〉（Waltner, Ann. "Remembering the Lady Wei: Eulogy and Commemoration in Ming Dynasty China." *Ming Studies* 55（2007）: 75-103）

畢克偉，〈曇陽子和王世貞：明末的空想家與官僚〉（"T'an-yang-tzu and Wang Shih-chen: Visionary and Bureaucrat in Late Ming China." *Late Imperial China* 8:1 (1987): 105-133）

脫脫等，《宋史》，四十卷，北京：中華書局，一九八五年。

脫脫等，《遼史》，五卷，北京：中華書局，一九七四年。

莊愛玲，〈性別化的景觀：魯迅論凝視婦女及其他享樂〉（Cheng, Eileen J. "Gendered Spectacles: Lu Xun on Gazing at Women and Other Pleasures." *Modern Chinese Literature and Culture* 16.1 (2004): 1-36）

許宗彥，《鑑止水齋藏書目四卷》，一八四九年，哈佛燕京圖書館。

許愼，《說文解字〔註〕》，段玉裁註，一八一五年，上海：上海古籍出版色和，一九八一年重印。

許維遹，〈郝蘭皋（懿行）夫婦年譜〉，《清華學報》第十卷第一期，一九三六年，頁185-233；香港：崇文書店，一九七五年重印。

郭延禮編，《秋瑾研究資料》，二卷，濟南：山東教育出版社，一九八七年[MC5]。

郭延禮編，《秋瑾選集》，北京：人民文學出版社，二〇〇四年。

郭紹虞，《中國文學批評史》，上海：新文藝出版社，一九五七年。

野村鮎子，〈明清女性壽序考〉，收入張宏生編《明清文學與性別研究》，頁19-33，南京：江蘇古籍出版社，二〇〇二年。

陳世襄，〈中國傳記寫作的一次革新〉（Chen, Shih-Hsiang. "An Innovation in Chinese Biographical Writing." *Far Eastern Quarterly* 13.1 (November 1953): 49-62）

陳平原，〈男性凝視／女學生：北京畫報中的晚清女子教育〉，收入錢南秀、方秀潔、司馬富編《話語的不同世界：清末民初的性別與文類》（Chen Pingyuan "Male Gaze/Female Students: Late Qing Education for Women as Portrayed in Beijing Pictorials." In *Different Worlds of Discourse: Gender and Genre in Late Qing and Early Republican China*, ed. Nanxiu Qian, Grace S. Fong, and Richard J. Smith, 315-48. Leiden: Brill, 2008.[MC6]）

陳平原，《千古文人俠客夢：武俠小說類型研究》，北京：人民文學出版社，一九九二年。

陳志明（音譯），〈蕭道管〉，收入何劉詠聰編《中國女性傳記辭典：清代篇1644-1911》，頁243-245（Chan Chi Ming. "Xiao Daoguan." In *Biographical Dictionary of Chinese Women: The Qing Period 1644-1911*, ed. Clara Ho, 243-45. Armonk, NY: M.E. Sharpe, 1998）

陳邦瞻，《宋史紀事本末》，北京：中華書局，一九七七年。

陳長方，《唯室集》，《四庫全書》版，卷一千一百三十九，台北：台灣商務印書館，一九八三年。

陳亮，《陳亮集》，北京：中華書局，一九七四年。

陳洪謨，《治世余聞》，北京：中華書局，一九九五年。

陳莉莉（音譯）譯，《諸宮調董解元西廂記》（Ch'en Li-li, trans. *Master Tung's Western Chamber Romance: A Chinese Chantefable*. New York: Cambridge University Press, 1976）

陳瑜詩（音譯），〈班昭《女誡》的歷史樣板〉（Ch'en Yu-shih. "The Historical Template of Pan Chao's *Nü Chieh.*" *T'oung Pao* 72 (1996): 229-57）

陳夢雷編纂，《古今圖書集成》，北京：中華書局；成都：巴蜀書局，一九八五年（初版於一七二六年）

陳榮捷，《中國哲學文獻選編》（Chan Wing-tsit. *A Sourcebook in Chinese Philosophy*. Princeton: Princeton University Press, 1972）

陸深，《儼山外集》，《四庫全書》版，台北：台灣商務印書館，一九八三年。
陸費伯鴻，〈論中國教科書史書〉，收入張靜盧編《中國近現代出版史料》，卷一，頁212-214，上海：上海書店出版社，二〇〇三年（重印）。
章學誠，《章氏遺書》，劉承幹輯，嘉業堂一九二二本，台北：漢聲出版社，一九七三年重版。
麥克法夸爾，《大躍進1958-1960》，《文化大革命的起源》，卷二（MacFarquhar, Roderick. *The Great Leap Forward 1958-1960. The Origins of the Cultural Revolution*, vol.2. New York: Columbia University Press, 1983）

十二劃

傅漢思，〈唐代文人：一部綜合傳記〉，收入芮沃壽編《儒學與中國文明》（Frankel, Hans H. "T'ang Literati: A Composite Biography." In *Confucianism and Chinese Civilization*, ed. Arthur Wright. Stanford: Stanford University Press, 1964）
〈勞動運動的發展與存在的問題〉，陝西省檔案館194-8（農業廳），（出版日期不詳，約一九五〇—五一年間），194-98。
勞悅強，〈爲女子而孝：十三世紀中國的一份佛教信徒見證〉，收入陳金樑、譚蘇宏編《中國思想與歷史中的孝順觀念》，頁71-90（Lo Yuet Keung 勞悅強 [Lao Yueqiang]. "Filial Devotion for Women: A Buddhist Testimony from Third-century China." In *Filial Piety in Chinese Thought and History*, ed. Alan K.L. Chan and Sor-hoon Tan, 71-90. London and New York: Routledge, 2004）
勞悅強，〈貞順——劉向《列女傳》中的妻子〉，收入熊鐵基、趙國華編《秦漢思想文化研究》，新加坡：希望出版社，二〇〇五年。
喜仁龍，《中國繪畫：名家與技法》，七卷（Siren, Osvald. *Chinese Painting: Leading Masters and Principles*. 7 vols. New York: Ronald Press, 1958）

富路特、房兆楹編，《明代名人傳》（Goodrich, L. Carrington and Chaoying Fang, eds. *Dictionary of Ming Biography*. New York: Columbia University Press, 1976）

彭玉鱗、殷家雋編，《湖南省衡陽縣志三》（1872），《中國方志叢書華東地方第一一三號》重印，台北：成文出版社，一九七〇年。

《曾布遺錄》，收入繆荃孫編《藕香零拾》，北京：中華書局，一九九八年。

曾白融，《京劇劇碼辭典》，北京：中國戲劇出版社，一九八九年。

游鑑明，〈當外省人遇到台灣女性：戰後台灣報刊中的女性論述（1945-1949）〉，《中央研究院近代史研究所集刊》，第四十七期，二〇〇五年三月，頁165-224。

游鑑明，〈鏡花水月畢竟總成空？女性口述歷史的虛與實〉，收入游鑑明，《傾聽她們的聲音：女性口述歷史的方法與口述史料的運用》，台北縣新店市：左岸文化事業公司，二〇〇二年。

游鑑明，《她們的聲音：從近代中國女性的歷史記憶談起》，台北：五南圖書出版股份有限公司，二〇〇九年。

游鑑明，《傾聽她們的聲音：女性口述歷史的方法與口述史料的運用》，台北縣新店市：左岸文化事業公司，二〇〇二年。

游鑑明參訪、朱怡婷記錄，〈裴王志巨集女士訪問紀錄〉，收入羅久蓉等，頁185-231。

游鑑明訪問、陳千惠等記錄，〈余文秀女士訪問紀錄〉，收入羅久蓉等，頁115-152。

游鑑明訪問、黃銘明記錄，〈張王銘心女士訪問紀錄〉，收入羅久蓉等，頁61-113。

湯瑤卿，《蓬室偶吟》，收入張琦編《宛鄰詩文》，一八四〇年，一八九一年重印。

焦循，《雕菰集》，《叢書集成新編》版，台北：新文豐出版公司，一九八五年。

程珌，《銘水集》，《四庫全書》版，卷一千一百七十一，台北：台灣商務印書館，一九八三年。

程俱，《北山集》，四庫全書版，卷一千一百三十，台北：台灣商務印書館，一九八三年。

華茲生，《司馬遷：偉大的中國歷史學家》（Watson, Burton. *Ssu-ma Ch'ien: Grand Historian of China*. New York:

Columbia University Press, 1958）

費俠莉，〈思想演變：從戊戌變法到五四運動，1895-1920年〉，收入費正清編《劍橋中國史》，第十二卷《中華民國史1912-1949》（Furth, Charlotte. "Intellectual Change: From the Reform Movement to the May Fourth Movement, 1895–1920." Republican China 1912–1949. Cambridge History of China 12.1, ed. John K. Fairbank, 322-405. Cambridge: Cambridge University Press. 1983.）

賀凱，《中國古代官名辭典》（Hucker, Charles O. *A Dictionary of Official Titles in Imperial China*. Stanford: Stanford University Press, 1985）

賀蕭，〈1950年代陝西農村的勞動與性別的地方意義〉，收入賀蕭、安微愫編《重畫界線：中國的勞動、家族與性別》，第79-96頁（"Local Meanings of Gender and Work in Rural Shaanxi in the 1950s." In *Re-Drawing Boundaries: Work, Household, and Gender in China*, ed. Gail Henderson and Barbara Entwisle, 79-96. Berkeley: University of California Press, 2000）

賀蕭，〈忘掉記憶：農村婦女關於中國集體主義往昔的敘述〉，收入李靜君、楊國彬編《中國革命再審視》（Hershatter, Gail. "Forget Remembering: Rural Women's Narratives of China's Collective Past." In *Re-envisioning the Chinese Revolution: The Politics and Poetics of Collective Memories in Reform China*, ed. Ching Kwan Lee and Guobin Yang, 69-92. Washington, D.C.: Woodrow Wilson Center Press, and Stanford: Stanford University Press, 2006）

閔爾昌編，《碑傳集補》，一九三一年，台北：文海出版社，一九七三年（重印）。

黃俊杰、韓德森編，《中國歷史思維中的時間觀念》（Huang Chun-chieh, John B. Henderson, eds. *Notions of Time in Chinese Historical Thinking*. Hong Kong: Chinese University Press of Hong Kong, 2006）

黃庭堅，《黃庭堅全集》，成都：四川大學出版社，二〇〇一年。

黃虞稷，《千頃堂書目》，台北：廣文書局，一九六七年。

黃彰健，《明代律例匯編》，台北：中研院史語所，一九七九年。

惲珠（完顏惲珠）編，《紅香館詩詞草》，一八一四年，哈佛燕京圖書館。
惲珠（完顏惲珠）編，《國朝閨秀正始集》，一八三一年，《續集》，一八三六年，哈佛燕京圖書館。
惲珠（完顏惲珠）編，《蘭閨寶錄》，一八三一年，清華大學圖書館。

十三劃

塞拉·本哈比，〈主體性、歷史編纂與政治學：關於「女性主義／後現代主義」交流的反思〉，收入本哈比等編《女性主義主張》，頁105-125（Benhabib, Seyla. "Subjectivity, Historiography, and Politics: Reflections on the 'Feminism/Postmodernism' Exchange." In *Feminist Contentions* ed. Benhabib et al., 105-125）
塞拉·本哈比、朱迪斯·巴特勒、杜希拉·康奈爾、南西·弗雷澤，《女性主義主張：哲學辯論》（Seyla Benhabib, Judith Butler, Drucilla Cornell, and Nancy Fraser. *Feminist Contentions: A Philosophical Debate*. New York: Routledge, 1995）
《新編寡婦列女傳詩曲》，北京：金台路家庭書坊，出版日期不詳，殘片保存於台灣台北國立圖書館*Xinbian guafu lienü zhuan shiqu* 新編寡婦列女傳詩曲（Newly edited poems and songs on widows and martyred chaste maidens）. Beijing: Jintai Lu family publication, n.d. Fragment held in National Central Library, Taibei, Taiwan.
楊仲良，《通鑑長編紀事本末》，宋史資料萃編，台北：文海出版社，一九六七年。
楊伯峻，《論語譯註》，北京：中華書局，一九八〇年。
楊萬里，《誠齋集》，《四部叢刊》本，上海：商務印書館，一九二二年。
瑞麗，〈反思孝、性與養〉，收入陳金樑、譚蘇宏編《中國思想與歷史中的孝順觀念》，頁215-225（Raphals, Lisa. "Reflections on Filiality, Nature, and Nurture." In *Filial Piety in Chinese Thought and History*, ed. Alan K.L. Chan and Sor-hoon Tan, 215-25. London and New York: Routledge, 2004）
瑞麗，《分享光明：早期中國對婦女及美德的描繪》（*Sharing the Light: Representations of Women and Virtue in Early*

China. Albany: State University of New York Press, 1998）

《萬曆邸鈔》，台北：國立中央圖書館，一九六九年。

葉文心，〈歷史學家與名妓：陳寅恪與《柳如是別傳》的寫作〉（Yeh Wen-hsin. "Historian and Courtesan: Chen Yinke and the Writing of *Liu Rushi Biezhuan." East Asian History* 27 (2004): 57-70.）

葉紹袁，《午夢堂集》，二卷，北京：中華書局，一九九八年。

葉凱蒂，〈創造都市美人：晚清插圖中的上海交際花〉，收入蔡九迪、劉禾編，《書寫與物性在中國：韓南紀念文集》Yeh, Catherine Vance. "Creating the Urban Beauty: The Shanghai Courtesan in Late Qing Illustrations." In *Writing and Materiality in China: Essays in Honor of Patrick Hanan*, ed. Judith T. Zeitlin and Lydia H. Liu with Ellen Widmer, 397-447. Cambridge, MA: Harvard University Asia Center, 2003.

葉凱蒂，《上海情愛：名妓、文人與娛樂文化，1850-1910》（*Shanghai Love: Courtesans, Intellectuals, and Entertainment Culture, 1850-1910*. Seattle: University of Washington Press, 2006）

葉翰，〈讚揚與誹謗：《史記》和《漢書》對呂后的再現〉（Van Ess, Hans. "Praise and Slander: The Evocation of Empress Lü in the *Shiji* and the *Hanshu." Nan Nü: Men, Women and Gender in China* 8.2 (2006): 221-54）

葛瑞漢，《論道者：中國古代哲學論辯》（Graham, A. C. *Disputers of the Tao: Philosophical Argument in Ancient China*. La Salle, IL: Open Court, 1989）《光緒武進陽湖縣志》，江蘇常州，一八七九年。

董誥（1740-1818年）等編，《全唐文》，上海：上海古籍出版社，一九九〇年（重印）。

賈志揚，〈劉皇后的興起及攝政〉（Chaffee, John W. "The Rise and Regency of Empress Liu." *Journal of Song-Yuan Studies* 31（2001）: 1-25）

賈晉珠，《營利刻書：福建建陽書坊的商業出版（11-17世紀）》（Chia, Lucille. *Printing for Profit: The Commercial Publishers of Jianyang, Fujian* (*11th-17th Centuries*). Cambridge, MA: Harvard University Asia Center, 2002）

賈誼，《新書》，北京：商務印書館，一九九八年。

賈誼，《新書校註》，閻振益、鐘夏校註，北京：中華書局，二〇〇〇年。
農業廳檔案。陝西省檔案館。
達德斯，《血與史：東林黨及其鎮壓，1620-1627》（Dardess, John W. *Blood and History in China: The Donglin Faction and its Repression 1620-1627*. Honolulu: University of Hawai'i Press, 2002）
雷麥倫，〈改變主體：作者序言及詩歌中的性別與自題〉，收入孫康宜、魏愛蓮編《中華帝國晚期的婦女寫作》，頁171-217（Robertson, Maureen. "Changing the Subject: Gender and Self-inscription in Author's Prefaces and 'Shi' Poetry." In *Writing Women in Late Imperial China*, ed. Ellen Widmer and K'ang-i Sun Chang, 171-217. Stanford: Stanford University Press, 1997）

十四劃

廖天琪，〈傳統女子教育手冊〉，收入安娜・蓋爾斯特拉西爾等編《中國婦女與文學》（Martin-Liao, Tienchi. "Traditional Handbooks of Women's Education." In *Women and Literature in China*, ed. Anna Gerstlacher, et al., 165-89. Bochum: Brockmeyer, 1985）
熊十力，《韓非子評論》，台北：台灣學生書局，一九七八年。
熊秉真，《慈愛之旅：中華帝國晚期的兒童與童年》（Hsiung, Ping-chen, *A Tender Voyage: Children and Childhood in Late Imperial China*. Stanford: Stanford University Press, 2005）
趙汝愚，《宋朝諸臣奏議》，上海：上海古籍出版社，一九九九年。
趙琦美，《脈望館書目》，涵芬樓祕笈版，上海：商務印書館，一九一八年。
趙超，《古代墓誌通論》，北京：紫禁城出版社，二〇〇三年。
趙鼎臣，《竹隱畸士集》，《四庫全書》版，卷一千一百二十四，台北：台灣商務印書館，一九八三年。
趙爾巽等，《清史稿》，四十八卷，北京：中華書局，一九七七年。

趙震，《毘陵文錄》，常州：華興書社，一九三一年Zhao Zhen 趙震，comp. Piling wenlu 毘陵文錄（Records of prose by writers from Piling）. Changzhou, Jiangsu: Huaxin shushe, 1931.

十五劃

《儀禮註疏》，「喪服」，鄭玄註，賈公彥疏，收入阮元校刻《十三經註疏》，一八二六年；北京：中華書局，一九七九年重印，第一冊，頁1096-1128。

劉大櫆，《海峰文集》，《續修四庫全書》版，上海：上海古籍出版社，二〇〇二年。

劉子健，〈岳飛與中國「忠」的傳統〉（Liu, James T.C. "Yueh Fei（1103-41）and China's Heritage of Loyalty." *Journal of Asian Studies* 31.2（1972）: 291-97）

劉台拱，《劉端臨先生遺書》，一八八九年重印《叢書菁華》版，台北：藝文印書社，一九七〇年。

劉向，《古列女傳》，《叢書集成簡編》版，台北：台灣商務印書館，一九六六年。

劉向，《列女傳今註今譯》，張敬譯註，中華文化復興運動總會、國立編譯館中華叢書編審委員會編，台北：台灣商務印書館，一九九四年。

劉克莊，《後村先生大全集》，《四部叢刊》版，上海：商務印書館，一九二二年。

劉斧，《青瑣高議》，上海：上海古籍出版社，一九八三年。

劉知幾，《史通通釋》，二卷，浦起龍釋，上海：上海古籍出版社，一九七八年。

劉若愚，《中國之俠》（Liu, James J. Y. *The Chinese Knight-Errant*. Chicago: Chicago University Press, 1967）.

劉弇，《龍雲集》，《四庫全書》版，卷一千一百一十九，台北：台灣商務印書館，一九八三年。

劉昫，《舊唐書》，十六卷，北京：中華書局，一九七五年。

劉肅，《大唐新語》，北京：中華書局，一九八四年。

劉義慶，《世說新語箋疏》，二卷，余嘉錫箋疏，上海：上海古籍出版社，一九九三年。

劉靜貞，〈書寫與事實之間——《五代史記》中的女性像〉，《中國史學》第十二期，二〇〇二年十月，頁51-64。

劉靜貞，〈劉向《列女傳》的性別意識〉，《東吳歷史學報》一九九九年第五期，頁1-30。

劉靜貞，〈歐陽修筆下的宋代女性——對象、文類與書寫期待〉，《台大歷史學報》第三十二期，二〇〇三年十二月，頁57-76。

劉豐云（音譯），〈梁端〉，收入何劉詠聰編《中國女子傳略辭典：清代1644-1911》，頁127-128（Liu Fengyun. "Liang Duan." In *Biographical Dictionary of Chinese Women: The Qing Period 1644-1911*, ed. Clara Ho, 127-28. Armonk, NY: M.E.Sharpe, 1998.）

厲鶚，《宋詩紀事》，《四庫全書》版，卷一千四百八十四—一千四百八十五，台北：台灣商務印書館，一九八三年。

德萊哈耶，《聖徒傳奇：〈聖徒傳〉導言》，朗曼譯（Delehaye, Hippolyte. *The Legends of the Saints, an Introduction to Hagiography*. Trans. V. M. Crawford. Longmans, Green and Co., 1907）

歐中坦，〈闡釋團體：清代法律的法律意義〉，收入何谷理、柯麗德編《中華帝國晚期的寫作與法律：犯罪、爭端與判決》，頁261-283 (Ocko, Jonathan. “Interpretive Communities: Legal Meaning in Qing Law.” In *Writing and Law in Late Imperial China: Crime, Conflict, and Judgment*, ed. Robert E. Hegel and Katherine Carlitz, 261-83. Seattle: University of Washington Press, 2007)

歐立德，〈滿人寡婦與清代的族群性〉（Elliott, Mark C. “Manchu Widows and Ethnicity in Qing China.” *Comparative Studies in Society and History* 41:1 (Jan. 1999): 33-71）

歐陽修，《新唐書》，二十卷，北京：中華書局，一九七五年。

蔡九迪，〈形象的生與死：十六、十七世紀文學中的鬼魂與女性描寫〉，收入巫鴻、蔣人和編《中國視覺文化中的身體與面孔》，頁229-256 (Zeitlin, Judith. “The Life and Death of the Image: Ghosts and Female Portraits in Sixteenth- and Seventeenth-Century Literature.” In *Body and Face in Chinese Visual Culture*, ed. Wu Hung and Catherine R. Tsiang,

229-56. Cambridge, MA and London: Harvard University East Asia Center, 2005.）

蔡安妮，《比丘尼生平：西元四至六世紀中國比丘尼傳：〈比丘尼傳〉翻譯》（Tsai, Kathryn Ann. *Lives of the Nuns: Biographies of Chinese Buddhist Nuns from the Fourth to Sixth Centuries: A Translation of the Pi-ch'iu-ni chuan.* Honolulu: University of Hawai'i Press, 1994）

蔡涵墨，〈《宋史・蔡京傳》的文本史〉，收入伊沛霞、畢嘉珍編畢《宋徽宗與北宋晚期：文化政治與政治文化》（"A Textual History of Cai Jing's Biography in the Songshi." *In Emperor Huizong and Late Northern Song China: The Politics of Culture and the Culture of Politics*, ed. Patricia Buckley Ebrey and Maggie Bickford. Cambridge, MA: Harvard Asia Center, 2006.）

蔡涵墨，〈不情願的歷史學家：孫覿、朱熹與北宋的衰落〉（"The Reluctant Historian: Sun Ti, Chu Hsi, and the Fall of Northern Sung." *T'oung Pao* 89（2003）: 100-48）

蔡涵墨，〈惡棍的塑造：秦檜與道學〉（Hartman, Charles. "The Making of a Villain: Ch'in Kuei and Tao-hsueh." *Harvard Journal of Asiatic Studies* 58（1998）: 59-146）

蔡襄，《蔡襄集》，上海：上海古籍出版社，一九九六年

衛德明，〈從神話到神話：岳飛傳個案〉，收入芮沃壽、杜希德編《儒家人物》，頁146-161（Wilhelm, Hellmut. 1962. "From Myth to Myth: The Case of Yueh Fei's Biography." In *Confucian Personalities*, ed. Arthur Wright and Denis Twitchett, 146-161. Stanford: Stanford University Press, 1962）

鄭國勳，《龍溪精舍叢書》，潮陽，一九一七年。

鄧小南，《唐宋女性與社會》，上海：上海辭書出版社，二〇〇三年。

餘嘉錫，《世說新語箋疏》，二卷，上海：上海古籍出版社，一九九三年。

魯迅，《我之節烈觀》，《新青年》，第五卷第二期，一九一八年八月十五日，頁92-101。

魯迅，《通信》（1934年），收入《魯迅雜文全集》，北京：九州圖書出版社，一九九五年。

魯迅Lu Xun, "Kuangren riji" 《狂人日記》（*The Madman's Diary*）. [1918] Rpt. in *Selected Stories of Lu Hsun*, trans. Yang Hsien-yi and Gladys Yang, 8-15. Beijing: Foreign Languages Press, 1960, 1972.

魯桂蘭，訪問賀蕭，一九九六年八月十五日。

十六劃

燕永成，〈北宋宰輔朝政筆記研究〉，《文獻》，二〇〇一年第三期，頁105-119。

盧葦菁，〈清代文人中的入贅婚〉（"Uxorilocal Marriage among Qing Literati." *Late Imperial China* 19.2（December 1998）: 64-110）

盧葦菁，《矢志不渝：明清時期的貞女現象（江蘇人民出版社，二〇一一年）》（Lu Weijing. *True To Her Word: The Faithful Maiden Cult in Late Imperial China*. Stanford: Stanford University Press, 2008）

賴澤涵等，〈「二二八事件」研究〉，台北：時報文化，一九九四年。

錢大昕，《錢大昕全集》，南京：江蘇古籍出版社，一九九七年。

錢守璞，《女士繡佛樓詩稿》，一八六九年，哈佛燕京圖書館。

錢南秀，〈「借其鏡燭，顯我文明」：薛紹徽《外國列女傳》之道德觀〉（Qian Nanxiu. " 'Borrowing Foreign Mirrors and Candles to Illuminate Chinese Civilization:' Xue Shaohui's Moral Vision in the *Biographies of Foreign Women*." *Nan Nü: Men, Women and Gender in China* 6.1 (2004): 60-101）

錢南秀，〈乳與香：《世說新語》文類中有關女子的作品〉"Milk and Scent: Works about Women in the *Shishuo xinyu* genre." *Nan Nü: Men, Women, and Gender in Early and Imperial China* 1.2 (Fall, 1999): 187-236.

錢南秀，《中國中世紀的精神與自我：〈世說新語〉及其遺產》（*Spirit and Self in Medieval China: The Shih-shuo hsin-yü and its Legacy*. Honolulu: the University of Hawaii Press, 2001）

錢塘主人（鑑塘，顏希源）編，《百美新詠圖傳》，《序》爲一七八七年，一七九〇年，台北：廣文書局，一七九〇年再版。

錢儀吉編，《碑傳集》，台北：文海出版社，一九七三年。

霍茨瓦爾特，〈作爲藝術贊助人的乾隆帝及北京故宮博物院院藏的形成〉Holzwarth, Gerald. "The Qianlong Emperor as Art Patron and the Formation of the Collections of the Palace Museum, Beijing." In *China: The Three Emperors 1662-1795*, ed. Evelyn S. Rawski and Jessica Rawson, 41-53. London: The Royal Academy of Arts, 2005.

鮑吾剛，《中國相：中國文學史上的自傳體文獻研究》（Bauer, Wolfgang. *Das Antlitz Chinas. Die autobiographische Selbstdarstellung in der Chinesischen Literatur von ihren Anfängen bis Heute*. München: Carl Hanser, 1990）

龍沛，〈北宋的軍事貴族和皇室〉（Lorge, Peter. "The Northern Song Military Aristocracy and the Royal Family." *War and Society* 18.2（2000）: 37-47）

十七劃

戴思博，《道教中的女性》（Despeux, Catherine and Livia Kohn. *Women in Daoism*. Cambridge, MA: Three Pines Press, 2003）

戴眞蘭，〈千方百計殉身：清代中期的女性自殺與治國藝術〉（"Managing Martyrdom: Female Suicide and Statecraft in Mid-Qing China." *Nan Nü: Men, Women and Gender in Early and Imperial China* 3.1（2001）: 47-76）

戴眞蘭，〈爲潑婦辯護：十八世紀罪案中的婚姻暴力與男性批評〉，收入何谷理、柯麗德編《中華帝國晚期的寫作與法律：犯罪、爭端與判決》（"Explaining the Shrew: Narratives of Spousal Violence and the Critique of Masculinity in Eighteenth-Century Criminal Cases." In *Writing and Law in Late Imperial China: Crime, Conflict, and Judgment*, ed. Robert E. Hegel and Katherine Carlitz, 44-63. Seattle: University of Washington Press, 2007）

戴眞蘭，《醜事：十八世紀中國的貞節政治》，Theiss, Janet M. *Disgraceful Matters: The Politics of Chastity in Eighteenth-Century China*. Berkeley: University of California Press, 2004）

戴梅可，〈一個疑難重重的模型：漢代之「大一統」，當時與現在〉，收入周啓榮、伍安祖、約翰·亨德森編《想像邊界：儒家學說、文本與詮釋變遷》Nylan, Michael. “A Problematic Model: The Han ‘Orthodox Synthesis,’ Then and Now.” In *Imagining Boundaries: Changing Confucian Doctrines, Texts, and Hermeneutics*, ed. Kai-wing Chow, On-cho Ng, and John B. Henderson, 17-56. Albany: State University of New York Press, 1999.

戴維斯，〈婦女史變遷：歐洲案例〉，收入斯高特編《女性主義與歷史》（Davis, Natalie Zemon. “ ‘Women’s History’ in Transition: The European Case.” In *Feminism and History*, ed. Joan Wallach Scott. Oxford and New York: Oxford University Press, 1996.）

薛紹徽、陳壽彭，《外國列女傳》，金陵（南京）：江楚編譯官書總局，一九〇六年。

謝柏柯，〈丁雲鵬：一位晚明藝術家〉，密歇根大學博士論文，一九八〇年（Oertling, Sewall Jerome. “Ting Yun-peng: A Chinese Artist of the Late Ming Dynasty.” PhD diss. University of Michigan, 1980）

《韓非子集釋》，二卷，陳奇猷校註，上海：人民出版社，一九七四年。

韓南，《中國短篇小說：年代、作者及創作研究》（Hanan, Patrick. *The Chinese Short Story: Studies in Dating, Authorship, and Composition*. Cambridge, MA: Harvard University Press, 1973）

韓南，《中國話本小說》（*The Chinese Vernacular Story*. Cambridge, MA: Harvard University Press, 1981）

韓南，《包公百案重建》（“Judge Bao's Hundred Cases Reconstructed.” Harvard Journal of Asiatic Studies 40.2（Dec 1980）: 301-323）

韓德玲，《呂坤的新讀者：女性識字對十六世紀思想的影響》（Handlin, Joanna F. “Lü K’un’s New Audience: The Influence of Women’s Literacy on Sixteenth-Century Thought.” In *Women in Chinese Society*, ed. Margery Wolf and Roxanne Witke, 13-38. Stanford: Stanford University Press, 1975）

韓獻博，〈通過劉向一生閱讀《列女傳》〉（Hinsch, Bret. “Reading *Lienüzhuan*（Biographies of Women）through the Life of Liu Xiang.” *Journal of Asian History* 39.2（2005）: 129-57）

韓獻博，〈劉向《列女傳》的文本史〉（“The Textual History of Liu Xiang's *Lienüzhuan.*” *Monumenta Serica* 52（2004）: 95-112）

十八劃

歸有光，《震川先生集》，《四部叢刊》版，上海：商務印書館，一九二九年Gui Youguang 歸有光，*Zhenchuan xiansheng ji* 震川先生集（Collected works of Gui Youguang）. Sibu congkan edn.. Shanghai: Shangwu yinshuguan, 1929.[MC8]

歸有光，《震川先生集》，上海：古籍出版社，一九八一年。

藍鼎元，《鹿洲初集》，《四庫全書》版，台北：台灣商務印書館，一九八三年。

顏希源編纂，王翽繪畫，《百美新詠圖傳》，二卷，一七九〇年；北京：中國書店，一九九八年，重印本。

魏收，《魏書》，八卷，北京：中華書局，一九七四年。

魏息園（程博，蓮裳），《不用刑審判書故事選》，汪振蓮編，山西：群眾出版社，一九八七年。

魏息園，（息園外史）輯，《繡像古今賢女傳》，九卷，北京：中國書店，一九九八年。

魏愛蓮，〈十七世紀中國才女的書信世界〉（“The Epistolatory World of Female Talent in Seventeenth-Century China.” *Late Imperial China* 10.2 (1989): 1-43）

魏愛蓮，〈明代的忠義與《紅樓夢》之後小說中的女性聲音〉，收入孫康宜、魏愛蓮編《中華帝國晚期的婦女寫作》，頁366-396（“Ming Loyalism and the Woman’s Voice in Fiction after Honglou Meng.” In Writing Women in Late Imperial China, ed. Ellen Widmer and Kang-I Sun Chang, 366-96. Stanford: Stanford University Press, 1997.

魏愛蓮，〈追憶修辭法：五四文學史和明清女作家〉，收入杜勒茲樂娃、克拉爾編《挪用文化資本：中國的五四運動》，頁193-221（“The Rhetoric of Retrospection: May Fourth Literary History and the Ming-Qing Woman Writer.” In *The Appropriation of Cultural Capital: China's May Fourth Project*, ed. M. Dolezelova and O.Kral, 193-221. Cambridge,

MA: Harvard University Asia Center, 2001）

魏愛蓮，〈細思一種巧合：一八二八年前後的「女性閱讀群體」〉，收入蔡九迪、劉禾編，《書寫與物性在中國：韓南紀念文集》（"Considering a Coincidence: The 'Female Reading Public' circa 1828." In *Writing and Materiality in China: Essays in Honor of Patrick Hanan*, ed. Judith T. Zeitlin and Lydia Liu, with Ellen Widmer, 273-314. Cambridge, MA: Harvard Asia Center, 2003）

魏愛蓮，〈跨越邊界與女性作者：歸懋儀（1762-1835/6）個案研究〉（"Border Crossing and the Woman Writer: The Case of Gui Maoyi（1762-1835/6）." Hsiang Lectures in Chinese Poetry 4. Montreal: Centre for East Asian Research, McGill University（2008）: 83-104）

魏愛蓮，《美人與書：十九世紀中國女子與小說》（Widmer, Ellen. The Beauty and the Book: Women and Fiction in Nineteenth Century China. Cambridge, MA: Harvard University Asia Center, 2006.）

魏瑪莎，《末法時代：中國佛教圖景850-1850》（Weidner, Marsha. The *Latter Days of the Law: Images of Chinese Buddhism 850-1850*. Lawrence, KS: Spencer Museum of Art and Honolulu: University of Hawai`i Press, 1974）

魏徵等，《隋書》，六卷，北京：中華書局，一九七三年。

十九劃

羅久蓉、游鑑明訪問，丘慧君等記錄，《烽火歲月下的中國婦女訪問紀錄》，台北：中央研究院近代史所，二〇〇四年。

羅開雲，〈十七、十八世紀之交的書信編輯、註釋與評價：爲自我創立文學形式〉，收入章培恆、王靖宇編《中國文學評點研究論集》，上海：上海古籍出版社，2002年（"Editing, Annotating, and Evaluating Letters at the Turn of the Seventeenth Century: Instituting Literary Forms for the Self." In *Zhongguo wenxue pingdian yanjiu lunji* 中國文學評點研究論集（Essays in research on Chinese literary criticism）, ed. Zhang Peiheng 章培恒 and Wang Jingyu 王靖宇（John

Wang）. Shanghai: Shanghai guji chuban she, 2002）

羅開雲，〈十七世紀書信指南中的私人信函〉，收入曼素恩、程玉音（音譯）編《以儒家的眼光：中國歷史中的性別》（“Personal Letters in Seventeenth-Century Epistolary Guides.” In *Under Confucian Eyes: Women and Gender in Chinese History*, ed. Susan Mann and Cheng Yu-ying, 155-68. Berkeley: University of California Press, 2001）

羅開雲，〈情感的複製：晚明情書的傳播〉，收入蔡九迪、劉禾編，《書寫與物性在中國：韓南紀念文集》（Lowry, Kathryn. “Duplicating the Strength of Feeling: The Circulation of Qingshu in the Late Ming.” In *Writing and Materiality in China: Essays in Honor of Patrick Hanan*, ed. Judith T. Zeitlin and Lydia H. Liu, 239-72. Cambridge, MA: Harvard University Press, 2003）

羅開雲，〈晚明閱讀情書的三種方式〉（“Three Ways to Read a Love Letter in Late Ming.” *Ming Studies* 44（2000）: 48-77）

羅溥洛、曾佩琳、宋漢理編《多情女子：中華帝國晚期的女性自殺》（Ropp, Paul S., Paola Zamperini, and Harriet T. Zurndorfer, eds. *Passionate Women: Female Suicide in Late Imperial China*. Leiden: Brill, 2001）

譚・克莉絲蒂娜，〈十九世紀中國的印刷品、章回圖片和百美圖〉，待刊（Tan, Christine C.Y. “Prints, Seriality, and *Baimeitu* (Pictures of one hundred beauties) in Nineteenth Century China.” (Unpublished paper)）

二十劃

嚴蘅，《女世說》，娟鏡樓叢刻，上海：聚珍仿宋書局，一九二〇年。

蘇成捷，《中華帝國晚期的性、法律與社會》（Sommer, Matthew H. *Sex, Law, and Society in Late Imperial China*. Stanford: Stanford University Press, 2000）

蘇軾，《東坡樂府編年箋註》，石聲淮、唐玲玲編，武昌：華中師範大學出版社，一九九〇年。

蘇軾，《蘇軾文集》，六卷，北京：中華書局，一九八六年。

蘇德愷等，《宋代對〈易經〉的應用》（Smith, Kidder, Jr. et al., *Sung Dynasty Uses of the I Ching*. Princeton: Princeton University Press, 1990）

鐘惺編，《名媛詩歸》，晚明刻本，《四庫全書存目叢書》，卷三百三十九。

二十一劃

《續資治通鑑長編拾補》，北京：中華書局，二〇〇四年。

蘭金，〈清末婦女的浮現：秋瑾個案研究〉，收入盧蕙馨、羅克珊・維特克編《中國社會中的婦女》，頁39-66（"The Emergence of Women at the End of Ch'ing: the Case of Ch'iu Chin." In *Women in Chinese Society*, ed. Margery Wolf and Roxane Witke, 39-66. Stanford: Stanford University Press, 1975）

蘭金，《早期中國革命：上海和浙江的激進知識份子，1902-1911》（Rankin, Mary Backus. *Early Chinese Revolutionaries: Radical Intellectuals in Shanghai and Chekiang, 1902-1911*. Cambridge, MA: Harvard University Press, 1971）

1D01

華人本土心理學與華人本土契合性

楊國樞主編／380元

國際政經、學術和教育文化向來以歐美國家為主導，台灣的心理學也一直是美國心理學的附庸。一九八〇年代起迄今，心理學為落實「本土化」而推動一連串的學術運動，有效探討華人的心理與行為所建立的知識體系，才能成為真正的華人本土心理學。

1D02

咆哮彭城：唐代淮上軍民抗爭史

763-899

盧建榮著／250元

唐代地方對抗中央的新史學之作。彭城的徐州軍民在安史亂後百餘年來不斷向唐廷抗爭，追求自行管理的統治形態，曾獲三次成功，並有多次逐帥、殺帥之舉。本書以特殊的敍述史學手法，借書中人物之口敍說彭城抗爭始末，還原被消音的地方史面貌。

1D03

詩學

Poetics

亞里斯多德（Aristotle）著／劉效鵬譯、導讀／200元

第一部探討古希臘悲劇藝術的總結性著作，也是人類現存最古老的文學評論著作之一，這是藝術史上第一次對戲劇的本質做出探討，對於後代的戲劇理論有極其重大的影響，更開創了亞里斯多德的詩學傳統。

1D05

中國人的精神

The Spirit of the Chinese People

辜鴻銘著／黃興濤、宋小慶譯／300元

一個特立獨行、備受爭議卻馳名國際的文化名人。林語堂譽為「怪傑」，胡適鄙為「怪物」。他捍衛君主制和納妾制，維護辮子和三寸金蓮。本書出版後，立即轟動西方。特別收錄羅家倫、梁實秋、周作人、托爾斯泰、芥川龍之介、毛姆等名家記敍其人之文。

1D06

霸權興衰史

The Rise and Fall of the Great Powers

保羅・甘迺迪（Paul Kennedy）著／張春柏、陸乃聖主譯／450元

本書綜述一五〇〇年以來英、法、西班牙等國的盛衰興亡，分析一九四五年以來世界局勢的發展變化，同時預測未來世界的趨勢。他借古喻今的功力無與倫比，分析盛極一時的帝國如何被拖垮與滅亡，從歷史教訓探討當今國際議題。

1D07

自殺論

Le Suicide: etude de sociologie

涂爾幹（Emile Durkheim）著／馮韻文譯／380元

古典社會學大師的重要名著。首次為社會學建立了經驗基礎，對傳統上認為純粹是個人和心理因素的自殺現象，提供了社會面向的解釋。自殺是一種特殊的社會現象，在資本制下之所以增多，是因為經濟發展、科技進步和社會分工變細所造成的社會病態而引起。

1D08

第三波

The Third Wave

杭廷頓（Samuel P. Huntington）著／劉軍寧譯／320元

十九世紀以來，全球民主化潮流有三波，從一九七四年葡萄牙政變迄今，即屬第三波的範疇，帶動了三十多個國家進行政治變革，從威權轉型到民主，是本世紀晚期最重要的政治趨勢。國際政治學巨擘深入淺出地分析轉型的原因、性質、方式及其直接影響。

1D09

臺灣慰安婦

朱德蘭著／450元

本書深入探討戰時殖民地臺灣與日軍性暴力的關係，由殖民者與被殖民者互動的視線切入，以基本人權觀念出發，針對日本的殖民統治構造、馴服與培養臺灣人對日本的認同，以及戰爭中動員臺籍慰安婦從業，遭受日軍性暴力的實情等，做實證性分析。

1D10

社會中的藝術

Die Kunst der Gesellschaf

魯曼（Niklas Luhmann）著／國立編譯館主譯、張錦惠譯／魯貴顯審定／420元

二戰後德國最重要的社會學家，系統理論的超級建築師。這是他撰寫一系列全社會功能系統中的第四輯專論。結合了近三十年來社會科學、現象學、生物演化理論、模控學、以及資訊理論等研究領域的成果，企圖建構出與藝術史、文學、美學、及當代文學理論間密切的對話平台。

1D11

人本主義與人文學科

洪鎌德著／240元

以人類的活動及其滋生的問題為觀察的對象，稱作人文現象，是孕育西洋文明的本源。人文學科建立於人性、人情之上，以人為尊。本書是人本主義與人文精神發展梗概之最佳入門書。

1D12

中國小說史略

魯迅著／周錫山評註／350元

魯迅被公認為二十世紀中國新文學的開山祖，他的作品都是短篇，只有本書例外，是唯一的長篇，完整全面地寫出了中國小說史的發展概況，不少觀點深刻精美，文筆典雅優美，至今尚未有同類著作可媲美，郭沫若將此書與王國維《宋元戲曲史》並譽為「雙璧」。

1D13

茶之書

The Book of Tea

岡倉天心著／谷意譯／180元

茶道為日本傳統美學之精髓，作者旅美期間，意識到西方人對東方世界充滿了荒謬想法及誤解，因此用英文寫下這本以「茶道」為主題的書，希望能將日本文化正式介紹到西方世界，藉此引起共鳴。文筆清雅雋永，蘊藏文人氣息，帶領讀者一窺日本古典美學的世界。

1D14
民主的全球旅程：從歐洲走向世界
蔡東杰著／180元
本書主要目的在於希望透過歷史性的長期透視，還原民主作為政治制度而非意識型態的發展歷程；藉此，期盼能讓讀者從人類進行制度選擇的理性面入手，重新檢視並瞭解民主政治與社會需求之間的互動，亦即它究竟因何而來，未來又將往何處而去。

1D15
我為何寫作
Why I Write
喬治．歐威爾（George Orwell）著／張弘瑜譯／220元
歐威爾是知名的政治諷刺小說《動物農莊》、《一九八四》的作者，善以先知的筆調勾畫人類陰暗的未來。〈我為何寫作〉是他一九四七年寫的一篇文章，娓娓細述他的寫作動機與歷程。想深入瞭解歐威爾，本書是相當重要的作品。

1D16
巨龍的蛻變：
中國1840-2008
高明士主編／400元
巨龍沉睡了，巨龍醒了。中國近代到現代的歷史，即古老帝國崩解與現代國家崛起的過程。但中國的衰敗非一朝一夕造成，西方列強稱霸也非僥倖得來。本書以元明時期海上發展與東西文化交流做為序幕，直至二〇〇八年海峽兩岸出現新領導人為末章。

1D17
論政治平等
On Political Equality
羅伯特．道爾（Robert A. Dahl）著／張國書譯／230元
當代政治學泰斗的最新力作。關於政治平等，理想目標和真實成果之間，果真存在巨大鴻溝？資本主義下的民主，總在政治平等和經濟不平等之間拉扯。本書齊聚了完整的訊息：民主的脆弱，它可以是贏家，也可能是輸家。

1D18
她們的聲音：
從近代中國女性的歷史記憶談起
游鑑明著／250元
歷史中的女性，角色重要卻不受重視，因為史料多偏男性觀點，並著重於政治與社會，生活描述鮮少。口述歷史透過訪談，記錄上一世代的生活，貼近女性的生活和經歷。口述史在婦女史研究中極為重要，作者長期研究婦女史，口述史經驗豐富，是最佳入門手冊。

1D19
奇怪的戰敗
L'Étrange Défaite
布洛克（Marc Bloch）著／陸元昶譯／240元
法國年鑑學大師布洛克的最後遺作。一九四〇年，第二次世界大戰，法軍不到一個月就潰敗於德軍閃擊戰下。五十三歲毅然從軍的布洛克，以他親身的經歷和史家的角度，評斷這場「奇怪的戰敗」，其評判嚴厲但正確。

1D20

單子論
La Monadologie

萊布尼茲（G. W. Leibniz）著／錢志純譯、導論／180元

世紀的天才、邏輯實證論與分析哲學的創立者，他比同時代的其他思想家更洞悉了自然科學的哲學基礎。單子，乃是一種進入組合物的單純實體；沒有部份，沒有擴延，也沒有形態，不能分割，是自然的真正原子，是物體的元素。

1D21

中華傳統文化十五講

龔鵬程著／380元

當代國學名師精解中國傳統文化之力作。中國傳統文化是全球華人內蘊、自省的基礎，並內化至食、衣、住、行、育、樂中。本書作者是當代海內外頂級學者和著名思想家。全書分為十五講，從孔子、春秋前，到西方與華夏文明的異化與再生，只待你翻開第一頁。

1D22

法律的道德性
The Morality of Law

富勒（Lon L. Fuller）著／鄭戈譯／顏厥安審定／320元

在美國法哲學史上的重要著作裡，本書佔有一席之地。它容括了對法律與道德兩者關係的洞見，並替其法律理論增添了重要的現實關連。就探討人們為何需要法治這一點，本書乃是既存文獻中的頂尖作品。銳利獨到的深入見解，在其中俯拾即是。

1D23

道德情感論
The Theory of Moral Sentiments

亞當．史密斯（Adam Smith）著／謝宗林譯／450元

相較於《國富論》，本書對西方世界帶來的影響更為深遠，對促進人類福利這一社會目的，發揮了更基本的作用。他一生中大部分的心血都傾注在此書的修訂上，書中討論各種道德情感問題，目的在強調：道德和正義，對社會乃至於市場經濟的運行的重要性。

1D24

聚斂的迷思：
唐代財經技術官僚雛形的出現與文化政治

盧建榮著／300元

文人傳統的低稅理想，遇上了財政告急的國家需求。創造稅收是富有創意的財稅政策，還是擾民的橫徵暴斂？唐史專家盧建榮教授的最新力作。書中時代是一個財政極度困難之時，困境與今日類似。財經專才不見容於通才型官僚，紛擾長達百餘年。

1D25

社會中的法
Das Recht der Gesellschaft

魯曼（Niklas Luhmann）著／國立編譯館主譯、李君韜譯／550元

法律是一個自我再製的系統，自己製造出其固有的諸元素與結構。這樣的系統在運作上具有封閉性，它是以「法／不法」這組二元符碼進行運作，並且採用條件式的綱要，這些綱要使得法律系統能夠清楚將自我指涉與異己指涉區分開來。

1D26

倫理學

Ethics

斯賓諾莎（Benedictus de Spinoza）著／國立編譯館主譯、邱振訓譯／錢志純導論／350元

他運用笛卡兒的形上學及知識論研究方法，結合斯多葛學派與猶太教理性教義，形成了他個人獨創的哲學體系。神、世界、人三者是他心中最重要的關注對象。本書便是透過哲學思辨，提供對於神的理解、對世界的認識，以及對人類德性與幸福的把握。

1D27

民意

Public Opinion

李普曼（Walter Lippmann）著／閻克文、江紅譯／350元

作者是深具影響力的重量級人物，也是新聞傳播史上最偉大的新聞記者／作者／學者。本書以精闢而獨樹一格的筆鋒，檢視民主理論、民主社會的公民角色，以及媒體型塑思考與行動的衝擊效應。此書至今仍左右當代政治學理論的發展。

1D28

中國倫理學史

蔡元培著／240元

本書採用西方近代的學術觀點和方法，整理中國傳統的倫理思想，探究古代思想的起源、發展及變遷，論述從先秦至明代間共二十八位哲學家，包括先秦諸子、漢代陰陽五行、魏晉清談、宋代新儒學與明代理學，可說是近代中國第一本學術著作。

1D29

阿多諾美學論：雙重的作品政治

陳瑞文著／300元

阿多諾美學有一種哲學家與作家兼具的革命性作為：應用作品的問題性超越美感研究，與極化語言超越語言學規範。陳述和語言之間的絞扭，就像走在兩旁沒有依附的山脊。它涉及雙重的作品政治，一種前衛作品的否定性，另一種星叢語言的否定性。

1D30

人權不是舶來品

跨文化哲學的人權探究

陳瑤華著／270元

一般認為人權是西方產物，這和〈世界人權宣言〉的主導地位有關，有其文化上的優勢，因此亞、非洲等國才有落實人權的障礙和困境。此想法是否符合落實人權的事實？本書欲證明人權並非舶來品，並以華人文化傳統的人權淵源解釋為例，試探多元解釋之可能性。

1D31

沉思錄

Meditations on First Philosophy

笛卡兒（Ren Descartes）著／周春塘譯／220元

原文書名即第一哲學，來自於亞里斯多德，為哲學中最關鍵的問題，也是所有哲學問題的先決條件。書中包含六個沉思，從各角度證明上帝的存在與靈魂問題。他的語言與論述方式直至今日仍具有廣大影響力，此書也成為哲學愛好者必讀的經典之作。